U0925400

经济学研究前沿系列

教育部人文社会科学重点研究基地
浙 江 大 学 民 营 经 济 研 究 中 心
国家“985工程”二期资助项目

International Economics:
Frontier Theory and the Direction of Development

国际经济学：
前沿理论和发展方向

■ 金祥荣 主编

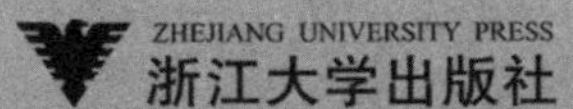

前　言

通常把国际贸易理论的产生和发展划分为三个阶段，也即亚当·斯密、大卫·李嘉图古典贸易理论，途径新古典主流贸易理论一直占据正统地位。20世纪七八十年代以来，保罗·克鲁格曼等经济学家把不完全竞争引入贸易理论的分析框架，形成了所谓现代贸易理论，但它仍然可以被包容于主流理论体系和分析框架之中。但近年来，同样是以克鲁格曼为代表的一批经济学家，包括鲍德温、藤田、维纳布尔斯、马丁、蒂斯和罗伯特-尼克德等，把规模经济和不完全竞争引入主流分析框架，创建了空间经济学的理论研究体系，从而全盘颠覆了新古典主流经济学的四大贸易定理，在贸易、区域和产业经济研究领域也可算是兴起了一场经济学“革命”。

本书基本涉及上述国际贸易基础理论的脉络，关注新制度经济学、新政治经济学等新兴学科在贸易领域的研究动向；关注一些新兴的国际贸易保护政策及其理论和实证研究动向；关注国际贸易、FDI中的技术溢出、知识产权保护等理论和经验研究的动向。近年来，在这些研究领域涌现出了大量有价值的经济学文献，同样体现了经济学家在贸易理论研究方面的巨大努力。这些努力不仅仅是对主流经济学的简单补充，在许多方面更是“挑战”，为我们今后的研究开辟了新的发展空间。例如，新古典贸易理论中一直没有“企业”这个主体的地位，而新制度经济学不仅在理论上把企业这个主体引入了新古典主流经济学的分析框架，而且逐步把企业这个黑箱打开，展示出经济学发展的巨大前景。本书很好地梳理了新制度经济学及其追随者在贸易理论研究领域中的这种努力。

本书由金祥荣教授主编统稿，全书作者均为在浙江大学经济学院深造的经济学博士。撰稿的具体分工如下:茹玉骢,第1章;王桤伦,第1章、第2章;李有,第3章;陆菁,第4章;沈光明,第5章;田青,第6章;杨梦泓,第7章;严建苗,第8章;王元颖,第9章。在全书的编统稿过程中李婧协助主编做了大量工作。

金祥荣

2007年12月8日于浙江大学

目　录

第 1 章
国际贸易理论的制度与微观基础

1.1 引　言

国际贸易对发展中国家的经济增长和发展意义重大[①]，对于正处于制度变迁的发展中国家而言，如何为对外贸易发展提供良好的制度环境，促进本国经济发展具有十分重要的现实意义。国际贸易理论随经济学和国际贸易格局的变化而在不断发生变化，其研究的核心问题始终是两个：一是贸易模式(Trade Pattern)如何决定；二是贸易流量(Trade Volume)的问题[②]。古典贸易理论和新古典贸易理论主要考虑技术、要素禀赋结构对比较优势和产业间贸易模式形成的影响[③]。20 世纪 70 年代末发展的新贸易理论突破了古典贸易理论规模报酬递减和完全竞争市场的假设，把规模报酬递增和垄断竞争市场结构引入贸易理论[④]，解释了战后的

---

① Keller(2004)对贸易与经济增长问题作了比较全面的综述。

② 国际贸易中的重力模型的很重要的功能就是测定哪些因素是决定双边贸易的重要因素。关于重力模型理论基础的开创性文献参见 Anderson(1979)；理论综述参见 James(2001)，他认为目前对于专业化和贸易量的理解仍然处于经验研究的幼稚阶段。

③ Grief(1992:128)就认为"对于贸易理论而言，贸易是由禀赋、技术和偏好决定的。历史制度分析表明，为了理解实际的而非潜在的决定因素，贸易需要制度的分析……在每一个时期，制度、禀赋、技术和偏好决定了实际的贸易"。

④ Tybout(1993)对内部规模报酬递增(increasing internal returns to scale，IIRS)的相关经验研究作了综述，基于 IIRS 的贸易比较优势讨论主要有三个方面：一是该理论建立了专业化收益的新基础，即便是贸易两国存在相同的技术和要素比率。二是该理论意味着具有更大的国内需求的生产者在国际市场上具有比较优势。三是在产品生产产业中运用 IIRS，明确了贸易、生产率和增长之间的某种新的联系。Antweller 和 Trefler (2002)用产出、贸易流和要素禀赋的大样本数据，发现允许在生产中存在规模报酬明显地增加了对国际贸易流的解释力，特别是，运用贸易数据，他们发现了三分之一的制造产业具有规模报酬递增的特征，所以规模经济是一个可以量化的和重要的比较优势来源。

产业内贸易现象,从而使得产业组织与国际贸易相结合的研究蔚然成风。

上述贸易理论的一个重要隐含假设是完全信息,在该假设下只要存在技术的差异(李嘉图一托伦斯模型);或者在技术相同而要素禀赋结构不同的情况下(H-O 模型);或者是有规模经济存在产品差异(基于垄断竞争假设的一系列新贸易理论模型)情况下,国际贸易就会自动实现,但实际上这些仅构成了国际贸易的必要条件,这些贸易理论缺乏一个更加明确的微观机制,也忽视了与国内交易相比,跨国交易更容易受到机会主义的干扰的事实。Rodrik(2000)认为,跨边界的贸易存在很多其他交易成本,而"其中最明显的就是合约实施问题……国家的主权就和合约实施纠葛在一起,使得国际交易受困于频增的机会主义行为的风险"。Anderson 和 Wincoop(2003)对贸易成本所作的综述中,强调签约成本和不安全障碍是引起跨国贸易边界障碍的五大原因之一。那么如何避免国际贸易中的机会主义行为,解决关系专用性投资带来的套牢问题呢?这正是本综述所关注的。通常有两类方法来解决此问题:(1)引入合约实施制度。国际贸易的合约实施制度有以下两类:一是非正式合约实施机制(informal contract enforcement institutions, ICEI),它涉及的是自我实施的合约;二是正式合约实施机制,它涉及由第三方实施的合约。(2)通过产权的方法,如纵向一体化,当然这种方法本质上是把市场第三方实施的不完全合约转化为组织内部的自我实施或第三方实施的不完全合约,只是实施成本和利益分配存在区别。

综观近现代国际贸易史,合约实施制度(正式和非正式合约实施制度)与贸易量的大小或贸易繁荣程度关系重大(North,1990;Grief,1992,1993,1994)。另外国际贸易也和组织问题紧密地联系,因为越来越多的贸易是发生在跨国公司内部,而不是发生在市场交易中。本综述主要目的是从新制度经济学的视角,对与合约实施制度、组织和国际贸易相互关系有关的文献进行梳理,主要涉及以下问题:一是在信息不对称和机会主义风险存在条件下,什么样的合约实施制度保证了国际贸易的开展,而这些制度(正式和非正式制度)如何影响国际贸易缔约效率、贸易模式和流量。二是产权和合约实施制度如何影响跨国生产组织的边界和贸易模式(市场内企业之间还是企业内部的交易模式)。三是合约实施制度质量如何影响一国的比较优势。

1.2　非正式合约实施制度[①]与国际贸易

在现代正式合同实施法律形成以前，人类社会就形成了各种非正式实施制度（集体惩罚、声誉、习俗）来对付交易中的机会主义行为，使得承诺得到履行，资源得到更大范围的有效配置，交易利益得以实现。新制度经济学的分支——历史比较制度分析（Historical Comparative Institutional Analysis）对于ICEI对贸易的作用作了深入的研究。Grief（1997）调查发现，非正式合约实施制度不仅仅在前现代社会，即便是在近代、现代，发达和不发达经济中都有所反映，作为对“增进效益的机会的反映而自发出现，但它们是经济、文化、社会和政治进程的产物”。ICEI的基本的理论框架是采用了无限重复博弈分析工具，因为“当合约需要不断重复时，一种声誉机制就能在注重私利的个人之间形成了一个非正式合约实施的基础”（Grief，2003），因此它是一种自我实施（self enforced）的机制。声誉制度被看作交易者重复博弈的子博弈精练均衡，这意味着，在自己行动和他人行动可能的反馈机制的推理能力上，每个交易者都赋予一种理性一致的形式，这种理论框架有助于理解制度是如何出现的。这些制度的产生，可以克服信息问题，减少交易中的机会行为，从而方便远途贸易。

Greif（1992）研究了在商业革命（11—14世纪）时期制度的作用，他认为正是由于商业革命所带来制度变迁才使得马格里布（Maghrib）和欧洲地区长距离贸易得以复兴，而不是技术进步或要素禀赋等条件导致新贸易获利出现所带来的结果。这实际上印证了North（1981，1990）一贯强调的观点。在商业革命时期，海外代理商的出现降低了交易成本，促进了市场扩张和市场整合，那么当时是如何控制代理商可能的机会主义行为的呢？Grief（1989，1993a，1994）对11世纪地中海地区穆斯林地区支配的马格里布贸易商的制度进行考察，发现支配马格里布贸易商之间的代理

---

① Anderson和James（2001）对新制度经济学领域关于非正式制度对国际贸易影响的文献作了综述，并讨论了正式和非正式制度之间的关系。Grief（2005）主要讨论合约实施制度和强制力约束制度（coercion constraining institution）之间的关系，认为无论是私人或公共秩序的合约实施制度的有效供给都依赖于普遍的强制力约束制度的确立。“为了使市场运作，财产必须得到强权的保护，如若不然，人们易受掠夺，市场就会限制在基于私人秩序的交易中，强权威胁越小，合约实施制度就越能成功。”

关系是基于多边声誉机制的非匿名代理制度——"联盟"(Coalition),他们相互之间建立代理关系,并联合对欺骗了联盟成员的代理商进行集体惩罚。而热那亚人采用交流和实施的正式机制,依靠双边惩罚的个人组织。如 Grief 所指出的那样,不同组织的作用导致两个社会演化的显著差异。前者创造了一种协调装置,通过节约协商成本以提高效率,允许有弹性的水平型的代理关系,即马格里布商人只会雇佣马格里布商人作为他的代理人,并得到低的均衡诚实工资。相反,后者发展了基于垂直结构和正式实施制度的社会组织,尽管在短期中不太有效率(因为更高的诚实工资),但是能够在长期中获得效率,并能培育创新。而 Milgrom 等(1990)认为,12 世纪至 13 世纪香巴尼博览会(Champagne Fairs)跨越时间合约的实施,主要是依靠"合法的贸易商制度",其中,法庭增补了一个多边声誉机制,法庭能通过控制具有适当激励作用的信息来激发一种多边声誉机制。这样,尽管没有可跨区域行使司法权的法律制度,但是非正式合约实施制度促进了跨区域的交易。

在近代和现代贸易非正式合约实施制度中依然是很常见的。尽管墨西哥加利福尼亚在 1830—1846 年之间,没有正式的法律制度的运作,但是当地商人中出现了复杂的贸易结构。历史材料表明,在中间商贸易中代理人的诚实归因于私人秩序制度、联盟的运作(Clay,1997)。Rauch(2001)关于社会网络的综述中强调了国际贸易中商业和社会网络通过缓解合约实施问题和提供贸易机会信息而促进了贸易的发展。Rauch 和 Trindade(2002)也从网络的角度来阐述签约和实施成本,网络通过惩罚提供了另一类实施,从而替代了正式的合约实施。他们发现华人的网络对双边贸易有促进作用,而且对差异产品影响更大。

对于国际贸易中信任、声誉[①]机制的研究中,Araujo 和 Ornelas

---

① Kreps 和 Wilson(1982),Milgrom 和 Roberts(1982),研究了信息不对称情况下,在位生产者向潜在进入者发出威胁信号的可信性,让潜在进入者树立如下信念:如果一旦他进入市场,在位者就会采取掠夺策略的。类似的,Araujo 和 Ornelas (2005)中的声誉也是指在出口商关于进口商类型信息不对称情况下,进口商通过每次交易都守约来让出口商树立起他是属于有耐性的进口商的信念,这种信念的确立让出口商相信他是属于耐性的进口商,出口商就对这样的进口商产生信任。最近的关于"声誉和不完全合约实施"问题的综述参见 W. Bentley Macleod(2005)哥伦比亚大学工作论文。他认为重复购买(重复博弈)所带来的合约自我实施并不能解决不完全合约问题,解决的方法与所要交易的产品或服务的特征很敏感,无论是重复购买还是效率工资(价格)在可能的关系合约集中都不可能是有效的。在许多情况中,通过运用绩效支付和改进法律质量来实现总产出提高。

(2005)首次发展了两个国家的不完全信息动态模型,研究正式合约实施制度与声誉这种非正式合约实施制度之间的关系。他们考虑的是生产者把产品卖给国外销售者的简单签约情况:假定国外销售者分成两类,一类是短视的(myopic),另一类是有耐性的(patient),前者所占的比重或概率是 θ。有耐性的销售者一定是采取遵守合约的策略,而短视类型的销售者是否采取违约的策略,取决于他当期通过贿赂律师避免违约惩罚所获得的期望收益和不违约时的期望收益的比较,而不考虑未来收益贴现问题。国外市场合约实施的强度取决于销售商向律师行贿不成功的概率 λ,λ 越大说明合约实施力度就越大。只要当初始的 θ 大于某个值时,使得出口商的预期利润为正时,交易就会发生。当销售商履约时,由于出口商不能观察销售商的类型,他只能对销售商属于短视类型的比率作贝叶斯调整,如果前一次销售商没有违约,那么在做下一次贸易前,出口商会通过贝叶斯方法下调 θ,当遵守合约的次数不断增加时,θ 就会趋向于零。但是只要对方出现违约,出口商就会认为销售商的类型是短视的。只要销售者不违约,那么出口者就会越来越相信对方是有耐性的类型,或者说形成了销售者是有耐性的声誉。模型表明出口量的大小是随 θ 减小而增加,由于 θ 随贝叶斯调整而不断下降,所以出口规模将由小变大,这种交易量随时间的变化而增大的过程符合许多经验研究。

他们的研究认为,弱的国际合约实施阻碍了国际贸易,但是也有助于声誉的形成,这一间接机制缓解了弱的合约实施对贸易的负面影响①。因为声誉的建立需要时间,所以当合约较好实施时,国际贸易量和获得的声誉水平相关度低,说明声誉和充分合约实施是一种不完全的相互替代。更加严格的合约实施总是在短期中导致贸易伙伴之间更多的贸易,而它的长期影响依赖于它如何影响声誉的建立过程。在长期中,如果销售商足够有耐性的话,那么声誉机制只在伙伴关系层面上是完全相互替代的;但是声誉机制和合约实施机制在市场层面是不能相互替代的,因为如果没有合约实施,那么那些短视的销售商就没有遵守合约的动力。

通过放缓声誉建立的过程,他们的研究表明正式合约实施制度改进对已有贸易关系的影响很小,短期的影响是正的,但是未来的影响是否为

---

①　这个观点与 Acemoglu 和 Simon(2003)对合约实施与经济增长经验研究不显著的解释相一致。

正取决于该经济体是否已具有最低水平的合约实施机制。否则,经济可能面临所谓的“制度陷阱”,只有当未来的合约实施更加严厉,才能克服这种陷阱。而λ对已存在合作关系的贸易净流量影响取决于初始的合约实施,初始的合约实施力度越大,那么越是从紧的合约越会增加未来的贸易。这意味着存在合约实施的“报酬递增”:当期的水平越高,那么制度改善对贸易流的影响就越大。Araujo 和 Ornelas (2005)的模型预测是与Johnson 等(2002)一致的:长期中,声誉已经很巩固,所以正式合约实施机制是没有意义的;相反,在短期情况中,由于不能确定分销商的类型,所以短期内更加严厉的合约实施会有正的影响。

另外,Den Butter 和 Mosch(2003) 对信任和贸易的关系作了经验研究,认为两种信任①都能够降低贸易双方的交易成本而促进贸易。他们的经验研究表明,信任程度越高,那么贸易量就越大,所以“贸易消失”现象可以归结由于文化差异、产品质量的信息不充分所造成的信任缺乏。他们用重力方程对 25 个国家作了估计,结果显示,正式和非正式信任都能解释双边的贸易量。柯武刚、史漫飞(2000)也强调了非正式制度的重要性:“现实的国际交易处于一种复杂的自发秩序之中……甚至经常没有成文契约,而仅仅依靠一个特殊专业圈子内非正式制度的信任和不依赖任何政府支持的强制执行制度”,从而试图解释为什么跨国贸易和要素流动存在额外交易成本情况下,还会出现国际贸易以相当于世界生产增速的两倍持续增长。

在转轨国家,制度的变迁会带来严重的合约实施问题,那么这些国家又是如何保证在制度变迁过程中最大限度地保证贸易合约得到实施呢?Schuler(2002)验证了在共产主义向市场经济转型的过程中,市场制度特别是合约实施的重要性,他拓展了 Blanchard 和 Kremer(1997)生产和供给关系的模型,并把它放到一个开放经济的一般均衡模型中。社会主义转轨过程中,复杂产品遭受套牢问题,资源转移到那些能够自我实施协议的生产中。计量检验发现,这种重新配置反映在国际贸易变化的商品构

① 即正式信任和非正式信任,前面一种是指重复博弈和经过特定合约设计导致的相互信任,它是一种工具的、理性的和计算的信任;后面一种是基于本能冲动的信任,是一种社会的、道德的、人际的和血缘的信任,甚至是利他主义的信任。在检验中,他们用两个国家的法律制度相似性来作为“正式信任”的虚拟变量,而关于“非正式信任”变量的衡量则采用了 Euro Barometer(EB)的调查数据。有关两种信任的比较参见 Butter 和 Mosch(2003)。

成上，统计支持了 Kremer 的观点，即合约实施制度的缺乏可以解释向市场经济转轨过程中总产出的下降。另外，Marin 和 Schnitzer(2002)研究了国际贸易中的合约实施问题和前共产主义国内企业交易的合约实施问题，和通常的观点不同，他们认为互换贸易(counter-trade)和易货贸易的出现并不是由外汇短缺、出口促进和市场扭曲、技术转移造成的。而把它看成是贸易信用的抵押，以弥补通常的不支付信用被动问题，乌克兰的数据很好地验证了他们的模型假设。

如果说非正式合约实施制度主要是一种自我实施机制，那么正式合约实施制度通常是由中立的第三方实施，当然这两种机制是相互联系的。而且在人类经济发展史随市场交易规模的变化，交易所依赖的主要实施机制也在发生变化[①]，这种变化同样适合于国际贸易。

1.3　正式合约实施制度与国际贸易

通常认为国际贸易比国内贸易的市场交易成本更高，这种交易成本并不仅仅包括外生的交易成本(运输成本)，还涉及制度差异造成的内生性签约成本，因此“即便是没有语言和交通的障碍，但是贸易量或一体化程度仍然比模型预测的要低得多”(Rodrik，2000)。随着贸易和通讯技术的发展，使得许多正式制度的供给成为可能，有关的正式制度和机构包括各种国际商业仲裁机构、信用证制度、国际民事法庭等。国际商业仲裁提供了争端的私人解决途径，而信用证使得交易方能够把商业信用风险转嫁给发证行，并允许买方在验货以后再付款。诺斯(1994：161)强调了正式制度的发展对贸易的促进作用：“标准度量衡以及计量单位、交易手段、公证员、领事、商事、法院以及通过外国王储来保护国外飞地以获取收益等等，所有这些方面的发展以及这些组织、制度与手段，使得交易和从事长距离贸易成为可能。自愿的和半强制性的组织的组合，以及那些能有效地驱逐违约商人的组织使得长距离贸易得以发生。”Berkowitz，Moenius 和 Pistor (2006)认为，正式制度(法院、征税机构和官僚机构)实施合

① North(1994：161)对于人类经济史的不同阶段的交易模式进行了分析，检验了“要使得交易与转化的成本所达到的水平能允许日益专业化和劳动分工的发生，必须要有什么样的制度形式”。

约并保护产权，能为出口商和进口商提供恰当的保证，从而培育互惠贸易。他们还认为，“进出口商协商的合约包括信用证、互换贸易协议和预付款，它们在国际贸易中广泛而有效地得到应用，以抵消得不到付款的风险。然而，相似的合约不太有效率，并不被广泛用来抵消进口商风险，因此，进口商主要依靠正式制度，例如法院和仲裁机构来寻求补偿”。

Ranjan 和 Lee (2005)主要研究了制度的特定方面——合约实施对不同类型产品的国际贸易量产生不同影响的问题。按照 Rauch(1999)的分类，他们将国际贸易产品归为差异化产品、拥有参考价格的产品，而差异化产品对合约实施更加敏感，计量结果证明合约实施会同时影响这两类产品的贸易量，但是对于差异化产品的影响更大些，可靠的制度在国际贸易中扮演了重要的作用。由于制度因国而异，他们的结果对于 McCallum(1995)所发现的边界对于决定贸易量的重要性，以及 Trefler(1993)提出的“贸易消失之谜”提供一种解释。结果也对 North(1990)的洞见提供经验支持，即越复杂的产品越需要可靠的制度。

他们首先拓展了 Grossman(1981)的框架说明合约实施是如何影响产品质量比较重要的产品贸易。产品质量通过 π 来描述，$\pi\in[\pi_L,\pi_H]$。买卖前交易双方对于产品质量的信息是不对称的，卖方知道产品质量是 π，而买方只知道 π 的分布，如 Grossman(1981)所显示的那样，信息不对称情况下的最优合约和买卖双方都知道 π 的情况下的合约是相同的。但是，因为卖者是风险中性的，而买者是风险规避的，卖者可以通过向买者保证以增加利润，比如通过一份保证合约，以便在产品缺损情况下向买者支付赔偿 w。在不完全合约环境中，假定卖方违约情况下，有 φ 的概率法院会强迫卖方遵守合约，而有 $1-\varphi$ 的概率卖方不用遵守合约，因此 φ 可以表示在某个特定社会中合约实施的程度。由于该模型是考虑卖方违约的概率，因此合约实施是偏向于卖方的(biased in favor of sellers)。买方卖方分别求最优，于是可以得到$\left.\frac{\mathrm{d}R}{\mathrm{d}\varphi}\right|_{\pi}>0$，$\left.\frac{\mathrm{d}R}{\mathrm{d}\pi}\right|_{\varphi}>0$，这说明当产品的质量一定时，合约实施的力度越大，卖方的收益就越大。这是因为，当保证不是很有效的时候，买方必须承担风险，由于买方是风险规避，而卖方是风险中性的，因此为了满足买方的参与约束，卖方必须接受更低的价格，于是他的收益下降了。$\left.\frac{\mathrm{d}R}{\mathrm{d}\varphi}\right|_{\pi}>0$ 也表示存在一个分离的质量水平 π^*，只有那些 $\pi\geqslant\pi^*$ 的卖方才能出售产品。因此，由于合约的不完全实施，使得贸易量从 1 下

降到 $1-F(\pi^*)$。反过来也可以这样说，合约的不完全实施(imperfect enforcement of contracts)会降低那些质量重要的产品的贸易量。

Anderson 和 Marcuiller(2002)构造了进口需求结构模型，运用世界经济论坛的数据验证腐败和不完全履约如何减少国际贸易量。他们认为交易不安全扮演了隐性关税一样的价格加成的作用，法律制度不执行，商业合同的实施不力和经济政策缺乏公平公正性所导致的价格加成显著制约了贸易。他们还发现对制度的忽略使得典型的中立模型估计出现偏差，导致国际贸易和人均收入以及总支出中用于贸易产品的比例之间出现负相关。他们认为制度有效性的跨国变动和贸易产品价格的波动结果，为高收入资本要素丰裕国家贸易相互不成比例提供了简单的解释。模型估计发现国家的透明指数每提高10%，导致5%的进口量的增加。既然可贸易产品的价格加成依赖于出口和进口国家的不安全程度，那么富裕国家之间的贸易就不会由于安全相关交易成本而受到妨碍，而贫穷国家之间的贸易不利就会倍增。

另外一个需要着重讨论的问题就是非正式合约实施制度和正式合约实施制度之间的关系。Grief(1994，1997)的研究主要是比较了马格里布商人和热那亚商人不同的合约实施方式，但是对于为什么他们会采用不同的方式，对此，并没有给出特别信服的解释①。在交易群体比较固定且规模比较小的时候，信息传递相对比较快，集体惩罚的实施成本相对较低，声誉机制可以实现交易合约的自我实施，因为当事人违约的当期收入不及未来交易困难所造成的损失。但是，“贸易扩张在一段时间后减少了集体负责体系的经济效率和团体内的政治可行性”②，因为一旦交易群体内成员数量增加，信息传递和集体惩罚机制功能将会受到削弱，这种情况下，如何才能使得合约继续得到实施呢？Li(1999)对自我实施“基于关系”的治理和“基于规则”的治理进行了比较研究，认为前者面临递增的边际成本，成员增加将使得信息交流和惩罚的参与更困难，而后者有很高的建立法律系统和信息机制的固定成本。但是一旦建立以后，由于规模经济，和陌生人交易的平均成本较低。而在规则治理中多数交易是基于非

---

① 阿维纳·格雷夫是从文化、社会和政治环境的差异等方面对此进行解释的。例如，他认为马格里布商人作为犹太人的一部分具有担负集体责任的文化传统。具体参见《新帕尔格雷夫法经济学大辞典》(卷2)，“非正式合约实施制度(ICE)”词条，法律出版社2003年版，第323—325页。

② 《新帕尔格雷夫法经济学大辞典》(卷2)，法律出版社2003年版，第325页。

人格化的和显性协议和政府能公证实施合约的基础上。于是“基于关系”的治理对于小的团体更合适，而“基于规则”的治理更适合于大的团体。而 Dixit(2003a，2004 chap. 3)把 Li(1999)的思想模型化了，同时还试图研究团体规模既不大也不小情况下的治理问题。他提供了一个远距离交易配对模型来回答这个问题，交易双方在环型交易空间中相遇并选择他们的战略，要么欺骗要么诚实，在两阶段博弈中构造了囚徒困境。模型主要假设是：(1)配对的概率随距离增加而下降；(2)基于比较优势原理的贸易所得随交易双方距离增加而增加；(3)欺骗受害方传播对方实施欺骗的信息的概率随受害人与第三方距离的增加而递减，或者说第三方监督的概率随监督方和受欺骗方的距离的增加而下降。模型的解是精练贝叶斯均衡，它包括以下最优策略：交易各方如果在第 1 期遇到的对家在距离 X 以内就采取诚实策略，否则是欺骗策略。该博弈允许多重均衡，每一个均衡都被明确的预期所维持。从而得到对于每个 L 而言有唯一的 X(L 是交易双方在贸易空间中的距离)，这就是“诚实程度”$x^*(L)$。这意味着一个特定的交易者，当且仅当他和其他在谨慎距离(critical distance)之内的对家交易时才愿意诚实。$x^*(L)$是在较大规模下的诚实的程度，一旦双方的交易距离超过 L^*，$\partial x^*(L)/\partial L<0$，随着扩张，诚信下降。最后，自我实施治理可以和正式或官方的治理相比，模型表明对于小的共同体，自我实施治理是最优的；而在大的共同体中，因为非正式交流变得更加困难，人们就偏好于官方的治理。而当团体的规模界于中间的时候，对于自我治理规模太大，而对于外部治理又太小的时候，情况最糟糕，这是“黎明前最黑暗的”时候，总的贸易收益比其他规模都要小。但是关于交易规模和制度之间的这种演进关系，诺斯(1990：163)提醒道：“我们要非常仔细地注意的一点是，统观历史，还没有一个使这一发展发生的必要理由。”两者之间并不构成简单的替代关系。

Bowles 和 Gintis (2004)的思想与 Dixit 比较接近，他们分析了信任的作用和不完全履约情况下采取贸易决策的交易人的行为。这类模型有助于研究为何并且在何条件下，面对合约的不完全性，人们偏好于基于网络(network-based)的信任均衡，以便突破市场的匿名性。他们进一步提出了基于规则和基于关系治理系统的一个比较框架。

正式制度的发展虽然一定程度上削弱了交易双方对非正式合约实施制度的依赖，但是非正式合约实施制度依然在国际贸易中扮演重要的角色,它大大降低了跨国贸易成本,并提高了贸易双方的交易剩余。因此,正式和非正式的合约实施制度更多的是一种互补关系,而不是替代关系。

1.4 合约实施、产权与国际贸易

除了上述两种合约实施制度能够影响国际贸易合约和贸易流量外,人们也常常通过海外投资,构建一体化生产组织方式来规避国际贸易中机会主义所带来的风险,或者说通过产权的重新配置来实现关系专用性投资水平的提高。在国际贸易背景下,跨国公司的公司内贸易就是一个典型的现象。世界银行投资报告(1997,2002)表明随着跨国直接投资的兴起,目前公司内贸易已经占了全球贸易总量的1/3。Evans(2001b)提供的证据表明,公司内国际签约成本比外部签约低得多。沿着交易费用经济学的思路,企业边界本质上是由市场交易成本和组织内交易成本比较决定的,或者说是由不同条件下合约实施的成本大小决定的。当正式和非正式合约实施制度来达成跨国交易时交易费用太高,市场交易转化为组织内的交易。

很多文献关注了合约实施和专用性投资的关系①,它们主要涉及跨国公司的边界决策问题,或者说通过比较市场交易和内部交易的利润来进行企业边界或生产组织方式的选择。因为在市场交易中由于专用性投资所造成的套牢问题的存在会影响最终的经济绩效,这些文献总体上是Coase(1937)问题意识的一个延续和应用。国际贸易中的交易同样可以在市场中完成(arm-length contact),也可以通过组织内完成,这便是跨国公司边界选择问题。因此需要解释的是,在国际交换中,什么时候某种国外生产必须是放在公司边界内进行,什么时候是外包给其他公司,或者说跨国公司采用组织内部交易的合约关系而不是采用市场公司之间的合约关系。对此,基于一般均衡框架的传统跨国公司理论②并不能解释,尽管一般均衡方法能解释为何国内公司要把它的部分生产放到国外(Antràs,2003)。那么是什么因素决定了不同的产权安排和合约实施形式?这两

---

① 有关综述参见Spencer(2005),Helpman(2005)。

② Markusen和Maskus(2001)对跨国公司一般均衡分析方法的理论和经验研究作了一个综述。

类合约的实施机制在形式上是不同的,前者是关于组织内部的要素合约,而后者是关于市场合约,但是本质上都无外乎自我实施机制和第三方强制实施,只是实施成本会有差异。另外不同合约实施成本也会因为产业特征等因素产生变化,从而影响企业的边界决策。

McLaren(2000)研究了考虑最终品生产者和专业化的不可观察的投入品生产者之间的投资决策问题。因为对资产专用性的决策在模型中是内生的,套牢问题的出现反过来内生于一体化结构。他发现开放程度的增加导致生产者数量以及市场厚度(market thickness)的增加①,这使得产业结构朝垂直非一体化方向变动。这是因为有效市场参与者数量和多样性的增加,以及搜索效率的提高所造成的。结果会出现多重均衡,两个完全相同的国家便可能演化出完全不同的产业策略,从而导致不同的竞争度。因此,对外开放带来的市场规模变化会影响国内的企业边界,从一体化走向非一体化,而国际贸易模式也会从最终产品的贸易转向产品内的贸易,则和后面提到的生产全球化的现象是一致的。可见贸易开放和合约实施问题是通过企业边界的改变而相互联系的。

Grossman 和 Helpman(2002a)在假定所有企业具有相同的生产率条件下,在一种投入的一般均衡框架中研究了外包和一体化之间的选择。这些企业必须在外包所面临的不完全合约摩擦与一体化中投入品生产的低效率之间作权衡。结果是有些部门只有垂直一体化的企业,而另一些部门只有非一体化的企业,他们明确了部门特征导致了不同的均衡结构。在 McLaren(2000),Grossman 和 Helpman(2002a)模型的基础上,Antràs(2003)讨论了跨国公司的边界决定问题,强调了产业特征对这种决策的影响,他第一次把贸易和投资行为纳入到不完全合约的框架——"不完全合约—产权企业边界"模型中加以解释。他借用了 Coase(1937),Williamson(1985),Grossman 和 Hart(1986)中交易成本影响企业行为的思想,模型在均衡时,市场交易成本会随进口品的资本密集度增加而提高。他放松了 Grossman 和 Hart(1986)的假设,认为垂直一体化并不能解决资产专用性带来的套牢问题,经理人员也会存在机会主义的倾向,随着产业特征不同(用资本密集程度差异表示),资产专用性带来的套牢程度是有差异的。因此,

① 市场厚度的提高是指在给定时间条件下,任何给定的交易者能够发现另外一个可交易的对家的概率增加了。

虽然组织内部的合约实施和市场交易的合约实施都有交易成本，但是这两种合约实施成本会因为产业特征而发生变化。他强调了资本密度和剩余权的分配在企业内部化决策中的重要性，最终他认为资本密集产品会倾向于跨国公司内部交易，而劳动密集型产品通过合约形式交易。

Antràs(2003)市场长期均衡中考虑的是同质的企业，而 Melitz(2003)，Helpman，Meltiz 和 Yeaple(2003)研究了部门内的企业异质性对企业开拓海外市场决策的影响。他们认为低生产率的企业只开拓国内市场，而高生产率的企业同时还开拓海外市场。在存在对外直接投资条件下，他们认为，在开拓国外市场的企业中，更有生产力的企业从事对外直接投资，而逊之者从事出口，在成产率差异大的部门，分支机构的销售相对于出口比重更大。他们的方法强调了产业中企业的差异，而没有突出需要中间投入品企业的组织选择问题。Grossman 和 Helpman(2003)把 Melitz(2003)部门内企业异质性假设和 Antràs(2003)企业结构结合在一起放在同一个模型中，最终品生产者控制总部的服务，而投入品供应商控制中间品的数量与质量。在这个两个国家两种投入品模型中，最终品在北方国家生产，而中间品可以放在北方国家也可以放在南方国家，可以是以一体化形式，也可以是以非一体化的市场合约形式生产。一方面，在选择是国内还是外国的供应商提供零部件时，最终品生产者要在北方低的固定成本和南方低的可变成本之间作出权衡。而另一方面，在选择采用一体化还是外包的形式时，最终品生产者要在一体化带来的所有权优势的利益和独立零部件供应商具有更好激励两个方面作出权衡。根据南北的工资差异、不同国家的所有权优势、最终品生产商和供应商之间的谈判能力、总部的技术密度等因素内生决定均衡的组织结构。这样最终生产商有四种选择，国内外包、国内一体化、国外包和国外一体化。结果是生产率高的北方企业从南方国家获得零配件，而低生产者从北方国家获得。在同一国家中，低生产率企业采用外包，而高生产率企业是内包。低总部服务密度的部门没有企业采用一体化的方式，而低生产率企业在国内外包，高生产率企业在国外外包。另外，生产率差异度高的部门更依赖于进口投入，而在这些产业中总部服务密集部门的一体化的形式就更加普遍。

于是企业的能力、产业特征等诸多因素会对组织内部和市场内两类合约的实施成本产生影响，从而影响组织的边界和贸易的形式，合约实施形式的选择会影响贸易模式和贸易量这两个贸易的基本维度。

1.5 合约实施制度质量与比较优势的经验研究

尽管上述文献对国际贸易中的产权和制度予以关注,但却更多地局限在跨国公司组织形式的决策问题上而忽视了合约实施对比较优势的影响,“这些文献的主要贡献并不在于南北制度的差异,而是在于技术或要素禀赋的差异,这些模型没有强调制度差异作为比较优势来源的结果”(Levchenko,2004)。那么制度差异是如何影响比较优势的呢? North(1990)认为,“专业化程度越高,变量的数量和种类越多,越需要可靠的制度,使得个人能够以最小的不确定缔结越复杂的合约”。因此拥有更多特性的差异化产品的贸易将更容易受到制度质量的影响,North(1991)指出,制度的一个主要活动是负责合约的实施。而制度质量可以通过得到实施的合约的数量加以衡量,或者说,通过司法制度惩罚违约者的概率加以衡量。

Levchenko(2004)在假设有些生产部门比其他部门更依赖于合约实施和产权保护制度基础上,主要研究了两方面内容:一是在 GHM 不完全合约框架中讨论当制度差异成为比较优势来源的时候,贸易的结果如何,模型显示,欠发达国家可能不能够获得贸易收益,贸易的结果可能使得要素价格出现分化。二是用美国进口的四位数产业分类数据,并运用 Romalis (2004)发展的贸易中要素含量的方法,提供“贸易的制度内涵”,证明制度差异确实对贸易流的决定产生了重要影响。Levchenko(2004)的主要贡献是同时考察了制度对贸易的短期静态效应和贸易对制度演进的长期动态效应。他所强调的制度差异包括了合约实施和产权保护两个维度①。

---

① North(1981)区分了政府“契约理论”和政府“掠夺理论”。根据前一理论,政府和相关的制度提供法律框架以便于私人签约和经济交换,而第二种理论中,政府是把财富从一个集团转移到另一个集团的工具。North 在书中发展了融合两个理论的框架,认为好的制度会同时激励私人签约并监督政府或其他政治权力集团的没收。Acemoglu 和 Simon(2003)沿着 North 的思路,试图对这两个概念进行区分,并检验它们对经济增长的作用。他们虽然认为这两个制度集都是和机会主义行为相关,但是它们的“本质是有差异的,签约制度调整私人交易者之间的交易……相反,产权制度把社会政治权力分配紧密地联系起来,因为它们调节普通私人居民和政治或政治权力精英的关系。当产权制度不能约束那些控制政府,就不可能回避以签署替代性契约来避免未来遭受没收的保证问题,因为法律暴力垄断国家是合约的最终仲裁者”。

同样，Nunn(2006)也仅仅研究了合约实施制度对比较优势的影响，由于合约得不到有效实施时，投资的关系专用性将导致投资不足[①](Klein等，1978；Williamson，1979，1985；Grossman 和 Hart，1986；Hart 和 Moore，1990)，因而合约实施制度越完善，那么投资不足问题就轻一些，于是在需要关系专用性投资的产品生产上，合约实施制度良好的国家就会有成本优势。为了量化专用性投资关系的重要性，他构造了一个变量来衡量每个产品的中间投入的比重，因为中间投入品往往更需要关系专用性投资。为了估计跨部门的关系专用性投资重要性，他第一次运用1997年美国的投入产出表来明确最终产品中用了哪种中间投入品，比例是多少，并且运用 Rauch(1999)数据，明确了哪些投入品需要关系专用性投资。

在国家层面上，他发现了生产和出口的平均合约密度[②](contract intensity)和司法质量以及合约实施水平呈现正相关。在国家产业层面，他发现，那些合约实施更完善的国家关系专用性投资最重要的产业出口比重较高，根据估计，合约实施比各国物质资本和熟练劳动要素更能够解释全球贸易的模式。为了纠正贸易流和司法质量相互因果关系所造成的潜在内生性问题，即有可能是比较优势本身决定了司法质量而不是相反，他探究了各国的法律渊源，并同时运用工具变量和分数偏好匹配技术(propensity score matching techniques)两种方法。他的经验研究表明两种情况下，司法质量对贸易流影响度估计均呈显著，OLS 估计的影响程度几乎相同，因此可以证明国家的合约实施制度决定了比较优势。

而 Costinot(2004)另辟蹊径，把代表制度好坏的合约实施能力和工人的生产率相互挂钩，分析了不完全合约实施对劳动分工程度和贸易模式的影响。因为合约实施能力能够影响生产团队的大小，团队的大小又影响劳动分工，从而影响到生产率和比较优势。他考虑了一个包含两个

---

① 根据 Greif 对非正式实施合约的研究，认为当正式制度没有建立以前，社会通常会进化出一套替代性的制度(非正式合约实施制度)来保证交易的开展。但是这并不意味着如果没有正式司法制度保证合约实施，交易就一定能够维持，这取决于声誉等替代性制度能否很快建立起来。如果这个建立过程时漫长的，那么市场交易将会由于正式合约实施制度的缺失而退化。所以对正式合约制度的强调和对非正式实施制度的重视，两者并不矛盾，两种制度实施都有成本，各个社会采用哪一种方式，不仅仅取决于效率因素，还取决于政治和文化的因素(参见 Greif:《新帕尔格雷夫法和经济学大词典》"非正式合约实施"词条，法律出版社 2003 年版)。

② 合约密集度可以用一单位最终产品形成过程中涉及的市场合约数量来衡量。

大国的世界经济,一个产品 z 的连续统,一种生产要素劳动力。在每个部门中,为了生产产品 z 必须完成连续的基本任务 s。模型采用了莱昂惕夫生产技术,由一个连续统的工人数量 L,每个工人赋予 h 单位的劳动,h 体现了经济中代表性工人的劳动生产率。合约的实施伴随一个依赖参数 $\theta>0$ 的概率方程,θ 根据个人和产业不同而有所区分,它反映了该国的制度质量。当 $\theta=0$,制度是无效的,合约从来得不到实施;而当 $\theta=\infty$ 表示制度是完善的,合约总是能得到实施。他把有效团队的规模 N_z 看成是 θ 递增函数,而随着团队规模的增加,工人更加专业化,则意味着完成每个任务中的规模报酬递增。于是,在封闭条件下,那些以有效单位劳动(hN_z)衡量的团队越大的国家在较复杂产品部门具有比较优势,这些国家专业化于更加复杂的产品,制度质量和生产率水平构成了比较优势的互补性来源。

这个模型的特点是把企业内要素合约的实施问题和市场合约实施机制看成是无差异化的,这样简化了问题的分析,强调了合约实施对劳动分工的影响。而实际上因为企业内部要素合约的实施问题可能比市场合约实施更加复杂,前者更依赖于企业治理结构、文化等非正式制度,而后者的实施更依靠正式制度。如何把两类合约实施机制分离可能是一个很好的拓展。

与 Levchenko(2004)相同,Berkowitz 等(2006)也同时研究了制度的两个维度对贸易的影响,同时增加了产品复杂性的维度,认为出口国好的制度能促进复杂产品贸易,因为复杂产品往往是高度差异化的,它们所包含的许多特性是不容易完全在合约中写明的。所以他们认为进口国好的制度通过降低交易风险而促进贸易。因为好的制度可以克服由于复杂产品合约实施的困难性导致的出口商违约。其他条件不变的话,制度更好的国家在制造复杂产品方面有比较优势,因为制度能降低交易成本从而影响到出口复杂产品的成本。他们把这些观点嵌入到一般均衡框架中发现,在通常条件下,出口国强的法律制度提高了在复杂产品生产上的比较优势,但是降低了在简单产品生产上的比较优势。经验分析证实了模型的预见,制度质量对贸易流量有重要影响。结果表明出口国制度质量对推动复杂产品市场的贸易是最重要的,进口国制度质量对于简单产品市场最重要。

合约实施制度质量和国际贸易的经验研究还包括:Anderson 和

Marcouiller(2002)运用重力模型来证明双边贸易量显著地受各国制度质量的影响,制度越完善,那么贸易量就越大。Schuler (2003)检验了苏联国家的贸易构成变化,认为作为命令经济制度的崩溃,制度密集部门的净出口比那些非制度密集部门的净出口下降得快。Nicolini(2006)对 Nunn (2004),Costinot (2004)以及 Acemoglu, Antràs 和 Helpman (2006)所提出的有关思想进行计量检验,即产品的复杂程度依合约实施中中间投入品数量而变,复杂产品需要大量的合约,因此更依靠该国良好的合约实施。他的结果支持了这些不同模型的观点。

从上述模型中,我们可以得到的启示是:复杂产品因为涉及很多中间产品,其合约密集程度要远远高于简单产品的合约密集度。因此复杂产品对于合约实施质量更加敏感,进而良好的制度是生产更加复杂产品的比较优势来源。

1.6 小　结

在完全信息假设下,传统贸易理论只关注比较优势的形成技术和禀赋因素,忽视了合约实施问题对贸易的扭曲,而包括国际贸易在内的任何交易都会不同程度地受到机会主义行为的干扰,事后的违约行为阻碍了贸易的开展。国际贸易的开展更会受到法律制度差异造成的合约实施困难问题的干扰,一旦考虑交易成本的时候,那么如果两个国家的技术差异、禀赋结构差异,或者制度差异,这些仅仅提供了开展国际贸易的一个必要条件,而不是充分条件。制度和组织存在的一个重要目的是消除人们的机会主义行为,通过一系列的非正式和正式合约实施制度来降低市场交易费用,从而保证国际贸易的顺利开展。

解决交易中的机会主义行为可以通过以下三个机制:非正式合约实施制度、正式合约实施制度、产权。一方面不同的产权安排对应着不同的合约交易和实施形式,跨国生产中的产权安排同样会影响到国际交易的方式,企业能力、产业特征都会影响到这种产权安排和相应的贸易模式。另一方面因为不同的产业对合约实施制度质量的要求是不同的,复杂产品的制造与简单产品制造相比更倾向于公司内贸易,用组织内合约实施来替代市场的合约实施。从相关经验研究中我们可以得到的启示是:一个国家要获得产业升级,从简单产品出口提升到复杂产品出口必须有相应的合约实施制度质量提高为保障,缺乏制度保障,动态比较优势的形成是困难的。

鉴于合约理论已日益成为微观经济学的核心内容,国际贸易作为交易的特例可以放在更加一般的合约理论框架中加以分析,尽管合约理论并不能完全包括国际贸易理论的全部。作为对现有贸易理论的补充,未来国际贸易理论可能的研究方向体现在三个方面:一是从合约理论出发对制度和贸易关系进行微观层面的研究,对此目前尚未形成统一的分析框架;二是国际贸易推动制度变迁的研究,这涉及贸易意义的重新认识、定位和制度演化问题;三是对比较优势来源的制度分析,合约实施制度与比较优势关系的研究提供了一个视角,但制度涉及多个维度,比较制度分析方法有助于我们更加全面地考察这个问题。

【参考文献】

[1] Acemoglu, Daron and Simon Johnson. Unbundling Institutions. Unpublished, Cambridge:Massachusetts:MIT,2003.

[2] Anderson, James. A Theoretical Foundation for the Gravity Equation. American Economic Review,1979,69(1):106-116.

[3] Anderson, James. Trade and Informal Institutions. In E. Kwan Choi and James C. (eds.), Handbook of International Trade, v. 2. Oxford: Basil Blackwell,2001.

[4] Anderson, James and Douglas Marcouiller. Insecurity and the Pattern of Trade: An Empirical Investigation. Review of Economics and Statistics,2002,84(2):342-352.

[5] Anderson, James and Eric van Wincoop. Trade Costs. Journal of Economic Literature,2004,42:691-751.

[6] Antràs, Pol. Firms, Contracts, and Trade Structure. The Quarterly Journal of Economics, November,1375-1418,2003.

[7] Antràs, Pol and Helpman, Elhanan. Global Sourcing. Journal of Political Economy,2004,112(3):552-580.

[8] Antweller, W. and Trefler, D. Increasing Returns and All That: A View From Trade. The America Economic Review, March, 2002, 92 (1):

93-111.

[9] Araujo, Luis and Emanuel Ornelas. Trust-Based Trade. IBMEC RJ ECONOMICS DISCUSSION PAPER, 2005-08 http://professores.ibmecrj.br/erg/dp/dp.htm,2005.

[10] Berkowitz, Daniel, Johannes Moenius and Katharina Pistor. Trade, Law and Product Complexity. Review of Economics and Statistics 88: forthcoming,2006.

[11] Coase, Ronald H. The Nature of the Firm. Economica,1937,4(16): 386-405.

[12] Costinot, Arnaud. Contract Enforcement, Division of Labor and the Pattern of Trade. Mimeo, Princeton University,2004.

[13] den Butter, F. A. G. and Mosch, R. H. J. Trade, Trust and Transaction Costs. Tinbergen Lnstitute Discussion Paper 2003-082/3. http://www.tinbergen.nl/ discussionpapers/03082.pdf,2003.

[14] Dixit, A. K. Trade Expansion and Contract Enforcement. Journal of Political Economy,2003a,111:1293-1317.

[15] Dixit, A. K. Lawless and Economics: Alternative Modes of Governance. Princeton University Press,2004.

[16] Evans, C. L. The Costs of Outsourcing. Working Paper, 2001b.

[17] Greif, A. Institutions and International Trade: Lessons from the Commercial Revolution. American Economic Review, 1992, 82: 128-133.

[18] Greif, A. Contract Enforceability and Economic Institutions in Early Trade: the Maghribi Traders' Coalition. American Economic Review,1993,83: 525-548.

[19] Greif, A. On the Nature and Evolution of Political and Economic Institutions: Commitment, Reputation, and Self-Enforcing Institutions in Late Medieval Genoa,1993b.

[20] Greif, A. Cultural Beliefs and the Organization of Society: A Historical and Theoretical Reflection on Collectivist and Individualist Societies. Journal of Political Economy,1994,102: 912-950.

[21] Greif, Avner. Contracting, Enforcement, and Efficiency: Economics Beyond the Law. Annual World Bank Conference on Development

Economics,1997.

[22] Grief. Commitment, Coercion, and Markets: The Nature and Dynamics of Institutions Supporting Exchange. C. Menard and M. Shirley (eds.),Handbook of New Institutional Economics,Springer. Printed in the Netherlands,2005,727-786.

[23] Grossman, S. The Informational Role of Warranties and Private Disclosure about Product Quality. Journal of Law and Economics,1981, 24(3):461-483.

[24] Grossman, Sanford J. and Oliver,D. Hart. The Costs and Benefits of Ownership:A Theory of Vertical and Lateral Integration. Journal of Political Economy,1986,94(4):691-719.

[25] Grossman, G. M. and E. Helpman. Innovation and Growth in the Global Economy. Cambridge, MA: MIT Press,1991.

[26] Grossman, G. and Helpman, E. Outsourcing in a Global Economy. NBER Working Paper,No. 8728,2002a.

[27] Grossman, G. and Helpman, E. Outsourcing Versus FDI in Industry Equilibirum. Journal of the European Economic Association,2003,1 (2-3):317-327.

[28] Harigan, James. Specialization and the Volume of Trade: Do the Data Obey the Law? NBER Working Paper 8675,2001.

[29] Hart, Oliver and John Moore. Property Rights and the Nature of the Firm. Journal of Political Economy,1990,98(6):1119-1158.

[30] Helpman, Elhanan. Trade, FDI, and the Organization of Firms. Memo, Harvard University and CIAR,2005.

[31] Helpman, Elhanan and Paul Krugman. Market Structure and Foreign Trade. Cambridge, MA: The MIT Press,1985.

[32] Helpman, Elhanan, Marc J. Melitz and Stephen R. Yeaple. Export Versus FDI with Heterogeneous Firms. American Economic Review, 2004,94:300-316.

[33] Johnson, Simon, John McMillan and Christopher Woodruff. Courts and Relational Contracts. Journal of Law, Economics and Organization,2002,18(1):221-277.

[34] Keller,Wolfgang. International Technology Diffusion. Forthcoming.

Journal of Economic Literature, 2004.

[35] Klein, Benjamin, Robert G. Crawford, and Armen A. Alchian. Vertical Integration, Appropriable Rents, and the Competitive Contracting Process. Journal of Law and Economics, 1978, 21: 297-326.

[36] Levchenko, Andrei A. Institutional Quality and International Trade. IMF working Paper 04/231, 2004.

[37] Li, John Shuhe. Relation-Based Versus Rule-Based Governance: An Explanation of the East Asian Miracle and Asian Crisis. Review of International Economics, 2003, 11: 651-673.

[38] McLaren, J. Globalization and Vertical Structure. American Economic Review, 2000, 90: 1239-1254.

[39] MacLeod, W. Bentley. Reputations, Relationships and the Enforcement of Incomplete Contracts. Columbia University, New York, Working Paper, 2005.

[40] Marin and Schnitzer. Contracts in Trade and Transition: The Resurgence of Barter. Cambridge, Mass: MIT Press, 2002.

[41] Markusen, J and Maskus, K. General-Equilibrium Approaches to the Multinatioanl Firm: A Review of Theory and Evidence. NBER Working Paper 8334, 2001.

[42] Melitz, Marc J. The Impact of Trade on Intra-Industry Reallocations and Aggregate Industry Productivity. Econometrica, 2003, 71: 1695-1725.

[43] Milgrom, P., North, D. and Weingast, B. The Role of Institutions in the Revival of Trade: The Law Merchant, Private Judges, and the Champagne Fairs. Economics and Politics, 1990, 2: 1-23.

[44] North, Douglass C. Structure and Change in Economic History, W. W. Norton & Company, Inc., New York, 1981.

[45] North, D. Government and the Cost of Exchange in History. Journal of Economic History, 1984, 44: 255-264

[46] North, D. Institutions. Journal of Economic Perspectives, 1991, 5: 97-112.

[47] Nunn, Nathan. Relationship-Specificity, Incomplete Contracts and the Pattern of Trade. Mimeo, University of British Columbia, 2006.

[48] Ranjan, P. and Lee, J. Y. Contract Enforcement and the Volume of International Trade in Different Types of Goods. Mimeo, UC

Irvine,2003.

[49] Rauch,J. E. Net Works Versus Markets in International Trade. Journal of International Economics,1999,48: 7-35.

[50] Rauch,J. E. Business and Social Networks in International Trade. Journal of Economic Literature,2001,39:1177-1203.

[51] Rauch, James and Joel Watson. Starting Small in an Unfamiliar Environment. International,Journal of Industrial Organization,2003,21: 1021-1042.

[52] Rodrik, Dani, Arvind Subramanian, and Francesco Trebbi. Institutions Rule: The Primacy of Institutions Over Geography and Integration in Economic Development. Mimeo, Harvard University,2002.

[53] Ranjan, P. and Lee, J. Y. Contract Enforcement and International Trade. Mimeo,2005.

[54] Romalis, John. Factor Proportions and the Structure of Commodity Trade. American Economic Review,2004,94:67-97.

[55] Schuler, Philip Martin. Institutions, International Trade, and the Post-Socialist Transition. University of Maryland College Park, Doctor Dissertation,2002.

[56] Spencer, Barbara J. International Outsourcing and Incomplete Contracts. Mimeo, University of British Columbia,2005.

[57] Trefler, D. The Case of Missing Trade and Other Mysteries. American Economic Review,1995,85:1029-1046.

[58] Tybout,James R. Internal Returns to Scale as a Source of Comparative Advantage: The Evidence. The American Economic Review, May, 1993,83(2):440-444.

[59] Williamson, Oliver E. Transaction Cost Economics: The Governance of Contractual Relations. Journal of Law and Economics,1979,22: 233-261.

[60] Williamson, O. The Economic Institutions of Capitalism: Firms, Markets, Relational Contracting. New York: The Free Press,1985.

[61][德]柯武刚,史漫飞. 制度经济学——社会秩序与公共政策. 北京:商务印书馆,2000.

[62] 阿维纳·格雷夫. 新帕尔格雷夫法经济学大辞典. 北京:法律出版社,2003.

[63] 联合国贸易与发展会议. 世界投资报告 1998. 北京:中国财政经济出版社,1999

[64] 联合国贸易与发展会议. 世界投资报告 2002. 北京:中国财政经济出版社,2003

[65] 道格拉斯·诺斯. 制度、制度变迁与经济绩效. 北京:生活·读书·新知三联书店,1994.

第 2 章

国际贸易理论视野中的企业组织

2.1 引 言

当今世界，最深刻的变化之一就是经济全球化浪潮空前地席卷每一个角落。由于跨国公司和国际垄断资本的发展，在现代信息技术的催化作用下，资本、技术、劳动力等生产要素的流动和配置，以越来越大的规模在全球范围内展开，各个国家的经济被越来越多地卷入统一的世界经济体系，国与国之间的相互依存达到前所未有的广度和深度。国际上许多知名企业开始对原有的组织框架进行重构，逐步由规模型的生产性组织向灵活性、适应性和有机性的组织转化。从内部来看，跨国公司母子公司界限日益模糊，海外子公司正成为跨国公司知识网络体系中重要的学习者和知识贡献者，公司专有优势的产生与维持正由原来的母公司导向转变成为整个公司网络的集体责任；从外部来看，跨国公司纷纷采取购并、资产剥离、战略联盟（包括合资企业）、合作、外包、业务交换等形式进行重新整合。与此同时，一部分发展中国家的企业迅速崛起，成为世界经济发展过程中一个引人注目的新现象。可以说，目前世界范围内的企业组织正处于规模空前的、根本性的规模与边界重组时期①。

---

① 目前在国内外相关的研究文献中有多种意义相近但又不完全一致的提法，如"价值链切片(slicing of the value chain,)"、"外包化生产(outsourcing)"、"生产的非一体化(disintegration of the production process)"、"垂直专业化(vertical specialization)"、"国际化外包生产(international outsourcing)"等等。这些概念用于不同的研究目的，但出现频率较高的概念是"外包化生产"或"国际化外包生产"。在此不一一赘述。

总体而言，国际贸易理论有关企业组织研究的基本问题可以归结为三个方面：一是企业为什么要进行对外直接投资和跨国经营；二是到哪些国家和地区进行投资与经营；三是怎样进行直接投资与跨国经营。

2.2　早期的研究：分立与融合

企业组织在国际贸易中占有重要的地位，但在传统国际贸易理论中却没有得到足够的重视。这一方面是由于国际贸易考察的出发点是“国家”，另一方面更主要的原因在于古典、新古典经济学分析方法没有给企业留下应有的位置，因此也就无法解释贸易与投资的相互关系①。无论是以斯密为代表的绝对优势说（Smith，1776），还是以李嘉图（Ricardo，1817）外生技术比较优势说和以赫克歇尔、俄林（Hecksche，1919；Ohlin，1933）为代表的禀赋比较优势说，都内在地假定以国家为界，以国家间的差异来解释贸易的动因，致力于探寻的是“国家的”比较优势，并且将这一优势定型转化为产业优势，以此顺应国际分工的趋势，实现资源的合理配置，从而得出自由贸易有益的政策建议。在这里，企业是现成的，其主要的任务是提高投入—产出比例，因此企业的组织结构、规模、竞争地位及其相应的市场结构都对贸易的模式、成因、得益等没有影响。其生产函数的分析也只表明一种投入—产出纯技术关系，忽视了社会经济组织演进与生产率的互动关系。因此，从根本上说，没有把企业看作贸易的主体，其企业理论充其量是一种生产理论，其结果便是贸易理论阐释现实国际贸易的能力日渐式微。也正因为如此，理论研究在相当长的一段时间沉寂徘徊，难有突破。

二战之后，随着国际投资与跨国公司的迅猛发展，人们逐渐发现，出口、到东道国建立生产基地以及向国外生产者发放许可证所应考虑的因素在很大程度上是相似的，实际上都是同一企业面临的不同选择。因此，一些经济学家开始尝试考察企业组织的因素，在经历了前期的贸易与投

① 古典经济学中的贸易理论基础是专业化经济和比较利益说并存的，但要用数学模型同时描述 Smith 关于市场竞争和劳动分工这两个主要思想需要非常复杂的工具。新古典主义选择了效用函数、无规模报酬的生产函数这种最简单的处理方法。在新古典主义经济学中，专业化经济不见了，而只剩下比较利益说。从此，经济学家们就在经济理论和经济现实之间的冲突面前大伤脑筋。

资替代抑或互补的争议之后,理论研究上出现了相互渗透、相互融合的趋势[①]。Hymer(1960),Vernon(1962),Buckley 和 Casson(1976),小岛清(1978)[②],Dunning(1977,1981)等相继提出了垄断优势理论、产品生命周期理论、内部化理论、边际产业扩张理论和折衷范式(OLI Framework)等不同的理论假说。这些理论假说基本上都是建立在对不同时期和不同国家的实证分析基础之上的,对各自国家特定时期的企业行为具有较强的解释力,但都不能成为解释企业国际直接投资和贸易行为的一般理论。

以上分析表明,在完全竞争框架下的国际贸易理论已经受到了越来越多的批评和挑战,国家间资源禀赋和劳动生产率的差异对国际贸易格局的解释力逐渐削弱。无论是垄断优势理论、产品生命周期理论、内部化理论和边际产业扩张理论,还是折衷范式,虽然都强调了企业这一经济组织的重要性,但它们却只是相对独立地作为一些流派或多重均衡存在,没有形成一个系统化、模型化和形式化的理论体系,也难以与主流贸易理论的一般均衡分析相融合,因此留下了与新古典贸易理论的"缺口"。如何弥合这一"缺口",成为贸易理论努力的方向。随着经济学分析方法与工具的改进与发展,经济学家开始将产业组织理论和市场结构理论嫁接到新古典贸易理论来解释现代国际贸易现象,开始重视规模经济、递增收益以及不完全竞争的市场结构在国际贸易中的作用,这被认为是国际贸易理论发展的一个重要里程碑,也正是本文下一节所要介绍的主要内容。

---

① 传统的国际贸易理论假设市场是完全竞争和规模报酬不变的。由于各国生产要素丰裕程度的不同,决定了各国在生产不同产品时所具有的比较优势或价格优势。所以,国际贸易的格局也就由各国的资源优势所决定。国际直接投资理论则认为,市场的不完全性,尤其是技术和知识市场的不完全,才是导致企业对外直接投资的主要原因。正是由于市场的非完全性,跨国企业才有可能运用组织的效率,发挥它在获得资本、劳动、技术和知识等要素方面的有利条件,在世界市场上与当地企业竞争。由于理论前提的截然不同,使得早期的国际经济理论将贸易与投资问题孤立地进行研究,缺乏对二者之间关系的系统分析。

② 小岛清在《对外贸易论》中,明确提出了国际贸易具有两重性格,即个别交易和整体现象。由此而产生两种交易主体,即个别主体和谋求调整整体收支的综合主体。

2.3　跨国公司被纳入国际贸易理论一般均衡分析

进入20世纪80年代，国际市场竞争空前激烈，跨国公司跃升为推动世界经济一体化的最重要力量。与之相适应，包含大量中间产品交易的产业内贸易(intra-industry trade)和公司内贸易(intra-firm trade)获得了前所未有的大发展。这种与历史时期迥然不同的时代特征，揭示出现代国际竞争的运行方式和利益格局已经发生根本改变。面对经验观察对传统贸易理论构成的重大挑战，应运而生的新贸易理论(new trade theory)通过嫁接产业组织和市场结构理论的"规模报酬"、"产品差异"、"不完全竞争"等长期被忽视的理论范畴来诠释国际经济现象①，出现了将跨国公司FDI的定位选择与要素禀赋、市场规模、贸易和投资壁垒等国家特征相结合的趋势，这不仅使得跨国公司被正式纳入新古典贸易理论一般均衡分析框架，而且逐步演化为互补互促的纵向一体化(vertical integration)和横向一体化(horizontal integration)贸易投资理论两大分支体系，成为国际贸易理论发展史上的又一重要里程碑。该领域的研究主要包括Helpman(1984,1985)，Helpman和Krugman(1985)等的纵向跨国公司理论；Markusen(1984,2002c)，Horstmann和Markusen(1987,1992)，Brainard(1993a)以及Markusen和Venables(1998,2000)等的横向跨国公司理论；Markusen(1997,2002a、b)的知识—资本模型等。至此，国际贸易理论视野中企业主体地位的确立是毫无疑问的了。

---

①　长期以来，传统贸易理论一直被阿罗—德布鲁的一般均衡分析框架所主宰，把完全竞争和规模报酬不变作为重要的假设前提。企业层次的报酬递增难以与竞争性的一般均衡相容，所以被排除在主流体系之外，所有隐含报酬递增的现象只好用马歇尔的外部经济来解释。这种格局随着1933年英国经济学家E·张伯伦《垄断竞争理论》和J·罗宾逊《不完全竞争经济学》的出版被彻底打破了。张伯伦和罗宾逊夫人同时创立了垄断竞争理论，并将经济学家的注意力从完全竞争转到了现实市场结构。受此理论影响，美国哈佛大学教授E·梅森(Edward Mason)20世纪30年代末期提出"结构—行为—绩效"模式。70年代后期，一些西方经济学家开始将产业组织理论和市场结构理论嫁接到新古典贸易理论来解释现代国际贸易现象。这些理论观点最早出现在Kmgman，Dixit和Norman，Lancaster，Helpman和Ethier等经济学家的论著中，新贸易理论和新增长理论也成为国际贸易理论发展的重要里程碑。

2.3.1 纵向跨国公司与要素比例(factor-proportion)

纵向跨国公司一般有以下基本假定:(1)总部服务、差异产品生产和同质产品生产分别具有最资本密集、一般资本密集型和最劳动密集三种不同属性[①];(2)不考虑最终产品运输成本及其对贸易的影响;(3)规模收益递增和零运输成本保证企业可以集中于单个工厂生产;(4)企业总部服务和生产行为的定位选择取决于要素价格。

Helpman(1984)在这方面做了开创性的工作,后续扩展包括 Helpman(1985),Helpman 和 Krugman(1985)等提供的更加精致的模型[②]。该理论的基本思想可如图 2-1 的艾奇沃斯盒形图(Edgeworth Box Diagram)所示,由母国 O 和东道国 O(组成的两国世界有资本 K 和劳动力 L 两种生产要素,存在一个完全竞争的同质产品部门 Q'和一个不完全竞争的差别产品部门 Q,Q 产品的生产包括总部服务 H 和工厂生产 P 两个阶段。由于运输成本为零,一体化均衡中两国间的要素禀赋差异程度对于跨国公司的出现就至关重要。所以,这类模型也被看作是对经典要素比例模型的修正和完善。当两国间的要素禀赋差异较小时(集合 OQO^*),禀赋点 E′存在要素价格均等化(FPE)的均衡,两国相应的市场规模(收入水平)分别为 OC 和 CO^*,资本相对丰裕的母国发生出口部分 Q 产品的产业内贸易和进口部分 Q'产品的产业间贸易,国内企业没有海外设厂以及公司内贸易的动因;当两国间的要素禀赋差异较大时(集合 ODQ),为了利用要素价格的国际差异,企业将资本密集度高的总部服务置于母

① 通常把企业行为分成总部行为和实际生产行为两大类:总部行为主要是指战略、管理、资金以及信誉、商标等服务,简称为研究与开发(R&D);实际生产行为又可分为上游生产(中间产品)和下游生产(最终产品)。所有这些行为都被假定具有规模经济效应。企业在两国进行活动时,可以将总部行为安排在母国进行,但实际生产活动可有两种选择:(1)转移到东道国,称之为纵向一体化;(2)国内国外均安排生产,称之为横向一体化。虽然现实里两者的界限并非十分明显,但在本文的分析中都遵照它们的严格定义进行。

② 需要说明的是,Helpman(1984)的模型中包含公司层次规模经济,这一条件却是对于横向一体化企业产生非常重要的。但是,由于模型零贸易成本的假定,即使在具有公司层次规模经济情况下,横向一体化企业也不会在均衡结果中出现。Helpman(1985)考虑了既有纵向一体化也有横向一体化的情况,也因此带来了术语使用上的某些混乱。在这里,Helpman 是以一种非标准方式使用横向一体化概念的,更多的学者倾向于把横向一体化概念限制为跨国公司将同一种商品或服务在多国通过生产而不是贸易的形式满足当地市场需求。就此而言,Helpman 的定义既不完全符合纵向一体化思路,也不完全符合横向一体化思路,而更接近 Brainard(1993b)的“要素比例方法”这一术语。

国，而把工厂生产安排在劳动力相对丰裕的东道国，最终导致纵向跨国公司的产生。在禀赋点 E，向量 OE_H、E_HE 和 EE_M 分别描述了总部服务和工厂生产所使用的要素以及跨国公司在东道国的最低介入状况，此时母国放弃了 Q' 的生产，却仍是差异产品 Q 的净出口国。当禀赋点高于 E 时，母国则将专门从事总部服务活动，而成为各类差异产品和同质产品的净进口国。由此可见，如果国家相对规模给定，要素禀赋差异越大（沿 BB' 向上方移动），总部服务与工厂生产的要素密集度差异越大（ODQ 的面积），公司内贸易份额就越大，国外子公司对母公司以及母国其他企业的出口构成了贸易和 FDI 的互补关系。纵向跨国公司理论相比 OLI 模型更进了一步，较适于解释发达国家与发展中国家间的贸易形式，但似乎同跨国生产的标准事实相悖，首先是它忽略了贸易成本（包括运输成本、生产效率和关税、非关税贸易壁垒等）的影响，结论严格依赖于零运输成本和相关术语的限制①。其次，正如我们所看到的，近年来发达国家间 FDI 和贸易的增长事实上要快于它们同发展中国家间的增长，对此 H-K 模型没有提供有力的支持（见图 2-1）。

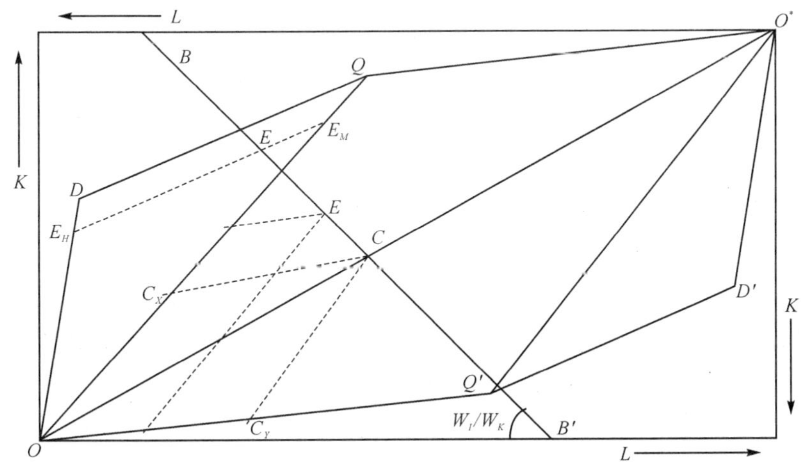

图 2-1　纵向跨国公司与要素禀赋空间

资料来源：根据 Helpman 和 Krugman(1985)修改绘制。

① Antràs(2003)强调，Helpman(1984)也许提供了一个理解近年来日益增加的生产片段化趋势的模型，但并没有真正解释出 FDI 和公司内投入品贸易的成因。研究显示，大量的生产环节的分离是通过外部市场实现的，而没有体现在 FDI 和公司内贸易的有关数据上，Antràs 的思路将在下一节详细介绍。

2.3.2 横向跨国公司与市场进入(market access)

横向跨国公司一般有以下基本假定:(1)存在工厂层次和公司层次上的规模经济;(2)但工厂企业不可能实现总部与车间的空间分离;(3)工厂层次和公司层次的固定成本和边际生产成本只使用一种要素或要素强度相等;(4)在分析横向一体化过程中,通常将纵向一体化因素排除在外。

最早开展这一问题研究的是 Markusen(1984),相关研究还包括 Horstmann 和 Markusen(1987,1992),Brainard(1993a)[①],Markusen 和 Venables(1998,2000),Markusen(2002c)等。Markusen(1984)的基本思想是:由于工厂层次和公司层次上的规模经济与贸易成本间存在着张力,在距离与集中优势权衡之上的国内企业要么出口,要么在东道国生产并服务当地市场。假设有两个对称国家(i 和 j),两种产品(差异产品 X 和同质产品 Y),两种生产要素(技术劳动 S 和非技术劳动 L)。如果 i 国企业 d 选择出口 X,则发生边际成本 c、工厂固定成本 G、公司固定成本 F(总部服务和 R&D 联合投入)和运输成本 t 四种成本。如果 d 选择在 j 国复制一家工厂,则可以节省运输成本 t,而只增加工厂沉没成本 G,并不改变公司固定成本 F,各种成本都以 Y 为计量单位,σ 表示差异产品间的替代弹性。FDI 替代出口的均衡条件为:$F/(F+2G)>t^{1-\sigma}$。显然,公司层次相对于工厂层次的规模经济(F/G)越大,运输成本 t 越高,产品的差异性 σ 越大,横向跨国公司就越容易出现。Markusen 和 Venables(1998),Markusen(2002c,chap. 5)放宽了两国对称的简单框架,集中讨论了同质产品古诺寡占模型中各种横向经营活动,Markusen 和 Venables(2000),Markusen(2002c,chap. 6)则对 D-S 垄断竞争条件下的结果与 H-K模型进行了比较。他们指出,当国家规模和要素禀赋相似时,横向跨国公司最为重要。较高的贸易成本和公司规模经济以及较大的市场规模会鼓励跨国公司发展,而世界要素禀赋向技术劳动的变化对其影响很小。在投资自由化后,X 的产业内投资和销售会替代贸易。该理论较为成功地解释了发达国家间的双向投资现象,但其对 FDI 替代贸易的预言并不完全符合实际,同时在流入发展中国家的 FDI 中也有相当比例是服务于当地市场的,并且衍生出了大量的横向 FDI 和中间产品交易。

---

① Brainard(1993a)的思路也被称为"邻近—集中假说"(proximity-concentration hypothesis)。

2.3.3　统一的知识—资本模型(Knowledge-Capital Model)

在贯穿整个 20 世纪 80 年代和 90 年代的大部分时间内，很大程度上是源于技术处理的困难，上述两个理论分支体系是相互脱节的。Helpman 和 Krugman 最初有关零运输成本的限定是为了产生解析解，但在这一预设条件下，公司层次的规模经济对于横向跨国公司的出现便无关紧要。Horstmann，Markusen 和 Brainard 等只使用一种生产要素或不同活动要素强度相等的假定，使得企业将不同生产阶段活动进行区位分离的动机不复存在。为了改变这种互不兼容的状况，Markusen(1997，2002a、b)试图将两个理论分支联结为统一的分析框架，该方法被称为“知识—资本模型(Knowledge-Capital Model)”。它有三个关键性假设：(1)分割性(fragmentation)。知识资本可以容易地提供给分支机构，对国外工厂供给的附加成本很小。(2)技术劳动密集性(skilled-labor intensity)：相比最终产品生产，知识资本生产是技术密集型的。(3)联合性(jointness)。知识资本服务是(至少部分是)被作为公共投入品提供给多个工厂，供给第二家工厂使用的附加成本比创建一家带有当地工厂的公司要小①。

Markusen 模型一般均衡中活跃的公司组合有三类六种：h 型是在两个国家设立工厂的横向跨国公司(h_i 和 h_j)，v 型是拥有单一工厂的纵向跨国公司(v_i 和 v_j)，d 型是拥有单一工厂的国内公司(d_i 和 d_j)，i，j 表示总部所在地。如果世界总收入 M_i+M_j、贸易成本 t 较高，两国收入和要素价格相称，h 型跨国公司将占主导地位。如果世界总收入、贸易成本较低，或两国收入和要素价格不对称，v 型或 d 型公司利润孰大孰小则要根据固定成本判定。当本国是大国且技术劳动丰裕时，d 型公司将占优；当本国是小国且技术劳动丰裕时，v 型跨国公司将比 d 型公司更能“套利”而获得独特的优势。以上结论削弱了跨国公司只在市场规模和要素禀赋相似的两国最有可能出现的强制，通过嵌入工厂内部活动的地理分割使 Helpman(1984)模型成了一种特例。当某一国家为技术劳动丰裕、贸易

---

① “知识—资本”这一术语之所以被使用，主要是因为被总部创造而被分布在各个国家的分支机构利用的知识在企业内具有公共品的性质，这种无形资产对于任何类型的跨国公司都是非常重要的。假设(1)和(2)提供了一种纵向生产的激励，而假设(3)则表明公司层次的规模经济的存在和在不同区位复制相同生产或服务的横向投资的潜在激励。其中(1)和(3)的区分是非常重要的，知识资本可以容易地被传递给一个国外工厂，但可能有冲突或不能完全作为公共品同时提供给两个工厂。

成本较低的小国时,v 型公司的引入尤为关键。这在诱因环节解释了为什么瑞典、荷兰和瑞士等国家会成为重要的总部集聚国,而像中国这样的非技术劳动丰裕的大国会得到数量可观的 FDI。随后,Brainard(1997a),Ekholm(1995,1997),Carr(2001)以及 Markusen 和 Maskus(2001)等所做的计量检验直接支持了知识—资本模型的有效性,实证研究倾向于认同中间产品往来中的贸易和投资是互补的,而在最终产品交易中两者通常体现为替代关系。然而,知识—资本模型依然沿袭简单的纵向 FDI 和横向 FDI 两分法,回避了世界贸易中可能采取的复合一体化策略(complex integration strategies)。其次,跨国公司内部供销无成本的假定只在总部服务和中间产品符合纯知识产品的情况下才得以成立,而当投入品具体表征为零部件或元器件时其结论值得商榷。再次,或许是所采集的样本多来自发达国家的缘故,引入数据后纵向流动模式被总体拒绝的估计结果也令人迷惑,这与过去十几年间发展中国家吸收全球 FDI 份额急剧增长的变化相去甚远。

纵向、横向跨国公司与知识—资本模型的比较见表 2-1。

表 2-1 纵向、横向跨国公司与知识—资本模型的比较

	公司层次和工厂层次的规模经济	单个工厂企业是否地理分离总部行为和生产行为	总部行为和生产行为的不同要素强度	模型结果
纵向跨国公司	没有公司层次规模经济	单个工厂企业可以地理分离总部行为和生产行为	相对于工厂层次的固定成本和生产的边际成本,公司层次的固定成本是技术密集的	国家间要素禀赋差异相对大时,跨国公司活跃;相似国家之间跨国公司不会出现
横向跨国公司	公司层次和工厂层次的规模经济	单个工厂企业不可能地理分离总部行为和生产行为	工厂层次、公司层次上的固定成本和生产的边际成本只使用一种要素或要素强度相等	贸易成本高、国家间市场规模和要素禀赋相似,横向跨国公司活跃
知识—资本模型	公司层次和工厂层次的规模经济	单个工厂企业可以地理分离总部行为和生产行为	相对于工厂层次的固定成本和生产的边际成本,公司层次的固定成本是技术密集的	横向和纵向跨国公司都存在,贸易成本高、国家间市场规模和要素禀赋相似,横向跨国公司活跃;要素禀赋差异较大的国家,特别是技术劳动丰裕的国家相对小时,纵向跨国公司活跃

资料来源:根据 Markusen 和 Maskus(2001,2002)观点整理。

以上研究表明，跨国公司一般均衡分析明确地放弃了企业活动必须集中在国内以及市场是完全竞争的假设条件，解决了在新古典贸易理论框架下只能得到企业所属的产业规模而非企业规模本身的痼疾。从历史发展的眼光看，由于理论越来越逼近现实，使得贸易和投资的分析基础及基本结论日趋一致，完全可以说是理论上的一大突破。这些研究成果重点回答了引言中的前两个问题，即解释了跨国公司的存在机制（主要是分析跨国公司出口贸易和直接投资的动因与条件），但都没有完全揭示出公司成长中的内部协调效率和所有权配置等核心问题，仅仅论证了国内企业有将部分生产环节移至海外的动力，并未阐明为什么国际生产活动有时会发生在企业边界之内，有时却依托现货市场外包或许可证交易等形式加以实现，因而对于一些新兴国际化经营方式的出现缺乏论点支撑①。这是本章下一节要介绍的主要内容。

2.4　企业组织的效率边界：20 世纪 90 年代末以来的新进展

随着全球化进程的进一步加快，国家与国家之间的市场边界日益模糊，世界各个国家和地区的市场正趋向于形成一个全球性的大市场。快捷、迅速的信息交换技术使得跨国公司组织结构日益网络化与弹性化，通过内部集成性网络的向外拓展，跨国公司与外部经营环境的联系愈加丰富，国际战略联盟和外包网络的广泛存在创新了国际生产的组织方式，提高了企业的竞争能力，但同时也模糊了传统的刚性的公司界限。在前述的各种理论模型中，跨国公司的出现是由东道国的某些优势（运输距离、要素价格和要素禀赋）和促成或阻碍国际分工的技术因素（公司或工厂层次的规模经济、运输成本）等共同决定的。这些理论增强了我们对贸易和 FDI 流动的理解，但都没有完全揭示出企业国际化经营中的核心问题，其逻辑线索依然假定交易是无摩擦的，产权得到充分保护，市场秩序付诸超国家的“世界政府”来规制，合作各方拥有关于“世界市场”的完全信息，因

① 杨小凯等人将他们发展的新兴古典贸易理论也纳入新贸易理论范畴之中，但这种观点并没有取得主流经济学界的认可。另外，20 世纪 80 年代末到 90 年代初，早期新贸易理论受到了自由主义猛烈的攻击，这直接导致了新政治经济学的崛起，政治成为新贸易理论调和上述冲突的落脚点和保护伞。由于这不是本文的主题，限于篇幅，将该部分内容略去。

而对于一些新兴的国际化经营方式的出现缺乏解释力。Antràs 和 Helpman(2004)的研究表明,目前美国跨国公司国外分包的增长速度已经超过公司内贸易的发展。随着企业实践和理论研究的进一步深化,迫切需要构建一个新的国际贸易理论分析框架,而从比较优势、交易成本、治理结构、市场厚度、企业差异、信息成本等因素结合的研究中导出公司追求控制权的动机,将是探寻国际贸易理论与直接投资理论融合下企业组织内生选择的重要线索。

2.4.1 交易成本、产权与不完全契约

用不完全契约理论研究企业问题是当代企业理论最富有成果,也是最具前沿的领域之一。企业理论要回答三个问题:(1)企业是什么,它为什么存在?(2)企业的边界在哪里?(3)企业的所有者和管理者之间的关系以及企业内部管理组织结构应该如何安排?Coase(1937)提出了开创性的分析思路以后,企业理论沿着两条路径不断发展和深化:一条是循着Coase(l937),Williamson(1975,1985),张五常(1983),Klein,Crawford 和 Alchian(1978),Klein 和 Keith(1981)以及 Alchian 和 Demsetz(1972)等以交易成本基础上的企业与市场关系、纵向一体化和不完全契约为分析框架的理论;另一条是循着 Grossman 和 Hart(1986),Hart 和 Moore(1990,1999),Che 和 Hausch(1999),Hart(1995,1999),Holmstrom 和 Milgrom(1991),Maskin 和 Tirole(1999),Segal(1999)以及 Tirole(1999)等,在坚持不完全契约的假定前提下,用非人力资产的所有权来刻画企业的特征,集中讨论了所有权作为提供专用性投资的激励和解决“套牢”现象工具以及研究物质资产所有权或剩余控制权的最佳安排的问题[①]。

---

① Perry(1989)很好地综述了有关企业理论的早期发展。杨其静(2002)则对近期的合同与企业理论研究成果作了总结性的评论。

1. 交易成本观点[①]

新古典经济学企业理论将企业看作一个"黑箱"，把企业单纯地看成一个追求利润最大化或价值最大化的经济实体，而没有对企业内部的运作情况加以考察[②]。针对新古典经济理论的缺陷，Coase(1937)发表的经典文章《企业的性质》认为，市场和企业是两种不同的资源配置方式。在市场上，资源的配置通过价格来调节，而在企业内，资源的配置通过组织的权威来进行。企业用科层组织的成本替代了资源在市场上进行分散交易所需要的交易成本(transaction cost)，正是通过两者的比较，企业家们决定哪些活动应该在市场上进行，而哪些交易活动在企业内进行。Coase通过交易成本的概念阐释了企业理论第一、二个问题[③]。在沉寂了相当长一段时间后，Williamson(1975，1985)，张五常(1983)，Klein，Crawford和Alchian(1978)，Klein(1980)以及Alchian和Demsetz(1972)等对其观点进行了继承和发展。他们的基本逻辑是基于下列观察事实：(1)大多数交易关系中，要在契约中完全规定各方的权利、义务是不可能的，或者成本过于高昂，即契约是不完全的；(2)由于关系专用性投资，双方被互相锁定在现有的关系中。

Williamson，Klein，Demsetz和Alchian等人的观点虽然认识到纵向一体化对专用性投资的保护，但他们的理论还留下了许多问题没有解决：他们没有说明纵向一体化为什么可以消除"套牢"行为，没有解释两个企

---

① 通过考察产业组织理论的演变，可以更清楚地了解纵向一体化理论和实践的发展。20世纪40至60年代，以梅森、贝恩、张伯伦为代表的哈佛学派普遍认为是垄断竞争和寡头垄断市场结构决定了该产业的一体化市场行为，这种行为又决定了垄断企业可以侵吞更多的消费者剩余。因此，当时产业组织对一体化行为基本上是持怀疑和抵制态度的。与此相应，美国的纵向购并行为也受到司法部的严格管制。从20世纪60年代后期开始，来自芝加哥大学的学者施蒂格勒、德姆塞茨等认为，兼并未必反竞争，一体化企业的高利润率未必是垄断定价的结果，而完全有可能是高效率的结果。斯蒂格勒的产业生命周期学说用规模经济解说纵向一体化行为，正是从效率出发的一个写照。从20世纪70年代开始，交易成本理论开始蓬勃兴起，它强调了市场运行具有成本。交易成本的概念由此把经济学引向了一个全新的视角。

② Hart(1995)强调，这种企业理论的技术观点有三方面的缺陷：(1)它忽视了企业内在的激励问题而仅把企业看作是一个完全效率的"黑箱"；(2)没有涉及企业内部化组织形式(科层结构、权威和授权等)；(3)没有关注企业的边界，它更应该被看作是一个工厂规模的理论而不是企业规模的理论。Coase(1937)明确指出，新古典理论既能适用世界上只有一家巨大的企业，也能适用现有企业的每一个工厂和部门都成为独立企业的情况。

③ 一般认为，Coase的分析忽视了两个重要的问题：一是财富效应，即产权的界定不当可能带来财富的不均；二是风险因素，也是对交易成本的深入解释。因此，传统理论只取得了局部成功，也引出本文接下来要重点介绍的(新)产权理论(G-H-M)。

业一体化时发生什么变化,与一体化决策相关的成本是什么等问题,交易费用概念的模糊也使该理论的可操作性面临尴尬的境地。事实上,在企业的所有权转换时既有收益又有成本,而不是交易成本经济学所认为的那样,一体化只有收益,没有成本。这些问题的答案直到 1986 年才由 Grossman 和 Hart 给出。

2. 产权观点

自从 Grossman 和 Hart(1986),Hart 和 Moore(1990)所提出的开创性理论以来[①],后来的发展和重要贡献包括:Che 和 Hausch(1999),Hart(1995,1999),Hart 和 Moore(1999),Holmstrom 和 Milgrom(1991),Maskin 和 Tirole(1999),Segal(1999)以及 Tirole(1999)等。他们的理论集中讨论了所有权作为提供专用性投资的激励和解决"套牢"现象工具的问题,转而研究物质资本所有权或剩余控制权的最佳安排,因而也被称为"产权经济学"(property rights approach)或"新产权经济学"。它有三个重要假设:一是虽然法院无法验证(verifiable)和执行[②],但是契约可以不断地事后重新谈判;二是双方在事先所拥有的信息在"不可描述的不确定"意义下是对称的[③];三是契约的所有当事人都是风险中性的。

G-H-M 分析框架虽然作出了重要的理论贡献,但仍然存在一些缺陷:(1)Raghuram 和 Zingales(1998,2000)对其物质强权的结论提出了质疑。他们认为企业的权利并非简单来自物质资产,而来自能为企业创造价值的关键资源(人力资本、天才、创意等)。(2)G-H-M 理论假定事后的

---

① 通常也把这个不完全契约的分析框架命名为 G-H-M 分析框架。

② 虽然可以被双方观察到,却无法被第三方或法庭等权威的仲裁机构鉴定或检验,这就是所谓的信息在事后的"可观察的但不可鉴别性(observable but non-verifible)"。这个基本假设蕴含了这样一个事实,即为了保证契约被强制实施,仲裁机构必须获知契约的所有条文,并且可以鉴别事后被揭示出来的状态信息及双方的行为,这种做法的交易成本太高,以至于无法实施。因此,不完全契约理论排除了对契约强制实施的可能性。对于第三方不可验证性问题,Tirole(1999)提出了质疑,引申出了著名的"不相关定理",其大致含义就是:只有当两种或然事件对支付的影响无法被区分时才会对契约的完全性产生影响。Kreps(1990)强调,G-H-M 模型没有考虑重复博弈的所形成的非正式契约(implicit contract)对"可观察的但不可鉴别性"的影响。Baker(1996)还发现"声誉"的力量能够促使交易伙伴按初始契约安排完成交易。

③ 造成契约不完全的根本原因是信息的不完全,也就是缔约方在签约之时所面临的不可预见的不确定性,或即使可以预见但无法描述。与不对称信息下的道德风险或逆向选择问题不同的是,假设双方在事先所拥有的信息在"不可描述的不确定性"的意义下是对称的,即没有哪一方对于这种不可描述性所掌握的信息超过另一方。这是不完全契约理论关于信息不完全性的一个基本假设。

讨价还价是有效的，并且按照纳什谈判解，即五五分成分配剩余而且事后讨价还价没有成本，因此它只关注事前的投资激励。而后来的研究表明，不同的讨价还价规则会导致不同的结论。(3)在 G-H-M 理论中，资产专用性水平对所有权的配置没有影响。如果一体化的合作剩余增加一个常量，模型的结论不发生变化，因为投资是由边际收益来决定的，而不是总收益。由于这个原因，导致模型很难实证检验①。

交易成本观点与产权观点的比较见表 2-2。

表 2-2　交易成本观点与产权观点的比较

	方法论	主要内容	风险偏好	信息条件	一体化的成本与收益	契约的功能	解决方案
交易成本观点	更多的是文字描述	集中讨论讨价还价和不适应成本	风险偏好中性	所有当事人都存在信息不对称且不完全	假定一体化可以消除机会主义，产生完全契约下的交易效果	适应性(节约有限理性)；事前激励	各种治理方案(从双边治理到企业科层治理)
产权观点	正式模型来分析问题	集中讨论事前投资的扭曲	风险偏好中性	签约人与第三方之间信息不对称；但签约人之间虽然信息不完全但对称	无论什么所有权结构都有机会主义，所以问题是什么样的一体化能最好地消除机会主义。一体化决策包括各种可能的成本和收益	事前激励	财产权的重新配置(一体化)

资料来源：根据前述理论文献主要观点归纳整理。

2.4.2　企业理论的分析工具引入国际贸易领域研究

长期以来，经济学领域内对交易成本、产权等问题的研究只在纵向联合理论、技术转让理论以及跨国公司投资理论中得到了一些运用，却没有能很好地应用到国际贸易的研究中去，这可以从国际贸易理论的研究主

① 有关不完全契约理论技术性讨论参见 Segal(1999)，总结性评论参见 Tirole(1999)，Hart(1999)。

流中反映出来。同时,在经济学模型中要适当地处理有关的交易成本在技术上相当困难。交易成本、不完全契约、产权等往往被视为是市场经济中的"噪音",在很多经济学模型中被抽象掉了。近年来,国际经济学界开始意识到这种缺陷而引入企业理论的分析工具来研究企业组织的边界和内部管理协调机制问题。目前,这方面的研究主要集中在三个领域:一是以 Mclaren(2000),Grossman 和 Helpman(2002,2003a、b)为代表的产业均衡中的交易成本思路;二是以 Antràs(2003,2005),Antràs 和 Helpman(2004)为代表的跨国贸易中的产权思路;三是以 Rauch(1999,2001),Rauch 和 Trindade(2000,2002),Rauch 和 Casella(2001,2003),Rauch 和 Watson(2003)等为代表的不完全信息下的企业相遇理论。

1. 产业均衡中的交易成本思路

将交易成本方法应用于国际贸易研究的先驱是 Ethier(1986),Ethier 和 Markusen(1996)。Ethier(1986)构建了一个简单的两部门、两要素的一般均衡模型。Ethier 认为,选择跨国公司交易与选择现货市场交易的主要区别在于后者会由于不确定性增加的缔约风险从而造成效率损失[①]。在他的模型中,假定在严格优于市场交易的情况下,跨国公司(内部化)会在要素禀赋空间集合的某些子集内出现,Ethier 得出了一些不同于 Helpman(1984)的有意义的结论:(1)当两国间要素禀赋差异程度很大时,一体化跨国经营不会出现;(2)当两国间要素禀赋相似时,公司总部将考虑在国外建立分支机构;(3)随着两国间要素禀赋的接近,双向 FDI 将会产生。这些结论间接表明,当两国间要素禀赋差异程度很大时,简单的契约就能保证有效的执行,内部化决策不是必要的。只有当两国间要素禀赋相似时,为了克服市场交易缔结复杂契约的不可行性,才会考虑一体化决策。Ethier 和 Markusen(1996)在研究内部化问题同时更强调了知识的非专用性,通过一个企业国外市场出口、FDI 和技术许可的选择模型,他们得出了与 Ethier(1986)相似的结论,要素禀赋相似的国家之间贸易主要通过 FDI 而不是许可证生产。但是,他们的模型和其他许多企业理论研究文献一样,企业的一体化决策都是独立于同一产业内的其他企业作出的。

针对这些不足,Mclaren(2000),Grossman 和 Helpman(2002)尝试用

① 显然这是 Williamson 的思想。

产业均衡模型揭示企业决策影响市场状况，从而影响其他企业组织选择的特定的反馈机制。Mclaren(2000)用交易成本思路考察了贸易开放对一国产业纵向一体化结构的影响。在 Mclaren 的模型里，一个上游企业至多采购一种投入品，一个下游供应商至多生产一种投入品；上游企业可以选择通过现货市场或者内部供应商采购投入品，下游供应商则内生决定生产完全专用性(maximal specialization)的产品或者柔性化(flexibility)的产品[①]。企业在现货市场交易的"套牢"风险与一体化治理成本增加的权衡的基础上延伸出"市场厚度"(market thickness)(同一区域供应商)的问题[②]。市场厚度与供应商的资产专用性决策和事前产品成本、质量、技术的不确定有关，随着市场中独立交易对象增加，供应商发现其他买家的概率和预期价格提高，"套牢"风险降低，企业的非一体化倾向也就越强。他的主要结论是：(1)企业内部化其供应商的决策将对其他非一体化企业的双边关系产生负的外部性，中间品市场的"稀释"将进一步加剧现货市场中的"套牢"问题。因此，导致企业在一体化决策时会采取战略性补充(strategic complementarity)策略，当产业内的企业充分相似时，可能存在两种均衡状态：完全的纵向一体化或者普遍的依赖独立供应商。这可以解释为什么相似国家之间却可能拥有完全不同的产业结构[③]。(2)国际贸易通过开辟新市场增加了市场厚度，供应商在国外找到合意价格买家的可能性增加，因此，增强了其讨价还价能力也使得现货市场交易变得更具吸引力，引致非一体化的柔性产业结构大量涌现，在增进企业效率的同时提高了世界范围内的福利水平。但是 Mclaren(2000)的研究局限在一个非常狭窄的视角，通过固定成本限制性假定也排除了最终品市场变化对产业均衡的影响。

Grossman 和 Helpman(2002)将外包(outsourcing)理解为企业寻找(或诱致)外部资源的过程。他们考察了一个基于一体化的高治理成本、低专

---

① 这里的 flexibility 程度是通过参数 ρ 刻画的，柔性化增加了供应商的外部机会却也牺牲了完全专用于上游企业生产的某些效率。

② 市场厚度效应在法和经济学领域作为一个非正式概念长期以来有大量的实证研究。例如，Stephen(1993)使用契约数据证明厚的市场可以减少交易成本。Thomas(1995)研究发现美国制造业的纵向一体化程度与市场密度负相关。

③ 经常被研究的例子就是日本与美国之间产业结构的差异，日本的产业结构比它主要贸易伙伴的一体化程度要小得多。其他案例还包括韩国和我国台湾地区、意大利和东欧地区产业结构的比较。

业化水平与专业化企业的高搜寻成本、资产专用性“套牢”风险相权衡条件下,企业自己生产还是买进一种特殊的投入(make-or-buy)内生组织形式选择模型。假设企业一体化必须支付高的固定成本和可变成本;而企业间专业化分工却必须支付搜寻交易对象和不完全契约扭曲带来的成本及第三方不可验证性[①]。他们的结论是:(1)当搜寻技术具有规模报酬不变特征时,企业一体化和企业专业化两个均衡都是稳定的,一般来说,两者的均衡是不会同时出现的[②]。(2)搜寻技术的改进、专业化企业的相对成本优势[③]、消费品替代弹性[④]、讨价还价能力的提高将有助于企业专业化均衡的实现。(3)当搜寻技术具有规模报酬递增特征时,市场规模的扩大使得两种均衡都有可能存在[⑤]。(4)引入部分专业化(产品多样性)和二级市场后,企业部分专业化在导致额外成本增加的同时也提高了讨价还价能力和现货市场机会;与人们所期望的相反,最终产品生产成本对部件专业化程度的敏感度高并不是选择垂直型综合的必要条件,当生产成本对零部件专业化程度敏感度变大时,企业专业化尽管会降低眼前效率,却是唯一稳定的均衡解。Grossman 和 Helpman(2002)的分析存在以下不足:模型只考虑了封闭经济情况下的产业均衡情况;排除了“一对多”、“多对一”的可能性;当多重均衡出现时,具体哪个均衡会实现却未作进一步的分析。

Grossman 和 Helpman(2003a、b)对上述工作进行了进一步拓展。Grossman 和 Helpman(2003a)考察了在劳动力工资低廉的欠发达国家以FDI 或外包形式生产部件的选择情况,Grossman 和 Helpman(2003b)则通过假定排除企业纵向一体化生产的可能,主要考察了企业选择在不同国家外包的定位决策。Grossman 和 Helpman 认为,成功的搜寻就产生

---

① 如前所述,不完全契约造成“套牢”问题也可以通过重复交易和“声誉”机制的方式有所减轻,但不能从根本上解决。有关不完全契约或然事件和第三方验证情况的技术性讨论可参见前述 Maskin 和 Tirole(1999a),Segal(1999)以及 Tirole(1999)等。

② 这里的处理方法是参照 Diamond(1982),匹配函数通常更多地被运用于劳动力市场的工作搜寻问题。搜寻技术的规模报酬递增将提高某一地理空间的搜寻者的集中程度。中小企业集群与产业集聚对降低生产者成本和吸引最终产品生产者作用很大。

③ 产品的专用性影响外部市场交易的可能,投入品成本越敏感,部分专业化在不完全契约情况下的非效率越大,使得专业化投入品生产者更能盈利。

④ 竞争强度影响外部市场交易的预期。消费品替代弹性高,外包相对于一体化有更大的成本优势,这种优势必须超过搜寻摩擦和“套牢”引致的价格劣势。

⑤ Mclaren(2000)也强调了随着市场规模扩大,生产外包更有可能出现。但与这里的分析机制是不同的。Grossman 和 Helpman(2002)通过事前的剩余分配来提高匹配成功的概率和事前期望利润。

了最终产品生产者与部件生产者对中间投入品的双边匹配(matching)关系,从而导致双方进一步的谈判。谈判一般分为两个阶段:第一阶段主要商谈部件生产者是否需要为形成符合要求的专用性资产而进行投资,投资额应该有多大,最终产品生产者对部件生产者生产的样品如何进行补偿的投资契约(the investment contract);第二阶段主要商谈部件订购的数量、价格、交货日期、付款方式的订购契约(the order contract)。一般而言,订购合同是完全契约,而投资合同是不完全契约,因而机会主义行为及讨价还价的交易成本主要就发生在投资契约的确立、履行与监督上①。他们的主要结论是:(1)市场厚度的外部性可能产生多种均衡情况,一国的投入品完全专业化生产不可能是稳定的均衡,企业一般要通过本国或跨境外包来满足其生产需要;(2)随着发展中国家市场规模(人口)的扩大,外包活动增加而发达国家相应减少,世界贸易福利水平、国家收入和产业内贸易份额提高;(3)国际范围内的外包活动、产业内贸易的增加是搜寻和适应性技术改善的结果,但前提是欠发达国家相对于发达国家的速度提高是有时滞的;(4)缔约环境影响最终产品生产者在一国搜寻活动的盈利能力,发展中国家法律环境的改善可以增加来自发达国家的外包,但对于本土企业的影响则是不确定的。

以上的理论模型都假定一体化的成本是外生的,非一体化企业间的契约摩擦("套牢")会随着内部化的实施而加以解决。但正如 Grossman 和 Hart(1986)所指出的,一体化的企业之间同样会面临有限理性、机会主义和关系专用性投资不足等问题。下面 Antràs 等人的研究将主要沿着 Grossman 和 Hart(1986)的思路展开。

2. *跨国贸易中的产权思路*

Antràs(2003)观察到跨国贸易实践中如下事实:资本密集型产品一般通过公司内贸易的形式进行交易;资本要素丰裕的国家间贸易一般通过公司内贸易的形式,而与资本要素稀缺的国家则主要通过短期契约的方式展开。Antràs 对 Grossman 和 Helpman(2002)的工作从两方面进行了扩展:(1)由于事前契约的不完备性,无论是一体化还是非一体化企业双方均有可能产生在物资资本和人力资本投入的相对不足;(2)有两种投

① 这种交易成本取决于部件生产者已有专用性资产生产能力与最终产品生产者对这种能力需求的差距、缔结契约的环境、设计与生产定制的技术与方法等。

入品,分别由最终产品生产者和中间产品生产者提供[①]。通过构建一个Grossman 和 Hart(1986)意义上的企业边界模型,并将其纳入 Helpman-Krugman(1985)的不完全竞争、产品差异化的国际贸易一般均衡分析框架对上述问题进行了解答。他的主要结论是:(1)在资本密集型行业,最终产品生产者投资和成本分摊相对重要,所有权设计应将剩余控制权配置给他;(2)存在一个资本强度门槛值β,低于β的企业专业化均衡是稳定的,高于β的企业一体化均衡是稳定的,一般情况下,两者的均衡是不会同时出现的;(3)国际贸易使得资本丰裕的国家专业化于资本密集型产品的生产,因此,资本密集型产品公司内贸易(FDI)主要发生于资本丰裕的发达国家之间,而发展中国家劳动密集型外包活动则会显著增加[②]。Antràs(2003)分析存在以下不足:由于假设最终产品生产没有成本,因此没有解决其生产定位问题;模型相对比较简单,没有考虑部分专业化的情况,没有考虑技术差异、运输费用、国际要素价格差异等因素的影响,相关假说也有待实证研究的进一步检验。

在 Melitz(2003)以及 Helpman,Melitz 和 Yeaple(2004)研究的基础上[③],Antràs 和 Helpman(2004)考察了部门内劳动生产率差异、部门间的技术、组织特征对所有权结构和中间品生产定位决策的影响。假设在定位决策中发展中国家可变成本低但固定成本相对高,企业一体化决策的总部服务强度和讨价还价(剩余索取)能力强但治理成本相对高[④]。他们的主要结论是:(1)在低总部服务强度的部门(component-intensive sector)存在非一体化均衡,其中低生产率的企业选择在母国外包,而高生产率的企业选择在东道国外包;而在高总部强度的部门(headquarter-intensive sector),国内一体化、FDI、母国外包、东道国外包四种均衡都可能存

---

① 将 Grossman 和 Helpman(2002)的只有一种投入品假设条件放松为两种投入品 K 和 L 分别由最终产品生产者和中间产品生产者提供,这些投入品的相对强度便成为决定一体化还是非一体化选择的重要因素。

② Feenstra 和 Hanson(1996,1999)的研究提供了部分证据。

③ Melitz(2003)以及 Helpman,Melitz 和 Yeaple(2004)研究强调了这些变量部门间或企业间差异,但没有关注其对中间品获得的组织选择的影响。

④ 部门内劳动生产率差异和部门间的总部服务强度差异分别通过变量 θ 和 η 来刻画。

在[①]。(2)组织形式的稳定性取决于跨国间工资率差异[②]、部门内劳动生产率离散程度、讨价还价能力、所有权优势和总部服务强度等。其中高生产率和低总部服务强度的部门,最终产品生产者相对多地进口中间品;高总部服务强度、高生产率离散度的部门更多采用一体化(公司内贸易)均衡形式。这表明最低生产率的企业一般选择在国内外包生产,而最高生产率的企业一般选择在国外通过 FDI 的形式进行生产。

不同总部服务强度下生产定位决策如图 2-2 所示。

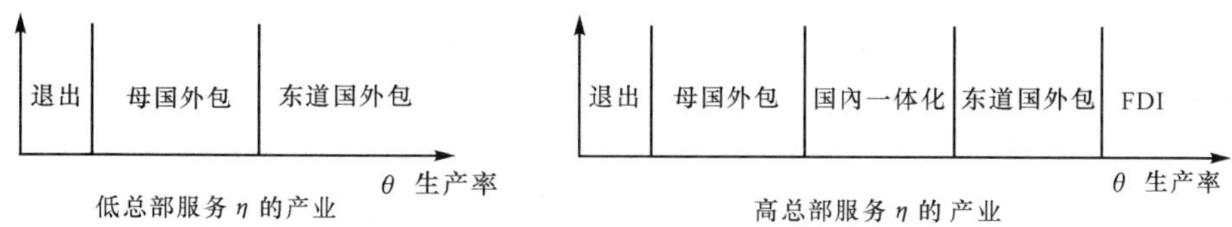

图 2-2　不同总部服务强度下生产定位决策示意图

Antràs(2005)则借鉴了 Vernon(1962)提出的产品生命周期思想,构建了一个内生产品生命周期和组织周期的南—北贸易模型[③]。Antràs 认为,国际贸易当中的不完全契约的存在限制了国际分工的程度和技术扩散的速度。根据参数值的不同,跨国公司生产和非跨国公司生产两种均衡情况都可能存在。无论是哪种均衡,都会由于不完全契约摩擦导致产品最初在发达国家生产和研发,当产品进入成熟期更标准化后,制造环节逐步向发展中国家转移以获得廉价的劳动力。另外,这些因素同样影响存在跨国公司生产均衡时的组织模式选择,产品生产、加工在向发展中国家转移的过程中前期控制在跨国公司内部,后期才让渡给当地独立的生产企业。相对于一个只有现货市场交易的世界,跨国公司 FDI 的公司内生产加速了向发展中国家的技术扩散,增进了两国的福利水平。他并且

① 这与 Grossman 和 Helpman(2004)根据 Holmstrm 和 Milgrm(1994)思想得出的结论很不一样。在他们的模型中低劳动生产率部门中没有企业选择跨境外包,相对高生产率企业有选择国内一体化,而不跨境外包;高生产率企业和低生产率企业都会选择国内外包。显然,基于不同的企业理论得出的预测结果需要经验数据的进一步检验,但目前这方面的工作非常缺乏。

② 这个变量可以很自然地引申为运输成本。运输成本的降低类似于发展中国家工资率的下降。

③ 传统的产品生命周期理论文献或者把其处理为外生变量(Krugman,1979),或者强调"模仿"(imitation)的作用(Grossman 和 Helpman,1991a、b)。

用韩国电子工业通过 OEM 的发展案例进行了论证[①]。但是,Antràs 的分析忽略了技术扩散中模仿因素,也没有具体分解国际分工中不同的专业化模式。

3. 不完全信息下的企业相遇理论

无论是交易成本思路的产业均衡理论还是产权思路的跨国贸易理论,考察得更多的是企业组织选择的两种极端形式:一体化或市场交易。而对近年来大量涌现的诸如战略联盟(包括合资企业)、合作、供应/分销网络等中间性体制组织则很少涉及。这一方面的研究工作主要是由 Rauch(1999,2001),Rauch 和 Trindade(2000,2002),Rauch 和 Casella(2001,2003)以及 Rauch 和 Watson(2003)等推动的。从某种意义上来讲,这些"串联"一体化交易和市场交易的中间组织形式可以看作是一种广泛存在于国际贸易中的商业、社会"网络"(network)[②],上述研究也将交易商(trader)作用重新纳入国际贸易理论研究的视野。

该理论产生的背景在于,尽管国际贸易在近年来取得了长足的发展,但是依然没有达到经济学家所预期的理想水平。20 世纪 90 年代末期以来,为了解释"贸易流失的神话"(mystery of the missing trade)[③],越来越多的经济学家开始强调国际贸易契约执行不力、贸易机会信息不充分等

---

① 韩国电子行业的技术进步可以典型地说明跨国公司的作用。在 20 世纪 60 年代,韩国电子工业的制造商还主要从事一些简单的家用电器的加工制造。60 年代中期,美国摩托罗拉等公司开始涉足韩国,为获取廉价劳动力与韩国企业进行合作,主要是进行半导体产品的组装。之后,韩国企业主要通过 OEM 方式与日、美企业进行生产合作,虽然 OEM 形式在获得电子产品技术开发方面的作用十分有限,但韩国企业通过这种方式掌握了一些基本的生产技术技巧和专有知识。在生产技术有了一定的积累之后,韩国企业便积极寻求以许可证的形式获得关键技术。当韩国企业具有了较强的竞争能力之后,便开始以战略联盟方式发展与大型跨国公司的合作。相似案例包括我国台湾地区电子工业发展及其后期向广东东莞等地转移的轨迹。

② 大量的经验研究把网络定义为国际间涵盖各种社会关系的民族合作网络(coethnic networks)和商业集团(business groups)。其中,民族合作网络是指在民族、地区方面具有人口统计特性的个人或企业团体,其典型代表便是举世闻名的华人网络;商业集团则是"既不完全整合,又非毫无整合的一组厂商"其成员间的联系可以追溯到家族企业,典型代表包括日本的综合商社(Keirestu)和韩国的大贸易公司(Chaebol)等。Rauch(2001)则限定为主要在国内形成通过移民或 FDI 的方式超越国界的组织。

③ Eaton, Jonathan 和 Samuel Kortum(2000)认为,如果没有国际间地理方面的贸易壁垒,即所谓的"零引力"(zero gravity),那么世界贸易将增长 5 倍以上。

非正式(informal)贸易壁垒的存在[①]，开始关注国际贸易中的商业、社会网络，寻求社会网络是否能够有效克服这些非正式贸易壁垒，从而促进国际贸易的增长。其中，美国加州圣地亚哥分校的 Rauch 教授是该理论的领军人物，其中心观点是：国际市场上的交易需要卖者和买者相遇，必然面临信息成本问题，而国际贸易的社会网络则可以极大地减少国际贸易的信息成本。由于不同商品信息成本不同，社会网络因此成为决定贸易组织类型的又一重要因素。

Rauch 和 Trindade(2002)通过引力模型尝试估计海外华人网络中信任和商业机会对双边贸易的影响。假设同质商品有一个“参考价格(refeence prices)”，开价不用说明品牌和生产者身份；差异商品的价格则不能传递足够信息，交易双方必须在特征空间内相遇(matching)才能获得。他们的分析结论是：(1)在垄断竞争市场中，对于差别商品(较之同质产品)来说，以产品相似、共同语言和殖民关系(colonial ties)为表现形式的社会网络在提供价格信息、匹配国际市场买卖双方方面显得更为重要；(2)在东南亚华人占有较大比例的国家之间进行的差别商品双边贸易中，华人网络交易占有很大的市场份额；(3)但是，模型结果显示，20 世纪 90 年代与 80 年代相比，华人网络的影响有所下降。Rauch 对此的解释是，可能是因为贸易中的信息强度要求增加或者是其他交易网络(移民、商业集团)供给增加形成替代。

Rauch 和 Casella(2003)考察了跨境网络提供盈利机会信息的经济绩效。假设国内相遇双方完全了解信息，国际相遇则会因为不完全信息而被阻隔(hamper)，但是每个网络成员知道其他成员在各国的信息。他们的结论是：(1)国际信息共享网络能够有效克服信息不完全壁垒的相遇摩擦；(2)均衡状态的完全效率不可能达到，这种机制只减少了一部分生产商的信息壁垒，即使在世界范围内的工资和利润增加的情况下，非网络成员的总收益下降；(3)网络的存在增加了两国的福利水平，但第三国的加入，上述结论未必成立，有可能形成“有害的贸易转向”(trade diversion)。该理论仍然没有考察国内市场结构对商业、社会网络和国际贸易

---

① 目前，有三种较为主流的解释：Cohen(1969)以西非 Hause 人的例子说明“道德团体”在促进 Hause 人与海外贸易商交易方面的关键作用。Greif(1989)则说明 18 世纪 Maghribi 人的“集体惩罚”机制消除长距离贸易机会主义的作用。如果第一、二种解释旨在说明社会网络克服契约执行不力方面作用的话，Rauch 的解释更强调其有助于克服贸易机会信息不充分的壁垒。

的影响;没有涉及跨国交易中贸易商的技术扩散效应;相关假说仍然需要更有力的经验数据的支持。

2.5 小 结

经济全球化不仅改变整个世界的图景,也带来了企业组织的变革和更新。传统国际贸易理论分析没有给予企业组织足够的重视,因此也就无法解释贸易与投资的相互关系。无论是垄断优势理论、产品生命周期理论、内部化理论、边际产业扩张理论,还是折衷范式,虽然都强调了企业这一经济组织的重要性,但它们却只是相对独立地作为一些流派或多重均衡存在,没有形成一个系统化、模型化和形式化的理论体系,也难以与主流贸易理论的一般均衡分析相融合,因此留下了与新古典贸易理论之间的"缺口"。20 世纪 80 年代以来将跨国公司纳入一般均衡分析的各种尝试(纵向一体化、横向一体化、内生增长和价值链理论),突破了以前贸易理论建立在企业从事国内经营以及市场是完全竞争的假定条件的框架,解释跨国公司的存在机制问题(主要是分析跨国公司对外直接投资的动因与条件),但对于公司内部市场协调管理和发展问题没有提供论点支持。而 90 年代末期以来的基于交易成本和产权思路的公司边界和不完全信息条件下的跨国商业、社会网络研究则进一步揭示了公司内部交易和网络化组织的深层机理,有利于将贸易理论研究的重点转向研究公司的运作环境、交易效率和控制权配置等核心问题,并将此问题的落脚点与寻求公司经营全球化与本土化的协调以及跨国公司同各个分支机构的权利平衡相结合。正如 Feenstra(2002)所指出的:"这是一个令人激动的全新的研究主题,将取代报酬递增和不完全竞争理论(80 年代)、内生增长理论(90 年代前期)和新贸易政治经济学(90 年代后期)而成为贸易理论下一步研究的主要领域。"

当代国际贸易理论虽然不断取得振奋人心的进展,研究人员从不同的角度不断提供新的研究成果和现实素材,但是仍需要在许多方面开展进一步研究。这表现在:首先,现有的国外研究文献的理论体系还比较松散,没有形成统一的分析框架和理论脉络,已有的理论模型和分析结论尚未在国际经济学的基本理论范式(paradigm)层面得到应有的反映。其次，综观这些文献，一个基本的特征就是，它们都是从发达国家的立场和角度来研究FDI、外包、网络和战略联盟等问题，研究背景主要是西方发达国家的政治经济体制，很少或基本上不关心欠发达国家的代工者或承接外包订单的欠发达国家的企业如何通过技术学习和自创品牌进行国际化经营的问题，因此也就不能很好地解释当代许多发展中国家通过开放模式获得经济成长的内在机理和成功经验，无法理解像中国这样的转型国家通过承接国际产业转移、加快实现结构升级的内在要求和现实问题。第三，从技术处理上看，还没有很好地解决存在多重均衡情况下的均衡稳定性问题，基于不同的企业理论得出的不同预测结果和相关理论假说也有待大量经验研究数据的检验，但目前这方面的工作非常缺乏。

【参考文献】

[1] Aghion, Philippe and Jean Tirole. Formal and Real Authority in Organizations. Journal of Political Economy, 1997, 105(1): 1-29.

[2] Antràs, Pol. Firms, Contracts, and Trade Structure. Quarterly Journal of Economics, 2003, 118: 1375-1418.

[3] Antràs, Pol. and Helpman, Elhanan. Global Sourcing. Journal of Political Economy, 2004, 112: 552-580.

[4] Antràs, Pol. Incomplete Contracts and the Product Cycle. American Economic Review, forthcoming, 2005.

[5] Alchian, A. and H. Demsetz. Production Information Cost, and Economic Organization. American Economic Review, 1972, 62(5): 777-795.

[6] Baker, George, Robert Gibbons, and Kevin J. Murphy. Implicit Contracts and the Theory of the Firm. Harvard Business School Working Paper, 1996.

[7] Berman, E., John Bound, and Zvi Griliches. Changes in the Demand for Skilled Labor within U. S. Manufacturing: Evidence from the Annual Survey of Manufactures. Quarterly Journal of Economics, 1994, 104: 367-398.

[8] Bhagwatt Jagdish N. The Theory of Immiserising Growth: Further Application. In M. Connolly and A. Swoboda, eds, International

Trade and Money, The Press of Toronto University,1973:45-54.

[9] Brainard, S. Lael. A Simple Theory of Multinational Corporations and Trade with a Trade-off between Proximity and Concentration. NBER Working Paper 1993a,4269.

[10] Brainard, S. Lael. An Empirical Assessment of the Factor Proportions Explanation of Multinationals Sales. NBER Working Paper, 1993b,4580.

[11] Brainard, S. Lael. An Empirical Assessment of the Proximity-Concentration Tradeoff between Multinational Sales and Trade. American Economic Review,1997a,87:520-544.

[12] Brainard, S. Lael and David A. Riker. Are U. S. Multinationals Exporting U. S. Jobs? NBER Working Paper,1997b:5-58.

[13] Buckley,P. J. and M Casson. The Optimal Timing of Foreign Direct Investment. Economic Journal,1981,91:75-87.

[14] Carr, David L. James R. Markusen and Keith E. Maskus. Estimating the Knowledge-Capital Model of the Multinational Enterprise. American Economic Review, Forthcoming,2001.

[15] Caves, Richard E. International Corporations: The Industrial Economics of Foreign Investment. Economica,1971,38:1-27.

[16] Caves, Richard E. Multinational Enterprise and Economic Analysis. London: Cambridge University Press, Second Edition,1996.

[17] Coase, Ronald. The Nature of the Firm. Economic, November,1937:386-405.

[18] Cohen, Abner. Custom and Politics in Urban Africa: A Study of Hausa Migrants in Yoruba Towns. Berkeley. U. California Press,1969.

[19] Che, Y. K. and Hausch,D. Cooperative Investments and the Value of Contracting: Coase vs Williamson. American Economic Review,1999, 89:125-147.

[20] Cheung, S. N. The Contractual Nature of the Firm. Journal of Law & Economics,1983,126:1-21.

[21] Davis, Donald R. and David,E. Weinstein. International Trade as an Integrated Equilibrium: New Perspectives. American Economic Review,2000,90:150-154.

[22] Deardorff, Alan V. Factor Prices and the Factor Content of Trade Revisited: What's the Use? Journal of International Economics, 2000,50:73-90.

[23] Diamond, Peter A. Wage Determination and Efficiency in Search Equilibrium. Review of Economic Studies,1982,21:7-227.

[24] Dixit, Avinash K. and Joseph E. Stiglitz. Monopolistic Competition and Optimum Product Diversity. American Economic Review, 1977, 87: 297-308.

[25] Dinopoulos, Ellas and Peter Thompson. Schumpeterian Growth without Scale Effect. Journal of Economic Growth,1998,3:313-335.

[26] Dunning, John H. Trade, Location of Economic Activity and the MNE: A Search for an Eclectic Approach. In B. Ohlin, P. O. Hesselborn and P. M. Wijkman, eds. The International Allocation of Economic Activity. London:Macmillan,1977:395-418.

[27] Dunning, John H. International Production and the Multinational Enterprise. London: George Allen and Unwin,1981.

[28] Eaton, Jonathan and Samuel Kortum. Technology, Geography and Trade. Working Paper, Econ. Dept. Boston University,2000.

[29] Ekholm, Karolina. Multinational Production and Trade in Technological Knowledge. Lund Economic Sdudies, no. 58. lund: University of Lund,1995.

[30] Ekholm, Karolina. Factor Endowments and the Pattern of Affiliate Production by Multinational Enterprises. CREDIT Working Paper No. 97/19, University of Nottingham,1997.

[31] Ethier, W. J. National and International Returns to Scale in the Modern Theory of International Trade. American Economic Review,1982: 398-405.

[32] Ethier, W. J. The Multinational Firm. Quarterly Journal of Economics,1986,101:805-833.

[33] Ethier,W. J. and Markusen, J. R. Multinational Firms, Technology Diffusion, and Trade. Journal of International Economics,1996,41: 1-28.

[34] Gay, C. L. and Essinger, J. Inside Outsourcing: An Insider's Guide

to Managing Strategic Sourcing. London: Nicholas Brealey Publishing,2002.

[35] Greif, Avner. Reputation and Coalitions in Medieval Trade: Evidence on the Maghribi Traders. Journal. Economic History, 1989, 49(4): 857-882.

[36] Greif, Avner. Contract Enforceability and Economic Institutions in Early Trade: The Maghribi Traders' Coalition. American Economic Review,1993,83(3):525-548.

[37] Greif, Avner. Cultural Beliefs and the Organization of Society: A Historical and Theoretical Reflection on Collectivist and Individualist Societies. Journal of Political Economy,1994,102(5):912-950.

[38] Grossman, Sanford J. and Oliver,D. Hart. The Costs and Benefits of Ownership: A Theory of Vertical and Lateral Integration. Journal of Political Economy, 94 (August),1986:691-719.

[39] Grossman, Gene M. and Elhanan Helpman. Helpman, Growth and Welfare in a Small Open Economy. In E. Helpman and A. Razin (eds.), International Trade and Trade Policy. Cambridge, MA: The MIT Press,1991a.

[40] Grossman, Gene M. and Elhanan Helpman. Quality Ladders and Product Cycles. Quarterly Journal of Economics, CVI, 1991b: 557-586.

[41] Grossman, Gene M. and Elhanan Helpman. Quality Ladders in the Theory of Growth. Review of Economic Studies,1991c,58:43-61.

[42] Grossman, Gene M. and Elhanan Helpman. Trade, Knowledge Spillovers and Growth. European Economic Review,1991d,35:217-526.

[43] Grossman, Gene M. and Elhanan Helpman. Integration Versus Outsourcing in Industry Equilibrium. Quarterly Journal of Economics, 2002,117:85-120.

[44] Grossman, Gene M. and Elhanan Helpman. Outsourcing in a Global Economy. NBER Working Paper,2003a,8728.

[45] Grossman, Gene M. and Elhanan Helpman. Outsourcing vs FDI in Industry Equilibrium. Journal of the European Economic Association, 2003b,1(2/3):317-327.

[46] Grossman, Gene M. and Elhanan Helpman. Managerial Incentives and the International Organization of Production. Journal of International Economics,2004,63:237-262.

[47] Grossman, Sanford J. and Oliver D. Hart. The Costs and Benefits of Ownership: A Theory of Vertical and Lateral Integration. Journal of Political Economy,1986,94:691-719.

[48] Hanson, G. H. ,Mataloni, R. J. and Slaughter, M. J. Expansion Strategies of US Multinational Corporations. Brookings Trade Forum,2001:245-294.

[49] Hanson, G. H. ,Mataloni, R. J. and Slaughter, M. J. Vertical Production Networks in Multinational Firms. NBER working paper, 2003:9723.

[50] Hart, Oliver. Firms, Contracts, and Financial Structure. Oxford: Oxford University Press,1995.

[51] Hart, Oliver D. and John Moore. Foundations of Incomplete Contracts. Review. Economic. Studies, 66 (January; special issue), 1999:115-138.

[52] Hart, Oliver, Andrei Shleifer and Robert Vishny. The Proper Role for Government: Theory and an Application to Prisons. Quarterly Journal of Economics, CXII,1997:1127-1162.

[53] Heckscher, E. F. The Effect of Foreign Trade on the Distribution of Income. Ekonomisk Tidskrift,1919:21.

[54] Helpman, Elhanan. A Simple Theory of Trade with Multinational Corporations. Journal of Political Economy,1984,92:451-471.

[55] Helpman, Elhanan. Multinational Corporations and Trade Structure. Review of Economic Studies,1985,52:443-58.

[56] Helpman, Elhanan and Paul Krugman. Market Structure and International Trade. Cambridge: MIT Press,1985.

[57] Helpman, Elhanan. Imperfect Competition and International Trade: Evidence from 14 Industrial Countries. Journal of the Japanese and International Economies,1987,1:62-81.

[58] Helpman, Elhanan, Marc J. Melitz and Stephen R. Yeaple. Export versus FDI with Heterogeneous Firms. American Economic Review, 2004,94:300-316.

[59] Helpman, Elhanan, Marc J. Melitz and Stephen R. Yeaple. Exports versus FDI with Heterogeneous Firms. American Economic Review, 2003,66:109-120.

[60] Horstmann, Ignatius J. and James R. Markusen. Strategic Investments and the Development of Multinationals. International Economic Review,1987,28:109-121.

[61] Holmstrom, Bengt R. and Jean Tirole. The Theory of the Firm. In Handbook of Industrial Organization, Vol. 1, R. Schmalansee and R. Willing (Eds.), Elsevier Science Pub. Co., Amsterdam,1989.

[62] Holmstrom, Bengt and Paul Milgrom. Multitask Principal-Agent Analyses: Incentive Contracts, Asset Ownership, and Job Design. Journal of Law, Economics, and Organization, 1991,7:24-52.

[63] Horstmann, Ignatius and James R. Markusen. Endogenous Market Structures in International Trade. Journal of International Economic, 1992,20:225-247.

[64] Holmstrom, Bengt and Paul Milgrom. The Firm as an Incentive System. American Economic Review, 84 (September),1994:972-91.

[65] Johnson, H. G. International Factor Movement and the Theory of Tariff and Trade. Quarterly Journal of Economics,1967,81:1-38.

[66] Jones,Charles I. R&D-Based Models of Economic Growth. Journal of Political Economy,1995,103:759-784.

[67] Judd, Kenneth L. On The Performance of Patents. Econometrica, 1985,53:591-585.

[68] Katz, L. F. Efficiency Wage Theories: A Partial Evaluation. NBER Macroeconomics Annual,1986,1:235-275.

[69] Klein, Benjamin, Robert G. Crawford and Armen A. Alchian. Vertical Integration, Appropriable Rents, and the Competitive Contracting Process. Journal of Law and Economics, 1978,11:297-326.

[70] Klein, Benjamin and Keith Leffler. The Role of Market Forces in Assuring Contractual Performance. Journal of Political Economy, 1981, 89:615-641.

[71] Kiyosni, Kojima. Direct Foreign Investment: A Japanese Model of Multinational Business Operations. Croom Helm, London,1978.

[72] Kreps, David. Corporate Culture and Economic Theory. In J. Alt and K. Shepsle, eds. , Perspectives on Positive Political Economy, Cambridge University Press, 1990.

[73] Krugman, P. A. Model of Innovation, Technology Transer and the World Distribution of Income. Journal of Political Economy, 1979, 87: 253-266

[74] Krugman, P. Scale Economies, Product Differentiation and the Pattern of Trade. American Economic Review, 1980, 70: 351-362.

[75] Krugman, P. and Venables, A. Integration and the Competitiveness of Peripheral Industry. In Unity with Diversity in the European Community, C. Bliss and J. Braga de, 1990.

[76] Krugman, P. Increasing Returns and Economic Geography. Journal of Political Economy, 99, Macedo (eds.), Cambridge: Cambridge University Press, 1991.

[77] Krugman, Paul. Growing World Trade: Causes and Consequences. Brooking Paper on Economic Activity, 1995, 1: 327-362.

[78] Krugman, P. and Venables, A. Globalization and the Inequality of Nations. Quarterly Journal of Economics, 1995, 110: 135-156.

[79] Krugman, Paul. Technology, Trade and Factor Prices. Journal of International Economics, 2000, 50(1): 51-72.

[80] Lawrence, R. and M. Slaughter. International Trade and American Wages in the 1980s: Giant Sucking Sound or Small Hiccup? Brookings Papers on Economic Activity, Microeconomics, 1993: 161-226.

[81] Lucas, Robert E. J. On the Mechanism of Economic Development. Journal of Monetary Economic, 1988, 22: 3-22.

[82] Markusen, James R. Multinationals, Multi-Plant Economies, and the Gains from Trade. Journal of International Economics, 1984, 16: 205-226.

[83] Markusen, James R and Lars E. Svensson. Trade in Goods and Factor with International Difference in Technology. International Economics Review, 1985, 26: 175-192.

[84] Markusen, James R. The Boundaries of Multinational Enterprises and the Theory of International Trade. Journal of Economic Perspectives, 1995, 9: 169-190.

[85] Markusen, James R. Trade Versus Investment Liberalization. NBER

Working Paper,1997,6231.

[86] Markusen, James R. and Anthony J. Venables. Multinational Firms and the New Trade Theory. Journal of International Economics,1998, 46:183-203.

[87] Markusen, James R. and Anthony J. Venables. The Theory of Endowment, Intra-Industry and Multinational Trade. Journal of International Economics,2000,52:209-234.

[88] Markusen, James R. and Keith E. Maskus. Multinational Firms: Reconciling Theory and Evidence. In Magnus Blomstrom and Linda Goldberg (editors), Topics in Empirical International Economics: A Festschrift in Honor of Robert E. Lipsey, Chicago: University of Chicago Press, forthcoming,2001.

[89] Markusen, James R. and Keith E. Maskus. Discriminating among Alternative Theories of the Multinational Enterprise. Review of International Economics, forthcoming. 45,2002a.

[90] Markusen, James R. and Keith E. Maskus. A Unified Approach to Intra-Industry Trade and Direct Foreign Investment. In P. J. Lloyd and Hyun-Hoon Lee (editors), Frontiers of Research in Intra-Industry Trade, New York: Palgrave Macmillan,2002b:199-219.

[91] Markusen, James R. Multinational Firms and the Theory of International Trade. Cambridge: MIT Press,2002c.

[92] Marin, Dalia and Thierry Verdier. Globalization and the Empowerment of Talent. Manuscript. Munich: Univ. Munich, Dept. Econ,2003.

[93] Marshall, A. Principles of Economics. London: Macmillan Press,1920.

[94] Maskin, Eric and Jean Tirole. Unforeseen Contingencies and Incomplete Contracts. Review of Economic Studies,1999,66:83-114.

[95] McAfee, R. Preston, and John McMillan. Organizational Diseconomies of Scale. Journal of Economics and Management Strategy,1995,4:399-426.

[96] McLaren, John. Globalization and Vertical Structure. American Economic Review, XC,2000:1239-1254.

[97] Melitz, Marc J. The Impact of Trade on Intra-Industry Reallocations and Aggregate Industry Productivity. Econometric, 2003, 71 (12): 1695-1725.

[98] Mundell, R. A. International Trade and Factor Mobility. American Economic Review, June,1950:321-335.

[99] Ohlin, B. Interregional and International trade. Cambridge, MA: Harvard University Press,1933.

[100] Perry, Martin K. Vertical Integration: Determinants and Effects. In R. Schmalansee and R. D. Willig, eds. , Handbook of Industrial Organization (Amsterdam: North-Holland),1989.

[101] Raghuram, R. and Zingales, L. Power in a Theory of the Firm. Quarterly Journal of Economics,1998,112:2-20.

[102] Raghuram, R. and Zingales, L. The Governance of the New Enterprise. NBER Working Paper,2007(985).

[103] Rauch, James E. Trade and Search: Social Capital, Sogo Shosha, and Spillovers. Working Paper 5618, Cambridge, MA: NBER,1996.

[104] Rauch, James E. Networks Versus Markets in International Trade. Journal of International Economics,1999,48(1):7-35.

[105] Rauch, James E. Business and Social Networks in International Trade. Journal of Economic Literature,2001,39:1177-1203.

[106] Rauch, James E. and Vitor Trindade. Ethnic Chinese Networks in International Trade. Review of Economics and Statistics, 2002, 84: 116-130.

[107] Rauch, James E. and Alessandra Casella. Overcoming Informational Barriers to International Resource Allocation: Prices and Ties. Economic Journal,2003,113:21-42.

[108] Rauch, James E. and Joel Watson. Starting Small in an Unfamiliar Environment. International Journal of Industrial Organization 2003, 21:1021-1042.

[109] Riordan, Michael H. and Oliver E. Williamson. Asset Speciality and Economic Organization. International Journal of Industrial Organization,1985,3:365-378.

[110] Puga, Diego and Daniel Trefler. Knowledge Creation and Control in Organizations. Working Paper No. 9121 (August). Cambridge, Mass. : NBER,2002.

[111] Segal, Ilya. Complexity and Renegotiation: A Foundation for Incom-

plete Contracts. Review Economic. Studies, 66 (January; special issue),1999:57-82.

[112] Slaughter, Matthew J. What Are the Results of Product-Price Studies and What Can We Learn from Their Differences? In Robert C. Feenstra, ed. , The Effects of International Trade on Wages, Chicago: University of Chicago Press,2000a:129-165.

[113] Slaughter, Matthew J. Production Transfer within Multinational Enterprises and American Wages. Journal of International Economics,2000b,50:449-472.

[114] Spence, A. Michael. Product Selection, Fixed Costs, and Monopolistic Competition. Review of Economic Studies,1976,43(2):217-235.

[115] Stephen, C. Contracting Practices in Bulk Shipping Market. Journal of Law and Economics,1993,36(2):937-976.

[116] Tirole, J. Incomplete Contracts: Where do We Stand? Econometrica, 1999,67:741-781.

[117] Trefler, Daniel. The Case of Missing Trade and Other Mysteries. American Economic Review,1995,85:1029-1046.

[118] Thomas, J. Localization of Industry and Vertical Disintegration. Federal Reserve Bank of Minneapolis Research Department Staff,1995(190).

[119] Vernon, Raymond. International Investment and International Trade in the Product Cycle. Quarterly Journal of Economics,1966,80(2):190-207.

[120] Williamson, O. E. Markets and Hierarchies: Analysis and Antitrust Implications. New York, NY: Free Press,1975.

[121] Williamson, O. E. The Economic Institutions of Capitalism. New York, NY: Free Press,1985.

[122] Yeaple, Stephen. The Complex Integration Strategies of Multinationals and Cross Country Dependencies in the Structure of FDI. Journal of International Economics,2003a,60:293-314.

[123] Yeaple, Stephen. The Role of Skill Endowments in the Structure of U. S. Outward FDI. Review of Economics and Statistics, August, 2003b,85(3):726-734.

[124] Yeats, Alexander J. Just How Big Is Global Production Sharing? In Fragmentation: New Production Patterns in the World Economy,

edited by Sven W. Arndt and Henryk Kierzkowski. Oxford: Oxford Univ. Press,2001.

[125] Younge, Alwyn. Growth without Scale Effects. Journal of Political Economy,1998,106:41-63.

[126] 陈志俊.不完全契约理论前沿述评.经济学动态,2000(12):47—52.

[127] 陈郁.企业制度与市场组织——交易费用经济学文选.上海:上海三联书店,上海人民出版社,1998.

[128] 贾明德,李灵燕.契约的不完全与敲竹杠问题.经济学动态,2002(7):67—70.

[129] 李群.新贸易理论文献回顾和述评.产业经济研究,2002(1):65—71.

[130] 刘庆林,綦建红.国际贸易社会网络理论研究综述.经济学动态,2004(7):96—99.

[131] 刘元春,廖舒萍.新贸易理论:缘起及其发展逻辑.教学与研究,2004(4):35—42.

[132] 汪晓宇,马咏华,等.不完全契约理论:产权理论的新发展.上海经济研究,2003(12):33—36.

[133] 王勇.完全契约与不完全契约.经济学动态,2002(7):22—26.

[134] 王玉海.从国际贸易理论的演变看企业主体地位上升.国际经贸探索,2001(1):9—14.

[135] 吴先明.国际贸易理论与国际投资理论的融合发展趋势.经济学动态,1999(6):51—55.

[136] 小岛清.对外贸易论,天津:南开大学出版社,1990.

[137] 杨定华.论企业理论的历史发展.云南财贸学院学报,2004(2):23—25.

[138] 杨其静.合同和企业理论前沿综述.经济研究,2002(1):80—88.

[139] 杨小凯,张永生.新贸易理论、比较优势理论及其经验研究的新成果:文献综述.经济学(季刊),2001(1):19—43.

[140] 赵伟,周飞燕."外源化"及其经济学分析.外国经济与管理,2004(8):30—34.

[141] 朱刚体.交易费用、市场效率与公司内国际贸易理论.国际贸易问题,1997(11):1—9.

[142] 朱廷君.国际贸易与国际投资理论的融合轨迹.兰州商学院学报,2003(4):5—9.

第 3 章

国际贸易、FDI 与技术溢出

3.1 引 言

内生技术进步理论（Aghion 和 Howitt，1992；Grossman 和 Helpamn，1991；Romer，1990）认为技术具有两个重要性质：一是技术在某种意义上具有非竞争性，即对同一技术的一额外单位使用的边际成本可以忽略不计；二是技术投资的收益部分归投资者个人所得，部分归社会公众所得，从而技术只具有一定的排他性。因而技术是具有非竞争性和一定排他性的公共物品。在最狭义的意义上，技术的这种外部性便是人们常说的“技术溢出”。

有形商品是技术知识的载体，因而有形贸易是技术知识的重要媒介。技术上的优势是跨国公司对外直接投资的核心垄断优势所在。在一个开放经济中，国际贸易与外商直接投资（FDI）构成国际技术溢出的重要渠道。对国际贸易而言，一般说来，中间产品的进口价格低于其机会成本（包括中间产品的研发成本）；进口国的厂商可通过对进口产品的研究（即逆向工程）和模仿获取生产该产品的技术，从而降低自身研发该产品的成本。这些情况无疑都是技术上自然的外部性。对于 FDI 而言，当跨国公司子公司带来新技术和管理经验并运用到市场中时，东道国本地企业便可模仿其生产技术及管理经验，从而降低自身技术创新的风险和不确定性；当跨国公司培训的员工流动到国内企业或自主创业时，国内企业避免了相应的培训成本，且技术也相应地得到了流动。这些情形无疑也是技术上自然的外部性。

但是，技术上这种自然的外部性并不是外贸外资影响一国技术进步的唯一途径。进口产品和跨国公司的进入使国内同类产品市场的本地企业面临激烈的竞争，本地企业还与出口导向的跨国公司在世界市场上竞争，迫于竞争压力，本地企业必须更有效地利用现有的技术，或被迫寻求新的更有效的技术以维持其市场份额。这种竞争效应的结果提高了该产业的资源配置效率，加速了该产业的技术进步。因而，人们逐渐从广义的含义上来理解技术溢出。Blomstrom 和 Kokko(1998)就把这种竞争效应带来的技术进步也称为技术溢出。我国学者李平(1999)认为，"技术溢出效应"是指通过技术的非自愿扩散，促进当地技术和生产力水平的提高，是经济外在性的一种表现。何洁(2000)认为，外国直接投资的外溢效应是指 FDI 对东道国的经济效率和经济增长或发展能力发生无意识影响的间接作用。

不仅如此，从广义上讲，还会存在跨国公司主动地有意识地帮助本地企业提高技术水平的情形。跨国公司帮助供应商建立生产性设施，改善供应商产品的质量或促进其创新活动，主动示范技术，为其提供技术帮助或信息服务；提供或帮助购买原材料和中间产品；提供组织管理上的培训和帮助；通过发掘新客户帮助供应商从事多样化经营。这便是跨国公司通过后向关联产生的溢出效应。而前向关联侧重于当地市场的培育，有助于尽快形成当地的生产体系，开发其制成品市场。对国际贸易而言，当一国出口本国产品的时候，外国的购买商可能会主动提供如何改善生产过程的建议。

同时，我们时常很难区分贸易与 FDI 对技术进步的影响究竟是来自模仿示范、人力资本的流动还是竞争抑或是来自前后向关联。因而，我们认为，国际贸易与 FDI 的技术溢出效应是指国际贸易与 FDI 对一国的技术进步所带来的直接或间接的影响。国际贸易与 FDI 的技术溢出产生的机制主要来自示范模仿效应、竞争效应、人力资本的流动以及关联效应。示范模仿效应、竞争效应和人力资本的流动主要发生在产业内部(其中，竞争效应和人力资本的流动也可发生在产业间)，因而，这三种效应引起的技术溢出统称为"产业内溢出效应"。而前后向关联主要发生在产业之间，因而把前后向关联效应引起的技术溢出称之为"产业间溢出效应"。

3.2 贸易与技术溢出

3.2.1 贸易引致技术溢出的机制

贸易主要通过三种机制引致技术的溢出:第一,资本品的进口、中间产品种类的扩大和质量的提高可以直接增加生产率,从而提高全要素生产率(TFP)。第二,贸易可以产生动态的学习效应,从而提高全要素生产率。第三,贸易增加了可以接触到的技术的数量和知识存量,从而发展中国家通过逆向工程和模仿的知识生产就有可能增加。

1. 直接效应

(1)资本品进口。贸易引起技术溢出的最直接的方式便是资本品的进口。技术物化于机械设备之中,进口的机械设备可以立即导致生产率的增加。不仅如此,由于机械设备的操作和使用的需要,一些非物化的技术和隐性知识也得到了转移。这种显而易见的贸易引起技术溢出的方式却常常被人们所忽略。

(2)中间产品种类的扩大。在 Ethier(1982),Grossmant 和 Helpman(1991)的模型中,最终产品的生产率依赖于在生产过程中作为投入品使用的中间产品的种类。假定生产函数的形式如下:

$$D = \left[\int_0^n X(j)^\alpha\right]^{1/\alpha}, \qquad 0 < \alpha < 1$$

其中,$X(j)$表示中间产品 j 的数量;n 表示可以得到的中间产品的种类;α 表示一参数,用来计算有差异的中间产品之间的替代弹性,如果用 ε 表示这种替代弹性,则有,$\varepsilon=1(1-\alpha)$。有差异的中间产品是研发活动的结果,并假设所有中间投入品的生产使用相同的规模收益不变的生产技术。Ethier(1982)证明,在均衡时,$X(j)$相等。因而,用于生产中间投入品的资源等于 nX。由于 nX 代表总投入,所以 TFP 为:

$$\mathrm{TFP}=\frac{D}{nX}=n^{\frac{1-\alpha}{\alpha}}$$

因为,$0<\alpha<1$,所以有:

$$\frac{\partial \mathrm{TFP}}{\partial n}>0$$

也就是说，随着可获得的中间投入品种类的增多，给定的资源存量的生产率随之上升。在该模型中，没有任何一种中间产品显得过时，所有的厂商都是利润最大化寻求者，因而，所有可得到的中间产品都将被投入使用。这种性质被 Ethier(1982)解释为因生产专业化程度提高所带来的收益。换言之，当中间投入品的种类扩大时，总的生产过程包括了更多更先进的生产过程。当一个经济体从封闭走向开放时，贸易增加了可获得的中间投入品的种类，从而导致 TFP 的增长。

(3)中间产品质量的提高。质量阶梯模型(Connolly，1997)表明，新发明的更高质量的中间投入品更具生产力从而能够增加总产出，同时能够使中间投入品的价格保持不变。在此，不考虑产品种类的增减，存在 J 种中间产品。中间产品的质量通过发明或模仿得以提高。假设每一代新产品的生产效率为其上一代产品生产效率的 q 倍，这样，经过一次创新之后，产品 j 的质量就会在原有的基础上提高 q 倍；经过二次创新之后，其质量会提高 q^2 倍；经过 k_j 创新之后，其质量会提高 q^{k_j} 倍。如果如何生产中间产品的知识是可得的，由于最终产品市场是完全竞争市场，生产中间产品的边际成本便独立于该中间产品的质量水平(Connolly，1997)。最终产品的生产函数如下(Connolly，1997)：

$$Y_i = A_i L_i^{\alpha} \sum_{j=1}^{J} (q^{k_{ij}} X_{ik_j})^{1-\alpha}$$

其中，参数 A 表示 i 国制度方面的效率；$q^{k_{ij}} X_{ik_j}$ 表示经过质量调整的中间投入品的数量。Connolly(1997)证明，企业将利用有限的价格占领整个市场，并将旧一代产品淘汰出市场。假定 A_i 和 L_i 给定，最终产出仅仅依赖于一个国家使用中间投入品的质量。对于发展中国家而言，这意味着，在开放的贸易体制下，能够在本国的生产过程中使用从发达国家进口的高质量的中间投入品。因而，最终产品的质量和价值直接通过进口的高质量的中间投入品得以增加，从而提高 TFP。

(4)中间投入品选择集合的扩大。与以上情况对应的是，中间产品的种类是连续的。当中间产品的种类是离散的情形下，厂商的投入决策很有可能不是最优的，因为一些必需的具备一定数量和质量的中间产品或中间投入品在封闭的经济条件下不可能获得。然而，在允许贸易的情形下，厂商能够选择的中间投入品的数量和质量的范围都增加了，获得它们也变得容易了。因而，贸易提高了厂商的投入决策水平，从而，对于给定的产出水平,减少了投入的数量,导致 TFP 的增加。

2.贸易的动态效应:干中学

在许多情况下,所谓技术进步只是学到了别人已有的先进技术,这种学习的过程并非是最初的目的,而是在从事生产或其他经济行为时自然产生的副产品。经常是一种技术应用得越广泛,使用得越多,对它的了解也就越多(称之为"用中学"),所以它越被开发和改进(称之为"学中学");客户还会为生产者提供生产设备购买以及生产技能、质量控制和管理等方面的顾问和培训以及其他技术帮助(称之为"从交互作用中学习");将这些各种学习的具体情况统称为"干中学"。国际贸易为干中学提供了许多机会。进口品中包含了本国无法生产的异质中间产品,此类产品的进口量越大,本国居民通过研究此类产品得到的信息量越大;当一国出口本国产品的时候,外国的购买商可能会提供如何改善生产过程的建议,出口量越大,得到此类建议的机会就越多(Grossman 和 Helpman,1991)。

并且干中学式的技术进步对生产率的影响远远大于技术创新最初时刻对生产率的影响。例如,Enos(1958)发现,在新的石油精炼过程最初引进期间,成本每年只下降 1.5%,而后续的对相同过程的改进却引起了每年 4.5%成本下降。相似地,Mark 和 Walton(1972)表明,虽然汽轮在西方内陆河流的最初引入期间 1815—1820 年引起了运输成本的显著下降,但后续的对汽轮的改进,主要是船身设计的变化,却导致了 1820—1860 年运输成本更大的下降。甚至在 Arrow(1962)看来,干中学是技术进步的内生来源。Aghion 和 Howitt(1998)提供了一个将干中学内部化的模型。在他们的模型里,人们既可使用他们的人力资本在 R&D 部门从事基础研究,也可使用他们的人力资本从事生产。在这种情况下,特定的干中学效应——次级创新得以产生。研发从事的是新产品的创造,次级创新针对的是现存产品和生产过程的改进。如果与产品多样化模型和产品质量阶梯模型相对比的话,研发指的是前者,而干中学指的是后者。中间产品最初的质量水平依赖于发明该产品时可获得的一般知识的数量。在随后的阶段,干中学及其导致的次级创新将提高这些中间产品的质量。研发和干中学相伴随,它们都会导致 TFP 的增加。新中间产品的创新依赖于每一个研究人员开发的泊松速率,并不依赖于一般知识的存量,该知识存量随最初的创新和继后的创新得以增加。而质量的提高仅仅依赖于每一个企业内部干中学的速率,该速率由生产过程中投入的劳动数量和决定干中学生产率的参数决定。Lucas(1988)也认为干中学特别是在职学习导致的人力资本水平的提高及其溢出效应是经济增长的源泉。Krugman(1987)将干中学引入贸易模型从而使比较优势内生化,比较优势是由于对特定产品干中学导致的,即生产率的增加是经验积累的结果,因而长期的比较优势完全是由初始的专业化模式决定的。在Lucas(1988)的模型中,比较优势是由于干中学所导致的人力资本积累而产生的,每个国家生产适合自身人力资本的产品,各国通过从事自身擅长的生产积累技术,就会加强它们的初始比较优势。然而正如Alwyn Yong(1991)所指出的那样,新产品干中学的潜力是递减的,从而是有限的,不足以维持长期的增长,也不足以维持长期的比较优势。在Alwyn Yong(1991)的模型中,虽然单个产品干中学的潜力有限,然而干中学在各产品之间存在溢出效应,在不存在知识的国际扩散的情况下,贸易对技术进步的影响依赖于一国静态的比较优势导致该国专业化生产那些干中学潜力已被消耗殆尽的产品还是那些干中学潜力依然很大的产品。如果一国专业化生产那些干中学潜力很大的产品,贸易对技术进步产生正的影响。然而现实的情况是,在自由贸易的情形下,发展中国家和发达国家竞争最激烈的领域是发展中国家最先进的产品(这些产品仍然有着很大的干中学潜力)和发达国家较先进的产品(这些产品已没有多大的干中学潜力)。这种竞争会导致非对称的效果,使得发达国家的劳动从较低级产业流向那些仍经历干中学潜力的产业,而使发展中国家的劳动从较高级产业流向那些干中学潜力已被耗尽的产品。因而,发展中国家从静态上看来最优的比较优势对技术进步率却有着负面的影响,而发达国家经历着更快的技术进步。

3.技术的接触

逆向工程旨在拆分产品、弄懂其制造原理然后重新制造。这意味着现存的产品、设计和方法被复制并改编成适合当地的需要。对于模仿国而言,这种过程犹如某种发明,不同的是,这种模仿活动比发明需要的资源更少(Grossman 和 Helpman,1991),从而能够显著地提高生产率。发明新产品面临着许多不确定性,而在模仿的情形下,这种不确定性消失了,因为适合人们需要的具备各种特征的功能产品已经存在,剩下的仅仅是复制。假定技术通过纯粹的逆向工程就能被掌握,而不需要对实际生产过程的参与,以及生产该技术的研发人员与模仿该技术的研发人员的直接联系,那么,只要有接触到该产品的机会,逆向工程就变得可能。

改编的成本受到一国可接触到的技术的数量的影响。一方面,没有被复制的可接触到的技术越多,企业模仿复制的选择范围越大,从而增加了模仿的概率。另一方面,企业较大的选择范围也许源于进口国和出口国技术水平的巨大差异。正如Connolly(2001)所言,越复杂的技术越难以被复制,从而降低了模仿的概率。然而,更多的贸易导致更多的可接触到的技术,从而增加了模仿的概率。除此之外,一个国家接触一项技术的频率越高,模仿该技术的厂商越多。贸易无疑增加了接触某一特定技术的频率,从而增加了模仿的概率。

一个经济体现存的技术水平越高,则该国离技术的前沿越近。这意味着,总的说来,现存知识和需通过逆向工程获取的知识之间的差距越小,工程人员就越容易掌握和复制身边的技术。从而现存知识的存量对知识模仿有正的效应。在这种情况下,对于发展中国家而言,逆向工程可作为一种知识生产的功能看待,因为被转移的知识对于发展中国家而言是新的,从而增加了发展中国家的知识存量。然而,当模仿国越来越靠近技术的前沿时,较高的技术发展水平会减少复制的范围,从而模仿活动总的效应就可能变成负值。

在分析模仿和创新的决定因素时,Connolly(2001)认为,成功模仿的概率与用于模仿活动的资源及其过去的模仿经历正相关,而与被模仿产品的复杂程度负相关。

3.2.2 技术溢出模型

1. 外生技术、贸易与技术溢出

在技术外生的情况下,贸易与技术进步的关系主要表现在,通过贸易,发达国家的先进技术转移到发展中国家,从而推动世界整体的技术进步。Posner(1961)首次提出了技术周期转移理论。Posner认为持续的创造发明进程会导致贸易的产生。当技术在一个国家被发明出来并发展为一种新产品时,国外没掌握该技术,于是产生了国家之间的技术差距。但技术可以通过贸易为他国所学习和模仿,但模仿存在时滞。同样,其他国家对该产品的需求也存在时间上的滞后。国家间的贸易取决于需求时滞和模仿时滞的净效应。另一方面,通过贸易而导致的新技术在外国的应用反而有可能会进一步刺激外国的技术创新。Vernon(1966)的产品生命周期理论认为，产品具有以下生命周期：产品创新阶段、产品成熟阶段、产品的标准化阶段和产品衰退阶段，伴随产品生命周期变化的是南北贸易模式和技术转移的动态变化过程。Krugman(1979，1982)的南北贸易模型对 Vernon 的产品周期理论进行了扩展和形式化，率先建立了发达国家和发展中国家贸易中技术转移的一般均衡模型。Krugman 以创新性的北方和非创新的南方为起点，此处北方的创新的形式仅为在北方立即生产的新产品，即创新为外生给定。同样，南方的模仿也外生给定。在面对南方低工资的竞争时，创新不断地被南方的模仿所侵蚀，虽然北方能够通过足够大的创新速度达到某种“移动平衡”，但是技术转让的加速度将使北方和南方之间的工资差距缩小，甚至引起北方生活标准的绝对下降。Dollar(1986)对克鲁格曼的模型作了重要的扩展，将其改造成一个两要素的新古典动态均衡模型。Dollar 着重分析了技术创新、资本流动和产品生产从发达国家转移到发展中国家的动态过程，并且区分了短期均衡和长期均衡。Dollar 认为，发达国家向发展中国家的技术转移与两个地区之间的产品成本差距成正比；成本差距越大，通过技术转移而获得的潜在经济利润就越高，相应的技术转移就越多。而 Flam 和 Helpman(1987)将收入分配引入到国际贸易与技术转移的分析之中，假定对产品质量的需求与收入水平成正比，由于北方仍存在低收入阶层，所以北方出口新的高质量的产品，而南方出口价格相对低廉的老产品。北方国家可以继续专注于技术的创新，而南方国家也可以通过对“旧技术”的改进实现本国的技术进步。

2. 创新、贸易与技术溢出

技术并不是人们过去所认为是随机的、偶然的，而是企业 R&D 投资的结果。Jensan 和 Thursby(1986)引入了技术模仿成本和创新成本的概念，即将前面学者的模型中的技术创新和转移内生化，同时把发达国家和发展中国家的贸易与技术转让过程模拟为双方决策优化的博弈结果，从而建立了贸易与技术转移的动态博弈模型，对稳定状态下南北技术差距与南北双方进行 R&D 资源投入的行为进行了新的解释。

Rivera-Batiz 和 Romer(1991)在动态一般均衡模型的框架下构建了知识驱动研发模型和实验设备模型。两个模型都包括三个部门：中间产品部门、最终产品部门和研究部门。假定技术进步体现为产品(资本品)种类的增加，即研究创造出更多的新产品，产品种类的增加对最终消费品的生产率增长具有正的影响。因为当更多的中间产品可得时,最终产品部门能够从中选择更加适合其精确要求的产品,因而,对于同样的成本支出,却能够购买到更具生产力的中间产品,从而中间产品的创新就能够带来全要素生产率的提高。中间产品的生产者向研究厂商购买生产新产品的专利权,利用新产品设计和其他投入生产中间产品。由于受到专利权的限制,对中间产品厂商而言,新知识具有排他性,新产品只能由购买该产品专利权的厂商生产。最终产品部门利用中间产品、人力资本和劳动生产一种消费品。在知识驱动模型中,研究部门使用人力资本和知识生产新产品设计。这里的知识是指一般的科学和工程知识以及以前设计过程中积累的设计诀窍,新产品的设计就建立在这种知识的基础之上,因而称之为知识驱动 R&D 设定。在实验设备模型中,研究部门和物质产品具有相同的生产技术,该设定是说人力资本、劳动和资本品(例如个人计算机、示波器)在研发中具有生产力。与知识驱动模型相对照的是,在此模型中,知识并不具有生产率价值,对所有以前新产品设计的接触、对思想和设计诀窍的洞悉都无助于新设计的创造。因而这两个模型意味着十分不同的技术扩散机制。对知识驱动模型而言,知识存量对世界经济中所有的研究者是共同的,并以溢出的方式无成本地扩散。对实验设备模型而言,知识仅通过中间产品的购买转移并且没有溢出效应存在。

在实验设备模型中,因为知识物化于商品之中,依照假定,从而贸易能够显著地提高各国生产率,稳态的增长率也得以提高。在知识驱动模型中,如果贸易得到允许,各个国家便有专业化于完全非重叠的创新的激励,因而知识既通过商品贸易又通过思想流动扩散。虽然两种模型都认同商品贸易对于知识的国际扩散十分重要,但是它们的经验含义是不同的。对实验设备模型而言,既然知识物化于商品之中,贸易直接影响生产率。对知识驱动模型而言,贸易具有直接和间接两种效应。一方面,贸易具有如同实验设备模型中的直接效应。另一方面,由于贸易使得 R&D 部门的激励增加,因而贸易间接地影响生产率。既然专业化有利可图,新产品的数量及由此带来的生产率的提高就会增加很多。因而,知识扩散的形式至关重要。

Rivera-Batiz 和 Romer(1991)考察的是对称国家(具有相同要素禀赋和技术的国家)和一种消费品生产的情形。Grossman 和 Helpman (1991)把此分析框架扩展成非对称国家和多于一种消费品生产的情况。

在他们的框架里，技术进步同样表现为产品种类的增加，研究技术与 Rivera-Batiz 和 Romer 的知识驱动经济相似，因为生产率依赖于累积的 R&D 存量。一个开放的国家能够利用世界 R&D 存量：如果技术溢出是全球性的，外国 R&D 具有与国内 R&D 一样的生产率效应。结论是，与技术信息只能在本地传播的情况相比，如果对研究活动的生产率有推动作用的技术知识可以跨越国界自由流动时，增长率就会加快。这暗含着贸易对增长的影响，因为当商品交易发生的时候，信息也随之得到了交换。世界产品市场的一体化也使得世界各地的创新者彼此竞争，并激励他们不断寻求世界经济中的新观念。由于这个原因，国际贸易有助于减少研究活动中的重复劳动，也就增加了用于 R&D 活动的资源的总选择(Grossman 和 Helpman，1991)。如果技术进步表现为产品质量的提高，即在产品质量阶梯模型中，也可得到相同的结论(Grossman 和 Helpman，1991)。

在一个小国开放经济模型里，Grossman 和 Helpman(1991)直接考察了国际贸易对创新的影响。如果创新被假定发生在生产非贸易中间产品的部门，厂商运用非贸易中间产品及初始投入生产两种可贸易的最终产品，最终产品按照外生给定的世界价格进行交易。国际贸易对小国的技术创新既有直接影响又有间接影响。贸易将促进来自国外的技术信息的传播，使各国能够分享研究部门在生产率方面的成果，从而刺激技术进步。国际贸易的间接影响来自于贸易通过影响小国国内要素市场影响该国的创新成本。如果一国进口人力资本密集型产品，国际贸易就会降低该国对于人力资本的引致需求从而降低创新成本。一国如果出口人力资本密集型产品，则出口部门的扩张增加了人力资本的需求从而增大了创新成本。

Grossman 和 Helpman(1991)在基本沿用 Krugman(1979，1982)的南北贸易模型的分析框架时，将技术创新和模仿内生化。一方面，在产品品种增加型技术进步的情况下，因为模仿使南方厂商得以用更少的资源获得新设计，国际贸易导致技术进步成本的降低意味着南方获得更高的增长率。南方国家的模仿会对北方国家的创新带来直接的负面影响和间接的正面影响。当南方国家仿制北方国家的产品时，就会直接影响北方国家创新者享有垄断地位的期望时间。另一方面，南方国家的模仿活动有助于北方国家的幸存厂商淘汰竞争对手。如果与之竞争的品牌的生产转移到了国外，那么幸存下来的厂商就可以雇用更多的劳动力及生产更多的产品。因而这种间接的影响提高了北方国家厂商生存期间的利润率,由此提高了北方国家创新行为的积极性。总的说来,间接影响起着决定性的作用,南方的模仿激励了北方厂商的创新行为,导致北方的创新率和增长率上升。在产品品种增加型技术进步情形下,如果新产品被开发出来,同一类产品的创新活动便告终止。然而,如果技术进步表现为产品质量的提高,这同一类产品的创新活动仍在进行,因而在质量阶梯模型中,每一种影响都能起决定性的作用。由此,南北贸易可能加快也可能延缓北方国家的创新率和增长率。

知识创造模型(Rivera-Batiz 和 Romer,1991;Romer,1990)很容易被扩展以总结性地分析贸易与技术溢出的联系。在 Rivera-Batiz 和 Romer(1991)以及 Romer(1990)的模型中,知识的生产依赖于人力资本存量和现有的知识存量,即:

$$\dot{A}=\delta HA$$

其中,$\dot{A}$代表新生产的知识;H 代表人力资本;A 代表现有的知识存量;δ 是一个表示研发部门研发人员生产率的参数。由于发展中国家的知识存量小于发达国家的知识存量,虽然发达国家的技术常被发展中国家的研发人员改编成适合当地需要的技术,我们可以近似地认为发展中国家的知识存量属于发达国家知识存量的一部分。在模仿活动存在的情形下,发展中国家的知识生产函数形式就可以设定如下:

$$\dot{A}_H=\delta_1 H_A A_H+\delta_2 H_B A_F(A_H)$$

其中,A_H 和 A_F 分别代表发展中国家和发达国家的知识存量;H_A 代表用于国内创新的人力资本;H_B 代表用于模仿活动的人力资本;δ_1 和 δ_2 分别代表创新活动和模仿活动中研发人员的生产率;$A_H \in A_F$,$A_F(A_H)$ 表示发展中国家的研发人员可以接触到的发达国家的知识存量,该知识存量尚未形成 A_H 的一部分。

在这种情况下,贸易使得发达国家新发明的技术马上可被发展中国家获得,从而增加了可接触到的技术集。贸易的这种效应便导致了 $A_F(A_H)$的增加。但是,外国技术并不是马上被模仿,从而 A_H 并没有改变。模仿一般说来较国内的创新容易得多,从而有 $\delta_2>\delta_1$。也就是说,外国知识对知识生产的影响要大于国内知识对知识生产的影响。很明显,开放条件下的知识生产要比封闭条件下强许多。正如 Rivera-Batiz 和 Romer(1991)所言,那些能够增加一国可获得知识存量的贸易政策使该国的经济得以增长。

不仅如此，技术模仿的经历会导致对一般技术知识更加透彻的理解，增加进一步模仿的可能并增加将来创造新技术的概率。这便是 Connolly (2001)所说的“学中学”的概念。知识生产中的学中学的概念类似于产品生产中的干中学的概念，不同的是，学中学强调的是对一般知识、一般科学原理和方法的掌握。从而模仿经历的增加会导致模仿效率的提高，即 δ_2 会随着模仿经历的增加而增加，进一步加速知识的生产。

在 Manfield's(1961)的模型中，技术扩散的速度依赖于一个外生的参数 b：

$$P(t)=\frac{1}{1+ae^{-bt}}$$

其中，$P(t)$表示在时刻 t 采用新技术的企业所占的比例；a 为一常数。该模型假定 b 依赖于采用技术的潜在成本和收益这两种因素。但这两种因素自身并没有被分析。Teece(1997)分析了影响跨国公司技术转移成本的三种主要因素。这三种主要因素是：技术的年龄；技术接受企业制造业的经历；使用相似或相同技术企业的数量。Teece 进一步分析了技术转移成本的国际特征，认为对于机械设备转移而言，东道国的发展水平对于转移成本有着显著的影响。可以这么认为，这些因素同样可以运用于跨国公司之外的技术转移，虽然其影响可能更大或更小。在这种前景下，贸易有助于让厂商知道并可获得这些技术，随之开启技术的扩散过程。

Wang(1989)提供了一个企业层次的增长模型。在该模型中，R&D 和模仿都对知识的生产起作用。一部分外国现有的知识存量 A^* 可以被参加国际贸易的国家获得，设通过贸易获得的知识与 A^* 的比例为 Z，Z 的大小 $\bar{Z}$ 取决于 A^* 的规模和影响知识转移的其他因素，例如经济一体化的程度。发展中国家企业的知识存量 Z_t 的增长如下：

$$Z_{t+1}=Z_t+I_t+\tau(I_t,g_t)\bar{Z}_t$$

其中，t 代表时间指数；I_t 代表 R&D 支出的数量；g_t 代表技术差距；$\tau(I_t,g_t)$是一个代表技术吸收能力的函数，吸收能力依赖于 I_t 和 g_t。吸收能力随 R&D 支出的增加而增加，R&D 的吸收效应又与技术差距正相关，即有：$\frac{\partial\tau}{\partial I_t}>0$ 和$\frac{\partial\partial\tau}{\partial\partial I_t g_t}>0$。当技术差距消失时，模仿也便不存在了。

3.2.3 经验研究

1. 基本计量模型:CH 模型

一篇开创性的经验研究文献由 Coe 和 Helpman(1995)给出,此后绝大多数的经验研究的模型设定都遵循 Coe 和 Helpman 的设定(简称为 CH 设定)。而 CH 设定又是建立在前述的理论基础之上(Grossman 和 Helpman,1991;Rivera-Batiz 和 Romer,1991)。

一个国家的最终产出由以下形式给出:

$$y=Ad^{\alpha}l^{\beta} \qquad \alpha,\beta>0 \tag{3-1}$$

其中,A 为常数;l 代表劳动服务;d 表示 n 种资本品的复合品。d 由 Dixit-Stiglitz 函数给出:

$$d=\left(\int_0^n x(s)^{\alpha}ds\right)^{1/\alpha} \tag{3-2}$$

其中,x 表示差异化资本品;s 为资本品品种。该函数形式表明每一对资本品之间的替代弹性为常数。复合品 d 的生产者会使用所有可得的具有同等需求的中间产品。因而,(3-2)式可写为:

$$d=n(x^{\alpha})^{1/\alpha}=nx \tag{3-3}$$

利用式(3-3)和假设每一种差异化产品的生产所需资本为 k,从而式(3-1)可写为:

$$y=An^{\alpha}k^{\alpha}l^{\beta} \tag{3-4}$$

定义全要素生产率(TFP)为:$F=y/k^{\alpha}l^{\beta}$,由式(3-4)可得:

$$F=An^{\alpha} \tag{3-5}$$

因而,TFP 随着差异化资本品种数量 n 递增。

新产品是企业 R&D 投资的结果,因而,可得的中间产品的数量由累积的 R&D 资本存量决定。这说明 n 和 S 的关系为:

$$n=\varphi(S) \tag{3-6}$$

其中,S 表示 R&D 资本存量。综合式(3-5)和(3-6)可得:

$$F=\theta(S)$$

即,TFP 为 R&D 资本存量的函数。

一个经济开放国家可从其他国家进口中间产品,因而,其生产率不仅依赖于其国内的 R&D 资本存量,也依赖于国外的 R&D 资本存量。因而,F 既是国内 R&D 资本存量又是外国 R&D 资本存量的函数,即:

$$F=\theta(S^{d},S^{f}) \tag{3-7}$$

这里，S^{d} 表示国内 R&D 资本存量；S^{f} 表示外国 R&D 资本存量。

结合式(3-5)和(3-7)可得 CH 设定 1：

$$\log F_{it}=\alpha_{i}^{0}+\alpha_{i}^{d}\log S_{it}^{d}+\alpha_{i}^{f}\log S_{it}^{f}+\varepsilon_{it} \qquad \forall\, i,t \tag{3-8}$$

其中，i 表示国家；t 表示时间；$\alpha_{i}^{0}=\log A_{i}$ 为特定国家常数项；α_{i}^{d} 表示国内 R&D 资本存量的 TFP 弹性；α_{i}^{f} 表示外国 R&D 资本存量的 TFP 弹性。问题的关键是如何测量一国可得的外国 R&D 资本存量。CH 的方法如下：

$$S_{i}^{f-CH}=\sum_{j\neq i}\frac{M_{ij}}{M_{i}}S_{j}^{d} \tag{3-9}$$

其中，M_{ij} 代表国家 i 的来自国家 j 的双边总进口；M_{i} 是国家 i 的来自其余所有国家的总进口。即 CH 将国家 i 可得的外国 R&D 资本存量定义为 i 国的贸易伙伴的国内 R&D 资本存量的加权和，权重取值为 i 国与其贸易伙伴的双边进口份额，权重的和为 1。

R&D 集中于少数几个发达国家，特别是西方七国集团。为了反映这种事实，可得 CH 设定 2：

$$\log F_{it}=\alpha_{i}^{0}+\alpha_{i}^{d}\log S_{it}^{d}+\alpha_{i}^{dG_7}(G_{7}*\log S_{it}^{d})+\alpha_{i}^{f}\log S_{it}^{f}+\varepsilon_{it}$$

其中，G_{7} 为虚拟变量。

CH 同时认为，由于权重的和为 1，其对外国 R&D 资本存量的测量仅仅反映了与贸易相关的溢出效应的方向，而没有反映出贸易溢出效应的水平。例如，两个国家有着相同的进口组成结构，其贸易伙伴的 R&D 资本存量组成结构也相同，从理论上讲，进口占国内 GDP 比率越大的国家，其获得的溢出效应也应越大。为了反映这种进口水平或开放程度对技术溢出的影响，可得 CH 设定 3：

$$\log F_{it}=\alpha_{i}^{0}+\alpha_{i}^{d}\log S_{it}^{d}+\alpha_{i}^{dG_7}(G_{7}*\log S_{it}^{d})+\alpha_{i}^{fm}m_{it}\log S_{it}^{f}+\varepsilon_{it}$$

其中，m_{it} 为国家 i 的总进口占其 GDP 的比率。

Coe 和 Helpman(1995)用 21 个 OECD 国家以及以色列 1971—1990 年的面板数据的实证结果表明，国内和外国的 R&D 都对 TFP 有着重要的影响：对于大国而言，国内 R&D 资本存量的 TFP 弹性要大于外国 R&D 资本存量的 TFP 弹性；对于小国而言，外国 R&D 资本存量的 TFP 弹性超过了国内 R&D 资本存量的 TFP 弹性；进口占 GDP 比重越大的国家，从外国 R&D 中获得的技术溢出效应越大。利用 77 个发展中国家

1971—1990 年的数据(发展中国家的贸易伙伴为 22 个工业化国家,因而称之为南北 R&D 溢出),Coe,Helpman 和 Hoffmaister(1997)的实证结果表明,发展中国家的 TFP 与来自工业国家的机械设备进口贸易显著正相关,南方国家从北方国家获得的技术溢出相当地大。平均说来,工业化国家的 R&D 资本存量每增加 1%,发展中国家的 TFP 就增加 0.06%。从美国获得的溢出效应最大,一方面因为美国是大多数发展中国家最重要的贸易伙伴,另一方面美国 R&D 资本存量的规模在工业化国家中为最高。美国 R&D 资本存量每增加 1%,77 个发展中国家的 TFP 平均就会增加 0.03%,相应地,日本、德国、法国这一数字分别为 0.004%~0.008%。同时,溢出效应表现出重大的地区差异。一般说来,拉丁美洲国家更多地与美国进行贸易,因而其生产率受美国 R&D 的影响最大。非洲国家更多地与欧洲进行贸易,其生产率更多地受到欧洲 R&D 的影响。同样地,亚洲国家和生产率更多地得益于日本的 R&D。这些发现无疑对那些典型的发展中国家有着重要的政策含义,向那些技术先进国家实行开放政策和进行贸易是获取技术溢出提升自己技术能力的基本途径。

2. CH 模型扩展之一:R&D 溢出变量的不同设定形式

Lichtenberg 和 Van Pottelsberghe de la Potterie(2001)指出,CH 对外国 R&D 资本存量的测量存在"总量偏误":如果把两个国家合并成一个国家,根据式(3-9),外国 R&D 资本存量就会增加,从而对 TFP 的影响就会较合并前增强,然而,数据的简单加总肯定不会对 TFP 产生实质性的影响。他们提出另一种测量外国 R&D 资本存量的方法(我们称之为 LP 设定):

$$S_i^{f-LP} = \sum_j \frac{M_{ij}}{y_j} S_j^d$$

其中,y_i 为国家 j 的 GDP。这种测量方法虽然没有消除总量偏误的问题但大大弱化了该问题。同时,LP 设定既反映了国际技术溢出的方向,也反映了技术溢出的强度。

两个国家之间即使不存在相互贸易的情况,只要他们分别与第三国进行贸易,这两个国家也可能从对方获得技术溢出,Lumenga-Neso,Olarreaga 和 Schiff(2001)把这种情况称之为"间接与贸易相关的 R&D 溢出"。假设 B 国从 C 国进口,按照 CH 设定,B 国从 C 国获得 R&D 溢出。设 B 国自己的 R&D 水平为 L_d，从 C 国 R&D 溢出中获得的 R&D 水平为 L_f，这样 B 国可得 R&D 水平 $L_B=L_d+L_f$。现在如果 A 国从 B 国进口，A 国就获得与 L_B 相对应的 R&D 溢出，而不是与 L_d 相对应的 R&D 溢出。换言之，A 国也从 C 国获取了技术溢出，即使 A 国没有从 C 国进口，只要 A 国和 C 国都同 B 国贸易。

而 Keller(1998)对外国 R&D 溢出变量直接设定为世界其他国家国内 R&D 存量的直接加总。

为了搞清楚 Coe 和 Helpman(1995)，Lumenga-Neso，Olarreaga 和 Schiff(2001)以及 Keller(1998)定义的 R&D 溢出变量之间的联系与区别，可以作出如下说明。

把 CH 对外国 R&D 溢出变量的设定称之为"直接与贸易相连的 R&D 溢出"，把 CH 对外国 R&D 溢出变量的设定重新写为：

$$S^{f-CH}=MS^d \tag{3-10}$$

其中，S^f 是外国 R&D 向量(向量中的每一元素，S_C^f 是国家 C 的外国 R&D 存量)；S^d 是外国国内 R&D 向量；M 是双边进口份额矩阵，其中每一个元素 M_{cj} 是来自国家 j 的进口在 C 国的总进口中所占的份额(根据定义，$M_{cc}=0$)。根据"间接与贸易相关的 R&D 溢出"的概念，定义每个国家总的可获得的 R&D(S^t)为 C 国自己国内 R&D(S^d)加上每一贸易伙伴国总的可获得的 R&D 的进口份额加权和：

$$S^t=S^d+S^{f-T}=S^d+MS^t \tag{3-11}$$

由式(3-11)可得：

$$S^{f-T}=(I-M)^{-1}S^d \tag{3-12}$$

由式(3-11)和(3-12)可得：

$$S^{f-T}=[(I-M)^{-1}-(I-M)]S^d=(M^2+M^3+\cdots)S^d \tag{3-13}$$

这样，外国 R&D 溢出就可分解为"直接与贸易相关的 R&D 溢出"和"间接与贸易相关的 R&D 溢出"：

$$S^{f-T}=S^{f-CH}+S^{f-I} \tag{3-14}$$

其中，S^{f-I} 代表"间接与贸易相关的 R&D 溢出"，由式(3-10)、(3-13)和(3-14)可得：

$$S^{f-CH}=[(I-M)^{-1}-(I-M)]S^d=(M^2+M^3+\cdots)S^d$$

而 Keller(1998)对外国 R&D 溢出变量设定为贸易伙伴国国内 R&D 的直接加总：

$$S^{f-K}=(U-I)S^{d}$$

其中,U 为所有元素皆为 1 的矩阵。S^{f-K} 代表 Keller(1998)对外国 R&D 溢出变量的定义。

很明显,$S^{f-K} \geqslant S^{f-T} \geqslant S^{f-CH}$。

Falvey, Foster 和 Greenaway(2002)则根据 R&D 溢出的性质来构建外国 R&D 溢出变量。他们认为,进口也是一种信息,信息的内容就是物化在产品中的如何生产该产品的知识。用 K_{dt} 表示知识来源国即出口国(d)的知识存量,如果该知识在出口国是一种纯粹的公共产品,那么一代表性单位的该产品的进口可以看作为给出了所有 K_{dt} 的信息。如果该知识在出口国是一纯粹的私人产品,那么一代表性单位的该产品的进口最好被看作为与进口数量相关的部分 K_{dt} 的信息,例如$\frac{K_{dt}}{Q_{dt}}$,其中,Q_{dt} 是出口国的 GDP 水平。另一方面,转移到进口国的信息的性质也要考虑。如果该信息是纯粹的私人产品,该信息就仅限于进口该产品的单位和个人。根据 R&D 溢出的性质,Falvey, Foster 和 Greenaway(2002)对外国 R&D 溢出变量的设定总结见表 3-1。

表 3-1　Falvey, Foster 和 Greenaway(2002)对外国 R&D 溢出变量的设定

设定	计　算	知识在来源国 / 接受国的性质
(1M)	$M\overline{K}S_{rt}=\sum_{d}\frac{M_{drt}K_{dt}}{M_{rt}}=\sum_{d}\theta_{drt}K_{dt}$	公共 / 私人
(1Q)	$Q\overline{K}S_{rt}=\sum_{d}\frac{M_{drt}K_{dt}}{Q_{rt}}=\frac{M_{rt}}{Q_{rt}}=\sum_{d}\theta_{drt}K_{dt}$	公共 / 私人
(2)	$\overline{K}S_{rt}=\sum_{d}\frac{M_{drt}K_{dt}}{M_{rt}}=M_{rt}=\sum_{d}\theta_{drt}\frac{K_{dt}}{Q_{dt}}$	私人 / 公共
(3)	$\overline{K}S_{rt}=\sum_{d}M_{drt}K_{dt}=M_{rt}\sum_{d}\theta_{drt}K_{dt}$	公共 / 公共
(4M)	$MKS_{rt}=\sum_{d}\frac{M_{drt}K_{dt}}{M_{rt}Q_{rt}}=\sum_{d}\theta_{drt}\frac{K_{dt}}{Q_{dt}}$	私人 / 私人
(4Q)	$QKS_{rt}=\sum_{d}\frac{M_{drt}K_{dt}}{Q_{rt}Q_{dt}}=\frac{M_{rt}}{Q_{rt}}\sum_{d}\theta_{drt}\frac{K_{dt}}{Q_{dt}}$	私人 / 私人

其中,M_{rt} 代表国家 r 的总进口;M_{drt} 代表国家 r 自国家 d 的进口;Q_{rt} 代表国家 r 的 GDP;Q_{dt} 代表国家 d 的 GDP;K_{dt} 代表国家 d 的 R&D 资本存量;θ_{drt} 代表来自国家 d 的进口占国家 r 的总进口的份额;r 代表知识来源国;d 代表知识接受国。

Lumenga-Neso，Olarreaga 和 Schiff(2001)同样采用 21 个 OECD 以及以色列 1971—1990 年的面板数据的实证结果表明，直接与贸易相关的 R&D 溢出的 TFP 弹性和间接与贸易相关的 R&D 溢出的 TFP 弹性并不存在显著的不同，但考虑到间接与贸易相关的 R&D 溢出，平均说来间接与贸易相关的 R&D 溢出为直接与贸易相关的 R&D 溢出的 2～3 倍，因而，间接与贸易相关的 R&D 溢出在技术的国际转移中起着更重要的作用。一旦考虑到间接与贸易相关的 R&D 溢出，贸易就构成了国际技术溢出的一条非常重要的渠道。

Juans Blyde(2004)利用 22 个拉丁美洲和加勒比海国家 1980—1997 年的数据的实证结果同样表明与贸易相关的技术溢出的存在。外国 R&D 资本存量的全要素生产率弹性为 0.07，也就是说，拉丁美洲和加勒比海国家的贸易伙伴即 15 个 OECD 国家的 R&D 资本存量每增加 1%，通过贸易就会使拉丁美洲和加勒比海国家的全要素生产率增加 7%。也有证据表明间接与贸易相关的 R&D 溢出的存在，拉丁美洲和加勒比海国家相互之间的贸易使得来自 OECD 国家的技术知识间接地增加了拉丁美洲和加勒比海国家的全要素生产率，虽然这种间接与贸易相关的 R&D 溢出效应较小。

在产业层次上，Keller(2001)用 8 个 OECD 国家 13 个制造业 1970—1991 年的数据的实证结果显示，平均说来，产业 TFP 增加部分的 20%来自外国的 R&D，对于那些相对较小国家而言，外国 R&D 通过贸易引致的 TFP 溢出大大超过了 20%。在产业层次上针对发展中国家的经验研究由 Schiff，Wang 和 Olarreaga(2002)给出。他们采用的是 21 个发展中国家(称之为南方)1973—1998 年间 16 个产业的数据，南方的贸易伙伴为 15 个 OECD 国家(称之为北方)。实证结果表明，北方 R&D 通过贸易显著地提高了南方国家产业的 TFP。虽然南方的 R&D 相当小且 R&D 数据不可得，但采用 Lumenga-Neso，Olarreaga 和 Schiff(2001)的办法，南方可得外国 R&D 通过南方相互之间的贸易也显著地提高了南方国家产业的 TFP，但南方可得外国 R&D 的 TFP 弹性小于北方 R&D 的 TFP 弹性。同时，他们把这 16 个产业分为高 R&D 密集产业和低密集产业两组进行检验，检验结果表明，北方 R&D 对高 R&D 密集产业的 TFP 弹性是北方 R&D 对低 R&D 密集产业的 TFP 弹性的两倍多；南方可得外国 R&D 对低 R&D 密集产业的 TFP 弹性显著为正，但对高 R&D 密集产业的 TFP 弹性并不显著。

Falvey, Foster 和 Greenaway(2002)的计量模型如下:

$$\Delta \ln y_{it} = \alpha_1 \Delta \ln y_{i,t-1} + \alpha_2 \Delta \ln y_{i,t-2} + \beta_1 \Delta \ln \mathrm{SPILL}_{it} + \beta_2 \ln y_{i,65} + \beta_3 \left[\frac{\mathrm{INV}}{\mathrm{GDP}}\right]_{it} + \beta_4 \Delta \ln \mathrm{POP}_{it} + \beta_5 \mathrm{SEC25}_{i,65} + \beta_6 \Delta \ln \mathrm{TIT}_{it} + \beta_7 \mathrm{SACHS}_{it} + \Delta \varepsilon_{it}$$

其中,Δ 代表变量的一阶差分;y_{it} 代表人均 GDP;$y_{i,t-1}$ 和 $y_{i,t-2}$ 分别代表 y_{it} 滞后一期和滞后二期的值;$y_{i,65}$ 代表 1965 年人均 GDP;SPILL_{it} 代表 R&D 溢出变量;$\left[\frac{\mathrm{INV}}{\mathrm{GDP}}\right]_{it}$ 代表国内投资与 GDP 的比率;POP_{it} 代表人口;$\mathrm{SEC25}_{i,65}$ 为 1965 年年龄在 25 岁以上具有中学教育水平的人口占一国总人口的百分比;TIT_{it} 为贸易指数;SACHS_{it} 为开放指数。这是一个动态模型,以反映知识溢出对产出增长的长期影响。他们同样对静态模型作了检验,以反映知识溢出对产出增长的短期影响。静态模型的设定同上一样,除了不包括 y_{it} 的滞后项。

他们运用 55 个发展中国家(作为研发溢出的接受国)和 5 个 OECD 国家(研发溢出的来源国)的数据的实证结果表明了知识的性质对 R&D 溢出变量设定的重要性。仅当被转移到研发溢出接受国的知识属公共产品时,R&D 溢出变量前的系数在两个计量模型中才都为正并且统计上显著。当被转移到接受国的知识属私人产品时,缩减因子变量的选择对估计结果有影响。当用总的制造业进口作为缩减因子时($1M$ 和 $4M$),R&D 溢出变量前的系数为负并且统计上显著,这明显与理论上知识溢出的含义相矛盾。当 GDP 作为缩减因子时($1Q$ 和 $4Q$),在动态模型中,R&D 溢出变量前的系数为正,但统计上不显著。

与基于进口传导的 R&D 溢出变量设定直接相关的另一问题是,与权重相关的进口产品种类的选择。理论上,资本品的进口表示技术的直接转移,中间产品进口与可获得的外国知识存量相联系。在构建 R&D 溢出变量时,一半的检验使用的是中间产品或制造品的贸易数据,另一半的检验使用的是机械产品的进口数据。Coe, Helpman 和 Hoffmaister(1997),Wang Xu 和 Engelbrecht(2005)以及 Xu 和 Chiang(2005)使用的是机械产品进口数据。对于机械产品而言,Mayer(2001)检验了不同种类的机械产品进口对产出增长的影响。结论显示,对人均收入影响最大的是那些可在不同行业使用的一般机械产品,其次是与特定行业相关的机械产品，人均收入增长的进口弹性最低的是那些人们经常使用的以国际贸易标准分类的机械及运输设备。但是，机械产品与资本品的相关性更强，且有着与中间产品不同的技术溢出效应。另外，Navaretti 和 Soloaga(2001)发现进口的机械产品的质量与一国的 GDP 相关。因而在检验贸易的技术溢出效应时，应将进口的机械产品的质量，即技术的复杂程度考虑进来。

3. CH 模型扩展之二：其他溢出渠道的引入

国际 R&D 溢出的主要渠道除了国际贸易之外，还有对外直接投资(FDI)。Van Pottelsberghe de la Potterie 和 Lichtenberg(2001)分别考虑了国际 R&D 溢出的三条渠道：贸易、内向 FDI(FDI 的流入)和外向 FDI(FDI 的流出)。其实证计量模型如下：

$$\log F_{it} = \alpha_i + \alpha^d \log SD_{it} + \alpha^{d7} G_7 \log SD_{it} + \alpha^f \log SF_{it} + \alpha^f G_7 \log SF_{it} + \varepsilon_{it}$$

其中，i 代表国家；t 代表时间；F 代表全要素生产率；SD 代表国内 R&D 资本存量；SF 代表外国 R&D 资本存量；α_i 代表特定国家影响常数项；α^d 为国内 R&D 资本存量的产出弹性，α^f 为外国 R&D 资本存量的产出弹性；G_7 为虚拟变量；ε_{it} 为误差项。

当贸易作为国际 R&D 溢出的渠道时，外国 R&D 资本存量的设定遵照 LP 设定，即：

$$S_i^{fm} = \sum_{j \neq i} \frac{m_{ij}}{y_j} S_j^d$$

当内向 FDI 作为国际 R&D 溢出的渠道时，外国 R&D 资本存量的设定为：

$$S_i^{ff} = \sum_{j \neq i} \frac{f_{it}}{K_j} S_j^d$$

其中，f_{ij} 是自国家 j 流入国家 i 的 FDI；K_j 是国家 j 的固定资本形成总额。

当外向 FDI 作为国际 R&D 溢出的渠道时，外国 R&D 资本存量的设定为：

$$S_i^{ft} = \sum_{j \neq i} \frac{t_{ij}}{K_j} S_j^d$$

其中，t_{ij} 是从国家 i 流向国家 j 的 FDI。其他变量的含义同上。

利用 13 个工业化国家 1971—1990 年的数据分别就国际 R&D 溢出

的三条渠道进行回归结果表明,贸易和外向 FDI 存在显著的 R&D 溢出效应,而内向 FDI 并不存在显著的 R&D 溢出效应。对于内向 FDI 并没有引起 R&D 的溢出,作者的解释是,内向 FDI 的目的在于利用其技术优势而不是将技术向东道国的企业扩散甚至还阻止技术在东道国企业的扩散。同时就变量 S_i^{fm} 和 S_i^{ft} 放在同一回归方程中的回归结果证实,外向 FDI 和进口的 R&D 溢出效应都显著且其产出弹性几乎没有改变(与分别回归时相比)。所有变量采用差分的形式的回归结果同样表明进口和外向 FDI 的 R&D 溢出效应的显著性,虽然其前面的系数降低了。

Hejazi 和 Safarian(1999)同样在 CH 模型的基础上引入 R&D 溢出的 FDI 渠道。这里的 FDI 指内向的 FDI。当 FDI 作为国际 R&D 溢出的渠道时,外国 R&D 资本存量的设定与 Van Pottelsberghe de la Potterie 和 Lichtenberg(2001)又有所不同。Hejazi 和 Safarian(1999)将外国 R&D 资本存量定义为一国的 FDI 来源国 R&D 的双边 FDI 份额的加权和,即为:

$$S_i^{ff} = \sum_{j \neq i} \frac{f_{ij}}{f_i} S_j^d$$

其中,f_{ij} 是自国家 j 流入国家 i 的 FDI;f_i 是流入 i 国的总的 FDI。这里的 j 国包括加拿大、意大利、德国、日本、英国和美国。1990 年这 6 个国家的 R&D 资本存量占 OECD 国家 R&D 资本存量的 87%,而后者又占到世界 R&D 资本存量的 96%(CH,1997)。这 6 个国家的外向 FDI 存量占到所有样本国家外向 FDI 存量的 72%,而后者又占到世界外向 FDI 存量的 95%。i 国指 21 个 OECD 国家加以色列。

实证结果表明,分别就技术溢出的贸易渠道、FDI 渠道回归时,贸易的 R&D 溢出和 FDI 的 R&D 溢出都对国内生产率产生了显著的正的影响,FDI 溢出变量前的系数略大于贸易溢出变量前的系数。当溢出的贸易渠道和 FDI 渠道同时被考虑时,贸易溢出变量前的系数及其 t 统计量都急剧下降,而 FDI 溢出变量前的估计系数几乎没有改变,FDI 的 R&D 溢出效应略大于国际贸易的 R&D 溢出效应。如果忽略 R&D 溢出的 FDI 渠道,国际贸易的 R&D 溢出效应将被高估,而总的国际 R&D 溢出效应被低估。

Savvides 和 Zachariadis(2003)对国际技术溢出的 FDI 传导渠道的设定又有所不同。其设定方法如下:$\frac{\mathrm{FDI}_j}{\mathrm{GDP}_j}$,即为来自国家 j 的 FDI 与 FDI

来源国的 GDP 的比率。同时，Savvides 和 Zachariadis(2003)还考虑了进口的直接技术溢出效应，用来自国家 j 的技术产品(机械运输设备)进口与来自其他所有国家的技术产品的总进口的比率表示。运用 32 个发展中国家 1965—1992 年制造业的数据的实证结果表明，国际技术溢出的技术产品三条渠道都是显著的，在这三条渠道中，通过贸易传导的来自外国 R&D(G_5 国家：美国、英国、日本、法国和德国)的溢出效应是最大的。

国际技术溢出的形式不仅包括物化的形式如国际贸易、对外直接投资，还包括非物化的形式，如科学文献、国际会议、国际专利等。Bin Xu 和 Jiao Mao Wang(1999)用两种方法来衡量非物化的 R&D 溢出。一是用其他所有贸易伙伴国家 R&D 的总和(直接加总)来衡量非物化的 R&D 溢出(用 $S^f(uw)$ 表示)，即 $S_i^f(uw)=\sum_{j\neq i}S_j^d$。二是用其他所有贸易伙伴国家R&D的距离加权和来衡量非物化的R&D溢出，即 $S_i^f(DIS)=\sum_{j\neq i}\left(\frac{w_{ij}}{w_i}\right)S_j^d$，其中，$w_i=\sum_{j\neq i}w_{ij}$，$w_{ij}=\frac{1}{\ln(D_{ij})}$，$D_{ij}$ 便是国家 i 和国家 j 的主要城市(一般是该国的首都)之间的直径距离。这是由于 Sjoholm(1996)，Eaton 和 Kortum(1996)的研究表明，地理距离对知识的国际转移存在重要影响。在 CH 计量模型的基础上引入 R&D 溢出的非物化渠道的实证结果表明，无论哪种衡量方法，非物化的 R&D 溢出变量的引入虽然显著地降低了物化 R&D 溢出变量(贸易传导渠道)前的系数，但并不影响物化 R&D 溢出变量统计上的显著性，即国际贸易是国际 R&D 溢出的重要传导渠道。

Bin Xu 和 Jiao Mao Wang(2002)同时用“技术差距”变量来衡量这种非物化形式的技术溢出。技术差距变量衡量一国技术水平与世界技术前沿之间的差距。理论模型(例如 Barro 和 Sala-I-Martin(1999))已表明技术差距在国际技术扩散过程中所扮演的重要角色。Bin Xu 和 Jiao Mao Wang(2002)就技术溢出的非物化形式的传导渠道(分别用 $S^f(uw)$ 和 GAP 表示)、贸易传导渠道(用 S^f(KM)表示)、内向对外直接投资传导渠道(用 S^f(FDI)表示)、外向对外直接投资传导渠道(S^f(OFDI)表示)放在同一回归方程中设立计量模型，即有：

$$\begin{aligned}\Delta\log F_{it}=&\Delta C_t+b_1\Delta\log S_{it}^d+b_2G_7\Delta\log S_{it}^d+b_3\Delta\log S_{it}^f(\mathrm{KM})\\&+b_4\Delta\log S_{it}^f(\mathrm{FDI})+b_5\Delta\log S_{it}^f(\mathrm{OFDI})+b_6\Delta\log S_{it}^f(uw)\\&+b_7\Delta\log H_{it}+b_8\log\mathrm{GAP}+u_{it}\end{aligned}$$

其中,Δ代表变量的一阶差分;H代表人力资本;GAP代表技术差距,用一国当年的TFP与美国前一年的TFP的比值表示;各种形式的R&D溢出变量(S_{it}^f(KM)、S_{it}^f(FDI)和S_{it}^f(OFDI))的设定皆有两种方法,即CH设定和LP设定。S_{it}^f(KM)的CH设定与LP设定前已提及。S_{it}^f(FDI)的LP设定方法同Hejazi和Safarian(1999)对FDI的R&D溢出变量的设定。S_{it}^f(FDI)的LP设定如下:

$$S_{it}^{f-LP}(\mathrm{FDI}) = \sum_{j \neq i} \frac{FDI_{ijt}}{Y_{jt}} S_{jt}^d$$

其中,Y_{it}代表FDI来源国j国t时的GDP。FDI_{ijt}代表t时从j国流入i国的FDI;S_{it}^d代表国内R&D资本存量。S_{it}^f(OFDI)的两种设定方法与S_{it}^f(FDI)一样。

运用13个OECD国家1983—1990年的数据的实证结果发现,就物化形式的R&D溢出变量的CH设定而言:资本品贸易是一条显著的溢出渠道;外向FDI与国际技术扩散相关;没有证据表明在工业化国家之间,内向FDI是国际技术扩散的显著渠道;技术也通过非物化的形式扩散。就物化形式的R&D溢出变量的LP设定而言,实证结果表明,资本品贸易的R&D溢出效应是显著的,而S^f(FDI)和S^f(OFDI)变量前的系数估计在统计上是不显著的。因而,S^f(OFDI)的估计结果是不稳健的,而S^f(KM)的估计结果相当稳定。因此,国际贸易作为国际技术溢出的传导渠道是显著的。

Bascavusoglu(2004)对非物化形式的R&D溢出变量的设定又存在区别,其设定方法如下:

$$S_{it}^f = \frac{(C_{it\,tn})}{AVE_{itn}} \qquad \forall\, i \neq j$$

其中,C_{ij}代表对产业n而言,某一年(t)国家i从j国引用专利的数量;AVE_{itn}代表t年i国的n产业引用专利的平均数量。

运用13个发展中国家和R&D来源国(欧盟、美国和日本)1982—1998年产业层次的数据的实证结果发现,非物化形式的R&D溢出对TFP增长的影响要大于贸易传导的R&D溢出对TFP增长的影响。但是,经贸易传导的R&D溢出效应也是显著的。

Bin Xu和Chiang(2005)同时考虑了国际技术溢出的贸易传导渠道和专利流动渠道。与贸易相关的外国R&D溢变量的衡量方法为:MlogSM,其中,M为来自贸易伙伴国的进口与该贸易伙伴国GDP的比率;SM即为贸易伙伴国的R&D资本存量的进口份额加权和。用国内每单位工人所拥有的外国专利流入量来衡量与专利流动相关的外国R&D溢出。运用48个国家1980—2000年的数据的检验结果发现,对于中等收入国家而言,技术溢出既来源于专利的流动又来自于资本品的进口。对于高收入国家而言,进口的资本品产生了显著的技术溢出,但是,伴随外国专利流动的技术溢出效应并不显著。与之对照的是,对于低收入国家而言,外国专利产生了显著的技术溢出效应,然而资本品的进口并没有带来显著的技术溢出效应。

4. CH模型扩展之三:人力资本的作用

人力资本在经济增长中的确切作用至今尚不清楚。Aghion和Howitt(1998)区分了将人力资本在增长回归方程中建模的两种方法。一种方法称之为卢卡斯方法,这种方法将人力资本视为和其他要素投入一样的一种要素投入。该方法直接受到Becker(1964)著名的人力资本理论的启发。基于Lucas(1988)的模型,经济增长率的差异来自人力资本积累速度的差异。

另一种方法称之为Nelson-Phelps方法。该方法认为,人力资本的主要作用在于创新、吸收新技术、加速技术扩散和生产率的追赶。Nelson和Phelps(1966)首次将这些假设模型化。内生增长理论提供了与Nelson和Phelps(1966)相似的分析框架。在一个封闭经济的内生增长模型中,生产率增长是投入到技术创新中资源的一个函数:$GTFP=g(R)$,其中,GTFP代表TFP增长率;R代表R&D密度。在一个开放经济中,生产率增长既依赖于国内创新又依赖于对外国技术的吸收:$GTFP=g(R)+d(A^*/A,H,T_F)$,其中,技术扩散速率(d)是关于国内技术水平A与技术前沿之间的差距、人力资本水平H和外国技术流动(T_F)密度的函数。Benhabib和Spiege(1994)认为,人力资本在促进生产率增长方面起着双重的作用。一是人力资本的追赶效应:较高的人力资本水平允许一个国家以更快的速度缩小该国当前的生产率水平与技术上先进国家的生产率水平之间的差距;二是人力资本的创新效应:一国的人力资本水平越高,一国向技术前沿扩张的速度越快。人力资本的追赶效应的实质含义是,受到更高教育的劳动力能够更好地利用外国R&D的技术思想;能够更有效地使用进口的技术产品(包含先进的外国技术);使得FDI更具生产力,更有利可图。

该方法具有明显的可检验特征(Aghion 和 Howitt,1998)。例如,生产率的增长应随人力资本水平的增加而增加,特别与中学教育和大学教育的相关性更强。因为中学教育和大学教育与技术的创新、吸收和扩散的相关性比小学教育更强。同样地,人力资本在低生产率国家的追赶过程中应起到积极的作用。遵照 Benhabib 和 Spiege(1994)的方法,这种积极的作用可通过人力资本变量和生产率追赶变量的相乘项得到检验。在国际技术溢出的框架下,Engelbrecht(2002)进一步将人力资本的追赶效应划分为人力资本对非物化技术溢出的吸收和人力资本对物化技术溢出的吸收两种类型。人力资本对非物化技术溢出的吸收可由将人力资本变量和追赶变量的相乘项加入到回归方程中得到检验;人力资本对物化技术溢出的吸收可由将人力资本变量和各种物化形式的 R&D 溢出变量加入到回归方程中得到检验。

Coe,Helpman 和 Hoffmaister(1997)用中学入学率来衡量人力资本,采用卢卡斯方法将人力资本变量及人力资本变量与基于进口传导的 R&D 溢出变量的相乘项加入到 CH 模型中,即所有的变量都以同样的形式进入回归方程。运用 77 个发展中国家 1971—1990 年的数据的实证结果表明,人力资本对全要素生产率的增长具有显著的作用,然而人力资本并没有显示出对物化技术溢出的吸收效应。

Engelbrecht(1997)使用的人力资本数据取自 Barrao 和 Lee(1993)的人力资本数据库。Barrao 和 Lee(1993)用劳动力的平均受教育年限来度量人力资本。Engelbrecht(1997)用一国的真实人均 GDP 与美国的真实人均 GDP 的比率来构建"追赶"变量。运用 OECD 国家 1971—1985 年的数据的实证结果表明,当人力资本作为生产要素投入加入到 CH 计量模型中,人力资本对全要素生产率的影响是显著的。当运用 Nelson-Phelps 方法时,即除人力资本、人力资本与追赶变量的相乘项以及追赶变量以水平的形式进入计量模型,而其他变量(全要素生产率(TFP)、国内研发、基于进口的 R&D 溢出变量)皆以一阶差分的形式进入计量模型。回归结果发现,人力资本不仅具有创新作用,而且在生产率的追赶过程中的作用也非常明显。但人力资本与非物化的 R&D 溢出的相互作用对生产率增长带来正的影响的假设被拒绝。

Engelbrecht(2002)对人力资本和追赶变量的度量方法与 Engelbrecht(1997)所采用的度量方法类似。分别就卢卡斯方法与 Nelson-

Phelps 方法针对 77 个发展中国家的检验结果却支持 Nelson-Phelps 方法。也就是说，当人力资本作为生产要素的投入看待时，人力资本并没有对生产率的增长带来显著的作用。人力资本作用在于创新和对非物化 R&D 溢出的吸收，即人力资本变量及人力资本变量和追赶变量相乘项前的系数显著，而人力资本变量和基于进口传导的 R&D 溢出变量相乘项前的系数不显著。

Bin Xu 和 Chiang(2005)使用的人力资本数据取自 Barrao 和 Lee (1996)的数据库。Barrao 和 Lee(1996)对 Barrao 和 Lee(1993)的数据库进行了更新，在此更新数据库中，他们使用 15 岁以上人口的平均受教育年限来度量人力资本。用美国的 TFP 与一国的 TFP 之比，即 $\frac{TFP_{US}}{TFP_i}$ 来构建技术差距变量。就 Nelson-Phelps 方法对 48 个国家(既包括发达国家也包括发展中国家)1980—2000 年的数据的检验结果表明，人力资本变量和技术差距变量的相乘项对生产率的增长具有显著的效应，作者对此解释为人力资本对非物化技术溢出的吸收效应。

5.关于出口溢出效应的证据

如前所述，一个开放经济也可以通过出口推动技术进步。企业对世界市场的参与增强了获取外国技术进步的意识，激励了企业国内的创新活动；出口企业面临外国的竞争和压力，迫使他们增进管理、技术等各方面的效率；出口还可使企业专业化于具有高学习潜力的产品；并且出口企业的技术还可通过示范效应、劳动力的培训及随后的劳动力流动对非出口企业产生明显的外部效应，从而推动一国整体的技术进步。

许多案例研究和经验研究显示，在生产率、企业规模、资本密集度、技术复杂性、工资、就业等各方面，出口企业比非出口企业更胜一筹，从而支持了上述观点(Pack，1992；Aw 和 Hwang，1995；Aw 和 Batra，1998；Chen 和 Tang，1987；Haddad，1993；Hamdoussa，Nishimizu 和 Page，1986；Tybout 和 Westbrook，1995；Aw，Chen 和 Roberts，2001；Aw，Chung 和 Roberts，2000；Bernard 和 Jensen，1995；Bernard 和 Wagner，1997)。然而，这并不表明出口和企业生产率的单一方向因果关系。企业可能因为通过出口的学习效应变得更有生产率，也可能仅仅因为企业在出口之前就具有极高的生产率。对出口和生产率的正向关系存在两种理论解释。一种解释称之为“自我选择”，也就是说，那些具有高生产率的企业自我选择进入出口市场。在这种情况下,因果方向是从生产率到出口。自我选择解释认为,参与出口市场涉及巨大的进入成本,为了在国外销售产品,生产者可能不得不支付额外的成本,例如运输成本,为满足外国技术标准和消费者偏好而对产品进行改进而引起的调整成本,建立销售网络的工作成本等,而这些成本又具有沉淀成本的性质。因而,只有那些具有高生产率的企业能够预期到进入国外市场之后能够收回这些成本并赢利。另一种解释把出口活动看作非物化技术或知识跨国扩散的工具从而出口活动导致生产率的提高。通过出口,企业可从外国购买商那里学到很多知识,例如购买商可能给予出口企业技术援助、提供商品销售信息等(Grossman 和 Helpman,1991;Ben-David 和 Loewy,1998; Feeny,1999)。这种种解释常称之为"学习效应"。

大多数经验研究显示出口企业在开始出口之前就比非出口企业有更高的生产率,这部分反映了自我选择效应的存在。例如,Clerides, Lach 和 Tybout(1998)利用哥伦比亚、墨西哥、摩洛哥工厂层次的面板数据很少找到出口提高企业经营绩效的证据。Aw, Chun 和 Roberts(2000)对韩国的研究,Aw, Chen 和 Roberts(2001) 对我国台湾地区的研究,Bernard 和 Jensen(199b)对美国的研究也得到了相似的结论。相反地,有利于学习效应的证据相当少。Aw, Chun 和 Roberts(2000)对我国台湾地区的研究表明自我选择效应和学习效应对出口和生产率正向关系的解释都很重要。Bernard 和 Jensen(199b)的研究也发现,出口市场的新进入企业在进入时间的前后经历了生产率的提高,然而,出口导致的生产率提高效应十分短暂。Hahn(2004)利用韩国制造业 1990—1998 年间年度工厂层次的面板数据的研究也表明自我选择效应和学习效应的双重存在,并且出口市场的新进入者的学习效应相当大,但同时学习效应在企业进入出口市场两年左右之后就消失了。作者同时认为,假设出口市场上不断地有新企业的进入和原有企业的退出,这种假设在其他研究中得到了证实,那么,虽然就单个企业而言,学习效应只在短时间内存在,但从整个经济的角度看,出口可以为总体全要素生产率的持续增长提供机会。

Clerides, Lach 和 Tybout(1998)发现,当一个特定地区的许多企业都已出口时,那个地区的所有企业都分享到了平均成本降低的好处。因而,出口企业对非出口企业产生了明显的外部性。示范效应以及专业化支持例如港口设施的发展也是生产率溢出效应产生的可能途径。Aitken，Gordonhanson 和 Harnson（1997）以及 Clerides，Lach 和 Tybout（1998）分别在对墨西哥、哥伦比亚的研究中找到了这种现象存在的证据。在国家层次的数据上，Feder（1982）采用 31 个发展中国家 1964—1973 年截面数据的计量结果也显示，出口的外部性估计是高度显著的，10％的出口增长将导致非出口部门独立于两部门间资源配置效率的 1.3％的生产率增加；对 17 个发达国家而言，出口的外部效应也是显著的，虽然外部效应较小。

3.3　FDI 与技术溢出

3.3.1　FDI 与产业内溢出：理论研究

对技术溢出的理论讨论最早可以追溯到 19 世纪 60 年代初。这类文献的主要目的在于分析 FDI 的成本和收益（Macdougau，1960；Cooden，1960；Caves，1971）。正如 Blomstrom 和 Kokko（1998）所说，这些早期文献并没有明确地分析技术溢出效应问题，但却为后来探讨技术溢出的人们提供了两点极具价值的认识：FDI 既可以通过对东道国市场结构的影响增进东道国资源配置效率，也可以通过加剧东道国市场竞争、示范新的一流技术来提高东道国的技术效率。在 Koizumi Kopecky（1977），Findlay（1978），Das（1987）的模型里，他们假定技术是纯粹的公共产品，技术的转移会自动发生，不涉及任何成本，同时，东道国企业也不必耗费任何资源就能提高现有的技术水平。自然，他们的结论是，技术溢出的水平与外资的份额正相关。虽然技术和知识诚如最近内生增长模型所强调的，在某种程度上具有公共产品的性质，但是技术进步的演化理论告诉我们知识不仅具有显性的特点，也具有隐性的特征。知识中隐性的一面既不能显性化于设计、蓝图之中，也不会就那么容易地被转移到接受者手中（Nelson 和 Winter，1982；Posi，1988；Pack 和 Saggi，1997），因而知识并不是纯粹的公共产品。技术转移也不是自动的，技术转移要花费一定的成本。Feece（1971）就证明技术转移的成本要占到大约整个投资的 20％，甚至有可能高达 60％，这依对方的技术能力而定。实际上，Pack 和 Saggi（1999）证明了国际技术转移和国内企业的技术能力是严格互补的。

Wang 和 Blmstrom(1992)认识到了这一点,从而将行业内溢出效应的研究推上了一个新的台阶。他们把跨国公司子公司的引进先进技术的决策与本地企业对学习过程进行投资的决策相互联系,探讨了两类企业在相互竞争中的决策机制。如同 Gerschenkron(1962)和 Findlay(1978),他们假定技术溢出水平与技术差距正相关。在外资企业的竞争压力下,本地企业不得不投资于学习过程,而学习过程的投资越大,本地企业的技术能力越强,越能够获取高额利润,从而表现为本地企业因为外资的进入而获得了溢出效应;与此同时,由此内外资企业技术差距的缩小,又进而会促使外资企业不得不越多越快地向东道国子公司转移技术,以提高相应的竞争能力和保持原有的利润空间。这就体现为由于内资企业竞争能力的增强导致了对外资企业的溢出效应;外资企业的技术提升又进一步为本地企业获取溢出效应提供了机会。如此反复,从而导致一轮又一轮的溢出。

以上主要是对 FDI 技术溢出机制的探讨,对 FDI 技术溢出影响因素的理论研究却还没有一个统一的分析框架。实际上,Blomstrom,Globerman 和 Kokko(1999)认为,可以在传统的市场供给与需求的统一框架内分析 FDI 对东道国技术溢出的决定因素。

有许多因素影响外商直接(FDI)对东道国技术溢出的水平。这些因素可以归为三类:一是东道国的特征,如市场结构、技术水平和经济规模。二是跨国公司的子公司的性质,是独资、少数控股还是战略联盟。三是 FDI 的动机和特征,是市场导向型直接投资还是要素导向型直接投资。但是,到目前为止,还没有一个能容纳对所有因素进行分析的明确的理论框架。

实际上,技术溢出虽然具有外部性,但 FDI 的溢出效应不是自发产生的。对于外国投资者来讲,他意识到东道国企业能从技术溢出中受益,但是,要阻止溢出的发生要耗费一定的资源。对于东道国企业而言,技术溢出提高了其生产率,但是,要获取技术溢出同样要付出一定的代价。因而,我们可以在传统的市场供给与需求的统一框架内分析 FDI 对东道国技术溢出水平的决定因素(Blomstrom,Globerman 和 Kokko,1999)。

1. 供给的决定因素

外国投资者意识到技术溢出增强了东道国企业的竞争力,从而对其构成了一种潜在的威胁。作为一个利润最大化战略者,外国投资者会阻止这种溢出的发生。例如,为了防止子公司经理出于获得更高的工作报酬和更好的工作条件的目的而把商业秘密泄露给东道国企业，跨国公司(MNEs)会考虑付给那些忠守商业秘密的经理一种效率工资；或者跨国公司从母国派遣经理人员替换当地经理。但阻止溢出的发生要耗费一定的成本，上例中的效率工资与经理人员的替换都会给跨国公司带来额外的成本。因而，能被东道国企业获取的技术，从而潜在的溢出水平内生决定于外国投资者的行为，而不是被常视为外生给定的。如果对溢出的技术的控制成本越大，外国投资者越倾向于放弃对溢出的控制，从而技术溢出的可能性越大。反之，如果对溢出的技术的控制的成本越小，技术溢出的机会就越大。

技术溢出的成本一目了然。技术溢出提高了东道国企业的生产率，培育了一个潜在的竞争对手。特别地，技术是跨国公司最核心的垄断优势，由于技术溢出而导致企业的特定优势的丧失将减少跨国公司未来的利润。

技术溢出给外国投资者带来的收益却不明显。一个相关的收益是，通过与东道国的大公司、大企业、研究机构、大学合作组成技术联盟可以实现创新活动的规模经济和范围经济。另一个相关的收益是溢出的存在使得东道国政府提供一系列优惠政策以吸引FDI，如我国的“以市场换技术”的战略，而使这些优惠政策会促成FDI新的竞争优势的形成，从而这些政策的价值有可能超过溢出的技术的价值。另一方面，政府又会在某些方面对FDI作出一定的限制，特别是在技术所有权上的限制。所有权上的限制减少了FDI的流入，从而减少了FDI的流入。但所有权上的限制又鼓励了其他投资形式对独资的替代，如并购。如果战略联盟，如并购，更有助于东道国企业对外国技术的获取和利用，这种替代效应反而增加了技术的溢出。

同时，东道国巨大的市场规模和较高的人均收入水平等其他特征给外国投资者带来了丰厚的利润，这些额外的收益补偿了技术溢出给外国投资者带来的成本。外国投资者通过参加东道国卓越的技术中心的研发活动也可以从反向的技术流动中获益。东道国其他的区位优势，如便宜的生产要素，也使外国投资者有利可图。这些因素促使跨国公司提供更多更先进的技术，放松了对技术溢出的控制，技术溢出的可能性大大增加。

总之，外国投资者在决定是否阻止，以及在多大程度上阻止技术溢出的问题上，面临着由此带来的一系列成本和收益的比较。如果预期的收益相对预期的成本越大，可溢出的技术的供给就越多，东道国企业获取这种溢出的技术的可能性也就越大。如果溢出的技术的价值对外国投资者而言越大,外国投资者对该技术的控制会越牢固,可溢出的技术的供给就越少。知识产权保护程度越高,外国投资者为防止技术溢出的成本越小,从而更易控制溢出的技术,可溢出的技术的供给就越小。东道国市场竞争越激烈,为了维护其子公司在东道国的市场份额及其市场优势,外国投资者会向其子公司转移更多、更先进的技术,从而可溢出的技术的供给就越大。但是,当竞争达到一定程度时,防止技术溢出带来的成本会越来越大,以至于超过预期的收益,外国投资者有可能放弃与之相关的东道国市场,可溢出的技术的供给就会变为零。

2. 需求的决定因素

对可溢出的技术的需求反映了东道国企业的最大化利润行为。技术溢出给东道国企业带来的益处是明显的,它提高了东道国企业的生产率。但获取技术溢出给东道国企业带来了预期的成本,我们称之为吸收成本。例如,东道国企业的技术能力与跨国公司的技术能力之间的互补性越强,越有助于获取技术溢出,但为了增强这种互补性,企业不得不从事一定的技术活动,从而引致了相应的成本和风险。又如,企业要想利用自身组织之外的研究成果就必须先对自身的"吸收能力"进行投资,即为了捕获和利用外部形成的知识,必须积累知识、技术和组织经验,而当企业希望获得上游基础科学技术时,这些投资就显得尤其重要。在其他情况中,东道国企业不得不作出"逆向工程"的努力,雇用外国子公司的技术人员,付给跨国公司许可证费和管理费等。

东道国企业在决定是否获取以及在多大程度上获取技术溢出问题上同样面临着由此带来的一系列成本和收益的比较。预期的收益相对预期的成本越大,东道国企业对可溢出的技术的需求就越大。溢出的技术对东道国企业的价值越大,东道国企业对这种技术的需求就越强。获取技术溢出的成本越小,东道国企业对可溢出的技术的需求就越大,如东道国企业的技术能力越强,其获取技术溢出的成本就越小。竞争对可溢出的技术的需求是不确定的。一方面,本地企业在高度竞争的市场上会努力采用新技术以提高生产率,避免原有市场份额的丧失或被挤出市场,因而,竞争的加剧会增加企业对可溢出的技术的需求。另一方面,激烈的竞争降低了企业的事前利润,在其他条件相同的情况下,这会降低企业对可溢出的技术的需求。

3. 溢出水平的决定因素

综合对可溢出的技术的供给和需求两方面的分析，我们可以得到决定 FDI 对东道国技术溢出水平的因素(见表 3-2)。

表 3-2 决定 FDI 对东道国技术溢出水平的因素

FDI 对东道国技术溢出的决定因素	符号
MNEs 和东道国企业之间的技术互补性	+
知识产权保护程度	−
卓越的技术中心	+
市场规模与人均收入	+
东道国企业的技术能力	+
市场结构	?
政府政策	?

MNEs 和东道国企业的技术互补性越强，技术溢出的效果越显著。东道国对知识产权保护力度的加强却会抑制技术的溢出效应。东道国的市场规模、人均收入、卓越的技术中心与东道国企业的技术能力与技术溢出呈正相关。东道国的市场结构(即竞争程度)以及政府政策对技术溢出的影响是不确定的。

技术溢出不是自发地产生的，更不是被动的。现阶段不必严格加强对知识产权的保护；继续给予外资优惠政策以补偿技术溢出给其带来的成本，促进其先进技术的供给；对 MNEs 的控股行为给予更多的支持和更为宽容的政策，以吸引更多的 FDI 和更多的技术流入；为了提升自己的技术能力而进行的自主研发与引进外国技术并行不悖。

3.3.2 FDI 与产业内溢出：实证检验

对 FDI 产业内溢出效应的经验研究涉及三个层次的问题：一是 FDI 溢出效应是否存在；二是什么样的因素对 FDI 溢出效应产生影响；三是 FDI 溢出效应产生的机制，即 FDI 溢出效应是来源于示范模范效应还是竞争抑或人力资本的流动。

就相关的经验研究而言，正如 Kokko(1996)，Gorg 和 Strobl(2001)所言，针对不同的研究项目，由于检验的视角、数据的来源和检验方法有着不同的观点,因而得到的结论亦不尽相同。国际上对 FDI 是否对东道国产生了产业内溢出效应的判断,是基于把本地企业的劳动生产率或劳动效率与 FDI 在产业内的参与程度联系起来所建立的基本计量模型。当反映 FDI 参与程度的解释变量与被解释变量,即劳动生产率或劳动效率存在显著的正相关关系时,就认为 FDI 的溢出效应是存在的。学者们对 FDI 产业内溢出效应影响因素的研究,主要是将影响因素作为分组变量并将总样本分成两组。如果两组反映 FDI 参与程度的变量前系数的估计值相互有明显的差异,特别是表现为检验值的差异时,被研究的因素就被认为是对 FDI 的溢出效应存在明显影响。此外,有些研究将被考察的影响因素与反映 FDI 参与程度的变量相乘构造成连乘变量,从而考察连乘变量与被解释变量之间是否存在显著的相关关系(陈涛涛,2003)。学者们往往在外资企业和内资企业的生产率同时被决定的联立方程中探讨 FDI 技术溢出的机制。如果表示外资企业生产率的变量前的系数为正,则表示竞争产生了 FDI 技术溢出;如果表示外资存在的变量前的系数为正,则表示 FDI 技术溢出来源于示范和模仿效应。如果存在来自 FDI 的技术溢出,国内企业的生产率将会增加;如果至少一部分这种生产率的增加是由于劳动生产率的增加,国内企业将愿意支付高工资。因而,来自人力资本的流动的 FDI 技术溢出可以这样检验:FDI 的存在是否导致同一产业的国内企业支付给工人较以前更高的工资。检验的方法如生产率溢出效应的检验,即将本地企业的工资率同 FDI 在产业内的参与程度联系起来建立基本计量模型。

针对发达国家的绝大部分经验研究都证实了技术溢出效应的存在。最早的两项经验研究分别以澳大利亚制造业的外资(Caves,1974)和加拿大制造业的外资(Globerman,1979)为对象,这两项研究通过对两个国家制造业层次的统计和调查数据的分析,为外资溢出效应的存在找到了部分依据。随后的研究大都以英国为对象。利用产业层次的面板数据,Linetal(2001)证实英国国内企业获得了正的生产率溢出。在一系列论文中,Girma,Greenaway 和 Wakelin(2001),Girma 和 Wakelin(1999a,1999b)利用企业层次的面板数据重新检验在英国生产率溢出存在的证据。他们确实发现在那些具有较高进口竞争压力、较高熟练劳动力的产业中,企业获得了溢出效应。但是,企业生产率水平相对整个产业而言越高,溢出效应就越小。Haskel,Pereira 和 Slanghter(2001)同样证实了在

1973—1992 年英国国内企业的全要素生产率与行业中外国国内企业的就业份额存在显著的相关性。Keller 和 Yeaple(2003)同样用外国企业所在产业中的就业份额度量 MNC 的活动，采用美国 1987—1996 年制造业中企业层次的数据的实证表明，FDI 产生的溢出效应可以解释大约 14%的国内企业生产率变化。

针对发展中国家和转型国家的实证结论变化较大。一些研究证实了正的溢出效应的存在，而另一些分析却发现了负的溢出效应的证据，也有部分研究提供了混合的结论。墨西哥进入了许多研究者的视野(Blomstrom 和 Persson，1983；Blomstrom，1986；Blomstrom 和 Wolff，1994；Kokko，1994，1996)。虽然研究人员对生产率溢出检验的视角不同，但他们都采用的是墨西哥 20 世纪 70 年代产业层次的截面数据。Blomstrom 和 Persson(1983)，Blomstrom 和 Wolff(1994)检验的问题是，平均说来，是否存在生产率的溢出。结论显示，在产业层次上外资的存在与国内相关产业的私营企业的生产率之间有正的相关性，外国企业与本土企业之间存在溢出效应(Blomstrom 和 Persson，1983)。外资的参与推动了墨西哥企业的生产率趋向于美国的生产率水平，肯定了溢出效应的存在(Blomstrom 和 Wolff，1994)。在有关摩洛哥制造业中外资溢出的研究中(Haddad 和 Harrison，1993)，作者通过对 1985—1989 年 15 个制造业以及产品具体到产业的四位码的企业数据分析表明，在这 15 个制造业中，外资对于合资企业具有贡献，但行业中更多外资的存在与国有企业的更高的生产率增长之间没有相关性。因此，假设的溢出效应无法找到支持。Aitken 和 Harrison(1999)采用企业层次的面板数据对委内瑞拉的检验结果表明，就企业层次而言，企业的外资比重与生产率之间存在正的相关性，说明与国有企业相比，有外资参与的企业中，外资对相关企业带来正的溢出效应。但在产业层次上，如果不控制住产业之间的生产率的差异的话，结果显示生产率与外资比重之间存在正的相关，但无法说明溢出是一定存在的，因为外商投资企业往往倾向于投资本身生产率就很高的产业。但是，如果对不同产业的生产率加以控制的话，溢出效应并不显著。Djankov 和 Hoekman(2000)采用企业层次的数据对捷克的检验结果显示，如果外资的存在用外资企业和合资企业的资产份额来衡量的话，外资对国内企业的生产率带来的是负的溢出。Kinoshita(2001)对捷克的检验在某种程度上认同了 Djankov 和 Hoekman 的结论。Kinoshita 同样发现,平均说来,外资的存在对国内企业的生产率的影响在统计上不显著。Bosco(2001)采用企业层次的面板数据对匈牙利的检验结论同样表明,跨国公司对国内企业并没有产生显著的溢出效应。Konings(2000)运用企业层次的数据对保加尼亚、罗马尼亚和波兰进行了检验,在前两个国家存在负的溢出,后一国家不存在任何溢出效应。Damijan 等(2001)采用与 Konings 相似的企业层次的面板数据同时对 8 个转型国家进行了检验。检验结果对 8 个国家平均而言并没有什么不同,跨国公司对国内企业并没有产生显著的正的溢出效应。

在技术溢出的影响因素方面,技术差距与吸收能力是人们考虑的重点。Lin 等(2001)对英国的检验发现,外国企业和国内企业的技术差距越小,溢出效应就越大。Girma 和 Wakelin(1999b)的检验同样表明,溢出效应只是对那些与跨国公司相比技术差距较小的企业显著。Kokko(1994)认为,溢出水平依技术的复杂程度和技术差距而定,同时,也没有发现在那些 MNC 使用高度复杂技术的产业中溢出存在的证据。然而,虽然那些技术差距较大和外资份额较高的产业比其他产业经历了较低的溢出效应,但平均说来,技术差距并没有阻止技术溢出的发生。Haddad 和 Harrison(1993)也认为,如果外资企业与国有企业的技术能力相差很大的话,国有企业无法从外资企业的技术中得益。Kinoshita(2001)对捷克的检验发现,外资的存在对于研发密集的当地企业产生了正的溢出,这表明企业的吸收能力对获取技术溢出的重要性。而 Damijan 等(2001)对捷克的检验却发现,外资的存在对于研发密集的当地企业产生了负的溢出。另外,东道国总体的发展水平、东道国企业的规模、跨国公司子公司的市场导向、跨国公司子公司的股权状况以及东道国金融市场的发展状况都对技术溢出有重要的影响。

利用产业层次的面板数据,Lin 等(2001)对英国国内企业和 MNCs 的生产率构成的联立方程的估计结果显示,国内企业与外国企业之间的竞争对于溢出效应的获取也很重要。利用英国制造业截面数据,Driffield(2001)对英国的实证结论也表明,外资企业的生产率越高,国内企业的生产率增长越快。这再一次证实,国内企业与跨国公司之间的竞争是国内企业生产率增长发生的重要机制。同样在联立方程模型设定下,Kokko(1996)对墨西哥的检验也发现竞争是溢出效应产生的重要机制。Girma 和 Wakelin(1999a,1999b)检验了溢出效应是否存在地区差异。他们发现，正的溢出效应来自于与国内企业处于同一地区和部门的FDI，这也间接表明了竞争对于溢出的作用。Aitken 等(1996)利用产业层次的数据对美国制造业的检验，Lipsey 和 Sjoholm(2001)利用产业层次的数据对印度尼西亚制造业的检验找到了来自人力资本流动的 FDI 技术溢出。而 Girma 等(2001)使用企业层次的面板数据对英国制造业的检验发现，平均说来，外资的存在对国内企业的工资水平没有任何影响，却对国内企业的工资增长造成了负的影响。Barry 等(2001)使用工厂层次的面板数据对爱尔兰制造业的检验发现，平均说来，外资对国内企业的工资造成了负的影响。

3.3.3　FDI、关联与产业间溢出：理论研究

Rodriguez-Clave(1996)首次利用 Hirschman 的关联概念采用一般均衡的分析方法构建了一个正式的模型分析跨国公司对经济发展的影响。为此，他作出了三个前提假设：第一，中间产品品种越多，生产效率越高。第二，由于中间产品的生产表现出递增的规模收益，市场规模限制了专业化中间产品的多样化生产。第三，既然国内企业使用的中间产品必须全部在当地购买，生产者和使用者的距离不能太远。在这些前提条件得到满足下，整个经济将出现多重均衡：具有高工资的好的均衡状态(与复杂的最终产品的生产和多样化的中间产品相对应)和具有低工资的差的均衡状态(与简单的最终产品的生产和较少的中间产品品种相对应)。如果中间产品品种的数量超过了一个门槛值，一个国家将专业化生产更加复杂的产品。

现在考虑跨国公司在一国产业发展中的作用。假设有两个经济体，一个经济体(发展中国家)位于低工资的均衡状态，另一个经济体(发达国家)位于高工资均衡状态。在这种情形下，为了利用海外低廉的劳动成本，发达国家的企业便在东道国(发展中国家)建立新的工厂，同时把总部保留在母国以便得到多样化的专业化中间产品。这里关键的假设是专业化中间产品不能通过国际贸易(公司间贸易)得到，但跨国公司却能通过公司内贸易把发达国家的专业化中间产品和发展中国家的便宜的劳动力成本结合起来。

Rodriguez-Clave 用“关联系数”来衡量跨国公司对东道国经济的影响。关联系数为一个企业在上游产业创造的就业数量与其直接雇佣的劳

动力的比率。正的关联系数来源于跨国公司的关联系数大于国内企业的关联系数。正的关联系数意味着跨国公司数量的增加导致了当地生产的中间产品品种的增加,由此提高了国内企业的生产率和国内工资。跨国公司生产的产品越复杂,总部和工厂之间的通信成本越高,正的关联效应越易产生。因为,产品越复杂,使用的中间产品越多;总部和工厂之间的通信成本越高,跨国公司在当地购买的产品越多。母国和东道国的发展水平越相似,正的关联效应越易产生。

跨国公司的进入不仅会产生关联效应,而且还会产生方向相反的竞争效应。Markusen 和 Venables(1999)在局部均衡的框架下综合分析了这两种效应对东道国产业发展带来的影响。在他们的模型里,存在两种产业:中间产品和最终消费品的生产;三种类型的企业:生产中间产品的国内企业、生产最终消费品的国内企业和生产最终消费品的跨国公司。假定每种产业的生产表现为递增的规模收益和处于非完全竞争的状态,因而跨国公司的活动会产生外部效应从而对国内企业带来积极的影响。跨国公司的存在对东道国经济产生了三种效应:一是竞争效应。因跨国公司的生产而导致的最终消费品的总产出的增加将降低消费品价格,从而将不具备竞争力的国内企业挤出市场。二是后向关联效应。跨国公司创造了对中间产品的额外需求,非完全竞争的国内企业的平均成本会因生产规模的扩大而下降,从而增加了中间产品生产者的利润,这导致了其他企业进入中间产品生产行业。三是前向关联效应。中间产品生产企业数量的增加导致中间产品价格的下降,由于投入成本的下降,又将导致国内企业进入最终消费品生产行业。

用以衡量关联效应的变量是"投入产出系数",它是指下游产业每单位总投入中中间产品投入所占的比率。如果跨国公司的投入产出系数大于国内企业的投入产出系数,也就是说,跨国公司比国内企业更加密集地使用当地生产的中间产品,跨国公司的进入便会产生极强的关联效应。跨国公司的进入对东道国经济的影响依赖于关联效应与竞争效应的强弱。一般说来,竞争效应减少了上游产业和下游产业的国内企业的数量,而如果跨国公司比国内企业更加密集地使用中间产品,关联效应就会增加上游产业和下游产业的国内企业的数量。关联效应的强度超过了某一程度,国内生产的扩张最终将把跨国公司挤出国内市场。我国台湾地区自行车和个人计算机行业的发展充分证实了这一点。

Matouschek 和 Vnables(1999)就跨国公司的进入所产生的竞争效应和后向关联效应的相互作用进行了更加精彩的分析。他们把跨国公司的进入所产生的总效应分为两部分:最初生产效应和反馈效应。最初生产效应是指跨国公司的进入所引起的当地生产的即刻变化:跨国公司的生产(以投资下游产业为例)既改变下游产业国内企业的产出,也引起了上游产业产出的变化。当跨国公司的生产增加下游产业的产出时,位于下游产业的国内企业的数量被迫进行调整以使企业的利润恢复到0。在决定最初的生产效应时,上游产业企业的数量并不发生变化。一旦上游产业的变化对下游产业产生影响时,反馈效应产生了。上游产业影响下游产业的途径是上游产业多样化产品的价格变化。上游企业的进入和退出既影响中间产品的品种又影响竞争的程度。

发生在下游产业的最初生产效应的大小依赖于两个重要的参数:相对当地供给和当地替代。相对当地供给是指 MNC 所带来的净增加的当地供给与当地企业的当地供给的比率。相对当地供给又受 MNC 与当地企业的出口导向程度和 MNC 的进口替代倾向的影响。相对当地供给随 MNC 相对当地企业的出口导向程度而递减。如果 MNC 的生产没有引起对进口的替代,MNC 在当地的销售少于当地企业,相对当地供给就小于1,因为 MNC 的产品比当地企业更加倾向于出口。相对当地供给也随 MNC 的产品对下游产业产品的进口替代程度而下降。如果 MNC 与当地企业的出口倾向相同,如果 MNC 的产出对进口没有造成任何影响,相对当地供给等于1;如果完全替代了进口,相对当地供给就等于0。当地替代是 MNC 一单位的当地销售所替代的当地企业的当地销售的数量。当地替代为0,意味着 MNC 与当地企业在完全不同的市场上竞争;当地替代等于1,意味着它们在完全相同的市场上竞争。0与1之间的值表示不同的竞争程度。

如果当地替代取值为1,即它们的产品在相同的市场上竞争,相对当地供给为0,即 MNC 的销售仅仅替代了进口或者 MNC 的产品完全出口,最初的生产效应仅仅是 MNC 自身的生产,并不会对下游市场的当地企业产生任何挤出。另一方面,如果相对当地供给为1,即 MNC 在当地的销售数量与当地企业一样并且不对进口产生任何替代,此时最初的生产效应为0:MNC 的生产完全挤出了同等数量的当地生产,但上游市场的当地生产水平没有任何变化。这里,最初的生产效应是相对当地供给的减函数。同样地,最初生产效应也是当地替代的减函数。

发生在上游产业的最初生产效应依赖于"相对当地外包"。相对当地外包是指一单位产出中 MNC 使用的当地投入(中间产品)与当地企业使用的当地投入的比率。相对当地外包取值为 1 意味着 MNC 使用的中间产品的程度与当地企业一样,取值为 0 意味着 MNC 全部从国外购买中间产品(或者不使用中间产品)。上游产业的最初生产效应是相对当地外包的增函数,相对当地供给的减函数。把上游产业和下游产业的最初生产效应放在一起考虑,MNC 的出口导向越强,进口替代程度越大,与当地企业的竞争越弱,对当地中间产品的使用越多,最初生产效应越大。

反馈效应是 MNC 进入对产业间产生的影响。正的反馈效应的产生是因为对上游产品需求的增加所引起的上游产业企业的进入,上游企业数量的增加引起中间产品价格下降,从而又引起下游产业企业的进入(因为生产成本下降了)。每种产业的市场特征也影响反馈效应的大小。上游产业不完全竞争程度越高,反馈效应越大,后向关联会导致前向关联。

如果 MNC 投资于上游产业,这将降低下游产业产品投入品的价格,反过来增加了对上游产业产品的需求。这里同样存在替代效应,一种中间产品价格的下降会减少对其他中间产品的需求。但是,由于更高的利润(反馈效应),会有更多的下游企业进入,这会对替代效应产生抵消作用。另外,如果当地产业供给具有完全弹性,净效应将为 0。前向关联要求上游产业存在最初生产效应以便影响下游产业。前向关联是当地替代和出口导向的减函数。如果当地替代为 1 或者产出全部出口,便不存在前向关联。

3.3.4 FDI、关联与产业间溢出:实证检验

迄今为止的经验研究无一例外地证实,跨国公司在东道国通过关联效应产生了正的技术溢出。在用企业层次的数据对爱尔兰一般制造业的经验研究中,Gorg 和 Strobl(2002)用净进入率和总进入率来度量关联效应。净进入率定义为 t 至 $t+1$ 时期进入 j 行业的本地企业数与退出该行业的企业数之差除以 t 时该行业的企业总数。总进入率定义为 t 至 $t+1$ 时期进入行业的企业数除以 t 时该行业企业总数。检验方法为用因变量净进入率或总进入率对影响进入因素的其他变量如 j 产业的增长率、该产业中现存企业的平均年龄、最小有效规模、该产业市场规模和代表外资

存在的变量进行回归。回归结果显示，跨国公司在下游产业的活动对爱尔兰企业在上游产业和其他产业的进入产生了相当大的积极作用。然后把全部样本分为高技术产业和低技术产业两组分别进行经验，检验结论显示，无论哪一组，都存在显著的关联效应，但高技术产业的关联效应强于低技术产业的关联效应。

Altomonte 和 Resmini(2001)用波兰制造业 1995—1998 年的数据直接对 Markusen 和 Venables 模型进行了检验。控制一般的投入产出条件的差异后，他们分析了波兰当地企业上下游产业销售水平的变化与跨国公司在特定产业的相对集中之间的关系。研究显示，跨国公司的关联效应比国内企业的关联效应大得多。他们认为，在那些原有的产业结构已被破坏的转型经济国家，跨国公司对这些国家的技术溢出效应的发生及长期经济增长起着决定性的作用。

来自马来西亚的官方调查数据表明，最初，企业间垂直关联在国内企业间没有得到高度发展，但在外国企业之间却很普遍。企业间垂直关联也显示出了较强的行业差异，运输设备和电子机械行业的垂直关联多于其他行业。然而，随着时间的推移，垂直关联在企业间变得更加普遍，涉及垂直关联的企业从 1985 年的 17%上升到 1995 年的 27%。同时，在发展垂直关联的过程中确实存在大量的技术和知识的转移，特别是对于当地供应商而言。转移给供应商的最重要的技术内容是：质量控制、零部件及中间产品的适时传送、技术建议和劳动培训等。无论是当地还是外国买方，他们都更有可能对当地供应商提供援助，虽然援助的形式依赖供应商的当地或外国身份而定。水平关联在外国企业中也较国内企业更加普遍。对中小企业而言，联合购买投入品、联合销售、联合培训是最普遍的形式；而在大企业之间，发展技术标准、共同使用特殊机械和检测设备更加重要。

基于 1997 年的行业数据及 1985—1995 年企业层次的面板数据的经验研究有力支持企业间关联产生技术溢出的假设。生产函数估计显示，供应商的生产率最初较其他企业低，但随着为其他企业生产的增加，其相对生产率劣势随之减小。外国供应商经历了相同的发展模式，虽然他们的学习曲线更加陡峭。另一方面，那些初始生产率较高的将业务外包的企业同样获取了技术溢出。无论对外国企业还是国内企业，来自水平关联的溢出效应则较弱。

Batra，Morisset 和 Saggi(2003)同样利用马来西亚企业层次的数据的实证表明,跨国公司的进入在当地创造了更多的垂直关联。在1997年,大约40%的跨国公司发展了这种联系。当跨国公司是出口导向型并同时转移一部分技术给供应商时,这种积极的关联得到了加强。供应商之间的竞争越激烈,会引致更多的垂直关联,这可能是由于当地供应商变得更有竞争力,或者在这种情况下,跨国公司有了更多的选择。高关税确实有助于垂直关联的发展,因为它使得跨国公司进口中间产品的成本大大增加,但是高关税最终给企业的生产率带来了负面的影响。当跨国公司与供应商之间存在技术转移时,供应商生产率的增长大于跨国公司生产率的增长。

Smarzynaska(2004)用立陶宛制造业1996—2000年企业层次的面板数据对溢出效应发生的产业内溢出、前向关联和后向关联的三个渠道同时作了检验。检验结果显示,生产率溢出源于后向关联,没有证据表明产业内溢出与前向关联引致溢出的存在。作者同时对拥有部分股权的外资企业的后向关联溢出效应大于拥有全部股权的外资企业的后向关联溢出效应的假设作了检验。人们认为,拥有不同股权程度的外资企业表现出不同的当地外包倾向,因而溢出效应的大小也不同。检验结论证实了这一假设,即拥有部分股权的外资更多地倾向于在当地购买,因而对上游产业的企业产生了更大的溢出效应。检验结果也发现,位于上游产业中的外资企业对下游产业的当地企业的生产率带来了负的影响。对此作者的解释是外资企业购买了上游产业的国内企业后,他们改进了生产设施,提高了技术水平,生产出了更复杂的产品,以更高的价格销售,而购买投入的当地企业的吸收能力较小,不能从含高技术内容的产品中受益,却被迫负担高昂的成本。作者还对不同动机的FDI对后向关联溢出影响作了检验。人们认为,当地市场导向的FDI比出口导向的FDI倾向于在当地购买更多的投入。出口导向的MNC子公司更多地依赖于母公司的全球外包战略政策,因而在选择他们自己的供应商时自主程度较低。而服务于当地市场的商品的质量和技术可能要求更低,因而当地市场导向的FDI更易选择当地供应商。另一方面,服务于全球市场的跨国公司会对当地供应商提出更严格的成本和质量要求,从而促进当地供应商生产率的提高,同时,出口导向的跨国公司使用更先进的技术,给当地供应商创造了更多的学习机会,因而出口导向的跨国公司又比当地导向的跨国公司导致更多的技术溢出。检验结果显示,两种类型的跨国公司都对上游产业的企业产生了溢出效应，但当地市场导向的跨国公司的溢出水平大于出口导向的跨国公司的溢出水平。

3.4 贸易、FDI与技术溢出

Xu 和 Wang(1999)采用 13 个 OECD 国家 1983—1990 年的数据首先就 CH 设定对贸易、内向 FDI 和外向 FDI 的溢出效应进行了检验。检验结果表明，资本品贸易是一条显著的溢出渠道；外向的 FDI 也导致了技术的溢出，虽然其溢出的水平低；没有证据表明内向的 FDI 带来了显著的技术溢出。而采用 LP 设定的检验结果表明，内向的 FDI 和外向的 FDI 的溢出效应都不显著。Potterie 和 lichtenberg(2001)分别就贸易、外向 FDI、内向 FDI 进行检验的结果同样表明内向 FDI 对东道国并没有产生溢出效应，外向 FDI 产生了显著的正的溢出，外向 FDI 的溢出水平较贸易的溢出水平低。同时就外向 FDI 和贸易溢出渠道回归的结果也表明外向 FDI、贸易产生了显著的正的溢出，FDI 与贸易的溢出水平(即产出弹性)几乎没有受到影响。

Hejazi 和 Safarian(1999)就美国的 R&D 通过贸易、FDI 对 OECD 国家和以色列生产率的影响进行了实证分析。实证结果表明，FDI 作为技术溢出的渠道被考虑时，总的溢出效应扩大了 30%，同时，贸易的重要性大大降低；大约 2/3 的总溢出是由 FDI 产生的，而只有 1/3 的总溢出由国际贸易得到解释。Hejazi 和 Safarian(1999)就 6 个发达国家的 R&D 对 OECD 国家和以色列全要素生产率的影响的实证结果同样得到了 Hejazi 和 Safarian(1996)的结论，即同时就贸易、FDI 变量进行回归的结果显示，FDI 变量前的系数大于贸易变量前的系数；贸易的重要性大大降低，总的溢出效应增加。Keller 和 Yeaple(2003) 采用美国 1987—1996 年间制造业中企业层次的数据的实证结果表明，进口和 FDI 都对美国国内企业带来了显著的生产率溢出。FDI 溢出可以解释 1987—1996 年美国国内企业生产率变化的 14%，因而 FDI 的溢出效应对国内企业生产率的增长相当重要。相比较而言，虽然进口的溢出可以解释 1987—1996 年间美国国内企业生产率变化的 27.5%，但进口估计的稳健性不如 FDI 估计，因而作者认为进口的溢出效应较弱。

3.5 针对中国的研究

针对我国的研究绝大多数都支持 FDI 行业内溢出效应的存在。秦晓钟(1998)、陈涛涛(2003)把企业分为内资企业(本地企业)和外资企业,分别利用中国 1995 年和 2000 年制造业的有关统计数据的计量分析都证实了外商直接投资技术溢出效应的存在。何洁(2000)采用截面数据(28 个省连续 5 年(1993—1997))的计量分析同样表明,外资企业对内资企业工业部门的总体正向外溢效应是存在的。但也有研究表明外资企业的技术溢出效果并不明显(包群,2003)。

在 FDI 行业内溢出机制研究方面,仿照 Kokko(1996)的联立方程模型的设定,Xiaoying Li,Xiaming Liu 和 David Parker(2001)采用中国 1995 年制造业的数据的计量分析表明,示范模仿效应是集体企业和私人企业获得 FDI 技术溢出的有效机制,国有企业生产率的得益主要来自国有企业和外资企业的充分竞争。陈涛涛(2003)的实证也表明充分竞争是产生溢出效应的有效机制。在内外资企业的竞争能力差距较小的行业中,两类企业之间的竞争更加充分和有效,有利于溢出效应的产生。张建华(2003)采用广东省 1997—1999 年 39 个行业和 21 个城市数据的实证结果显示,示范模仿效应和关联效应在广东省 FDI 外溢过程中效果较为显著,且形成了一定的聚集效应。

在 FDI 行业内溢出效应的影响因素方面,陈涛涛、范明曦和马文祥(2003)采用我国制造业 84 个四位码行业数据的实证表明,"技术差距"是影响 FDI 对我国行业内溢出效应的最直接的,也是最重要因素之一;相比之下,"资本密集度"以及"行业集中度"对我国 FDI 溢出效应的影响只有在与技术差距共同考察时才会反映出来。何洁(2000)的实证表明,市场规模的大小是影响 FDI 外溢效应的一个重要因素;当地的技术水平对 FDI 的外溢效应存在负面作用,技术水平提高速度越快,FDI 正向外溢效应的增加就越慢。另外,Xiaoying Li,Xiaming Liu 和 David Parker(2001)的实证表明,市场导向的 FDI 倾向于通过与国内企业竞争产生溢出效应,而出口导向的 FDI 似乎并没有促进其与国内企业的竞争。

在案例研究方面,许罗丹、谭卫红和刘民权(2004)通过对广东省华资、欧资、日资、美资四组外商投资企业的调查数据的对比分析表明，外资企业通过其产品的示范模仿效应、对内部员工的培训、人力资本的流动、与当地厂商的关联，对我国的技术进步作出了贡献，他们的产品在我国的市场面临的竞争也越来越激烈。

然而，国际贸易对我国技术进步的影响却没有引起研究人员的注意。迄今为止关于我国对外贸易的技术溢出的研究还为数不多。在 CH 框架下，方希桦、包群和赖明勇(2004)采用国家层次的数据的检验结果表明，通过进口贸易传导机制，贸易伙伴国 R&D 投入对我国全要素生产率的提高具有显著的促进作用，且这种促进作用具有一定的滞后效应。李小平和朱钟棣(2004)在单一回归方程的框架下采用我国各地区面板数据的实证结果显示，进口显著地促进了技术进步，出口反而阻碍了技术进步。庞英(2004)采用山东省 1984—2002 年的数据就进口和出口对技术进步的回归结果表明，进口贸易对技术进步率存在显著的影响，而滞后一期的出口贸易对技术进步的促进作用较大，并且出口贸易的技术进步效应远大于进口贸易。

把贸易 FDI 同时考虑而进行实证的文献更加少见。在同一篇文章里，李小平和朱钟棣(2004)的实证结果表明，进口对全要素生产率的影响大于 FDI 对全要素生产率的影响；FDI 对全要素生产率的影响尽管为正，但影响较小。

3.6　小　结

正如 Stern 在总结经济增长理论半个世纪的发展时指出：这些理论要么各成体系，要么将它们全部综合在一起，然而仍没有使我们对经济增长中的技术进步机制有深刻的理解。同样地，虽然有关技术溢出的理论与实证结果十分丰富，然而，直到如今，我们对构成技术进步机制的技术溢出的机制，即技术溢出产生的具体过程同样缺乏深刻的理解。例如绝大多数有关 FDI 技术溢出的理论文章把目标放在跨国公司与其子公司的技术转移关系上，而假定跨国公司子公司对东道国本地企业存在技术溢出。也就是说，它们都以技术溢出的存在为前提条件。对国际贸易技术溢出的研究同样存在这样的问题。而对这一问题的透彻理解无疑将有助于东道国的政府和企业采取相应的措施,以达到更有效利用外贸外资、促成溢出效应的产生、更好地发挥扩大溢出效应的目的,从而促进经济的持续快速增长。

由于受产业和企业数据的限制,多数对技术溢出效应的实证研究仍停留在宏观层面,尤其是对我国情况的研究更是如此。问题是,一般说来,数据的汇总层次越高,越易得到技术外溢效应和学习效应的结果。这是由于企业层次的微观数据捕获了存在于企业之间的异质性,而即使分得很细的产业层次的数据也难以控制住企业之间的差异,因而产业层次和国家层次的数据会造成合成和加总偏误从而容易导致扩大的溢出估计结果。另一方面,如果主要兴趣在于产业层次的结论,企业之间的异质性并不影响估计结果。例如,如果经济政策的目的在于提高产业生产率,那么就没有必要区分产业生产率的提高是由于所有企业得益于技术溢出,还是因为仅仅那些具有高生产率的企业得益于技术溢出和变得更具竞争力,而那些具有低生产率的企业退出市场。总之,对于在行业及企业层面就国际贸易外商直接投资的技术溢出效应的研究还有待深入,尤其是针对我国的研究。

【参考文献】

[1] Aghion, Philippe and Peter Howitt. A Model of Growth through Creative Destruction. Econometrica, 1992, 60: 323-351.

[2] Aghion, Philippe and Peter Howitt. Endogenous Growth Theory. MIT Press, 1998.

[3] Aitken, Brian, Gordon H. Hanson and Ann E. Harrison. Spillovers, Foreign Investment, and Export Behavior. Journal of International Economics, 1997, 43: 103-132.

[4] Arrow, K. J. The Economic Implications of Learning by Doing. Review of Economics Studies, 1962, 29: 155-173.

[5] Aw, B. Y., Chen, X. and M. J. Roberts. Productivity and Turnover in the Export Market: Micro-Level Evidence from the Republic of Korea and Taiwan (China). The World Bank Economic Review, 2000, 14(1): 65-90.

[6] Barry, Frank and John Bradley. FDI and Trade: The Irish Host Country Experience. Economic Journal, 1997, 107: 1798-1811.

[7] Barry, Frank, Holger Gorg and Eric Strobl. Foreign Direct Investment and Wages in Domestic Firms: Productivity Spillovers vs Labour-Market Crowding out. Mimeo, University College Dublin and University of Nottingham, 2001.

[8] Batra, G, Morisset, J & Saggi, K. Vertical Linkages between Multinationals and Domestic Suppliers: Whom Do They Benefit and Why? Draft, 2003.

[9] Benhabib, Jess and Mark M. Spiegel. The Role of Human Capital in Economic Development: Evidence from Aggregate Cross-Country Data. Journal of Monetary Economics, 1994, 34: 143-173.

[10] Blomstrom, Magnus. Foreign Investment and Productive Efficiency: The Case of Mexico. Journal of Industrial Economics, 1986, 35: 97-112.

[11] Blomstrom, Magnus and Ari Kokko. Multinational Corporations and Spillovers. Journal of Economic Surveys, 1999, 12: 247-277.

[12] Blomstrom, Magnus and Fredrik Sjoholm. Technology Transfer and Spillovers: Does Local Participation with Multinationals Matter? European Economic Review, 1999, 43: 915-923.

[13] Blomstrom, Magnus and Edward N. Wolff. Multinational Corporations and Productive Convergence in Mexico. In Baumol, William J., Richard R. Nelson and Edward N. Wolff (eds.): Convergence of Productivity: Cross National Studies and Historical Evidence. Oxford: Oxford University Press, 1994, 263-283.

[14] Clerides, S. K. Lachs, Saul and James R. Tybout. Is Learning by Exporting Important? Micro-Dynamic Evidence from Colombia, Mexico, and Morocco, Quarterly Journal of Economics, 1998, 113: 903-948.

[15] Coe, D. T. and Elhanan Helpman. International R&D Spillovers. European Economic Review, 1995, 39: 859-887.

[16] Coc, D. T., Helpman, E., and Alexander W. Hoffmaister. North-South R&D Spillovers. The Economic Journal, 1997, 107: 13-149.

[17] Connolly, Michelle. Learning to Learn: The Role of Imitation and Trade in Technological Diffusion. Duke University Working Paper, 1997, 97-125.

[18] Connolly, M. The Dual Nature of Trade: Measuring its Impact on Im-

itation and Growth. Journal of Development Economics,2001,72(1):1-29.

[19] Damijan, Joze P. ,Boris Majcen, Mark Knell and Matija Rojec. The Role of FDI, Absorptive Capacity and Trade in Transferring Technology to Transition Countries: Evidence from Firm Panel Data for Eight Transition Countries. Mimeo, UN Economic Commission for Europe, Geneva,2001.

[20] Dinopoulos, Elias and Peter Thompson. Scale Effects in Schumpeterian Models of Economic Growth. Journal of Evolutionary Economics, 1999,9:157-185.

[21] Dollar, D. Technological Innovation, Capital Mobility, and the Product Cycle in North-South Trade. American Economic Review,1986, 76:177-190.

[22] Driffield, Nigel. The Impact on Domestic Productivity of Inward Investment in the UK. Manchester School,2001,69:103-119.

[23] Eaton, Jonathan and Samuel Kortum. Trade in Ideas: Patenting and Productivity in the OECD. Journal of International Economics,1996, 40:251-278.

[24] Eaton, Jonathan and Samuel Kortum. Technology, Trade and Growth: A Unified Framework. European Economic Review,2001,45:742-755.

[25] Engelbrecht, Hans Jurgen. International R&D Spillovers, Human Capital and Productivity in OECD Economies: An Emprical Investigation. European Econimic Review,1997,41:1479-1488.

[26] Engelbrecht, Hans Jurgen. Human Capital and International Knowledge Spillovers in TFP Growth of a Sample of Developing Countries: An Expoloration of Alternative Approaches. Applied Economics, 2002,34:831-841.

[27] Ethier, William. National and International Returns to Scale in the Modern Theory of International Trade. American Economic Review, 1982,72:389-405.

[28] Ethier, Wilfred J. and James R. Markusen. Multinational Firms, Technology Diffusion and Trade. Journal of International Economics, 1991,41:1-28.

[29] Falvey, Rod, Neil Foster and David Greenaway. North-South Trade , Knowledge Spillovers and Growth. European Economy Group Working paper,2002,15.

[30] Feder, G. On Exports and Economic Growth. Journal of Development Economics,1982,12:59-73.

[31] Galor, Oded and Daniel Tsiddon. Technological Progress, Mobility, and Economic Growth. American Economic Review,1997,87:363-382.

[32] Girma, Sourafel,David Greenaway and Katharine Wakelin. Who Benefits from Foreign Direct Investment in the UK? Scottish Journal of Political Economy,2001,48:119-133.

[33] Girma, Sourafel and Katharine Wakelin. Are There Regional Spillovers from FDI in the UK? GEP Research Paper 00/16, University of Nottingham,2000.

[34] Girma, Sourafel and Katharine Wakelin. Foreign Direct Investment and the Nature of R&D, Canadian Journal of Economics, 1999a, 32 (1):92-117.

[35] Girma, Sourafel and Katharine Wakelin. Multinational Firms and Technology Transfer, World Bank Policy Research Working Paper 2067,1999b.

[36] Gorg, Holger and Eric Strobl. Multinational Companies and Productivity Spillovers: A Meta-Analysis. Economic Journal,2001,111:F723-F729.

[37] Grossman, Gene M. and Helpman, Elhanan. Comparative Advantage and Long-Run Growth. American Economic Review,1990,80:796-815.

[38] Grossman, Gene M. and Helpman, Elhanan. Quality Ladders in the Theory of Growth. Review of Economic Studies,1991a,58:43-61.

[39] Grossman, Gene M. and Helpman, Elhanan. Quality Ladders and Product Cycles. Quarterly Journal of Economics, 1991b,106:557-586.

[40] Grossman, Gene M. and Helpman, Elhanan. Innovation and Growth in the World Economy. Cambridge, MA: MIT Press,1991c.

[41] Grossman, Gene M. and Helpman, Elhanan. Technology and Trade. In Handbook of International Economics Vol. 3. Gene Grossman and Kenneth Rogoff, eds. North-Holland, 1995.

[42] Hejazi, W. , Safarian, A. E. Trade, Foreign Direct Investment, and

R&D Spillovers. Journal of International Business Studies, 1999, 30(3):491-511.

[43] Jaffe, Adam, M. Trajtenberg and R. Henderson. Geographical Localization of Knowledge Spillovers as Evidenced by Patent Citations. Quarterly Journal of Economics ,1993,108:577-598.

[44] Jensan, Richard and Marie Thursby. A Strategic Approach to the Product Life Cycle. Journal of International Econoics,1986,21:269-284.

[45] Keller, Wolfgang. Are International R&D Spillovers Trade Related? Analyzing Spillovers among Randomly Matched Trade Partners. European Economic Review,1998,42:1469-1481.

[46] Keller, Wolfgang. Knowledge Spillovers at the World's Technology Frontier. CEPR Working Paper 2815,2001.

[47] Keller, Wolfgang and Stephen Yeaple. Multinational Enterprise, International Trade, and Productivity Growth: Firm Level Evidence from the United States. IMF Working Paper 248,2003.

[48] Kinoshita, Yuko. R&D and Technology Spillovers through FDI: Innovation and Absorptive Capacity. CEPR Discussion Paper DP2775,2001.

[49] Kokko, Ari. Productivity Spillovers from Compitition between Local Firms and Foreign Affiliates. Journal of International Development, 1996,8:517-530.

[50] Krugman, Paul R. A Model of Innovation, Technology Transfer, and the World Distribution of Income. Journal of Political Economy,1979, 87:253-266.

[51] Krugman, Paul R. Is Free Trade Passe? Journal of Economic Perspectives,1982,1:131-144.

[52] Li, Xiaoying, Liu, Xiaming and David Parker. Foreign Direct Investment and Pproductivity Spillovers in the Chinese Manufacturing Sector. Economic Systems,2001,25:305-321.

[53] Lipsey, Robert E. and Fredrik Sjoholm. Foreign Direct Investment and Wages in Indonesian Manufacturing. NBER Working Paper,2001.

[54] Lucas, R. On the Mechanism of Economic Development. Journal of Monetary Economics,1988,22:3-22.

[55] Lumenga-Neso, Oliver, Marcelo Olarreaga and Maurice Schiff. On "Indirect" Trade-Related R&D Spillovers. Mimeo, World Bank, 2001.

[56] Markusen, James R. and Anthony Venables. Foreign Direct Investment as a Catalyst for Industrial Development. European Economic Review, 1999, 43:335-356.

[57] Matouschek, N. and Venables, A. Evaluating Investment Projects in the Presence of Sectoral Linkages: Theory and Application to Transition Economies. London School of Economics, Mimeo, 1999.

[58] Pack, Howard and Kamal Saggi. Vertical Technology Transfer, Diffusion, and Compitition. World Bank Policy Research Working Paper, 1999, 2065.

[59] Rivera-Batiz, Luis and Paul Romer. Economic Integration and Endogenous Growth. Quarterly Journal of Economics, 1991, 106(2):531-555.

[60] Rodriguez-Clave, Andres. Multinationals, Linkages and Economic Development. American Economic Review, 1996, 86:852-873.

[61] Romer, Paul. Endogenous Technological Change. Journal of Political Economics, 1990, 98(5):S71-S102.

[62] Savvides, Andreas and Zacharisdis, Marios. International Technology Diffusion and the Growth of TFP in the Manufacturing Sector of Developing Economies. memo, 2003.

[63] Sjoholm, F. Intenational Transfer of Knowledge: The Role of International Trade and Geographic Proximity. Weltwirtschaftliches Archiv, 1996, 132:97-115.

[64] Teece, David J. Technology Transfer by Multinational Firms: The Resource Cost of Transferring Technological Know-How. Ecnomic Journal, 1977, 87:241-261.

[65] Van Pottlesberghe de la Potterie, B. and Lichtenberg, F. Does Foreign Direct Investment Transfer Technology across Boarders? The Review of Economics and Statistics, 2001, 83:490-497.

[66] Vernon, R. International Investment and International Trade in the Product Cycle. Quarterly Journal of Economics, 1966, 80:190-207.

[67] Wang, Jian Ye. Essays on International Trade, Technology Transfer and Growth. Columbia University, Ph. D, 1989.

[68] Wang, Jian-Ye and Magnus Blomstrom. Foreign Investment and

Technology Transfer. European Economic Review,1992,36:137-155.
[69] Xu, B. and Chiang, Eric P. Trade, Patents and International Technology Diffusion. Journal of International Trade and Economic Development,2005,14:115-135.
[70] XU, Bin and Jianmao Wang. Capital Goods Trade and R&D Spillovers in the OECD. Canadian Journal of Economics, 1999, 32 (5): 1258-1274.
[71] 包群,赖明勇. FDI技术外溢的动态测算及原因解释. 统计研究,2003(6).
[72] 包群,赖明勇. 中国外商直接投资与技术进步的实证研究. 经济评论,2002(6).
[73] 陈浪南,陈景煌. 外商直接投资对中国经济增长影响的经验研究. 世界经济,2002(6).
[74] 陈涛涛. 中国FDI行业内溢出效应的内在机制研究. 世界经济,2003(9).
[75] 陈涛涛,范明曦,马文祥. 对影响我国外商直接投资行业内溢出效应的因素经验研究. 金融研究,2003(5).
[76] 方希桦,包群,赖明勇. 国际技术溢出:基于进口传导机制的实证研究. 中国软科学,2004(7).
[77] 韩燕. FDI对东道国外溢效应及影响因素研究综述. 产业经济研究,2004(5).
[78] 何洁. 外商直接投资对中国工业部门外溢效应的进一步精确量化. 世界经济,2000(12).
[79] 何洁,许罗丹. 我国工业部门引进外国直接投资的外溢效应的实证研究. 世界经济文汇,1999(2).
[80] 黄静波,付建. FDI与广东技术进步关系的实证分析. 管理世界,2004(9).
[81] 李平. 技术扩散中的溢出效应分析. 南开学报,1999(2).
[82] 潘文卿. 外商投资对中国工业部门的外溢效应:基于面板数据的分析. 世界经济,2003(6).
[83] 秦晓钟,胡志宝. 外商对华直接投资技术外溢效应的实证分析. 江苏经济探讨,1998(4).
[84] 沈坤荣. 外国直接投资、技术外溢与内生经济增长. 中国社会科学,2001(5).
[85] 沈坤荣,耿强. 外商直接投资的外溢效应分析. 金融研究,2000(3).
[86] 许罗丹,谭卫红,刘民权. 四组外商投资企业技术溢出效应的比较研究. 管理世界,2004(6).

第 4 章

贸易与环境的相互联系与作用

4.1 贸易与环境:研究的基本脉络

有关贸易与环境研究的文献最早出现于 20 世纪 70 年代初,1972 年联合国斯德哥尔摩环境与发展大会,世界各国深入讨论了环境与经济增长、社会发展之间的关系,许多工业化国家开始推行环境控制项目。作为对 OECD 国家实施环境政策的回应,当时主要关注的问题是,与贸易相关的国内环境管制政策是否会迫使受管制的产业向未实施措施的非管制国转移。Baumol(1971),Magge 和 Ford(1972),Siebert(1974),Markusen(1975),Pethig(1976),Blackhurst(1977)以及 Walter(1973)等的论文都已经成为这一领域的经典文献。

第二次学术争论出现于 90 年代初,当全球经济由 80 年代的经济衰退恢复后,环境保护与可持续发展的理念得到更广泛的认同。1991 年,美国和墨西哥之间的"金枪鱼—海豚"争端①使贸易与环境之间的关系成为世人瞩目的焦点②。1992 年召开联合国环境与发展大会,提出协调环

---

① 美国指责墨西哥对金枪鱼的捕捞不符合美国国内关于金枪鱼保护的标准。GATT 的工作小组在处理该纠纷时指出,GATT 缔约方不应当在自身主权领土以外采取贸易措施强制实行其关于动物和自认资源法律。否则,任何主权国家将都有权以他国环境政策不相符而拒绝进口该国产品。

② Esty(1997):"贸易与环境关系在美国变得如此尖锐并引起广泛关注是源于两个事件,NAFTA和 1991 年 GATT 争端解决陪审团对'金枪鱼/海豚'案的判决。NAFTA 的影响包括提高美国和墨西哥之间的污染溢出、协调降低美国环境标准、减少美国立法主权、墨西哥公司的不平等竞争等。'金枪鱼/海豚'案的判决,标志着贸易目的将超越对环境的关注,美国的立法权由于 GATT 官僚作风行为而妥协。"

境保护与经济发展“可持续发展”的理念,使社会公众开始关注国际贸易在消除贫困和治理环境污染方面的作用;其后环发大会所制定的《21世纪议程》中,特别强调了通过国际贸易和其他方式推进可持续发展的重要性。这一阶段,国际社会对贸易与环境议题的争论形成了对立的两大阵营:一方——反全球化集团,强烈反对贸易一体化进程,担心全球化将全面降低环境和劳工标准;而另一方——自由贸易者,则认为,包括自由贸易在内的世界经济一体化是保证经济增长的唯一政策选择,而经济增长势必促进收入的改善、劳动和环境标准的提高(见表4-1)。

表4-1 支持自由贸易集团和支持环境保护集团的主要争论[①]

支持环境保护的集团	支持自由贸易的集团
贸易破坏自然资源	贸易促进经济发展
贸易允许环境有害商品和生产转移到“污染天堂”国家	贸易带来的收入增加可以资助环境管理和环境技术扩散
贸易削弱现存的环境保护法规	贸易激励环境政策改革
贸易影响国际环境协定	贸易促进国际环境协调

作为站在客观、理性立场上的经济学者,对这场热火朝天的争论进行了理论思考,产生了大量经济文献。Dean(1992)[②]的文章是该领域90年代最早的、最富建设性的文献综述;Anderson和Blackhurst(1992)、Low(1992)、Beghin等(1994)对于20世纪90年代初的争论都有非常好的综述。

1994年,在GATT乌拉圭回合谈判即将结束时,由于国际社会对贸易与环境问题的高度重视,各缔约方同意将可持续发展作为即将成立的WTO的宗旨之一。并于同年的GATT部长会议上签署了《关于贸易与环境决议》,同意成立WTO“贸易与环境委员会”,对贸易与环境问题进行更加深入全面的考察。此后学术界对于这一领域保持了长期的研究热情,《Ecological Economics》和《Oxford Economic Papers》杂志1994年都专门就“贸易与环境”研究出版了专刊。最近十年来比较有代表性的文献有Grossman和Krueger(1993),Daly(1993),Chichilnisky(1994),

① 参见Jayadevappa. Ravishankar,Chhatre. Sumedha(2000)的综述。

② 收录于Low(1992),Edited“International Trade and the Environment”,世界银行Discussion Paper No. 159。

Copeland 和 Taylor(1994,1995,1996,1997,2003),Rauscher(1991,1994),Ulph(1994,1997),Nordstrom 和 Vaughan(1999),Wheeler(2000)以及 Antweiler,Copeland 和 Taylor(2003)等。

这些文献从不同角度对贸易与环境的内在关系进行了广泛探索,由于研究立场、观点、方法和约束前提条件假设等不同,所得出的结论和政策建议也各不相同。到目前为止,贸易自由化和环境保护、可持续发展的关系还在激烈的争议之中。随着WTO将把环境问题纳入到"千年回合"谈判的主要议题之中,这方面的文献正在迅速增加。

目前,围绕贸易与环境联系的研究更为广泛,通常可分为以下几类①:

(1)环境政策或规制对比较优势、专业化分工、产业调整、贸易模式和贸易条件的影响;

(2)贸易对环境质量和福利的影响,出于环境目的的贸易政策的应用;

(3)环境政策措施作为战略性贸易政策的工具;

(4)贸易政策与环境政策的冲突;

(5)跨国界污染和废品贸易。

由于"贸易与环境"问题的多纬度性和复杂性,要将所有的方面综合分析是非常困难的。十多年来,几篇重要的文献综述覆盖了贸易与环境大部分研究领域,除了前面提到的几篇早期的文献,其他还有 Beghin(1994),Ulph(1994),Van Beer 和 Van de Bergh(1996),Huang 和 Labys(2001), Sturn(2002),Neary(2003)以及 Galeotti(2004)等。Ulph(1994)对传统分析和不完全竞争博弈进行了一个有益的技术回顾,确定了贸易政策和环境政策在战略性贸易政策框架下的内在联系;Van Beer 和 Van den Bergh(1996)提供了有价值的分析方法,主要是将环境因素纳入国际贸易理论的分析框架,分析了基于 Heckscher-Ohlin 模型的一般均衡;Xing 和 Kolstad(1996)的文献综述与 Dean(1992)较为类似,对环境规制和国际贸易议题作了较为广泛的综述,不仅是理论方面的,也包括了实证研究部分。这些综述文献提供了对贸易与环境不同领域的极有价值的前期研究。

① 参见 Huang 和 Labys(2001)的综述。

近年来,随着中国加入 WTO,越来越多的国内学者对贸易与环境问题开始关注,金祥荣(1999,2001)的研究提供一个分析绿色贸易政策措施形成的框架;佘群芝(2001)分析了 NATFTA 的环境效应;谢建国(2001)和赵玉焕(2002)全面回顾了 WTO“千年回合”中贸易与环境议题的谈判;赵细康(2003)测算了环境保护与中国产业国际竞争力;王军(2004)对国外贸易与环境的相关文献进行综述;李邵华(2004)对战略性环境政策的文献进行综述;蓝天(2004)研究了跨界污染问题并对中国的情况进行实证;彭海珍(2006)测度了贸易自由化在中国的效应;彭水军等(2006)对环境、贸易和经济增长的效应进行了实证研究。

4.2 自由贸易与环境的相互影响

4.2.1 贸易自由化对环境质量的影响

从自由贸易对环境的影响看,环境可能从以下五个方面承受自由贸易的影响(Pearce 等,1992;Nico Heerink 等,1996):

一是自由贸易会增加经济活动,而经济活动的增加会消耗更多的资源和能源,占用更多的耕地,产生更多的污染,但在技术进步条件下,经济增长对环境的负面影响未必同比增加。

二是自由贸易可能会导致工业和农业的重新组合以达到规模经济,规模经济对环境资源的占有能力、集约利用能力和对环境污染的处理能力都会增加,对环境的影响正负兼有。

三是自由贸易主张废除补贴,因为补贴是自由贸易的障碍,农业补贴是这方面的典型例子。工业化国家对其农业的保护一般是通过农业补贴保持国内产品价格高于世界市场价格而实现的。但由于农业补贴鼓励农业过度生产,从而直接造成了耕地退化、地表径流污染、林地湿地破坏等生态环境恶果。废除补贴将大大有益于环境。

四是贸易自由化会促进资源的有效配置,从而使经济水平进而人们的福利水平提高,这对有效地利用资源、提高人们的环境意识以及制定和实施环境政策均有正面影响。

五是国际自由贸易会增加市场失灵,因为环境外部成本未被计算在内。

在关于自由贸易对环境影响的争议上,国际经济学家与环境经济学家由于分析问题的出发点不同,理论观点针锋相对。

大多数环境经济学家几乎一致认为贸易对环境的直接影响是不利的。以 Daly 为代表的环境学家认为,自由贸易追求的是利润最大化,生产没有考虑社会和环境成本,贸易是导致环境问题的直接原因,不加限制的贸易会使生态环境遭到破坏,在环境政策宽松的国家,贸易对环境的危害更大。

1. 贸易诱致型环境退化假说(Trade-Induced Degradation Hypothesis)

Daly(1993)考察了自由贸易对环境污染排放量的影响,提出贸易诱致型环境退化假说。他认为自由贸易将加剧环境污染,通过把成本和对环境的剥削获益分离,国际贸易使两者间的比照更加困难,因此可能对经济最优规模产生误导。在这种情况下,环境成本会比任何生产收益提高得更快,经济会进入一种恶性发展阶段,即越发展越贫困化而不是越富裕。Daly 指出,更为糟糕的是,由于这种迹象在已经越过这个点以后才显现出来,因而走得越快,以后的下降会越严重。Daly 和 Goodland (1994)以及 Ayres(1996)对贸易自由化带来的经济增长与环境保护关系的积极性提出质疑,认为这种贸易增长不但不是改进社会福利的重要因素,而且与环境保护目标背道而驰。

根据 Daly 提出的贸易诱致型环境退化假说,Copeland 和 Taylor (1997,1999)构造了一个理论分析框架,通过研究贸易在工业中扮演的空间分离、功能各异的角色,来考察贸易的环境后果。他们建立了一个简单的两个产业动态模型,两个不相容的产业分别为污染性加工业和环境敏感产业,若存在贸易,环境敏感产业的生产效率会受到污染性加工业生产的伤害,两个不相容的产业可相互迁移分开。贸易有助于减少产业间的生产外部性问题从而改善全球生产效率。然而,所有国家并不总是从全球生产效率提高中获益,因为生产效率改变会引起贸易条件改变。Copeland 和 Taylor 的研究显示,如果花费在污染性产品的世界收入比重高,在两个同样的未加环境规制的国家的情况下,贸易对环境的影响为正;当该比重低时,贸易可使环境退化问题恶化并导致污染性产品出口国实际收入减少。

2. *环境库兹涅茨假说*(Environmental Kuznets Curve Hypothesis)

坚持贸易有益论的部分经济学家认为,区域性与全球性的贸易自由化不是环境恶化的根本原因,采用贸易限制手段解决环境问题只会造成进一步的扭曲;而基于比较优势的专业化分工能够促进全球资源的有效配置和合理利用,有利于环境保护。更大程度上的开放市场,推进贸易自由化进程,是减少环境污染的有效途径。

Bhagwati(1993)认为,环境主义者对自由贸易影响的担忧是错误的,因为通过预想的解决方法,贸易和环境保护都能得到改善。针对环境主义者中间普遍存在的自由贸易促进经济增长而增长损害环境的担忧,他指出,这种担忧是多余的,因为经济增长使得政府税收增加,从而可集中更多的资源用于污染治理和环境保护。如富裕国家如今比贫穷国家更加关注环境问题。Grossman 和 Kureger(1993)的实证研究也显示,随着收入增加,某些环境质量指标得以改善。就贸易本身而言,自由贸易对保护环境有帮助作用而非损害作用。

Grossman 和 Krueger(1991)对 NAFTA 环境效应进行研究,最早使用了"贸易—环境"一般均衡模型(见图 4-1),他们将贸易对环境的影响分为相互关联的三个方面,提出了贸易对环境的三大效应,即规模效应(Scale effect)、结构效应(Composition effect)和技术效应(Technique effect)①。其中规模效应被认为具有加剧环境恶化的作用,但当生产结构的变化从所谓的"肮脏产品"向更清洁的产品转换或采用清洁生产技术生产时,环境状况在实施贸易自由化后反而会得到改善。

Selden 和 Song(1994)提出了关于经济增长与污染物排放关系的环境库兹涅茨曲线概念,倒 U 型的 EKC 曲线表明环境恶化与人均 GDP 在经济发展的起步阶段呈正向变动关系,当人均 GDP 达到一定水平后,两者表现为反向变化关系,多种污染物的排放将随着经济发展向上升而后下降(见图 4-2)。近十年来对 EKC 的实证研究充满争议,在不同国家不同时间段有类似的情况出现②。

① Runge(1993)将贸易自由化对环境的影响分为了五个方面,即资源配置效率、经济活动规模、产出结构、生产技术以及环境政策。Pannayotou(2000)将贸易对环境的影响分为五类,即经济归模、经济活动的结构、产品组成、技术扩散和贸易法规。这些影响可以是积极的,也可以是消极的,这取决于所考察的具体情况。

② Soumyananda Dinda(2004)对 EKC 作了较好的综述。

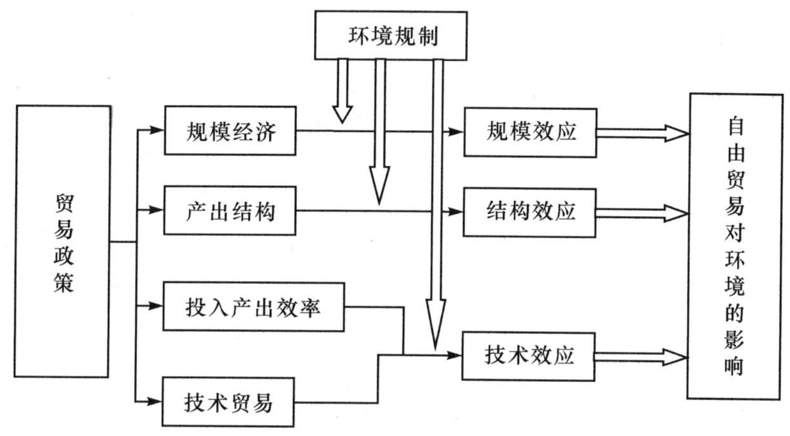

图 4-1 自由贸易对环境的影响

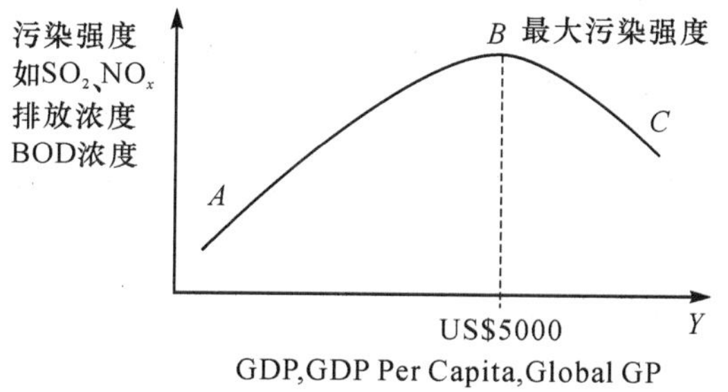

图 4-2 环境库兹涅茨曲线

Bhagwati(1993), Selden 和 Song(1994), Grossman 和 Kruger(1995)以及 Dean(1997)的研究显示,当收入达到一定水平后,结构效应与技术效应的积极作用终将超过规模效应的负面影响。对于 NO_x、SO_x 和生物需氧量(BOD)来讲,转折点出现在人均 GDP5000 美元左右,即贸易自由化在长期对环境质量的改善是有帮助的。

4.2.2 环境规制与比较优势

1. 取代假说(Displacement Hypothesis)——环境敏感型产品的国际贸易模式

Pethig(1976),Siebert(1977)以及 McGuire(1982)等的分析认为,环境政策会提高生产成本,因此在环境规制更加严格的国家,不鼓励污染型产品的专业化生产。也就是说,环境政策较宽松的国家会增加污染型产品生产的比较优势。然而,这种标准的贸易理论最近正受到挑战。Porter 和 Van der Linde (1995)认为,严格的环境政策实际上是一种正面力量,它通过激发环境技术创新从而驱动私人企业和整个经济在世界市场上变得更有竞争力。这种对立观点引起了一场热烈的争论。

Arrow 等(1995),Stern 等(1996)以及 Rothman(1998)认为,国际贸易和消费相关产品结构变化的所谓取代假说(Displacement Hypothesis)并不成立。发达国家生产结构的变化并非随着国内消费结构变化而改变,EKC 曲线真实地反映了肮脏产业由欠发达国家所替代。在一定条件下,污染密集型产业会由环境规制严格的国家向规制松弛的国家转移(Copeland 和 Taylor, 1995),国际贸易的商品结构真实反映了一国的能源消费(Agras 和 Chapman, 1999)。如果一个国家出口更多的制成品,能源消费量将大幅提高。Saint Paul(1994)调查发现,贫困国家通常是污染密集型产品的净出口国,而富裕国家则是污染密集型产品的净进口国。这意味着,基于比较优势理论的国际专业化生产和分工应当是以下情形:贫困国家专门生产"肮脏"的和资源密集型产品,富裕国家则应当专业化生产"清洁"的和服务密集型产品,各国的消费模式保持不变(Cole 等,2000; Janicke 等,1997;Stern 等,1996)。

Rock(1996),Tobey(1990)以及 Harrison(1996)赞同取代假说,认为当发达国家强制执行严格的环境规制时,贸易自由化或开放将导致欠发达国家污染密集型产业的飞速发展。例如,Hettige 等(1992)调查发现,污染浓度随着贫困国家经济开放度和制造业污染密集型增长而下降。20世纪 60 年代,高收入国家的污染浓度增加迅速,在 OECD 国家开始实施环境规制后,这种模式在七八十年代急剧逆转,欠发达国家制造业中的污染浓度迅猛增长;Lucas 等(1992)发现,发展中国家的有毒排放污染程度和肮脏工业数量在 1960 年至 1988 年间增长迅速。Low 和 Yeats(1992)也同意取代假说。

Copel 和 Taylor(1995)指出,在一定情形下,污染密集型工业会转移到环境规制较弱的国家。Birdsall 和 Wheeler(1992)发现肮脏工业在相对封闭的拉美国家比开放国家发展得更快。高收入国家则由于产业向更加清洁技术提升,以及制造业在 GDP 中的比重下降使工业排放下降。同时,日趋严格的环境规制由于对生产成本的影响无关紧要并未阻碍投资。环境库兹涅茨曲线的倒 U 型转变也与这种污染产品生产的国际化分工密切相关。

结构效应和取代假说密切相关。迄今为止，结构效应一直被认为是由于存在这种替代关系，由于没有其他的国家可以替代环境敏感型产品的生产，后发的发展中国家将无法从中获益。

根据比较优势理论，一国的比较优势源于本国的技术和要素禀赋差异。20世纪70年代以来，有大量的理论研究试图检查环境政策对比较优势的影响，如 Siebert（1977），Siebert 等（1980），Pethig（1976），McGuire（1982），Baumol 和 Oates（1988），Carraro 和 Siniscalo（1992），Brander 和 Taylor（1997）以及 Markusen（1997）等。

2. 向底线赛跑假说（Racing to the Bottom Hypothesis）

与肮脏工业转移有关的一个重要问题是“向下看齐”情形。Dua 和 Esty（1997）以及 Esty 和 Geradin（1997）指出，作为全球贸易自由化的结果，各国有降低环境保护标准或放松环保规制的动机，以维护竞争力，出现所谓“向底线赛跑”现象，甚至出现“生态倾销”。

由于污染企业威胁将把工厂迁移到发展中国家的“污染天堂”中去而使环境标准崩溃。Wheeler（2000）通过分析美国的空气质量趋势和发展中国家中三个最大的外国投资吸纳国中国、墨西哥和巴西的情况，对“向下看齐”模型进行了检验。他发现的事实与模型的中心预期相矛盾，事实上在这些国家主要城市空气污染中的最危险物质都是下降的。

Porter（1999）认为，“向下看齐”效应不适用于那些高环保标准和制度健全的国家。然而，在低环保标准和制度不健全的国家，竞争压力确实具有很大的影响，并产生所谓的“向底线赛跑”效应，这可能导致国际环境条件的两极分化。

3. 污染天堂假说（The Pollution Haven Hypothesis）

这一假说的主要内容可以用图4-3表示。

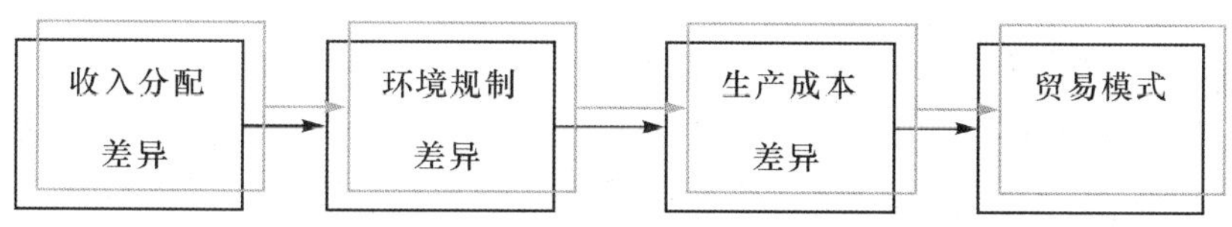

图4-3　“污染天堂”的影响机制

“肮脏”商品贸易的最大动机在于不同国家规制的不同引起产品成本的不同，而收入水平决定了各国的环境标准存在差异，发达国家和发展中国家的收入分配差距越来越大。

自由贸易引起“肮脏”产业的外迁,在贫困国家产生“污染天堂”,贫困国家的污染水平上升,而富裕国家的污染则下降,世界总的污染水平提高。

在资源产业,自然资源产权难以界定,发展中国家的产权状况较为薄弱,自由贸易加速了自然资源的损耗和过度开发。

贫困国家“被迫”为富裕国家生产“肮脏”产品,而富裕国家通过从穷国进口肮脏产品而避免污染,影响机制如图 4-3。

Siebert 等(1980)研究分析了不同的排放标准水平与贸易条件的可能变化结果之间的联系。他们使用两国贸易模型分析框架,假定本国执行排放标准政策而外国不采取环境政策,环境政策对相对成本的影响与排放标准有关。在相对静态条件下,他们证明,如果出口商品为相对污染密集型产品,则实行排放标准政策的国家在自由贸易条件下其贸易条件将得到改善。因为本国实施污染控制政策后将减少相关商品的市场供给,为了使世界性需求和产出相等,商品的相对价格就必须提高。由于本国该商品的总产出变小,而外国的生产规模不变,因此本国的贸易条件将得到改善。这个结果意味着贸易能使一国实施环境政策所发生的实际污染控制成本部分转嫁给外国分担。在进口商品为相对污染密集型商品的相反情形下,得出贸易条件恶化的结论,意味着实现既定政策目标需要支付额外的社会成本。然而,正如他们自己指出的那样,考虑到贸易伙伴也会采取控制政策的现实,因此贸易条件上的改变必须重新解释,这种情形的严谨分析非常复杂。

Baumol 和 Oates(1988)对这个问题持传统观点。在他们的模型中,假定两国生产同一种商品,其生产对两国都造成污染。通过局部均衡分析,他们指出,如果一国不采取环境政策而另一国采取了,则前者将增强、后者将削弱其在污染密集型商品上的比较优势,进而该国将以环境恶化为代价专业化于这类产业。

Brander 和 Taylor(1997)考察了这个问题,即是否实施低标准资源管理政策的国家比实施高标准资源管理政策的国家会有比较优势。他们构筑了一个两国贸易模型,一个是低标准国家,另一个为高标准国家;两国拥有同样的可再生自然资源禀赋,除了资源管理标准政策不同外,两国其他方面均相同。Brander 和 Taylor 用一般均衡分析得出的结论是,在无贸易(自给自足)情况下,低标准国家有两种稳态采伐率:中度过量和严重超用。在两国开展贸易情况下，处于中度过量采伐状态时的低标准国家拥有比较优势从而成为资源产品稳定的净出口国。这个结果确认了关于环境政策与比较优势关系的既有观点。然而，当低标准国家在自给自足时如处于资源"严重超用"状态，开放贸易后它却反而成为资源产品稳定的净进口国。这个结果与现有观点矛盾。

4.2.3　环境规制与贸易竞争力

1. *污染产业转移假说*(Dirty Industry Migration /Flight Hypothesis)

污染密集型产业(肮脏产业)转移之所以被广泛关注，是因为这预示着贫困的欠发达国家将承担由发达国家消费产生的污染。部分经济学家认为，这样可以提高全球效率，但遭到众多来自发展中国家的谴责。同时，污染产业转移到欠发达国家，将减缓该国提高环境保护标准的进程，甚至引起一些国家环保标准"向底线赛跑"。

各国政府在企业迁移上也同样存在竞争。近年来，学术界更加关注是否存在污染产业由环境规制严格的国家迁往规制相对宽松国家这一问题。结果是，国际贸易可以改变跨国产出结构，即，环境规制较为宽松的贫困国家，将专业化生产"肮脏"产品，而环境规制严格的国家则专业化生产清洁产品。

假定环境政策作为唯一的政策工具，随着各国排污税和排放标准的改变，企业的生产边际成本发生变化，从而对企业选址决策产生影响。国内排污税的增加会通过一系列的途径潜在影响到该国的福利水平。对一个面向国内市场的工厂来说，更高的排放税意味着：一是减少排污；二是地方税收增加；三是通过对边际成本的影响，征税将减少消费者剩余；四是征税将减少企业的利润，后者可能会成为国内福利函数的因子。在不使用其他政策手段的情况下，最优环境政策将考虑所有的这些影响，从而一般而言，将偏离边际损害与边际治理成本相等的原则，产生所谓的"污染天堂"假说。

2. *波特假说*(Porter Hypothesis)

Porter(1991)和 Linde(1995)认为，如果将环境规制与国际竞争力之间的讨论置于动态分析框架下，既考虑环境规制变动下生产技术、产品和生产过程改进的可能性，则严格的环境规制与产业国际竞争力提高之间必然存在因果关系。环境管制增加了厂商所面临的限制条件,但同时也给予厂商改革的动力,厂商可能弥补环境管制造成的成本损失。

世界银行关于贸易与环境问题的研究发现,越是实行贸易开放政策的国家,其污染密集工业增长率越低。但是 Rock(1996)对此持反对意见,他的研究发现,实行贸易开放政策国家的污染比实行鼓励内部贸易为主政策的国家要严重。Hoel(1997)的论文对此问题也进行了很好的阐述。他的模型假定:一家企业可在两个国家之间选址,其生产会产生污染排放并引起纯地区性损害。排污问题可通过治理技术来避免,但这将增加边际成本。两国间没有贸易壁垒和运输成本。在时间顺序上,首先由两国政府确定各自的排污税率,然后企业来决定入户到哪个国家以及生产规模多大。论文的结论是,根据参数值的不同,两国的排污税税率可高于或低于由一个中央计划者确定的税率。这说明排污税率可非常高,以致企业退出生产。而在其他的参数取值范围内,这两个国家将展开一场"向下看齐"的企业争夺战。

此后又有许多文献对上述工作进行了一系列的修正,如 Markusen、Morey 和 Olewiler (1993,1995)引入了运输成本和企业在两国分别设厂的可能性,这样分析就变得相当复杂化。Ulph(1994)分析了对企业减免征收排污税的影响以及跨境污染问题。Motta 和 Thisse(1994)研究了在开征排污税前企业已经发生了沉淀成本的情况。Wellisch(1995),Krumm 和 Wellisch(1995)分析了地区间损害成本差异问题,并考虑了在纷繁的环境政策下企业选址的效率问题。Levinson(1997)则把 Oates 和 Schwab(1988)的资本流动模型与 Markusen,Morey 和 Olewiler(1993,1995)的分析进行了比较研究。

3. 环境规制与 FDI 和企业选址

采取宽松环境政策的国家是否能够吸引更多外国直接投资?一国环境控制成本的差异是否可能发生污染密集型产业迁移到那些环境管制较为宽松的欠发达国家去的状况呢?

Duerksen 和 Leonard(1980)发现,在化工、造纸、冶金和石化等污染密集型领域吸引海外投资资金最多的并不是那些环境管制标准较低的欠发达国家,而是一些环境标准较高的工业化国家。Water(1982)考察了1970—1978 年西欧、日本以及美国 FDI 的发展趋势。尽管大部分污染密集型产业已经转移到海外生产,但几乎没有证据显示这是由 ECC 的差异引起的。Bartik(1988)，Friedman 等(1992)以及 Levison 研究了制造业的情况，没有发现环境管制和工厂选址之间存在什么重大联系。Xin 和 Kolstad(2002)分析了美国的若干产业，发现环境管制较为宽松的其他国家的确吸引着美国的直接投资，但这种吸引力仅限于美国的污染密集型行业，对污染不大的行业影响甚微。Grether 和 Melo(2003)考察了 1981—1998 年 52 个国家的 5 个重污染行业，发现污染行业通常有着较高的贸易壁垒，有关的计量分析并不支持发达国家的污染产业会迁移到欠发达国家的论断。

Markusen(1997)和 Venables(1998)将环境政策引入到对外直接投资模型中，他们分析了在环境政策趋严的情况下企业的迁址问题。研究发现，对跨国公司而言，环境政策趋严对企业迁址的影响很小，而国内企业则会趋向跨国生产。Venales(1999)则运用经济地理模型来模拟企业对环境政策的反应。他发现环境政策会导致企业选址的滞后效应，放弃环境政策可能不会恢复原先的均衡。理由是模型具有潜在的多重均衡状态，环境政策可能使工业区位从一个均衡态提升到另一个均衡态。该模型还通过化学工业的数据进行了校正，量化了环境政策对企业迁移的影响。

4.3　南北贸易模型在贸易与环境研究中的运用

本节主要考察在贸易与环境研究领域相关的理论和模型，为研究与贸易相关的贸易保护政策的形成与发展提供基本的思路和参考点。

20 世纪 60 年代，为寻求对里昂惕夫之谜的合理解释，众多经济学家对传统的 H-O 模型进行多维度的拓展。其中，改变了 H-O 模型中关于“生产技术相同”的前提假定是一个重要的理论拓展方向。Posner(1961)提出了“技术差异论(Technology Gap Theory)”，从技术差别的角度解释了比较优势来源于产品的创新。Vernon(1966)提出了“产品生命周期理论(Product Cycle Theory)①”，从动态的技术转移角度解释不同经济发展

① 任何一种创新性产品，开始的时候是在发明这种产品的北方国家生产，当这种产品的生产技术逐步变为一种成熟的标准化技术时，这种产品的生产就逐步转移到要素成本低廉的发展中国家。当更新更好的产品发明后，该产品也就走到了它生命的最后阶段。

阶段的国家贸易模式变化的原因。

20 世纪 80 年代以来发展起来的新贸易理论关注收益递增产品多样化、垄断竞争、创新与模仿分工与专业化等因素对于国际贸易的影响,希望能够解释 H-O 理论不能解释的产业内贸易在开放的国际经济环境中伴随着国际贸易的发展、知识和技术也由北方扩散到南方,考虑到国际贸易中的技术扩散因素,南北贸易模型也有了新的拓展(Coe 和 Helpman,1995;Coe 等,1997)。

Chichilnisky(1994)是最早应用南北贸易模型分析贸易和全球环境问题。按照她的观点,全球经济中的南北贸易模式可用产权差异来解释[①]。她的研究证明,如果南方的产权界定错误而北方的产权界定正确,这样的产权差异会产生上述的南北贸易模式,即使两个地区在技术、资源禀赋和其他参数上相同。没有完善的产权制度的国家为“南方”国家,相对于“北方”国家来说,对于任意给定的环境产品的价格,都会过量开采环境资源(超过最优开采量)。封闭经济条件下,最终产品倾向于使用更多的环境密集型中间产品,南方国家的产品价格便宜。因此,南方国家拥有 H-O 类型的比较优势——标准禀赋,即使他们没有很好的资源禀赋,南方国家也会倾向于过量生产和出口环境依赖型产品。这种生产和贸易模式显然对环境具有负外部性。由于存在环境的扭曲,对环境资源的过量开采将加速南方国家的环境恶化,贸易使国家福利受损。而北方国家则由于严格的标准,减少了负外部性,从贸易中获益。她同时还考察了某些环境政策并指出,南方国家对环境资源的税收政策并不可靠,因为如果资源开采被用作谋生手段时,会导致更严重的过量开采。

Copeland 和 Taylor(1994)研究显示,自由贸易减轻了北方国家的环境污染,但是增加了南方国家的污染,结果世界范围内的污染物总量可能是增加的;富裕的北方国家的生产扩张将增加污染,而类似的生产扩张在贫穷的南方国家却可能减少污染;北方国家对南方国家的转移支付能够减少全球范围的污染总量。Copeland 和 Taylor(1995)建立了一个修正的李嘉图模型,$n \times n \times 2$ 的多产品、多国家的一般均衡模型,以劳动和污染排放为变量的连续产品集。两个变量以 Cobb-Douglas 技术转化为产出,不同的变量组合产出不同的产品。污染排放引起完全地区性损害并

---

① 产权作为一种要素在当前的关于贸易和环境问题的文献中被忽视。

对消费者产生负效用。假定有两个国家:北方国家和南方国家,两国的唯一区别是北方国家居民比南方国家拥有更高的劳动效率。政府通过征收排污税来规制排污行为,并且政府目标为完全福利最大化。为简便起见,他们在研究经济规模时所引用了总产值或潜在产出(包括对污染治理的资源配置),并假定世界市场价格给定不变。

Copeland 和 Taylor(1997)以及 Antweiler, Copeland 和 Taylor(2001)对上述研究又作了进一步的深化。后者考虑了各国要素禀赋不同的情况,在 Copeland 和 Taylor(1994,1995b)模型的基础上进行了扩展。模型中的两个国家以资本和劳动为投入变量,并且各自的要素密集度不同。资本密集方产出的污染排放为其副产品,但通过治理技术可加以减轻,排放量根据产量变化。该文新的观点是,资源禀赋差异的影响比环境政策差异对比较优势的影响更加重要。直观的结论是,假如两国间存在很大的资本与劳动要素禀赋差异,虽然资本密集国家的环境政策比贸易伙伴的要严格,但该国还是会出口资本密集型产品。论文接下来对模型进行了数据分析,估算了规模、技术和产品结构效应。他们发现,贸易对环境质量的净效应,虽然绝对量偏小,但是正的,对他们的数据集具有统计意义。

Copeland 和 Taylor(1997)论文中发展的模型与他们 1999 年的模型有类似之处。模型中设定,有两种产业,一种是“肮脏产业”,会产生污染排放作为其副产品;另一种是“清洁产业”。文中设定污染排放不仅对清洁产业生产所依赖的自然资本存量会造成损害,同时对消费者产生负效用;政府采取的污染治理政策只限于消费者损害的内部化,而忽略污染排放对自然资本存量的长期的潜在影响。研究显示,在特定的参数值下,如果一国以固定的国际市场价格开始贸易,则立足于自给自足的多样化生产均衡格局会变得不稳定。如果该国专门从事“肮脏产品”生产,则短期内将从贸易中获益,但在极小的贴现率下,长期将受损。

Brander 和 Taylor(1997)拓展了南北贸易模型,将环境视为可再生资源①。他们假定技术为线性的,两种商品,其中一种商品只使用劳动要素,另一种需要劳动和环境两种要素投入。

Antweiler,Copeland 和 Taylor(2001)通过引入国家间要素禀赋差

① Brander 和 Taylor(1997)中,模型假定为小国经济,国际市场价格视为给定。

异,扩展了 Copeland 和 Taylor(1994,1995)的南北贸易模型。要素禀赋的差异在一定程度上能够控制环境政策差异对比较优势的影响,当国家间的资本与劳动差异足够大,且资本丰裕国家的环境政策更为严格时,也将出口资本密集型产品。

但在这些南北贸易模型中,北方始终不存在外部性,将从贸易中获益;南方在环境密集型产品方面并没有真正的比较优势,如果过度开发,将从贸易中受损。当北方国家出口环境产品,贸易是有效率的,即它拥有真正的比较优势并可使贸易双方从中获益。

4.4 贸易与环境的实证研究综述

20 世纪 80 年代以来,全球变暖加速、热带雨林减少和臭氧层消耗等问题引起了公众对全球环境问题的关注。一些国家开始试图利用贸易措施来影响其他国家的环境政策,环境问题在国际贸易体系中的重要性日益显现,世界经济发展、贸易自由化和环境稳定性问题成为全球性话题。贸易与环境相互关系的经济学研究最早始于 20 世纪 70 年代,从单一的研究自由贸易的环境效应和环境政策对贸易的影响,逐渐发展到环境规制对国际竞争力和产业选址的影响。

在贸易与环境的实证研究领域有大量的文献,Levison(1996),Xing 和 Kolstad(1996)以及 Beghin 和 Potier(1997)对此作了出色的回顾和综述。总的来说,已有的实证研究多数是对贸易与环境理论研究领域存在的各种争论进行检验。从研究的主要技术手段看,主要以 CGE 模型和计量回归分析为主;从研究对象来看,发达国家占了绝大多数,也有部分针对发展中国家,如中国、越南、印尼等。这些实证研究表明,若将环境规制视为外生变量,其对贸易模式、投资和企业选址很少或没有影响,“污染天堂假说”无法证实,不必担心竞争力问题;若将环境规制作为内生变量,则其对贸易流和产业选址具有显著影响。

4.4.1 实证检验的主要工具

总的来说,已有的研究方法可以分为以下几类: CGE 模型、回归分析和引力模型。

1. CGE 模型(Computable General-Equilibrium Approach)

CGE 模型以瓦尔拉斯一般均衡理论为基础,根据生产与污染相互作用的关系而推导出来,与投入产出法和线性规划法比较,具有下述特点:第一,价格作为模型的内生变量,并为"市场"所决定;第二,模型以瓦尔拉斯一般均衡理论为基础,以产品市场和生产要素市场由于价格的调整而实现均衡时的经济状况为分析背景;第三,模型中的供给函数和需求函数由生产者的利润最大化行为和消费者的效用最大化行为推导出来;第四,CGE 模型通常是多部门和非线性的,内含资源约束,更接近于现实。

对于一般均衡分析(CGE)模型而言,其主要优势是可以评估行业间的标准对产出、价格、就业、贸易以及经济福利的影响,也可以分析一国或多国不同的市场结构、需求和政策的影响。20 世纪 80 年代后期以来,CGE 方法开始应用于环境问题的分析。虽然多数分析目前尚处于试验阶段,还不是很完善,但已日益显示出其在环境政策模拟分析上所具有的优势。许多研究贸易对环境和福利影响的实证检验都是借助 CGE 模型完成的。Cole 等(1988)和 Perroni 等(1994)分别运用 CGE 模型计算了自由贸易的总和环境效应;Beghin(1995,2002),Strutt 和 Anderson(2000),Bandara 和 Coxhead(1999)以及 Lee 和 Holst(1997)则使用 CGE 模型考察了不同国家政策的环境和贸易效应。

CGE 模型虽然在模拟分析中是有效的工具,但在国际经济活动日益复杂,FTA 的内容包罗万象的状况下,必须进行各种改善。具体来说,投资自由化,贸易、投资的无障碍化,经济合作模式的导入等都是课题。

2. 回归分析

20 世纪 90 年代以来,回归分析被越来越多地运用于贸易与环境研究的实证领域。Antweiler,Copeland 和 Taylor(2001)运用回归分析方法,对贸易的结构效应、规模效应和技术效应进行计量分析。他们建立了一个模型估算影响 SO_2 排放的决定因素,然后选择了 1971—1996 年 44 个国家的数据[①]进行分析。研究结果表明,贸易对环境有积极影响(见表 4-2)。

① 其数据主要来自 Global Environment Monitoring System.

表 4-2 生产规模变化 1%对环境的影响

浓度变化	规模效应	技术效应	结构效应	总体效应
SO_2 排放污染	0.3%	−1.4%	<0	<0

Dean(2000)使用同样方法验证自由贸易对中国水环境的影响。她建立了一个 1×2×2 模型,环境污染被内生化。她选取了中国 1987—1995 年各省的数据,通过两个联立方程对水污染和收入增长进行估测。结果显示结构效应为正,即对环境产生消极的影响;但收入增加引起的技术效应大于结构效应,中国国内水污染下降[①]。

3. 引力模型分析

引力模型借鉴了物理学理论[②],其核心思想是认为两国之间的贸易量取决于某些核心要素,如 GDP、人均 GDP 等,最早出现于 20 世纪 60 年代对双边贸易的实证研究中。Tinbergen(1962)最早将地理距离要素引入国际贸易的计量研究,认为两国的双边贸易流量的规模与各自的经济总量(GDP)成正比,与它们之间的距离(主要影响运输成本)成反比。Linnemannnn(1966)完善了早期的引力模型,并将人口变量加入模型。其他经济学家在检验贸易政策的经济效应时,也发现了历史、语言[③]、文化、殖民地关系、优惠性贸易安排等因素对双边贸易流都有显著影响。近二十年来,引力模型已经在国际贸易研究中获得了相当的成功,它被广泛应用于测算贸易潜力、鉴别贸易集团的效果、分析贸易模式以及估计贸易壁垒的边界成本等领域,并较好地解释了在现实中观察到的一些经济现象。

引力模型虽然在实证研究中具有一定的解释力,但由于缺乏微观理论基础,长久以来并未成为国际贸易实证研究的重要工具。经过 Anderson(1979),Helpman 和 Krugman(1985),Bergstrand(1989)以及 Deardorff(1995)等人的不断发展完善,引力模型以新贸易理论和产业组织理论研究为微观理论基础,使得引力模型得到更为广泛的应用。

---

① 中国实施的污水处理收费制度,城市水污染的环境成本内化,有助于减少环境扭曲。

② 引力模型起源于牛顿物理学中的万有引力法则,即两个物体之间的引力与它们各自的质量成正比,且与它们之间的距离成反比。

③ Rose(2002)在对 WTO 是否促进世界贸易发展的研究中引入了更多的影响因子,包括语言、殖民关系、边界接壤等虚拟变量。

4.4.2 实证检验结果的简要归纳

表 4-3 总结了 20 世纪 90 年代以来，国外学者们对贸易自由化与污染之间关系的实证研究结果。表 4-4 归纳了环境规制对企业竞争力、FDI 流量和企业选址的不同影响。1995 年前的实证工作表明，环境政策的差异对贸易模式、投资和企业选址很少或没有影响；"污染天堂假说"无法证实，不必担心竞争力问题。1995 年之后的实证工作将环境规制作为内生变量，主要文献有 Levinson(1999)，Levinson 和 Taylor(2001)，Ederington 和 Minier(2003)，Becker 和 Henderson(2000)，Kahn(1997)，Greenston(2002)，List 等(2002)，Keller 和 Levinson(2002)以及 List 和 Millimet(2004)。他们的研究结果是相似的，即，环境规制对贸易流和工厂选址具有显著影响。

表 4-3　贸易自由化对环境污染影响的实证研究结论[①]

研究者	研究对象	政策变化	规模效应	结构效应	技术效应	总污染
Grossman 和 Krueger，1992	墨西哥 美国 加拿大	NAFTA 贸易自由化	+ + +	— + +	无	略微下降 上升 上升
Grossman 和 Krueger，1992	墨西哥 美国 加拿大	NAFTA 贸易自由化以及投资自由化	+ + +	+ + +	无	上升 上升 上升
Behin 和 Van der Mensbrugghe，1995	墨西哥	贸易自由化	2.8～3.7%	−4.3～2.6%	−0.7～3.5%	−0.2～6.4%
Dessus 和 Bussolo，1998	哥斯达黎加	贸易自由化	9.4%	5.6～10.6%	+很小	15～20%
Dessus Van der 和 Mensbrugghe	越南	贸易自由化	5～8.8%	−6.3～8%	1.1～7.5%	0.8～23.1%
Lee 和 Roland Host，1997	印尼	对日贸易自由化	0.87%	−3.6～2.86%	—	0.51～3.73%
Lee 和 Host，1997	日本	对印尼贸易自由化	0	−0.09～0.02%	—	−0.09～−0.02%

① 根据 World Bank 2001，"Global Economic Prospects "Chapter 3 p18 table3.1、3.2 和相关文献整理。

续表

研究者	研究对象	政策变化	规模效应	结构效应	技术效应	总污染
Ferrantion 和 Linkins ,1999	全球	多边贸易自由化	—	—	—0.02～0%	—4.32～0%
Strutt 和 Anderson,1999	印尼	贸易自由化	1.4%	—2.0～—2.3%	—	—0.6～1%
Dean,2000	中国(水污染)	贸易自由化	+	—	+	下降
Antweiler, Copeland 和 Taylor,2001	44 个国家	多边贸易自由化(生产规模变化 1% 对环境的影响)	0.3%	+	—1.4%	下降

表 4-4　国外环境规制和国际竞争力的实证研究①

研究方法	研究者	结　论
跨部门 H-O 模型	Walter,1973	环境控制成本仅占出口商品总成本的 1.75%
	Kalt,1988	环保规制削弱美国出口产品的竞争力
	Tobey,1990	污染行业商品的世界贸易额没有受到环境规制的影响
	Han,1996	环保规制轻微削弱竞争力,但影响逐渐减小
	Diakosauvas,1994	5 种污染最为严重的种植物的出口竞争力逐渐减小
	Valluru Peterson,1997	谷物贸易未受影响
	Willson, Otsuki 和 Sewadeh,2002	4 个产业采矿、有色金属、钢铁和化工净进口降低
探测法	Low 和 Yeat,1992	
计量方法	Levison 和 Taylor,2004	分析了美、加、墨三国 1977—1986 年 130 个产业的贸易流,污染减排成本与净进口负相关,有 20 多个产业受到严重影响
	Cole,2004	检验南北国家贸易流,污染天堂现象的确存在,但并非扩展到全球范围,与其他解释变量相比,相关性略小

① 根据 World Bank(2001),Beghin"Global Economic Prospects",Chapter 3, p. 18,table 3.1、3.2 以及其他相关文献整理。

续表

研究方法	研究者	结　论
计量法——引力模型	Van Beer 和 Van den Bergh 1997,2003	分析了 OECD 国家污染产业贸易流,认为环境规制影响较小
	Xu,1999	在 34 个国家中,环境敏感型产品的出口竞争力未受影响
	Franke 和 Rose,2002	存在 EKC,对低收入国家环境有损害,对高收入国家环境有益
	Grether 和 Melo,2003	污染行业通常有着较高的贸易壁垒,未发现发达国家的污染产业会迁移到欠发达国家
FDI 流向调查	Albrecht,1998	在重污染产业,美国的进口量大于出口量
	Eskeland 和 Harrison,1997	法国和美国向发展中国家进行对外投资时,未表现出对严重污染产业的投资偏好
	Xing 和 Kolatad,1996	在美国的 FDI 中,只有化学行业受到较微弱的环境规制的影响
工厂选址——企业调研法	Runge,1993 UNCTAD,1993	环境规制对企业选址有负面的影响
	Levinson,1996	在美国,污染行业外的其他行业,影响很小
工厂选址——计量方法	Levinson,1996	无影响
	Bartik,1989	有较小的负效应
	Mani, Pargal 和 Huq,1997	在印度,某种严格的环境规制对企业选址有正面影响
	Metcalfe,1997	严格的环境规制对美国小型家畜饲养场有负面影响,但对大型封闭化养殖企业没有影响
	List 和 Co,2000	具有较低控制成本和对污染者管理不严厉的国家都表现出对外国工厂具有较强的吸引力

关于自由贸易对中国国内环境影响,彭海珍(2006)以中国制造业为研究对象,认为结构效应和技术效应为正,但是开放贸易带来中国制造业的规模迅速扩张,负的规模效应是巨大的,远远超过了结构效应和技术效应。

1."贸易诱致型环境退化假说"的实证检验

Perroni 和 Wigle(1994)建立了一个可计量的存在地区和全球环境外部性的全球一般均衡模型,用于考察贸易对环境退化的影响。模型以 1986 年的人口、贸易、需求和增值数据为准,假定完全竞争和资本不流动。计量结果清楚地显示,与环境政策相比,贸易政策对环境质量的影响很小。虽然自由贸易可能或多或少地影响环境,但其对环境退化的相对作用相当小,为环境目的而采取贸易措施的代价非常之高。

2. 贸易、增长与环境——环境库兹涅茨假说的实证检验

Bhagwati(1993),Selden 和 Song(1994),Grossman 和 Kruger (1995)以及 Dean(1997)的研究显示,当收入达到一定水平后,结构效应与技术效应的积极作用终将超过规模效应的负面影响。对于 NO_x、SO_x 和生物需氧量(BOD)的污染排放量来说,转折点出现在人均 GDP 为 5000 美元左右,即贸易自由化在长期对环境质量的改善是有帮助的。Fridel 和 Getzner (2002)使用奥地利 1960—1999 年经济增长与污染排放量的时间序列数据,对 EKC 数据进行检验,结果发现二者之间的关系更类似于"～"型,而非简单的"倒 U"型。

国内学者对中国的经济开放、贸易增长与环境保护之间的相互影响也进行了多方面的研究:段琼、姜太平(2002)在 Tobey(1990)的分析基础上验证了中国工业部门未受到环境标准变化的影响;张连众等(2003)对全国 31 个省、直辖市的 SO_2 排放量截面数据进行分析,认为贸易自由化对环境影响的规模效应为负,结构效应和技术效应为正,贸易开放度与污染呈负相关关系。范金(2000)使用 1995—1997 年中国 81 个城市年度的污染排放量面板数据对 EKC 进行实证分析,发现部分污染物排放(如 SO_2、悬浮颗粒)与人均收入之间确实存在一定的"倒 U"型关系。李秀香、张婷(2004)以 CO_2 排放量作为衡量环境质量的指标,分析了中国 1981—1999 年外贸出口增长的环境影响,得出的结论是,随着出口的扩大,贸易自由化和环境规制逐步严格,中国 CO_2 排放量增幅下降,贸易的结构效应为正,技术效应为正,规模效应也是正的。

彭水军等(2006)检验了经济增长、贸易与环境污染排放之间的关系,认为中国的环境库兹涅茨曲线的转折点高于人均收入 3 万元人民币,中国大部分地区均处于环境库兹涅茨曲线污染排放与经济增长正相关的区域。他们通过对贸易、经济增长和六类污染排放物的数量的实证研究表明,贸易开放有助于减少国内的污染排放量。

3."取代假说"的实证检验

Tobey(1990,1993)对环境政策与世界贸易模式问题进行了实证研

究。在 Leamer(1984)和 Bowen(1983)早期的国际贸易模式转变研究基础上,Tobey 运用一个代表性的赫克歇尔—俄林—凡耐克(H-O-V)模型来检验严格的环境政策与污染密集型商品出口有直接联系的假说。Tobey将 24 种 SITC3 位码产品分为了 5 组,对每组的净出口额与美国本国的 11 种资源禀赋和一个反映该国环境政策严格程度的名义变量进行了回归分析。统计结果显示,严格的环境政策与污染密集型产品净出口之间没有明显的线性关系。也就是说,环境政策对世界贸易模式无明显影响。

4. 环境规制与竞争力、"污染天堂假说"的实证检验

出于对"污染天堂假说"和"产业转移假说"的特别关注,20 世纪七八十年代产生了早期的实证研究成果。Walter(1973)对 1968—1970 年的数据分析显示,环境控制成本仅占出口商品总成本的 1.75%。Robinson(1988)检验了 1973—1982 年美国进出口商品的污染含量,结果表明,进口商品污染含量的增长率高于出口产品,即,美国趋于进口污染密集型产品 ,Robinson 的研究为"污染天堂假说"提供了经验支持。Low 和 Yeats(1992)运用显示性比较优势(RCA)对肮脏产业向发展中国家的地区转移进行了定量分析,发展中国家相对于非污染工业,在污染密集型产业方面的 RCA 具有很强的倾向性。Wheeler(2000)却证明"污染天堂假说"并不成立,他指出全球接受 FDI 最多的发展中国家,如中国、墨西哥和巴西,近年来的城市空气污染水平都呈下降趋势;而 Cole(2004)检验了 10 种污染物排放量与南北国家贸易流,发现污染天堂现象的确存在,但并非扩展到全球范围,与其他解释变量相比,相关性略小。

Tobey(1990)拓展了 H-O 模型,研究了多要素多产品的出口,美国五大类污染密集型产品的贸易与国家特征的关系。他将土地、资本、劳动力、自然资源(如煤、石油的产量)和环境规制①都作为内生变量进行考量,分析包括了 21 个国家 1975 年的双向贸易流。统计结果显示,严格的环境政策与污染密集型产品净出口之间没有明显的线性关系。也就是说,环境政策对世界贸易模式无明显影响。他还通过计算当代表国家环境禀赋的变量不包含在 H-O-V 模型中时的回归剩余偏差,检验了环境政

① 环境规制采用 Walter 和 Ugelow(1979)的研究成果,将环境规制量化为 7 个等级,发达国家平均为 6.2,发展中国家环境规制均值为 3.1。

策对贸易模式的影响。如果环境政策真的对净出口有影响,那么实行严格政策的国家应该在误差项上为负值,而对政策宽松的国家其余值应为正值。然而,通过检查余项,他发现误差项的值与设想的不一样。因而得出结论认为环境政策对世界贸易模式的影响并不显著。

Diakosavvas(1994)遵循Tobey(1990)的研究框架分析农产品贸易,在H-O跨国模型基础上研究了1984—1986年23个国家十大类农产品的贸易流量,对土地、资本、环境、政府政策和环境规则与一国的净出口进行回归分析。五国十大类产品的回归结果均符合预期假设,即严格的环境规制引起净出口下降。

Van Beer和Van de Bergh(1997)使用引力模型检验了OECD国家环境规制①对双边贸易流的影响。他们自己计算了环境规制指标,并根据计算出来的环境规制严格性的结果将OECD国家进行排序,他们的研究部分支持污染天堂假说。Van Beer和Van den Bergh(2000)的论文中使用引力模型,数据利用了Tobey1975年的数据:五大污染密集型产业和相同的样本国家。在他们的模型中,严格的环境规制对化工产业和钢铁产业影响并不显著,在采矿、非金属制造也具有显著的负效应,而对造纸产业的影响为正。

Harris等(2002)认为,Van Beer和Van de Bergh(1997)应当采用考虑时间序列的计量方法,而非单一OLS法,这样规制严格性变量的效果就不再那么显著。Grether和De Mole(2003)研究了造纸、化学、钢铁、有色金属及其他非金属制造5个污染密集型产业,运用显示性比较优势和引力模型,认为贸易壁垒比环境规制对上述产业南北贸易流影响更大。

5."污染产业迁移假说"的实证检验

Low(1992)对美国和墨西哥确定了123项"肮脏"工业的目录,发现这些工业的污染治理和控制开支以及出口收入占其总产出的比重很小。他研究了执行污染治理和控制开支等价税措施能否纠正污染密集型产品进口的影响,得出结论认为这是一项不明智的环境与贸易政策。Main和Wheeler(1999)检验了1960—1995年期间OECD国家、亚洲(不包括日本)和拉丁美洲国家的污染与非污染产业产出比率,发现OECD国家的

---

① 一方面,OECD国家的出口受到严格环境规制存在消极的、显著的影响;另一方面,这些OECD国家自己的严格的环境规制也减少了进口。

污染与非污染产业的产出比率持续下降，污染产业的进口出口比率却逐年上升。与此同时，拉丁美洲和亚洲国家的污染与非污染产业的产出比率上升，而污染产业产品出口比率下降。这一结果充分说明污染产业转移是事实存在，但 Main 和 Wheeler(1999)没有进一步解释这种产业重新定位的直接原因是否与环境规制有关。

6. 环境规制和产业定位的实证检验

Duerksen 和 Leonard(1980)发现，在化工、造纸、冶金和石化等污染密集型领域吸引海外投资资金最多的并不是那些环境管制标准较低的欠发达国家，而是一些环境标准较高的工业化国家。Water(1982)考察了1970—1978 年西欧、日本以及美国 FDI 的发展趋势。尽管大部分污染密集型产业已经转移到海外生产，但几乎没有证据显示这是由环境规制的差异引起的。Bartik(1988)，Friedman 等(1992)以及 Levinson 研究了制造业的情况，未发现环境管制与工厂选址之间存在重大联系(详见表4-4)。Xing 和 Kolstad(2002)分析了美国的若干产业，发现环境管制较为宽松的其他国家的确吸引着美国的直接投资，但这种吸引力仅限于美国的污染密集型行业，对污染不大的行业影响甚微。Grether 和 Melo(2003)考察了 1981—1998 年 52 个国家的 5 个重污染产业，发现污染行业通常有着较高的贸易壁垒，有关的计量分析并不支持发达国家的污染密集型产业会迁移到欠发达国家的论断。

Markusen(1997)和 Venables(1998)将环境政策引入到对外直接投资模型中，他们分析了在环境政策趋严的情况下企业的迁址问题。研究发现，对跨国公司而言，环境政策趋严对企业迁址的影响很小，而国内企业则会趋向跨国生产。Venables(1999)则运用经济地理模型来模拟企业对环境政策的反应。他发现环境政策会导致企业选址的滞后效应，放弃环境政策可能不会恢复原先的均衡，理由是模型具有潜在的多重均衡状态，环境政策可能使工业区位从一个均衡态提升到另一个均衡态。该模型还通过化学工业的数据进行了校正，量化了环境政策对企业迁移的影响。

Levinson(1996)选择了 48 个具有典型的影响工厂选址因素的国家(如市场规模、基础设施、工资和能源成本等)，应用 Logit 模型解释美国公司的工厂设置。在引入不同的环境管制程度指标后，结果变得更加复杂。但对可再生能源和环境敏感型产业控制成本这两项指标与产业区预选呈负相关关系。List 和 Co(2000)运用同样方法测试了进入美国的外国工厂选址问题,结果显示,具有较低控制成本和对污染者管理不严厉的国家都表现出对外国工厂具有较强的吸引力。

国内学者近年来也致力该领域的实证研究:夏友富(1999)研究了20世纪90年代外商投资中国污染密集型产业的情况,在印染、染料、火力发电和制革四大污染产业外商投资企业比重较高。赵细康(2003)的研究表明,在中国,FDI并未呈现出大规模的污染产业转移现象,但部分污染密集型产业,外资的相对规模超过了外资企业平均水平。杨涛(2003)、强永昌(2005)检验了环境规制与FDI流入之间的关系,结果表明中国环境规制的严格化对吸收FDI存在影响,但并非主要因素。

4.5 小 结

本章对大量的理论和实证文献进行了回顾,力图对贸易与环境研究不同阶段、各类理论争论进行较成体系的整理,挖掘其中极具价值、闪光思想、精辟见解、精彩分析、大胆论证的研究成果。我们注意到,随着相关经济学理论的不断突破,已经为贸易与环境领域的研究提供了更多的新方法、新工具,而贸易与环境的研究发展也丰富了国际贸易理论对实践的解释,使得现代贸易与投资中的一些实际问题得以更为贴切的实际阐释。

目前,大多数学者都认为,首先,贸易自由化并非自然环境恶化的根本原因,贸然武断地使用贸易政策解决环境问题,只能是舍本求末的做法。第二,就环境问题本身而言,单纯使用各类环境规制的政策效果要比使用环境政策更为有效。第三,环境规制对贸易的影响是切实存在的,其作用的根本原因是不同经济发展程度国家之间存在的环境规制差距,而环境规制种类繁多,其中大多都可以找到各类具有法律效力的条文、规章制度,国家间的协调存在极大的难度。

此外,环境规制与贸易之间除了直接的联系,还存在着通过环境规制环境保护影响经济增长进而导致贸易结构发生变化的间接影响机制,EKC曲线的存在,这又增加了理论分析的难度。

通过对上述理论与各类争论的历史回顾,可以得到不少有益启示,对研究我国对外贸易与投资中环境规制效应有极强的理论指导意义。

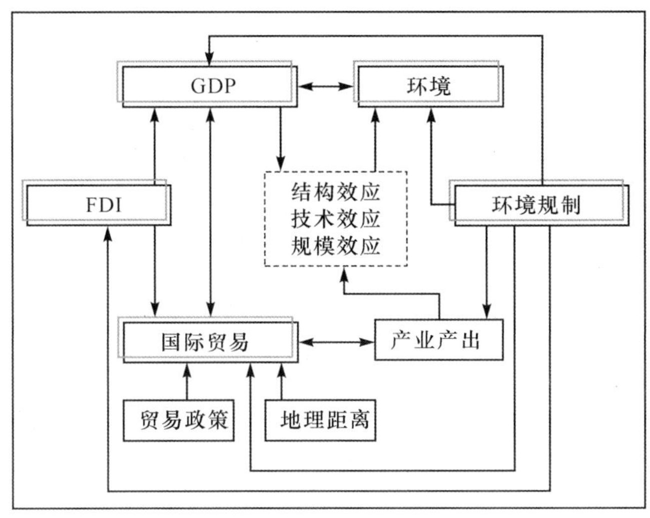

图 4-4 贸易与环境规制的内在关系

笔者在现有文献基础上,归纳总结了贸易与环境规制内在联系,见图 4-4。国际贸易受到政策、投资、产业发展和经济增长的影响,现在还要纳入环境规制因素;环境规制与经济发展程度密切相关,环境规制严格的国家,环境质量也有改善;同时环境规制也会对贸易与投资发生作用;FDI 在原有受到经济发展等各项因素存在内在关联之外,与环境规制之间也存在某种联系。在图 4-4 中,笔者尽力将贸易与环境之间的直接联系:"环境规制—贸易流",与二者之间的间接联系:"环境规制—环境质量—经济增长—贸易"、"环境规制—FDI—贸易",以及"环境规制—产业产出结构—经济增长—贸易"体现出来,尽可能将贸易、投资、环境规制与经济发展放在同一个框架下考虑。

贸易与环境的理论研究仍然存在着一定的局限性和不完善之处,有待其他学者进一步探讨。从本章的分析中主要发现:

第一,自由贸易对环境的影响效应分析依然基于 Grossman 和 Krueger(1991)描述性分析的框架基础上,缺乏进一步的更具说服力的分析,难以在一个统一的理论框架内解释贸易与环境之间相互关联的内在机理。

第二,对环境资源的界定与环境污染损害的测度影响理论分析的有效性。环境规制缺乏可比性,无法精确测度并进行跨国跨部门的横向比较,使得研究领域无法进一步拓展。

第三,实证研究在一定程度上验证了理论假说的可靠性,丰富了人们对贸易与环境关系经济分析的深刻理解,但这首先需要大量的微观数据和信息的支持,如环境政策和贸易政策的决策行为、技术进步对企业污染排放和污染减排成本的测定和消费者偏好的情况。在一些国家由于缺乏公开透明的体制和完善的统计制度,上述信息是较难获取的。因此只能通过公开的信息和数据来判断环境质量与贸易规制决策的关系。实证研究中仍然面临以下一些重要的技术性问题:

在回归分析中,CO_2、SO_2、NO_x 和甲烷等的排放都可以作为影响空气质量的指标的选择,尽管它们之间一般具有较高的相关性,但在实际验证中,对于不同产业的解释效力和显著性存在一定差异。如 CO_2 排放量更多的用于研究贸易自由化对全球变暖的影响,而 SO_2 和 NO_x 排放量则是大气污染的主要衡量指标。选择单一指标进行分析,验证结果的解释能力存在局限性。

另一个值得注意的问题是,尽管大多数实证检验模型都力图建立在理论模型的基础上,但它们之间仍然只是一种较为松散的关系。贸易自由化对环境的影响是多方面的,将各种因素全部纳入到理论模型中存在一定难度。由于理论模型大多建立在严格的前提假定下,在对现实情况的实证检验中,不同的研究者,根据选取的指标和研究对象不同,所得出的结论往往有所差异。

此外,模型中的一些变量,在理论模型中几乎没有涉及,而理论模型中的一些变量,在实证中也难以获取。

【参考文献】

[1] Anderson, James E. A Theoretical Foundation for the Gravity Equation . American Economic Review, American Economic Association, 1979,69(1):106-116.

[2] Anderson, James E. , B. Blackhurst(Eds.). The Greening of World Trade Issues,Harvester,1992.

[3] Anderson, James E. ,Van Wincoop, Eric. Gravity with Gravitas: A Solution to the Border Puzzle . American Economic Review,American Economic Association,2003,23(1):170-192.

[4] Anderson, Kym. Environmental and Labor Standards: What Role for the World Trade Organization. Presented at Conference on Institutional Aspects of the World Trade Organization's Effectiveness, Stanford University, September, 1996, 26-28.

[5] Anderson, Kym. Environmental Standards and International Trade. In Annual World Bank Conference on Development Economics 1996, Proceedings. 317_349, World Bank, 1997.

[6] Alpay, Salvas. What Do We Know about the Interactions Between Trade and the Environment? A Survey of the Literature, memo. 2001.

[7] Antweiler, W., B. R. Copeland and M. S. Taylor . Is Free Trade Good for the Environment? American Economic Review, 2001, 91(4):877-908.

[8] Becker, Randy and Vernon Henderson. Effects of Air Quality Regulation on Polluting Industries . Journal of Political Economy, 2000, 108 (2):379-421.

[9] Barrett, Scott. The Credibility of Trade Sanctions in International Environmental Agreements. In Per G. Fredriksson (ed.), Trade, Global Policy, and the Environment World Bank Discussion Paper, No. 402, 1998.

[10] Baumol, W. J. Environmental Protection, International Spillovers and Trade. Wicksell Lecture, Stockholm: Almquist and Wicksell, 1971.

[11] Baumol and Bradford. Detrimental Externalities and Nonconvexity of the Production Set . Economica, 1972, (39):160-176.

[12] Baumol, W., and W. E. Oates. The Theory of Environmental Policy, Second Edition, New York: Cambridge University Press, 1988.

[13] Beghin, John ; Roland-Holst, David; van der Mensbrugghe, Dominique, A Survey of the Trade and Environment Nexus: Global Dimensions. OECD Economic Studies, 1994, (23):167-192.

[14] Beghin, John; Roland-Holst, David; van der Mensbrugghe, Dominique. Trade Liberalization and the Environment in the Pacific Basin: Coordinated Approaches to Mexican Trade and Environment Policy . American Journal of Agricultural Economics, 1995, 77(3): 778-785.

[15] Beghin, John; Roland-Holst, David; van der Mensbrugghe, Dominique. Trade and Pollution Linkages: Piecemeal Reform and Op-

timal Intervention . Canadian Journal of Economics, 1997, 30 (2): 442-455.

[16] Beghin, John, Potier, M. Effects of Trade Liberalization on the Environment in the Manufacturing Sector . World Econ, 1997b, 20 (4): 435-456.

[17] Beghin, John. Environment and Trade in Developing Economies. Center for Agricultural and Rural Development Iowa State University, Working Paper 2000-wp 247.

[18] Bhagwati, Jagdish. Trade and the Environment: The False Conflict? Zaelke, D. P. Orbuch and R. F. Housman(eds.), Trade and the Environment: Law, Economics, and Policy, Washington, DC: Island Press, 1993.

[19] Bhagwati, Jagdish and T. N. Srinivasan. Trade and the Environment: Does Environmental Diversity Detract from the Case for Free Trade? In Jagdish Bhagwati and Robert E. Hudec(eds.), Fair Trade and Harmonization: Prerequisites for Free Trade? Cambridge: MIT Press, 1996.

[20] Birdsall Nancy, Wheeler David . Trade Policy and Industrial Pollution in Latin America: Where Are the Pollution Havens? In Low, Patrick, ed. , International Trade and the Environment, World Bank Discussion Papers, Washington, D. C. : World Bank, 1992(159): 159-167.

[21] Bommer, Rolf. Environmental Regulation of Production Processes in the European Union: A Political-Economy Approach. Aussenwirtschaft, 1996, 51(4): 559-582.

[22] Bommer, R. , Schulze, G. Trade Liberalization and Environmental Policy as Distributional Substitutes: Or Why NAFTA Improves the Environment. Working paper, University of Konstanz, 1997.

[23] Bommer, Rolf . Environmental Policy and Industrial Competitiveness: The Pollution-Haven Hypothesis Reconsidered . Review of International Economics, 1999, 7(2): 342-55.

[24] Bommer, Rolf and Gunther G. Schulze. Environmental Improvement with Trade Liberalization. European Journal of Political Economy, 1999(15): 639-661.

[25] Brander, James and B. Spencer . Export Subsidies and International Market Share Rivalry . Journal of International Economics, 1985 (18):83-100.

[26] Brander, James and Taylor, Scott. International Trade and Open Access Renewable Resources: The Small Open Economy Case . Canadian Journal of Economics,1997,30(3):526-552.

[27] Brander, James and Taylor,Scott. International Trade between Consumer and Conservationist Countries . Resource and Energy Economics,1997,19(4):267-297.

[28] Brander, James and Taylor, Scott . Open Access Renewable Resources: Trade and Trade Policy in a Two-Country Model. Journal of International Economics,1998,44(2):181-209.

[29] Brock, William and Taylor Scott. Economic Growth and the Environment: A Review of Theory and Empirics,Mimeo,2004.

[30] Brunnermeier Smita B. ,Levison ARIK. Examining the Evidence on Environmental Regulations and Industry Location . Journal of Environment & Development, 2004,13(1):6-41.

[31] Katsoulacos Carraro, Xepapadeas, A. Environmental Policy and Market Structure . Kluwer Academic Publishers, Boston, 1996.

[32] Chichilnisky Graciela. North-South Trade and the Dynamics of Renewable Resources. Structural Change and Economic Dynamics, 1993,4(2): 219-248.

[33] Chichilnisky, Graciela. North-South Trade and the Global Environment . American Economic Review,1994,84: 851-874.

[34] Cole, M. A. , Rayner, A. J. , Bates, J. M. Trade Liberalization and the Environment: The Case of the Uruguay Round . World Econ, 1998,21(3):337-347.

[35] Cole, Matthew A. and Rayner, Anthony J. The Uruguay Round and Air Pollution: Estimating the Composition, Scale and Technique Effects of Trade Liberalization . Journal of International Trade and Economic Development, 2000,9(3):339-354.

[36] Cole,Matthew A. and Elliott,Robert J. R. Do Environmental Regulations Influence Trade Patterns. Department of Economics, Univer-

sity of Birmingham ,Discussion Paper 0310,2003.

[37] Copeland, Brian R. Taxes versus Standards to Control Pollution in Imperfectly Competitive Markets. Mimeo, University of British Columbia,1991.

[38] Copeland, Brian R. International Trade and the Environment: Policy Reform in a Polluted Small Open Economy . Journal of Environmental Economics and Management,1994,26:44-65.

[39] Copeland, Brian R. , Taylor, M. Scott . North-South Trade and the Environment . Quarterly Journal of Economics, 1994b,109:755-787.

[40] Copeland, Brian R. , Taylor, M. Scott . Trade and transboundary pollution. American Economic Review,1995,85(4):716-737.

[41] Copeland, Brian R. , Taylor, M. Scott . Trade and the Environment: A Partial Synthesis . American Journal of Agricultural Economics, 1995,77: 765-771.

[42] Copeland, Brian R. Pollution Content Tariffs, Environmental Rent Shifting, and the Control of Cross-Border Pollution. Journal of International Economics,1996,40(3-4):459-476.

[43] Copeland, Brian R. , Taylor, M. Scott . The Trade-Induced Degradation Hypothesis. Resource and Energy Economics, 1997, 19 (4): 321-344.

[44] Copeland, B. R. , Taylor , M. Scott . Trade , Spatial Separation and the Environment. Journal of International Economics,1999,(47):137- 168.

[45] Copeland, Brian R. Trade and Environment: Policy Linkages . Environment and Development Economics,2000,5(4): 405-432.

[46] Copeland, Brian R. Trade and the Environment: Product Standards in a National Treatment Regime. Mimeo, University of British Columbia,2001.

[47] Copeland, Brian R. , Taylor , M. S. International Trade and the Environment: A Framework for Analysis. NBER Working Paper 8540,2001.

[48] Copeland, Brian R. , Taylor, M. S. Trade and the Environment: Theory and Evidence . Princeton :Princeton University Press,2003.

[49] Cropper, M. , Griffiths, C. The Interaction of Populations, Growth and Environmental Quality . American Economic Review,1994(84):

250-254.

[50] Daly, Herman, The Perils of Free Trade. Scientific American, 1993, 269: 24-29.

[51] Daly, Herman, Goodland, R. An ecological-Economic Assessment of Deregulation of International Commerce under GATT . Ecological Economics, 1994(9):73-92.

[52] Daly, Herman. Reconciling Internal and External Policies for Sustainable Development. In Dragun, Andrew, Jakobsson, Kristen, eds. , Sustainability and Global Environmental Policy: New Perspectives , Edward Elgar, UK, 1997.

[53] Dean, Judith M. Trade and the Environment: A Survey of the Literature. In Low, Patrick, ed. , International Trade and the Environment, World Bank Discussion Papers, Washington, D. C. : World Bank, 1992, 159: 15-28.

[54] Dean, Judith M. , and Gangopadhyay, Shubhashis. Export Bans, Environmental Protection, and Unemployment . Review of Development Economics, 1997, 1(3):324-336.

[55] Dean, Judith M. Does Trade Liberalization Harm the Environment? A New Tes. , CIES Policy Discussion Paper #0015, http://www.adelaide.edu.au/cies, Canadian Journal of Economics, 2000.

[56] Dinda, Soumyananda. Environmental Kuznets Curve Hypothesis: A Survey . Ecological Economics, 2004, (49):431- 455.

[57] Esty, Daniel C. Michael Porter. Measuring National Environmental Performance and Its Determinants. In Michael Porter, Jeffrey Sachs et al. , eds. The Global Competitiveness Report, 2000 . European Bank for Reconstruction and Development, 1997. Transition Report, London, 2000.

[58] Esty, Daniel C. Environmentalists and Trade Policymaking. In Alan V. Deardorff and Robert M. Strern(eds.), Representation of Constituent Interests in the Design and Implementation of U. S. Trade Policies . Ann Arbor: University of Michigan Press, 1997.

[59] Eskeland, Gunnar and Ann Harrison. Moving to greener pastures? Multinationals and the Pollution-haven Hypothesis. The World Bank

Policy Research Working Paper, No. 1744, 1997.

[60] Grether, Jean-Marie; de Melo, Jaime. Globalization and Dirty Industries: Do Pollution Havens Matter? NBER Working Paper No. 9776, 2003.

[61] Grossman, G. M., Krueger, A. B. Environmental Impacts of a North American Free Trade Agreement. Working Paper No. 3914. National Bureau of Economic Research. 1991; In Garber, P. (Ed.), The Mexico-U. S. Free Trade Agreement . MIT Press, Cambridge MA: 13-56. 1993.

[62] Grossman, G. M., Krueger, A. B. Economic Growth and the Environment. Quarterly Journal of Economics, 1995, (2): 353-379.

[63] Hettige, H., Lucas, R. E. B., Wheeler, D. The Toxic Intensity of Industrial Production: Global Patterns, Trends, and Trade Policy . American Economic Review, 1992, 82(2): 478-481.

[64] Jayadevappa. Ravishankar and Chhatre. Sumedha. International Trade and Environmental Quality: A Survey . Ecological Economics, 2000(32): 175-194.

[65] Krueger, A. O. Trade Policy and Economic Development: How We Learn . American Economy Review, 1997, 87(1): 1-22.

[66] Lee, J. R. Making the Link between Trade and the Environment . Int. Environ, Affairs, 1994, 6(4): 320-348.

[67] Lee, H., Roland-Holst, W. D. Trade and the Environment. In Francois, J. F., Reinert, K. A. (Eds.), Applied Methods for Trade Policy Analysis-A Hand Book . Cambridge University Press, 1997.

[68] Levinson, Arik. Environmental Regulation and Manufacturers' Location Choices: Evidence from the Census of Manufactures . Journal of Public Economics, 1996, 62: 5-29.

[69] Levinson, Arik and Taylor M. Scott. Unmasking the Pollution Haven Effect. Mimeo, University of Wisconsin, 2004.

[70] Low, Patrick and Yeats, Alexander . Do Dirty Industry Migrate? In Low, Patrick, ed. International Trade and the Environment, World Bank Discussion Papers, Washington, D. C. : World Bank, 1992, 159: 89-103.

[71] Low, P. Trade Measures and Environmental Quality: The Implications for Mexico's Exports. In P. Low (Ed.), International Trade

and the Environment, World Bank Discussion Paper, Washington, DC: World Bank, 1992,159: 105-120.

[72] Lucas, Robert E. B.; Wheeler, David; Hettige, Hemamala. Economic Development, Environmental Regulation and the International Migration of Toxic Industrial Pollution: 1960—1988. In P. Low (Ed.), International Trade and the Environment, World Bank Discussion Paper, Washington, DC: World Bank, 1992, 159: 67-86.

[73] Markusen, James R., Morey, E. R., Olewiler, N. Environmental Policy When Market Structure and Plant Locations Are Endogenous. Journal of Environmental Economics and Management. 1993,24:69-86.

[74] Markusen, James; Morey, Edward; Olewiler, Nancy. Competition in Regional Environment Policies When Plant Locations Are Endogenous. Journal of Public Economics, 1995, 56(1): 55-77.

[75] Markusen, James R. Costly Pollution Abatement, Competitiveness and Plant Location Decisions. Resour. Energy Econ, 1997, 19:299-320.

[76] Markusen, James R. and Venables, Anthony J. Multinational Firms and the New Trade Theory. Journal of International Economics, 1998, 46(2): 183-203.

[77] Pearce, D., Fankhauser, S., Adger, N., Swanson, T. World Economy, World Environment. World Economics, 1992, 15(3):295-313.

[78] Perroni, C. Wigle, R. M. International Trade and Environmental Quality: How Important the Linkages?. Canadian Journal of Economics, 1994, 27(3):551-567.

[79] Pethig, Ruediger. Pollution, Welfare and Environmental Policy in the Theory of Comparative Advantage. Journal of Environmental Economics and Management, 1976, 2: 160-169.

[80] Rauscher, M. Foreign Trade and the Environment. Siebert, H. eds., Environmental Scarcity; The International Dimension, Institut Fuer Weltwirtschaft and Universities Kiel, Tuebingen: Mohr, 1991.

[81] Rauscher, Michael. On Ecological Dumping. Oxford Economic Papers, 1994, 46(5): 822-840.

[82] Runge, C. F. Freer Trade, Protected Environment. New York: Council on Foreign Relations Press, 1993.

[83] Selden, Thomas M. and Song, Daqing. Environmental Quality and Development: Is There a Kuznets Curve for Air Pollution Emissions? Journal of Environmental Economics and Management, Elsevier, 1994,27(2):147-162.

[84] Siebert, Horst . Environmental Protection and International Specialization . Weltwirtschaftliches Archiv,1974,110(3): 494-508.

[85] Siebert, H. Environmental Quality and the Gains from Trade . Kyklos,1977,30(4): 657-673.

[86] Siebert, Horst, J. Eichberger, R. Gronych, and R. Pethig. Trade and Environment: A Theoretical Enquiry . Elsevier Scientific publishing Company, New York,1980.

[87] Stern, David I. , Common, M. S. , Barbier, E. B. Economic Growth and Environmental Degradation: The Environmental Kuznets Curve and Sustainable Development . World Devlopment,1996,24(7):1151-1160.

[88] Tobey, James A. The Impact of Domestic Environmental Policies on Patterns of World Trade: An Empirical Test . Kyklos, Blackwell Publishing,1990,43(2):191-209.

[89] Ulph, Alistair. Environmental Policy, Plant Location and Government Protection. In Carraro, C. (Ed.), Trade, Lnnovation, Environment,Kluwer Academic Publishers, Dordrecht,1994.

[90] Ulph, Alistair, Valentini, L. Plant Location and Strategic Environmental Policy with Inter-Sectoral Linkages. Resour . Energy Econ, 1997,19:363-383.

[91] Van Beer, Cees, Van de Bergh. An Empirical Multi-Country Analysis of the Impact of Environmental Regulations on Foreign Trade Flows, Kyklos,1997,50(1):29-46.

[92] Van Beer, Cees, Van de Bergh. Environmental Regulation Impacts on International Trade: Aggregate and Sectoral Analyses with a Bilateral Trade Flow Model . Journal of Global Environmental Issues,2003,3(1):14-29.

[93] Walter, Ingo. The Pollution Content of American Trade . Western Economic Journal,1973,11(1): 61-70.

[94] Walter, Ingo. Regional Dimensions of Environmental Policy. New York: New York University Press, and London: Macmillan, 1979.

[95] Wheeler, David, P. Martin, and R. Stengren. The Industrial Pollution Projection System-Concept, Initial Development and Critical Assessment. Environment Department, World Bank, Washington, DC: World Bank, 1992.

[96] Wheeler, David, and P. Martin. Prices, Policies and the International Diffusion of Clean Technology: The Case of Wood Pulp Production. In P. Low(Ed.), International Trade and the Environment, Washington, DC: World Bank, 1992, 197-224.

[97] Wheeler, David, http://econ.worldbank.org/files/1340_wps2524.pdf, 2000.

[98] Wheeler, David. Racing to the Bottom? Foreign Investment and Air Pollution in Developing Countries . Journal of Environment and Development, 2001, 10(3): 225-245.

[99] World Bank. World Development Report 1992 . New York: Oxford University Press, 1992.

[100] World Bank. International Trade and the Environment. World Bank Policy Research Bulletin, 1993, 4(1): 1-6.

[101] WTO Special Studies No. 4 . Trade and Environment, 1997.

[102] Xing, Yuqing; Kolstad, Charles D. Environment and Trade: A Review of Theory and Issues. University of California, Santa Barbara, Working Papers in Economics, 1996.

[103] Xu, Xingpeng. International Trade and Environmental Regulation: Times Series Evidence and Cross Section Text . Environmental and Resource Economics, 2000, 17: 233-257.

[104] 段琼，姜太平. 环境标准对国际贸易竞争力的影响. 国际贸易问题，2002(12):48－51.

[105] 谷克鉴. 国际经济学对引力模型的开发与应用 . 世界经济，2001(2): 14－25.

[106] 金祥荣，陆菁. 现行绿色贸易制度的形成与缺陷. 人大复印资料(外贸经济)，1999(2):48－53.

[107] 金祥荣，田青，陆菁. 贸易保护制度的经济分析. 北京：经济科学出版社，2001.

[108] 蓝天. 贸易与跨国界环境污染. 北京：经济管理出版社，2004.

[109] 李秀香,张婷. 出口增长对我国环境影响的实证分析. 国际贸易问题,2004(7):9—12.

[110] 陆菁. 贸易与环境经济分析的实证研究评述. 浙江社会科学,2006(2):203—209.

[111] 潘家华. 环境成本内部化与南北贸易. 世界经济,1996(8):41—43.

[112] 彭海珍. 关于贸易自由化对中国影响的分析. 财贸经济,2006(4):35—41.

[113] 彭水军,等. 环境、贸易与经济增长——理论、模型与实证. 上海:上海三联书店,2006.

[114] 强永昌,等. 环境规制与中国对外贸易可持续发展. 上海:复旦大学出版社,2006.

[115] 邵宏华. 论国际贸易与环境保护. 世界经济,1996(12):14—19.

[116] 佘群芝. 贸易自由化与有效环境保护. 北京:中国财政经济出版社,2003.

[117] 盛斌,廖明中. 中国的贸易流量与出口潜力:引力模型的研究 . 世界经济,2004(2):3—12.

[118] 佟家栋. 贸易自由化、贸易保护与经济利益. 北京:经济科学出版社,2002.

[119] 夏友富. 论国际贸易与环境保护 . 世界经济,1996(7):38—43.

[120] 夏友富. 外商投资中国污染密集型产业现状、后果及其对策 . 管理世界,1999(3):109—123.

[121] 叶如求等. 环境与贸易. 北京:中国环境科学出版社,2000.

[122] 徐嵩龄. 世界环保产业发展透视:兼谈对中国的政策思考. 管理世界,1997(4).

[123] 王军. 贸易和环境研究的现状与进展. 世界经济,2004(7):67—79.

[124] 张连众,等. 贸易自由化对我国环境污染的影响分析. 南开经济研究,2003(3):3—5.

[125] 赵细康. 环境保护与产业国际竞争力:理论与实证分析. 北京:中国社会科学出版社,2005.

[126] 赵玉焕. 贸易与环境——WTO 新一轮谈判的新议题. 北京:对外经济贸易大学出版社,2002.

[127] Krugman, Paul R,Obstfeld, Maurice. 国际经济学——理论与政策. 第 6 版. 北京:清华大学出版社,2004.

第 5 章
绿色贸易措施的政治经济学分析

5.1 引 言

经济全球化的时代已经到来，全球贸易对参与其中的各国经济发展日益重要。通过商品、劳务、资源和资本的国际贸易，世界一体化步伐不断加快，由此导致在 GATT 基础上发展为 WTO，自由贸易区不断扩展，许多欧洲国家加入欧盟(EU)，美国、加拿大和墨西哥也创立了北美自由贸易区(NAFTA)。贸易的增长影响到了出口国也包括进口国的环境质量。随着环境退化，参与自由贸易的国家的福利最大化成为疑问。为了比较优势，一国可能专门从事污染密集型产品的生产，这样污染将引起该国环境恶化。在此情形下，就要权衡贸易所得与环境恶化的代价：通过贸易而带来收入的增加是否能够超额补偿环境损害造成的福利损失。同时，也要考虑到严格的环境贸易政策对比较优势和相应的经济增长的影响。贸易与环境的交互影响，使传统的单纯追求比较利益最大化的国际贸易目标函数发生变化。如何以最小的环境代价取得最大的贸易获益，即所谓的“绿色贸易”问题摆在了经济理论界和政策制定者面前。对环境与贸易的关系问题进行深入研究、权衡的工作变得日益重要。

本章研究的对象为绿色贸易措施(Green Trade Measures, GTMs)，在环境经济手段中属于“庇古手段”，也就是旨在保护环境和人类健康而由国际社会、区域性组织、双边或单边国家采取的各类对国际贸易产生直接或间接影响的政策措施[①]。经济学理论认为,绿色贸易措施源于商品的外部性和公共产权问题。一般认为,经济主体(如消费者、生产者)的经济活动所产生的影响没有全部直接反映到商品的市场价格中,就会产生经济的外部性问题。外部性既可以是负面的,如一方的活动引起另一方成本的增加;也可以是正面的,如一方的行为对另一方带来好处。当产生负的(正的)外部性时,因为行为方没有把对另一方所施加的成本(提供的利益)完全反映在价格中,从而使引起外部性的活动量超额(低于最优水平)。在国际贸易领域,当一国的出口产品对进口国造成损害性影响时就会产生负的外部性。这类负的外部性可能通过采取限制或控制相关产品进口的所谓"绿色贸易措施"而被"内部化",但采取这类措施的合适程度受到广泛的争议。这主要是因为,一方面,绿色贸易措施并非唯一的外部性问题"内部化"解决之道;另一方面,通常外部性影响大小也很难准确衡量。而公共产权问题由所谓的"自由进入"问题而引起。由于经济主体在利用公共物品时无须考虑他们的所作所为对其他人的影响,由此引起公共物品存在被过度使用的倾向。在国际贸易中,保护全球环境公共物品问题成为最引人关注的问题。所谓全球公共物品,即"以完整的或跨越每个社会成员个体而存在的并对社会的大多数成员有价值的自然或生态系统"(Hardin, 1968),如大气、臭氧层、濒危物种等。通过引入绿色贸易措施,有可能解决全球环境公共物品的过度利用问题。但在自由贸易原则下如何掌握"绿色贸易措施"的政策力度问题又引起广泛的争议。

从经济的角度看,在自由贸易原则下是否应该采用绿色贸易措施的问题可以说是众说纷纭,莫衷一是。有些人认为贸易限制措施通常情况下不是解决环境问题的良策,而另一些人则持反对意见。这类争论关注的焦点限于三种类型的绿色贸易措施:第一类为某些国家针对其他目标国家采取超越主权以强制性改变他国环境政策行为的绿色贸易措施;第二类为通过征收进口关税或补偿性关税的措施,目的在于抵消环境管制较松的目标国家的影响;第三类为以保护本国国民或环境的安全为目的或借口的环境措施,如禁止生产或消费(同时也自然地禁止进口)对人体健康有损害风险的某些特定产品的规定。尽管这类环境措施不像前两类

① 虽然根据科斯定理,环境问题也可通过市场竞争自动调节的"科斯手段"来解决,但由于环境问题上存在产权缺陷、外部性和国际交易成本问题,在解决与国际贸易有关的环境问题时往往更多地采用以政府干预为特征的"庇古手段"。有关环境经济手段的划分可参阅沈满洪(2001)。

措施这样试图直接改变他国的环境政策，但其对国际贸易也会带来有害影响。事实上，这类绿色贸易措施已经成为 WTO 成立以来在环境与贸易问题上争议最多的一类。

5.2　绿色贸易措施概述

5.2.1　历史背景

关于环境与贸易相关关系的研究可追溯到 20 世纪 60 年代末期。1968 年 3 月，美国国际开发署署长 W·S·高达在国际开发年会上发表了"绿色革命——成就与担忧"的演讲，他首先提出了"绿色革命"的概念。在此后的几十年中，"绿色"成了少污染或无污染的代名词，绿色食品、绿色建筑、绿色纺织品等纷纷面世，并在全球逐渐形成了一股受到越来越多的人推崇的"绿色浪潮"。20 世纪 80 年代以来，全球变暖的加速，热带雨林减少和臭氧层消耗等问题的加剧引起了公众对此问题的关注。世界经济的增长和变幻的国际政治风云促进了人们对环境问题国际性的认识。一些国家开始试图利用贸易措施来影响其他国家的环境政策，环境问题在国际贸易体系中的重要性日益显现。关于世界经济发展、贸易自由化和环境稳定性问题受到有关各方的关注，成为全球性话题。这反映了国际社会对工业发展的全球影响和相关的环境恶化与可持续发展问题的忧虑不断增加[①]。

在理论研究方面，在 70 年代初期，作为对 OECD 国家首次实施环境保护政策的回应，诞生了首批论述贸易与环境问题的文献。早期的代表作有 Baumol[②]（1971），Blackhurst[③]（1977），Pethig[④]（1976），Siebert[⑤]

---

① Anderson 和 Blackhurst（1992），Beghin 等（1994），Bhagwati（1993），Dean（1992），Low（1992），Muzondo 等（1990），Siebert 等（1980）以及 Jaffe 等（1995）论文中反映了对这类问题的世界性关注。

② William J. Baumol，美国普林斯顿大学资深经济学教授。

③ R. Blackhurst，原 WTO 经济研究中心主任。

④ Rüdiger Pethig 博士，德国希根（Siegen）大学经济系主任，公共经济与环境经济学教授。

⑤ Horst Siebert 博士，德国基尔世界经济研究所副所长，国际经济学教授。

(1973),Markusen[①](1975)和 Walter[②](1975, 1976)等的有关论著。所关注的主要问题是,在自由贸易条件下,环保措施是否会导致受规制产业转移到不实施环保规制的地区的问题。在 80 年代,由于世界经济衰退,对环境问题的重视程度有所下降。然而到了 90 年代,环境与贸易问题再次成为关注焦点。国际社会分为两个对立的阵营:反全球化派和自由贸易派。前者竭力反对贸易一体化进程,认为这将导致世界环境和劳动标准的不断恶化;后者则认为包括自由贸易在内的世界经济一体化是保证经济增长的唯一政策选择,而增长将势必促进收入的改善,劳动和环境标准的提高。作为站在客观、理性立场上的一批经济学者,对这场热火朝天的争论进行了理论思考,产生了大量经济文献,其中比较有代表性的文献有 Grossman[③] 和 Krueger (1993), Daly[④] (1993), Chichilnisky[⑤] (1994), Copeland[⑥] 和 Taylor (1997), Rauscher[⑦] (1997), Ulph[⑧] (1994, 1997a), Nordstrom[⑨] 和 Vaughan(1999)以及 Wheeler[⑩](2000)等。这些文献从不同角度对贸易与环境的内在关系进行了广泛探索,由于研究立场、观点、方法和约束前提条件假设等不同,所得出的结论和政策建议也各不相同。到目前为止,贸易自由化和环境保护、可持续发展的关系还在激烈的争议之中。随着 WTO 将把环境问题纳入下一轮谈判的主要议题之中,这方面的文献正在迅速增加。

---

① James R. Markusen 博士,美国科罗拉多大学国际经济学教授。

② Ingo Walter 博士,美国纽约大学斯顿商学院应用金融经济学教授,所罗门中心主任。

③ Gene M. Grossman, 美国普林斯顿大学经济系主任,国际经济学教授。Alan B. Krueger 教授为其同事。

④ Herman Daly,生态经济学家,国际生态经济学家论坛(ISEE)发起人之一,美国马里兰大学公共事务学院高级研究员。

⑤ G. Chichilnisky,联合国教科文组织(UNESCO)数学与经济学首席专家,美国哥伦比亚大学资深教授。

⑥ Brian. R. Copeland,加拿大英属哥伦比亚大学(UBC)著名国际贸易和环境经济学教授;M. Scott Taylor,美国威斯康星大学经济学教授。

⑦ Michael Rauscher, 德国罗斯托克大学环境经济学教授。

⑧ Alistair Ulph,英国南安普顿大学经济系教授,环境经济学家。

⑨ Hankan Nordstrom,WTO 经济研究分析部专家;Scott Vaughan,原 UNEP 贸易与金融部专家,现任职于北美自由贸易区环境合作委员会。

⑩ David Wheeler,世界银行发展研究集团环境部首席经济学家。

5.2.2 绿色贸易措施的含义

绿色贸易措施，是指为保护人类健康、保障生态安全和促进自然资源的合理利用而采取的，客观上对国际贸易产生某种限制或障碍作用的各种政策措施。根据研究的目的、方法、立场等不同，往往把它称为绿色贸易壁垒、绿色技术壁垒、环境壁垒或生态壁垒等。这些政策措施主要表现为国际社会所制定的有关环境贸易政策(各种进出口税收、补贴、配额、排污权交易等)、环境标准、环境标志和一些发达国家国内制定的有关环境保护的法律、法规及各种环境标准。例如，有些国家的立法规定，所有进入其国内市场的外国产品，均不能对消费者的健康产生不良的影响。为了保证该目标的实现，他们在其国内的有关立法中明确规定，凡进入其国内市场的外国产品，其生产厂家必须获得环境管理体系标准，即ISO14000 系列标准的认证和产品安全认证；产品中不得含有对人体或其他生物可能造成损害的有毒有害物质。并且，对这些有毒有害物质的种类及其在产品中的含量都有具体规定。例如，日本和美国分别对 96 种和 115 种农药在食品中的最高残留量标准作了具体规定，凡不符合其标准要求的外国食品一律禁止进口。还有一些国家的立法，则要求进入其国内市场的外国产品必须获得某种环境标志认证或明确作出某种声明，等等。

5.2.3 绿色贸易措施的主要表现形式

从目前的情况来看，绿色贸易措施的表现形式主要有以下几种：

1. WTO 多边贸易体制下与贸易有关的环境措施

在 WTO 多边贸易体制中与贸易有关的环境措施(Trade Related Environmental Measuers，简称 TREMs)，没有单独的协议，其贸易与环境保护的原则和规则多表现在以下一些方面：

(1)《建立世界贸易组织协定》中“可持续发展”目标的确定。将贸易发展问题、资源问题、环境问题作为一个有机整体引入法律约束对象是 WTO 的一大进步，也是 WTO 对 GATT 宗旨的重大发展。传统的贸易发展论往往简单地把资源开发程度和工业化水平作为衡量一国经济水平的标准。但近年来，人们越来越清醒地认识到，急功近利的发展、过度的资源开发和工业化所带来的破坏和污染，会从根本上动摇国际贸易的基础,并影响人类的生活水平。在《建立世界贸易组织协定》序言部分,将原GATT序言中强调的对世界资源的“充分利用”(full use)改为“合理利用”(optimal use),第一次明确将可持续发展确立为新的多边贸易体制的基本原则和宗旨之一。其具体要求包括三方面:一是最合理的利用世界资源;二是承认各成员方为了保护各自公共秩序、防止环境污染,有权力制定和实施本国的环保政策;三是发展中国家在此问题上享有的优惠待遇,也即环境的保护应考虑到各成员方各自的需要和不同经济发展水平,不应该采取完全一致的措施和标准。

可持续发展是指“既满足当代人的需要,又不损害未来子孙后代满足其自身需求能力”的发展。其内容包括需求和限制两方面。“需求”是指世界贫困人口的基本需要,应放在特别优先的地位加以考虑;“限制”则是指技术状况和社会组织对需求能力施加的限制。就环境与贸易而言,自由贸易属于“需求”范畴,规范的自由贸易不仅不会对环境造成破坏,相反,贸易的自由发展必将促进传统意义上的社会福利和经济发展水平的提高。而环境保护属于“限制”范畴,不加限制的贸易自由化将会导致环境污染和破坏,特别是污染产业和危险废物向发展中国家转移以及发展中国家过度开发资源密集型产品等问题。片面强调任何一方都将有悖于世界贸易组织的可持续发展宗旨。

(2)环境保护例外规定。在WTO法律体系中,“环保例外条款”以《1994年关税及贸易总协定》(以下简称GATT1994)第20条“一般例外”中的(b)款和(g)款为基础,以《服务贸易总协定》(以下简称GATS协议)第14条、《卫生与动植物检疫措施协议》(以下简称SPS协议)和《贸易技术壁垒协议》(以下简称TBT协议)为具体表现。根据GATT1994第20条规定:“主要不对情况相同的成员方构成武断的或不合理的差别待遇”,或“不对国际贸易隐秘的限制”,任何成员方都有权采取“保障人类、动植物的生命和健康所必需的措施”(b款)和“与国内限制生产与消费的措施有效配合,为有效保护可能用竭的天然资源的有关措施”(b款)。根据该条规定,GATS协议第14条、SPS协议以及TBT协议赋予各国为保护环境而采取措施的合法性。如在TBT协议第2条第2款规定:“不得阻止任何成员方按其合理的水平采取为保护人类和动植物的生命和健康的必需的措施”。在SPS协议第5条第7款甚至引入了“预防原则”,即在成员方当时找不到足够的“科学依据”以判断所采取的保护措施的“必要程度”

时，可以在得到有关资料的基础上临时地采取卫生或植物检疫措施。

(3)允许征收环境税。根据 GATT1994 第 2 条规定，在国民待遇基础上，允许对进出口产品征收各种旨在保护环境和资源的税收。

(4)允许环境补贴。《补贴与反补贴措施协议》第 8 条第 2 款规定，若有助于消除严重的环境压力，且采取最合适的环境手段，可考虑接受环境补贴，如果这些补贴符合不可申诉补贴的标准，其就不受解决争端行为的约束。《农产品协议》附录二第 3 条和第 12 条规定，对于包括政府对环境项目有关的研究和基础工程建设所给予的服务与支持，以及按照环境规划给予农业生产者的支持支付等与国内环境规划有关的国内支付措施，可免除国内补贴削减义务。也即"绿色补贴"。

(5)环境技术。《与贸易有关的知识产权协定》第 2 条规定，鼓励研究，创新，技术转让，使用包括环境技术在内的新技术，提高所有国家，特别是发展中国家保护环境的能力，对有害于环境的可以拒绝授予专利权。阻止某些有害于环境的发明，生物学方法的商业应用。

2. 国际多边环境协议下的贸易措施

最早的多边环境协议(Multilateral Environment Agreements, MEAs)是 1900 年的《保护非洲野生动物、鸟类、鱼类公约》。20 世纪六七十年代以来，国际社会加速制定各式各样的环保措施。根据 WTO 官方网站的公布的资料，目前 MEAs 已多达 200 余项，其中有 20 余项直接或间接与国际贸易有关。主要有以下几个方面：

(1)与保护臭氧层有关的国际环保公约。主要有《保护臭氧层维也纳公约》和《关于消耗臭氧层物质的蒙特利尔议定书》。公约中规定，许多受控物质及其相关产品的生产和使用要受到限制，有些物质的国际贸易甚至被严令禁止。这一方面使一些产品的贸易面临困境，而另一方面使这类物质的替代产品和技术的国际贸易有了广阔的发展前景。

(2)《控制危险废物越境转移及其处置巴塞尔公约》。危险废物在国际转移，尤其是向发展中国家转移，会对人类健康和环境造成严重危害。经过多年的准备和努力，1989 年 3 月 22 日联合国规划规划署在瑞士巴塞尔召开了关于控制危险废物越境转移全球公约全权代表会议，通过了《控制危险废物越境转移及其处置巴塞尔公约》(简称巴塞尔公约)，公约于 1992 年 5 月正式生效。该公约对危险废物的贸易作出了包括各缔约方有权禁止危险废物和其他废物进口、有关废物转移必须建立通知制度等明确规定。

(3)保护生物多样性国际公约。主要有《濒危野生动植物物种国际贸易公约》和《生物多样性公约》。前者列出了所有受到和可能受到贸易影响而有灭绝危险的物种800种,规定对这些物种标本的贸易必须加以特别严格的管理,只允许在特殊情况下才能进行贸易。后者虽没有直接的贸易措施条款,但在物种遗传资源的取得、知识产权和生物安全规定等条款上对贸易产生明显影响。

(4)全球气候变化国际公约。主要有《气候变化框架公约》和《京都议定书》。1992年6月,由154个国家和欧共体在里约环发大会上签署,并于1994年4月正式生效,成为世界对气候变化问题作出反应的基本法律框架。1997年12月,在日本京都召开的《气候变化框架公约》缔约方第三次会议(京都会议)上通过了《京都议定书》。议定书对发达国家二氧化碳等温室气体排放量削减比例作了明确要求,并提出要建立清洁发展机制和排放效益削减制度。这些措施一旦实施,将会对国际贸易产生新的重大影响。但由于美国的抵制,该议定书至今未能正式批准生效。

(5)其他与贸易有关多边环境协议。主要包括:《核材料的实质保护公约》、《东南亚及太平洋区植物保护协定》、《保护自然环境中动植物公约》、《国际植物保护公约》、《禁止在南太平洋长拖网捕鱼公约》、《保护美洲国家考古历史和艺术遗产公约》、《非洲植物卫生公约》、《关于东非区域保护区和野生动植物的议定书》以及《养护自然和自然资源非洲公约》等。这些国际条约从保护人体健康、保护环境和自然资源的目的出发,对某些贸易活动进行了严格的控制,从而在客观上对部分国际贸易活动产生了障碍,形成了壁垒。

3.与贸易有关的自愿性措施

(1)ISO14000标准认证。国际标准化组织(ISO)制订的ISO14000系列标准,对企业的清洁生产、产品生命周期评价、环境标志产品、企业环境管理体系加以审核,要求企业建立环境管理体系,并通过经常检查和评审,使得环境质量得以持续改善。ISO14000是一种自愿性标准,目前对国际贸易的影响还刚刚开始。跨国公司和政府采购正越来越多地对供应商提出有关环境保护的要求。而通过ISO14000认证是符合环境管理要求的重要标志。该认证可能成为企业进入国际市场的绿色通行证。

(2)环境标志制度。环境标志又称绿色标志、生态标志或生态标签,是指认证机构依据环境保护标准或其他有关规定向自愿申请者颁发的，用以表明申请者之产品或服务符合环境保护要求的一种特定的标识。申请者在通过认证之后可将获得使用权的标志印制或粘贴在其申请的产品及其包装物上，表明该产品或服务与其他同类产品或服务相比，不但质量上符合标准，而且在开发、生产、使用、回收和处理的过程中，符合环境保护的要求，对生态环境和人体健康无害或危害甚微，并有利于资源的回收和再生利用 。

环境标志制度是20世纪80年代末随着全球公众环境意识的日益提高及其对绿色产品需求的迅速增长而出现的。从1977年开始至今，已有20多个发达国家和10多个发展中国家实施这一制度，这一数目还在不断增加。如加拿大的“环境选择方案”(ECP)、日本的“生态标志制度”、北欧四国的“白天鹅制度”、奥地利的“生态标志”、法国的“NF制度”等。环境标志制度虽然在环境保护方面起了积极的作用，但由于它需要经过第三方认证，且认证费用高、种类繁多，因而它往往使得发展中国家的出口商望而却步。这就在客观上形成了发达国家对发展中国家的又一种形式的贸易壁垒。

(3)生产工艺过程与方法标准(PPM)。主要包括推行清洁生产计划和产品生命周期分析等环境管理措施。联合国环境规划署与环境规划中心(UNEPIE/PAC)综合各种说法，采用“清洁生产”这一术语，来表征从原料、生产工艺到产品使用全过程的广义的污染防治途径，给出了以下定义：清洁生产是指将综合预防的环境策略持续地应用于生产过程和产品中，以便减少对人类和环境的风险性。就生产过程而言，清洁生产包括节约原材料和能源，淘汰有毒原材料并在全部排放物和废物离开生产过程以前减少它们的排放量和毒性。对产品而言，清洁生产策略旨在减少产品在整个生产周期过程(包括从原料提炼到产品的最终处置)中对人类和环境的影响。《中国21世纪议程》对清洁生产定义为：既可满足人们的需要又可合理使用自然资源和能源并保护环境的实用生产方法和措施，其实质是一种物料和能耗最少的人类生产活动的规划和管理，将废物减量化、资源化和无害化，或消灭于生产过程之中。

产品生产周期分析被用来确定能源和其他资源需求以及与某种产品生命周期的每一环节都相关的环境影响，它考虑了原材料开采过程中会造成的空气、水和固体废物污染，包括原材料开采过程中所使用的能源和产品生产过程中产生的污染,也注意到了产品在销售和使用过程中可能出现的环境危害。目前该方法多用在环境标志产品的认证过程中。

以上这些环境管理措施,实质上是引起广泛争议的产品生产工艺过程与方法(PPM)标准问题。对于许多发展中国家而言,改变生产工艺和方法会使成本增加,影响产品国际竞争力。况且目前各国的PPM标准五花八门,缺乏国际规范,很容易形成贸易歧视。

(4)环境标准制度。即一国或数国凭借本国在环境保护方面的科学技术优势和资金投入优势,规定十分严格的环境标准,并把环境标准准入条件作为贸易谈判的焦点,从而人为地筑高国际市场准入的门槛。这种壁垒是最常见和最大量的。其特点是通过提高本国或国际社会的环境标准的办法,对他国有关产品进入本国或国际市场设置障碍。

目前,由于生产力发展水平的不一样,发达国家的环境标准一般都高于或严于发展中国家的环境标准。发展中国家的产品或服务若欲进入发达国家的市场,势必满足发达国家的环境标准和要求。而要满足发达国家的环境标准和要求,发展中国家在其产品的生产中就不得不考虑环境因素和提高产品的技术含量。这样就会增加其产品的生产成本,从而直接影响到产品在国际市场和发达国家国内市场的竞争能力。因此,发达国家严格的环境标准在客观上就对发展中国家的对外贸易形成了一种壁垒。

(5)绿色包装制度。所谓绿色包装,亦称"无公害包装"或"环境之友包装",是指既对生态环境和人体健康无害,又可节约资源和能源的包装。这种包装从包装物的原材料选择、生产、使用、回收到废弃的整个过程均须符合环境保护的要求。从这一方面来看,绿色包装对于保护生态环境和实现经济的可持续发展是非常有利的。然而,绿色包装又是一种"高成本"的包装。它需要高新技术的支撑,需要采用先进的技术和工艺,需要研制开发绿色安全的包装材料以替代传统的包装材料。于是,实现绿色包装的产品往往比进行传统包装的产品成本要高。而这一点又将直接导致它在与传统包装产品的市场竞争中处于价格上的劣势。从这一点上来说,绿色包装同样在客观上对国际贸易产生了某种制约,成了绿色壁垒的一个组成部分。

5.3 产生绿色贸易措施的经济根源

以环境保护为目的或借口而采取的各种各样的绿色贸易措施，其理论根据是贸易自由化对环境和福利构成了明显的或潜在的负面影响。因此，从理论上弄清楚贸易与环境的关系，特别是弄清楚贸易自由化对环境和福利究竟产生了怎样的影响，是什么原因使贸易对环境产生影响等问题，有助于正确地评价和设计绿色贸易措施。

5.3.1 贸易对环境影响的一般均衡分析

Copeland 和 Taylor(1994)在 Grossman 和 Krueger(1993)的非正式讨论基础上，把贸易政策改变对环境质量的影响区分为规模效应、技术效应和结构效应。Grossman 和 Krueger 在研究北美自由贸易区(NAFTA)时首次提出了规模、结构和技术效应概念作为他们研究的基础。Copeland 和 Taylor(1994)对上述概念进行了正式化、模型化定义。其基本定义和分解方法如下：

他们开发了一个修正的李嘉图模型，以劳动和污染排放为变量的连续产品集。两个变量以 Cobb-Douglas 技术转化为产出，不同的变量组合产出不同的产品。污染排放引起完全地区性损害并对消费者产生负效用。假定有两个国家：北方国家和南方国家，两国的唯一区别是北方国家居民比南方国家居民拥有更高的劳动效率。政府通过征收排污税来规制排污行为，并且政府目标为完全福利最大化。为简便起见，他们在研究经济规模时所引用了总产值或潜在产出(包括对污染治理的资源配置)，并假定世界市场价格给定不变。这样，规模测定值 S 可定义为：

$$S = p_x^0 F + p_y^0 y \tag{5-1}$$

其中，p_x^0 和 p_y^0 为基期的世界价格。考虑到 $F = x + \theta F$，其中 θF 为在部分资源用于污染治理后 X 潜在产出的损失，因此 $p_x^0 F$ 为在基期价格下包括污染资源在内的经济潜在产出额。如果世界价格发生变化，S 仍采用旧(基期)价格，因此，规模不会因为价值变化而简单改变。

给定规模的定义后，可把污染表述为：

$$z = ex = e\varphi_x S \tag{5-2}$$

其中,$\varphi_x = p_x^0 x/S = x/S$(设定基期价格为 1 单位),为以基期价格计价的总产出中 X 的产值份额。因此,污染排放取决于生产的排放密度(e)、有污染产业在经济中的比重(φ)和经济规模(S)。

对式(5-2)进行全微分,把污染的变化率分解为三个组成部分:

$$\hat{z} = \hat{S} + \hat{e} + \hat{\varphi} \tag{5-3}$$

其中,$\hat{z} = \mathrm{d}z/z$,$\hat{S} = \mathrm{d}S/S$,$\hat{e} = \mathrm{d}e/e$,$\hat{\varphi} = \mathrm{d}\varphi/\varphi$。

第一项($\hat{S}$)称为规模效应。表示在产业结构和生产技术不变情况下,经济规模的简单扩大造成的污染增加情况。举例来说,如果规模报酬、相对价格和排放密度不变,则所有要素投入增加 10%,预期污染量也将增加 10%。

第二项($\hat{e}$)称为结构效应。表示有污染产业在国民收入中的比重变化(产业结构调整)导致的污染变化情况。假如经济规模和排放密度不变,则把资源更多地配置到有污染产业将导致污染量增加。

第三项($\hat{\varphi}$)称为技术效应。表示在其他因素不变的情况下,污染排放密度(由生产技术决定)变化导致的污染量的变化情况。

图 5-1 是假定技术条件不变(因而不考虑技术效应)的情况下对结构效应和规模效应的分解图示。图中,上半部分为企业的生产最优决策,下半部分为不同决策对污染排放的影响。P^0 为不需要支付污染费用时的成本线,P^N 为需要支付污染费用时的成本线(如政府采取了排放标准等)。在治理费用内部化后,企业的成本线从 P^0 转化为 P^N,企业的最优生产组合为 A 点,相应的污染排放为 Z_A。随着资本积累,投入增加,生产可能性边界外移。由于 X 产业为污染密集型产业同时也是资本密集型产业(因而新增资源投入到 X 产业较多),在排放密度不变的情况下(则 P^N 不变),因而新的生产决策点为 C 点,污染排放相应为 Z_C。其中假定在经济规模不变的情况下,由于资源投入的增加比例不一致使产出结构变化,从而使产出结构从 A 移到 B 点,相应的污染排放增量 $Z_B - Z_A$ 即为结构效应,而 $Z_C - Z_B$ 为规模效应。

论文的主要结论是,假如通过自由贸易要素价格不均等,则贸易自由化会使南方国家增加污染量、北方国家减少污染量,而世界总的污染量增加。

Copeland 和 Taylor(1995a)的论文中发展了他们 1994 年论文中的模型,引入了跨境污染问题,并把模型一般化到存在大量国家的情形。假

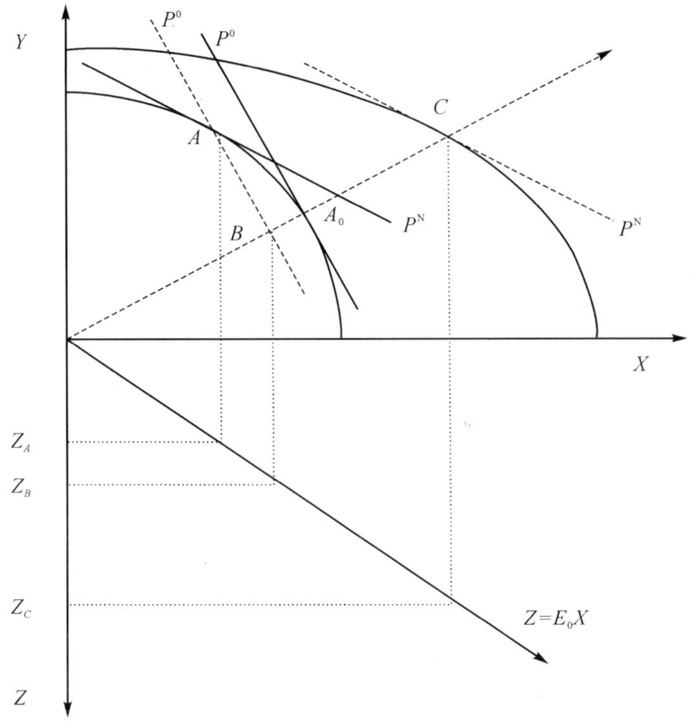

图 5-1 污染效应分解

定这些国家除了劳动生产率有差异外其他方面都相同。各国仍然独自选择确定其环境政策并通过污染许可方式贯彻执行。他们研究显示，如果贸易不能使要素价格均等化，贸易的自由化仍然会使世界污染总量增加。而且国家之间差异不大的情况下，那些劳动力要素禀赋较高的国家通过自由贸易还会产生净损失。最后，他们指出，虽然商品自由贸易会增加世界污染总量，但污染许可证的自由贸易则会减少世界污染量，即使在各国按各自的意愿随便签发多少污染许可证的情形下也是如此。

Copeland 和 Taylor（1997）以及 Antweiler，Copeland 和 Taylor（1998）对上述研究又进行了进一步的深化。后者考虑了各国要素禀赋不同的情况，在 Copeland 和 Taylor（1994，1995b）模型的基础上进行了扩展。模型中的两个国家以资本和劳动为投入变量，并且各自的要素密集度不同。资本密集方产出的污染排放为其副产品，但通过治理技术可加以减轻，排放量根据产量变化。该论文新的观点是，资源禀赋差异的影响比环境政策差异对比较优势的影响更加重要。直观的结论是，假如两国间存在很大的资本与劳动要素禀赋差异,则虽然资本密集国家的环境政策比贸易伙伴的要严格,但该国还是会出口资本密集型产品。论文接下来对模型进行了数据分析,估算了规模、技术和产品结构效应。他们发现,贸易对环境质量的净效应,虽然绝对量偏小,但是正的,对他们的数据集具有统计意义。

Copeland 和 Taylor(1997)论文中发展的模型与他们 1999 年的模型有类似之处。模型中设定,有两种产业:一种是"肮脏产业",会产生污染排放作为其副产品;另一种是"清洁产业"。相对于他们的其他论文,文中设定污染排放不仅对清洁产业生产所依赖的自然资本存量会造成损害,同时对消费者产生负效用。文中关键的假设是,政府采取的污染治理政策只限于消费者损害的内部化,而忽略污染排放对自然资本存量的长期的潜在影响。研究显示,在特定的参数值下,如果一国以固定的国际市场价格开始贸易,则立足于自给自足的多样化生产均衡格局会变得不稳定。如果该国专门从事"肮脏产品"生产,则短期内将从贸易中获益,但在十分细微的折扣率下,长期看将受损。

5.3.2 产生环境问题的经济根源分析

从上面的分析可知,通过自由贸易,在一定程度上把业已存在的环境问题扩大化了,贸易成了环境问题的"放大器"。国际贸易之所以直接或间接地对环境和福利产生这样那样的影响,问题的根源在于一国在环境问题上的"制度失灵"。环境资源的公共产权特性加上政府环境规制失当,造成环境成本不能内部化,产生环境外部性问题,导致环境退化,贸易在促进企业生产和产品流通的同时,环境问题也随之扩大化。因此,要正确分析和评价环境贸易措施的公平性、科学性,很重要的一条是要分析一国在商品的生产和出口中由于该国环境制度失灵而没有内部化的环境成本有多大。

关于环境退化的根源问题,Panayotou(1993)和汉森(1993)等对此进行过比较全面的论述。他们认为,环境退化问题的实质是人类经济活动索取资源的速度超过了资源本身及其替代品的再生速度,以及向环境排放废弃物或有害物的数量超过了环境的自净能力。用戴利规则(Daly

Rule)来表述,环境的可持续性[①]就是不能使自然资源的存量减少到可以产生可持续的收益的水平之下,除非可以找到该服务的可行替代品。环境退化不仅是经济过程中一些微小缺陷的偶然结果,而主要是经济过程中各种社会和政治力量相互作用的结果,换句话说,是环境问题上的"制度失灵"所致。制度失灵又可以分为"市场失灵"和"政府失灵"(OECD,1994)。

新古典经济学认为,在完全竞争市场中,在符合完全信息、无外部性、规模报酬不变等条件下,市场机制可以有效率地在消费者之间配置产品,在生产者之间配置各种生产要素,从而实现帕累托最佳状态,即在一个社会组织中,如果不能使某个人的境况变坏,就不能使另一个人的境况变好。但由于现实生活中,在资源配置上有很多条件不符合完全竞争市场的隐含条件,就出现了所谓的"市场失灵",即市场机制的某些障碍造成资源配置缺乏效率。环境资源问题上的市场失灵主要表现在与资源开发、污染和生态破坏相关的外部性以及通过市场提供(作为公共物品的)环境质量和信息的数量不足上(武亚军等,2002)。

马里兰大学环境经济学家 Gustavo Anriquez 教授认为,当把环境看作为一种生产要素时,由于产权问题可能导致"市场失灵",使环境资源被过度利用的问题。例如,假定相关的环境资源是一个养着鱼的湖,如果其产权(私人或公共)被代理人正确行使,则他在捕鱼时就会作出恰当的经济决策,在考虑到捕鱼的直接成本之外,必须考虑到湖中渔业资源保有量和再生成本。但如果该项资源的产权是开放式的,谁都可以来捕鱼,则捕捞者只会考虑捕鱼所需的直接成本,最后必然导致渔业资源的过度捕捞。这种只把即期成本内部化而忽略资源的未来再生能力成本的情况是一种动态外部性。从静态模型看,也可获得类似的分析结论。假定每个捕鱼者都决定从这个湖中捕鱼,并设定他已知其他捕鱼者的决策,则在纳什均衡下,其捕鱼量取决于捕鱼者的人数。当渔民人数多到一定数量时,每个渔民的捕鱼收入将等于平均成本,而不是最优意义上的边际成本。这说明对资源的开发已经过度。

要注意的是,产权缺陷并非因为没有建立私有产权制度,而可能是一个公共社区对公共资源没有按最优化原则进行管理。环境资源一般具有

---

① 环境的这种可持续性被称为"强可持续性"(Daly, 1996)。

公共物品特性,如海洋、空气、河流等由于不可分割性导致产权难以界定或界定成本很高,因此往往由社会或团体共同拥有,从而出现“自由进入问题”(open access problem),即每个人都可以自由地利用这些资源。在大多数情况下,由于个人追求个人利益最大化,对公共拥有的环境资源往往会采用“先下手为强”的掠夺性开发和利用,导致资源日益稀缺,造成所谓的“公地悲剧”(Hardin,1968)。

对环境的无节制排放是另一种类型的“公地悲剧”。Nordstrom 和 Vaughan 在 WTO 关于贸易与环境问题的专题研究报告中,对温室气体排放问题给出了一个简单的“囚徒困境”博弈模型(见表 5-1),阐述了在个体理性决策下产生的“合成谬误”。模型中假定有南、北两个国家,每个国家都按各自的产出最大化来考虑各自的二氧化碳排放,即二氧化碳减排的边际国内收益完全对应于减排的边际成本。虽然两国同时减排对各国都有 1 个单位的净收益,但在纳什均衡中,各国依据给定的对方选择所作出的决策,均为不减排,从而使各方在理性决策下得出的合成结果是所有政策组合中效果最差的一种(Nordstrom 和 Vaughan,1999)。

表 5-1 温室效应的囚徒困境模型

		北方	
		不减排	减排
南方	不减排	0,0	2,−1
	减排	−1,2	1,1

所谓“政府失灵”,是指政府的政策和行动不能增进经济效率或政府把收入再分配给那些不恰当的人们。导致政府失灵的原因主要有:信息不足或扭曲、行政体制与人才不足、政策实施的时滞和副作用、公共决策尤其是集体选择规则的局限性和寻租活动危害等(厉以宁,1997)。在环境问题上“政府失灵”的类型可分为干预失灵或政府的不合理行为引起的失灵,以及由于缺乏干预或干预不足所导致的失灵。在许多情况下,政府不仅没有通过合适的税收和规制手段来纠正市场失灵问题,反而会增加更多的扭曲。例如,对能源、农业和捕鱼等进行补贴,不仅没有解决反而加重了相应的环境问题(Nordstrom 和 Vaughan,1999)。

综上所述,环境的产权缺陷引起了“市场失灵”导致环境退化,“政府失灵”在一定程度上加重了“市场失灵”从而加重了环境退化趋势,贸易自由化又在一定程度上把环境退化问题“全球化”了。

5.4　绿色贸易措施对贸易的影响分析

贸易政策的基本目标是国际贸易自由化以及保持比较优势利益。为保持比较优势通常促使一国选择生产效率较高的商品和劳务进行专业化生产。伴随着专业化过程，由于专业化的外部性使环境问题上升。为了解决那些问题，政府不得不经常采取某些环境规制或激励措施，而这些措施在一定程度上与贸易政策冲突或明显地改变了贸易政策。本节要探讨的主题是各类环境导向型的绿色贸易政策措施对国际贸易和投资的影响。

5.4.1　绿色贸易措施的效率问题

Audley(1997)指出，贸易和环境政策冲突通常涉及国家和国际环境政策的竞争差异问题。跨国公司担心某些国家不需要对环境成本进行同样程度的内部化而使其企业在国际竞争中更具有价格竞争优势。另外一面，发展中国家认为发达国家的环境标准限制了其产品进入国际市场因而要采取相应的贸易政策来加以对付。WTO 报告显示环境政策已成为一种新的非关税壁垒保护形式。在环境政策的伪装下，外国商品可能被禁入，市场价格变得更加高昂(Snape，1995；Stokes，1992)。政策标准诸如汽车排放、农产品农药残留规定或产品成分质量等被指责为以保护食品安全或改善空气质量为借口对外国产品采取的市场进入限制措施。而环保主义者认为，为了自由贸易和国际竞争压力对设置更高的环境标准造成了消极影响。因此，环保主义者对本国政府施压，要求其设置标准并强加在贸易伙伴头上，使其成为环境保护的国际标准。由于缺乏有效的国际执行机制，有些国家就不得不采取单边行动。在绝大多数情况下，单边行动违背了现存的 WTO 准则①。

但 Maestad(1998)研究指出，利用绿色贸易政策从全球观点而言可能是值得的，因为这样的措施能提高全球经济效率。他假定：第一，贸易措施的运用符合国内资源环境退化的完全庇古税水平；第二，一国的贸易

① 见 Bhagwati 和 Patrick(1990)，Durbin(1995)。

措施不会直接影响外国竞相采取针对性的环境政策。基于两国局部均衡模型的分析,作者得出结论认为,如果某些国家不愿对环境成本进行内部化,对这些国家采取贸易限制措施有利于提高全球经济效率。有效的绿色贸易政策可采取贸易限制或贸易促进的形式,主要依据环境问题的类型和相关商品国内净进口为正还是为负。这项研究的政策意义在于,那些诸如在 WTO 准则下形成的国际贸易协定应在一定程度上作出修正,以适应实行区别化绿色贸易措施的正常需求。这份研究同时指出,绿色贸易政策的作用不仅仅限于跨境污染情况,当某些国家采取单边步骤以解决地区环境问题时,这类贸易措施也能提升全球经济效率。

对于绿色贸易措施,目前发展中国家多持反对态度,而发达国家则多持赞成态度。其主要原因在于,对于发达国家来说,由于其环境保护方面的科学技术发展水平比较接近,并且许多发达国家之间还制定和实施了相同的环境标准和统一的环境标志,因此,在发达国家之间基本上不存在绿色壁垒的问题。从发展中国家的角度来看,发达国家所实行的严格的环境标准和其他相关的环境保护措施,俨然就是一道难以逾越的屏障。这一道屏障把不符合发达国家环境要求的发展中国家产品无情地阻挡在发达国家的国门之外。正是基于这一点,不少人认为,绿色贸易措施对于发展中国家来说是不公平的。它是发达国家专门针对发展中国家而设置的。其根本目的是为了保护发达国家本国的市场免受发展中国家的商品和服务的冲击,并保护其产品在国际市场上的竞争能力。

因此,绿色贸易措施具有双重性质。一方面,它被一些发达国家用来作为限制或障碍他国,其中主要是指发展中国家的产品或服务进入国际市场和发达国家国内市场的屏障,并具有一定的"合法"的地位;另一方面,它在客观上确实又起到了保护全球的生态环境、保护人的生命和健康、保护人和其他动植物的生态安全的作用。

5.4.2 对贸易条件的影响

1. 实施排放标准对贸易条件的影响

Siebert 及其合作者们(1980)研究分析了不同的排放标准水平与贸易条件的可能变化结果之间的联系。他们所使用的分析框架也是著名的两国贸易模型,假定本国执行排放标准政策而外国不采取环境政策,环境政策对相对成本的影响与排放标准有关。在相对静态条件下,他们证明,如果出口商品为相对污染密集型产品，则实行排放标准政策的国家在自由贸易条件下其贸易条件将得到改善。因为本国实施污染控制政策后将减少相关商品的市场供给，为了使世界性需求和产出相等，商品的相对价格就必须提高。由于本国该商品的总产出变小，而外国的生产规模不变，因此本国的贸易条件将得到改善。这个结果意味着贸易能使一国实施环境政策所发生的实际污染控制成本部分转嫁给外国分担。在进口商品为相对污染密集型商品的相反情形下，得出贸易条件恶化的结论，意味着实现既定政策目标需要支付额外的社会成本。然而，正如他们自己指出的那样，考虑到贸易伙伴也会采取控制政策的现实，因此贸易条件上的改变必须重新解释。这种情形的正式分析非常复杂。

2. 实施污染税对贸易条件的影响

Magee 和 Ford(1972)对美国不同污染治理税率而对贸易条件的影响问题进行了富有成效的分析。作者把美国经济分为进口部门和出口部门，然后设立了一个简单的四元方程式模型，包括美国的进口需求和外国的进口供给，然后进行了局部均衡分析，即把进口和出口价格变化假定为相互独立。按照 Bhagwati(1971)的观点，生产税是控制生产污染最有效的解决办法，消费税是解决消费污染的最优方法。根据这个原理，Magee 和 Ford 首先检验了进口部门既针对生产性污染又针对消费性污染的政府税的效果。他们研究指出，如果污染发生在生产层面，对进口品为竞争性产品的国内生产征税无疑会导致此类产品进口数量、价格和金额都上升，从而使美国的贸易条件恶化。在进口部门的污染源于消费的情形下，如果进口商品为国内非进口竞争性生产的补充品，则征收消费税将提高商品价格、进口数量和进口金额。这样，美国的贸易条件也将恶化。如果进口商品为国内非竞争性生产的替代品，则征收消费税会降低进口数量、价格和金额，这意味着征收消费税改善了美国的贸易条件。

Magee 和 Ford 然后对污染发生在出口部门时的情形作了类似的研究。结果显示，如果对出口部门征收生产税，出口价格和国内商品价格将上升因而征税会改善美国的贸易条件。假如对可出口产品的国内消费征税，如果出口边际成本提高(降低)，则美国的贸易条件将恶化(改善)。这个结果不够清晰，因为事实上很难确定美国出口部门的成本增加或降低。

污染税对发展中国家贸易条件的影响如何的研究至今还很少。

3. 跨境污染治理措施对贸易条件的影响

鉴于环境的空间特点,跨境污染情形(如酸雨、大湖地区的污染、莱茵河的工业污染等)已经不可避免地成为摆在世界各国政府面前的严重问题。这类问题的解决通常需要有关国家共同采取有效控制跨境污染的治理战略措施。为检验这类战略措施对贸易条件的影响,Merrifield(1988)构造了一个两国一般均衡贸易模型,设定产品有污染并采取两种治理战略,即生产税和治理设施标准。污染物、产品和资本可在国际间流动,要素价格、产品和贸易条件内生决定。分析的关键是治理战略对价格进而对产品和生产要素在贸易国家间流动的影响。在比较静态分析方法下,Merrifield 发现,一般来说商品、资本和污染物的国际流动的比较静态结果不明朗,除非治理设施标准战略对污染流有明确影响。因此,他用模型分析了治理战略对美国与加拿大之间酸雨沉积问题的影响。他指出,如果两国联合同时征收生产税,生产在两国间不会改变,从而贸易条件也不变。类似地,如果两国同意提高治理设施标准并且假定两国的资本对劳动的弹性相似,则贸易条件也不会改变。他还说明,如果加拿大采取更为严格的治理标准,则贸易条件会转向对加拿大有利一面。

Whalley 和 Wigle(1991a,1991b)对温室气体治理对能源和最终产品贸易条件的影响进行了数量分析。他们解释燃料和最终产品之间的贸易条件对温室气体治理具有潜在的敏感性。治理会减低煤炭的供给价格,但会提高各类燃料的需求价格,直接的原因是征税或碳排放许可证交易,间接的原因是环境规制使影子价格提高。Burniaux 等(1991a,1991b)和 Symons 等(1990)也进行了类似的研究。这些研究也显示,无论治理是如何实现的,燃料和其他商品的贸易条件都会改变。但变化方向依赖于碳税是否或明或暗地被征收并且由消费者或生产者承担。

5.4.3 对贸易模式的影响

经济分析认为,环境政策会提高生产成本,因此,在环境规制更加严格的国家,不鼓励污染型产品的专业化生产[①]。也就是说,环境政策较宽松的国家会增加污染型产品生产的比较优势。然而,这种标准的贸易理论最近正受到挑战。Porter 和 Van der Linder(1995)认为,严格的环境政

---

① 见 Pethig(1976),Siebert(1977)和 McGuire(1982)。

策实际上是一种正面力量，它通过激发环境技术创新从而驱动私人企业和整个经济在世界市场上变得更有竞争力。这种对立观点引起了一场热烈的争论[①]。

Tobey(1990,1993)对环境政策与世界贸易模式问题进行了实证研究。在Leamer(1984)和Bowen(1983)早期的国际贸易模式转变研究基础上，Tobey运用一个代表性的赫克歇尔—俄林—万科(H-O-V)模型来检验严格的环境政策与污染密集型商品出口有直接联系的假说。他把在美国污染治理成本大于等于总成本的1.85%的商品定义为污染密集型商品。按照这种标准，在所调查的64种农产品和工业品中，有24种被贴上了污染密集型商品的标志。运用经济方法，Tobey把24种商品分为5组，对每组的净出口额与美国本国的11种资源和一个反映该国环境政策严格程度的名义变量禀赋进行了回归分析。统计结果显示，在严格的环境政策和污染密集型产品净出口之间没有明显的线性关系。也就是说，环境政策对世界贸易模式无明显影响。他还通过计算当代表国家环境禀赋的变量不包含在H-O-V模型中时的回归剩余偏差，检验了环境政策对贸易模式的影响。如果环境政策真的对净出口有影响，那么实行严格政策的国家应该在误差项上为负值，而对政策宽松的国家其余值应为正值。然而，通过检查余项，他发现误差项的值与设想的不一样。因而得出结论认为，环境政策对世界贸易模式的影响并不显著。

5.4.4 对贸易收支平衡的影响

在讨论环境政策对贸易收支平衡影响的论著中，以Baumol和Oates(1975)以及Robinson(1988)最为重要。基于一个有两个最终产品的模型，Baumol和Oates(1975)分析了工业污染治理成本的贸易影响和两产品两国世界的贸易平衡条件。为此，假定一种商品的生产伴有污染问题，另一种则没有。根据这种模型，只有直接治理成本对价格有影响进而对贸易收支平衡产生影响。Robinson运用事前局部均衡方法对工业污染治理成本对美国总的贸易平衡和美国对加拿大的贸易平衡影响进行了测量。研究显示，如果环境成本全部反映在商品价格中，则环境政策对贸易平衡具有显著的负效应。

---

① 参见Stewart(1993)的介绍。

5.5 最优绿色贸易措施的性质

通过上面的分析,得出的基本结论是贸易对环境存在直接或间接的影响,而环境政策对贸易的影响更为直接和显著。接下来要讨论的问题是:什么样的环境贸易政策或称绿色贸易措施是最优的?围绕着不同环境问题所采取的各类环境贸易政策,学术界进行了广泛的研究和探讨。

5.5.1 地区性污染下的最优政策

本节综述的文献有以下的假定:其一,政府是慈善的,并由此引申出其政策目标为社会福利最大化;其二,完全的本国内部污染损害情形。很容易理解,在一个封闭的完全竞争的经济体内,当边际治理成本和边际污染损害相等时的环境政策是最优的。下面综述的文献中第一个主题就是:在开放型经济条件下的最优环境政策是否会背离这样的基准。根据模型的假设条件不同,答案全然不同(肯定或否定)。下面将分别讨论在完全区域内生产外部性的情况下四种不同的政策最优化模型。在这四种模型的讨论中,一个共同的表现是政策工具数量对结果的敏感性。如果可使用的政策工具被严格限制,则环境政策的最优解将偏离边际治理成本与边际损害相等的基准。最后,将讨论针对区域内消费外部性的最优环境政策问题。在这方面,到目前为止还只有少量的文献。

1. 完全竞争框架下的最优政策

在研究开放型经济条件下如何得出环境政策的最优解方面,有许多经济学家作了大量的研究。总体研究方法是在古典贸易理论完全竞争框架之下,把污染排放问题引入 H-O 模型或李嘉图框架之中。如 Ulph (1997a)的模型中把污染定义为一个额外的生产要素,从而建立了另一个标准的多产品和多要素 H-O 模型。得出的结论是,对一个小的开放型经济体而言,如果除了污染的外部性外没有其他的经济扭曲因素,则最优环境政策仍为边际治理成本等于边际损害成本。由于只有一种扭曲因素,因而对此结果不应感到意外。然而,对大的开放型经济体而言,情况就变得比较复杂。假如政府在环境与贸易两个方面同时采取相应的政策举措,一方面,通过环境政策仍然按照边际治理成本与边际损害相等的原则使环境外部性内部化；另一方面，作为国内环境政策的平衡组合工具，采取相应的贸易政策，从而保持本国的国际市场竞争能力。然而，假如政府只是采取单纯的环境政策，结果只能是古典次优解，也即为间接保持大国的国际市场竞争力，最优环境政策将偏离边际相等的基准原则。

为使问题更加明了，以两种商品和两种要素的H-O模型为例，设定其中一方为污染排放者。如果一国出口污染密集型产品，则最优化原则要求该国实施边际相等的环境政策，以改进其贸易条件。假如污染密集型产品是进口产品，则情况正好相反。这个分析的一个重要含义是，改善贸易条件的动机不能用于说明“向下看齐”的环境政策。相反，假如各国政府通过环境政策来改善贸易条件，则可以看到这样的结果：环境政策越严格的国家出口污染密集型产品，环境政策相对宽松的国家则进口这些产品。

有些文献对上述基本结论从不同角度进行了扩展。Copeland(1994)考察了一国在多种影响因素下的环境与贸易政策改革问题。Rauscher(1994)则引进了非贸易部门。他分析了在以环境政策为单一措施的情形下，一国贸易部门和非贸易部门的最优环境政策的差异问题。

2. 战略环境政策

Brander 和 Spencer(1985)关于战略贸易政策的著名分析引发了大量的学术讨论。在20世纪90年代早期，战略贸易政策概念开始引入到贸易与环境问题的争论之中。争论的基本观点见诸 Barrett(1994)，Conrad(1993)和 Kennedy(1994)的论文。Ulph(1997a)对此作了一个非常专业的文献综述。

基本假设是一个三国市场垄断模型：假设其中两个国家各有一家企业，它们的全部产品都销往第三个国家，并且这两家企业是古诺(Cournot)竞争方，其生产活动会产生污染排放问题并导致纯区域性损害。这两个产品出口国家采取排污税和排放标准等环境政策措施，其他政策措施被假定忽略。主要结论是：单边的最优政策是放松环境政策制约，从而偏离环境防治成本等于环境污染成本的标准。这个分析同时意味着，在纳什均衡下，两个出口国将选择宽松的环境政策。换言之，这个模型预示政府将用放松环境政策的行为来补贴本国企业，从而导致环境政策上的“向下看齐”竞赛。但是，如果这两个出口国家在采取更加严格的环境政策上进行合作的话，则会实现严格的帕累托(Pareto)改进，也即对双方都会既减少排污又提高国际市场价格,从而使两国的贸易条件得以改进。

结论显而易见。政府在次优状态下,在一种政策工具下试图达到两个目标:一方面,环境政策要致力于污染外部性的内部化;另一方面,从战略贸易利益角度考虑又要补助本地企业。放松环境政策有助于实现上述第二个目标,因而环境政策成为一种间接的贸易政策。

上述分析招致许多批评和扩展。Barrett(1994)认为,如果两个出口国企业的竞争是伯特兰(Bertrand)竞争而不是古诺竞争,则模型的预示结果就会改变。在此情况下,最优环境政策会非常严格地遵循边际相等原则。结果将是"向上看齐"而非"向下看齐"。Althammer 和 Buchholz(1995)证明,结果对企业的数量很敏感。随着企业数的增加,显然最优环境政策也逐步由放任趋向严厉。Ulph(1996)扩展了上述基本模型,增加了企业进行 R&D 投资的可能性,从而他证明这将减低放松环境政策的刺激作用。沿着这个思路,考虑到 R&D 投入既可降低边际成本又可降低治理成本,证明最优环境政策可能比封闭型经济下的基准原则更加严格或更加宽松。对上述基本模型的两个拓展工作由 Walz 和 Wellisch(1997),Sturm(2000)以及 Ulph(1997b,2000)继续深入。Barrett(1994)认为如果在模型中引入贸易税作为另一种政策工具,则环境政策作为间接贸易政策的作用就会消失。Walz 和 Wellisch(1997)回到这个结论上来,提出是否取消贸易政策并把政策手段严格限制在只采用环境政策后,对这两个国家的福利会有实际的改进。他们在模型中使用了一个特殊的函数,证明在他们的模型中,如果取消贸易政策确实会增进福利。然而,Sturm(2000)证明对 Walz 和 Wellisch(1997)所采用的模型稍作改动,上述乐观的结论也站不住脚。

Ulph(1997b,2000)对上述模型引入了联邦政府机制,提出是否把政策制定权从州政府提升到联邦政府会改善福利状况。关键的假设是只有州政府才真正清楚污染对本州的边际损害究竟有多大。联邦政府将对不同的州采取更加一致的环境政策。而且联邦层面的政策协调很可能会更容易降低福利水平,使之低于在两个不合作的州各自采取政策时的福利水平。有些战略环境政策进一步延伸的文献可参阅 Ulph(1997a)的文献调查。

5.5.2 跨境污染下的最优政策

现在转向讨论在污染溢出情形下的最优贸易与环境政策决策问题。

这方面已经引起学术界和公众层面的高度关注。在跨境污染下，非合作性环境政策不太可能有效率。因此，最佳的办法是寻求合作解。即使是通过采取贸易惩罚手段来迫使各方合作的协议也可能是最优的。例子之一是用于规制FCKWs排放的蒙特利尔协议(Montreal Protocol)。对那些非签约国家而言必须面临单方面采取最优贸易和环境政策的选择。这些单边最优化措施的属性问题在有关文献中进行了广泛的研究。

1. *减少跨境污染的最优贸易政策*

关于跨境污染情形下的最优贸易和环境政策选择分析的"种子论文"是Markusen(1975)的大作。在他的模型中，假定有两个国家，即本国和外国，以及两种贸易商品。这两种商品中的一种商品的生产会产生污染排放，并假定排放量是产量的一个固定比例。所有市场是完全竞争市场。假定外国政府对污染问题处于消极状态，本国政府则面临如下的政策问题，即它必须采取措施解决国内和外国污染工业对本国的污染排放问题。假定本国政府可采用各种政策工具，并且本国是污染产品的净进口国。论文的主要结论是，最优政策是既征收国内产品税(相当于排污税)，同时对进口污染产品征收进口关税。最优产品税等于国内生产的污染产品对本国造成的边际损害。换句话说，对国内污染工业按照其对本国的污染损害水平确定庇古税。而最优关税包含两个条件：第一个条件是反映关税的标准贸易条件动机，即通过关税手段使本国的贸易条件变得更为有利。第二个条件是反映环境目标诉求，即通过征收关税减少对外国污染产品的需求，从而使其产量减少，进而减轻外国污染及其对本国的环境损害。因此这对本国征收进口税增加了额外的激励。在Baumol和Oates(1988)的论文中，这个结论通过图示的方式进行了阐述和发展。

这个重要的结论被多方面加以拓展。Copeland(1996)讨论了污染可治理的情形。在这种情形下，对外来污染的本国最优政策是根据进口品的污染内容而确定关税水平，也即对外国污染产品征收结合加工标准的正常进口关税。他还指出，对外国污染的控制性政策对本国政府会产生额外的激励，使之以制定更加严格的进口产品生产标准为手段，使本国获得某些外国污染政策的租。

Ludema和Wooton(1994)不仅考虑了一国的单边最优政策问题，还研究了这些政策对两国间的战略影响问题。他们设定，外国生产产生的污染排放只对本国造成损害。他们既考虑了污染随外国的产出水平成比例变化的情形和可采用治理技术消除污染的情形。结果显示,在非合作均衡下,这种外部性可能被矫枉过正,以致虽然外国自身并不受污染的危害但也会采取治理措施。在 Ludema 和 Wooton(1997)的论文中,对上述分析作了进一步深化。他们引入了在外国污染治理成本问题上本国与外国的信息不对称问题以及考虑了两国可能加入一个关于贸易与环境问题的国际协议的情形。在两国不加入国际协议的情况下,两国将选择非合作贸易与环境政策,从而得出与 Ludema 和 Wooton(1994)论文中类似的结论。他们的主要结论是:限制非合作均衡下的贸易政策的有效性,将对国际协定的履行条件和效率产生积极影响。

上述想法的一个重要运用是,在热带森林采伐问题上贸易政策可用于实现环境目标。在最近的一些文献中,如 Barbier 和 Rauscher (1994), Barbier 和 Schulz (1997),Dean (1995),Dean 和 Gangopadhyay (1997), Maestad(2001),Pestmon (2000)和 Schulz (1996)等,均强调了这个问题,从多个角度扩展了研究视角。一个重要的修正是增加了经济环境问题的时间跨度分析。从短期看,征收热带林木的进口关税会减少需求和采伐量,然而,由于我们面对的是一种可再生资源,重要的是要有一个时间框架来预测贸易政策对热带林木采伐的长期影响。例如,对热带林木需求的下降从长期影响看可能会导致森林覆盖率下降。如果考虑到土地的其他用途在林木价格下降后变得更加有吸引力,这种可能性就会化为现实。还有一个重要的扩展是引入非完全产权或产权缺位问题,这也是许多热带森林的一个重要特征。

2. 最优环境政策

以下将讨论在贸易政策给定情况下,环境政策成为处理国内污染和跨境污染问题的唯一政策工具的情况。这类分析的一个重要的实际运用是能源税问题。假如一种环境政策对国内和跨境污染同时适用,则一般而言,这种政策会比边际排放成本和边际治理成本相等的政策原则宽松。原因是针对国内污染排放的严格的环境政策部分地会因为跨境污染的内生性增长而屈服。这一点在“碳泄漏”问题上常常反映出来。

有关文献分析了与跨境排放有关的国内环境政策相关的许多政策机制。首先,严格的国内环境政策会降低污染密集产品的比较竞争优势而同时鼓励了外国同类产品的生产。随之而来的贸易条件和外国实际收入的改变会影响到跨境污染问题。而且 Ulph(1994)的研究显示,这种单边政策对污染企业的选址影响是非连续的，在不完全竞争状态下影响很大。其次，在能源税案例中，国内的高能源税会导致国际石油和其他矿物燃料价格下降。这将刺激外国增加能源密集产品的生产以及鼓励外国在能源生产上更多地使用矿物燃料。Welsch(1994)研究显示，如果矿物燃料市场是非竞争性的，则上述结论不一定成立。第三，如 Gürtzgen 和 Rauscher (2000)描述的那样，企业是不完全竞争的，则可能有一种市场结构的影响。最后，由于严格的国内政策改进了国外的环境质量，使外国政府有可能对此作出反应，放松他们的环境政策。

在测算单边能源税的影响方面，有许多的可计算的多国一般均衡模型。最新的著作有：Felder 和 Rutherford (1993)，Manne 和 Rutherford (1994)，Oliveira-Martins，Burniaux 和 Martin (1992)，Perroni 和 Rutherford (1993) 以及 Pezzey (1992)等。视模型和假定条件不同，他们测算出的碳泄漏估计比率从 5%到 50%不等。对此，Rutherford(1996)作过一个很好的非技术性文献介绍。

由于观察到的几乎所有的单方面增加能源税的国家，在过去 10 年中，对制造业部门或至少对能源密集型制造业工业不加重能源税负的现象，引发了更多的理论文献对此作进一步研究。Hoel(1996)通过两国竞争模型，假定能源在两国既用于直接消费也用于中间投入，分析了减免能源税负的政策含义。他首先重复了 Markusen(1975)的结论并研究显示，在可用全套贸易政策来影响跨境污染的情况下，能源税税率在部门间是统一的。但如果仅以能源税为政策工具，这样部门间的税率就应有差异。然而，他没有发现最优税率和产品的能源密集度之间有直接的关系。

3. 国际环境协定中的贸易措施

作为举例说明的非正式讨论，Subramanian(1992)就已经多次指出，贸易措施可成为国际环境协议方面巩固合作，消除“搭便车”的有效手段。这个问题的正式分析由 Barrett(1997)开创。在他的模型中，假定有 N 个对称国家，每个国家各有一家企业。这些企业生产同质商品并且是古诺(Cournot)竞争者，他们面对 N 个被互相分割的不同市场，并假定市场之间没有运输成本。生产产生跨境污染并且这种污染可通过治理技术减轻。政府的目标是福利最大化，拥有两种政策手段，即设定排放标准和贸易禁令。贸易禁令可用于减少与 $N-1$ 个贸易伙伴的贸易额直至为零。

博弈的顺序如下：各国政府首先决定是否加入国际环境协定。其次，选择确定各自的排放标准。最后,由企业进行竞争。假定国际环境协定缔约国联合行动以实现其福利最大化。研究显示,如不采取贸易措施,只有少数国家会加入协定。然而,假如协定中规定,国际环境协定的缔约国可利用贸易禁令来对付所有的非缔约国,则唯一的均衡就是全面合作。这意味着正的贸易竞争效应超过了缔约方"搭便车"的利益。Barrett (1998)对此分析进行了强有力的拓展和验证。

5.6 形成绿色贸易措施的政治经济学分析

本节主要探讨两个问题:一是研究针对环境扭曲的贸易政策的政治决断问题;二是研究开放型经济的环境政策政治决断问题。其中一些文献的调查已经包含在 Schulze 和 Ursprung (1998)的综述中。

5.6.1 绿色利益和贸易政策

Hillman 和 Ursprung(1992,1994)在贸易政策形成的利益集团模型中引入了一个环境院外活动集团。在他们的模型中,贸易政策是本国和外国政府的唯一政策工具,即政府只对国内外都有工厂的垄断行业进行补贴或征税。政治决策过程被模式化为一个利益集团联动选举人竞争的模型。为了赢得选举的胜利,贸易自由主义团体和贸易保护主义团体都展开院外游说活动。本国政府周围聚集了本国企业、外国企业和国内环境主义者。外国环境主义者只能游说外国政府,当然其国内企业和外国企业也可对其进行游说。假定消费者不能形成一个有效的院外活动集团。

这个模型中关注的有两大问题:第一,环境利益活动集团是资助自由主义团体还是保护主义团体;第二,国内和国外的绿色院外活动集团是否一致同意支持哪个团体。这两篇论文研究显示,问题的答案取决于以下两点:一是生产或消费是否为环境损害的缘由;二是环境院外活动集团的真正动机。如果环境主义者是"超级绿色者"并同时兼顾国内和国外的环境损害问题,则他们将总是支持贸易保护主义团体。假如环境保护主义者只关心国内环境损害问题以及生产引起的环境损害问题,则他们单方面的最优选择是支持自由贸易。因为这样可减少本地的污染,当然是以增加国外的污染为代价。这就清楚地摆出了两个环境院外活动集团的矛盾冲突。假如他们能统一协调他们的院外活动，则他们会使联合效用最大化并一致支持各国的贸易保护主义团体。

在最近的一篇文献中，Schleich(1999)考虑了政府可同时使用贸易税和环境政策工具情况下的模型。论文比较了两个政策工具都使用的情形和只使用一种政策工具的情形。经济被模型化为竞争性的小型开放经济，其中有一个部门只使用劳动，有数个产业部门也使用劳动，同时有一个专门资本存量部门。产业部门之一会产生污染排放，排放量与国内生产规模和该部门生产的产品的消费量成比例。排放对本国居民产生负效用。用拍卖模型来描述政治决策过程。该模型由 Grossman 和 Helpman(1994)引入到政治经济学文献中。在这个模型中，政府以社会福利和院外活动集团捐献的加权总和最大化为目标。论文设定专门资本存量所有者子集形成院外活动集团，但同时所有其他利益相关者，包括环境主义者或消费者，都处于无组织状态。

该文的主要结论是：第一，在生产外部性情况下，只有通过环境政策，即通过征收生产税或补贴，来实现政治均衡。原因是政府顾及到社会福利目标而必须在补贴院外活动产业部门和生产外部性的内部化问题上采取最有效的政策工具。第二，对于消费外部性问题，政治均衡包含对污染产品在庇古水平征收消费税，并同时通过征收贸易税以实现院外活动集团和其他产业部门的利益再分配。第三，在生产外部性情况下，如果污染工业从无组织化转向院外活动集团，并假如污染损害曲线显著下凹，则环境质量将得到改善。第四，还是在生产外部性情况下，相对于贸易、环境政策并用的体制而言，在只采用贸易税的体制下环境质量将更高。Schleich 和 Orden(2000)把模型扩展到了两个大国相互讨价还价的情形。

在两篇篇幅很长的非正式文献中，Hoekman 和 Leidy(1992)以及 Leidy 和 Hoekman(1994)认为通过现存的反倾销规制，新的环境规制会内生导致更多的贸易限制措施。原因是由于更加严厉的环境规制造成的减产和裁员会很轻易地被归咎于产业受到“进口伤害”，从而很自然地通过反倾销规则使其获得保护。

5.6.2 开放型经济下的政治与环境政策

本节研究的文献侧重点是研究环境政策以及其他政策工具的内生决

定机制,但假定贸易政策是外生决定的或置之不用。文献主要针对生产外部性问题,并运用 Grossman 和 Helpman (1994)的拍卖院外活动模型。在本节的最后,还将谈到少量的文献,除了这方面的研究外,还明确地阐述了在开放型经济下选举对决定环境政策的作用。

首先运用拍卖模型来研究开放型经济的环境政策政治决定问题的文献有 Fredriksson (1997)和 Aidt(1998)。Fredriksson(1997)研究的是小国开放型经济情形。设定其中有一个只使用劳动力的部门和一个既使用劳动力又使用特殊资本存量的工业部门。生产产生的污染排放量与产量有关,排污对“环境主义者”的人口子集带来负效用。环境主义者和特殊资本存量所有者都对政府进行院外活动,而消费者处于无组织状态。政府的唯一政策工具是征收污染税。论文表明,政治均衡下的税率不等于庇古税率。文中还对决定均衡税率的参数改变后的静态结果进行了广泛的比较。作为推论,论文还引入了污染治理可能性和外生决定的治理补贴问题。研究显示,治理补贴的增加会带来污染税的内生调整从而使污染排放扩大。在与之平行的研究中,Aidt(1998)开发了一个非常接近于 Fredriksson(1997)和 Schleich(1999)的研究模型,并得出与这两篇论文十分相似的结论。

Bommer(1996),Bommer 和 Schulze(1999)以及 Fredriksson(1999)等论文也分析了环境政策的政治决策问题,但关注的是更加特殊的问题。他们研究外生的贸易自由化对环境政策和环境质量的影响。Fredriksson(1999)利用院外活动模型发展了考虑治理技术问题的他本人 1997 年的模型,增加了对污染产品征收外生决定的进口关税因素。他的研究显示,降低关税对污染税的影响不明朗。理由是贸易自由化减少了本国污染部门的产出,因而削弱了环境主义者和特殊资本存量所有者施加政治影响的边际刺激。该文还进一步指出,一旦政治经济影响介入,贸易自由化的结果可使环境质量改善或恶化。

Bommer 和 Schulze(1999)的研究角度有所不同。他们考察了一个两部门经济模型,两个部门均以劳动和一个特殊要素为投入品,其中一个部门还把污染排放作为一个额外的投入品,并且这将提高其他两个要素的生产率。唯一的政策工具是对污染部门采取内生决定的排放限制。与 Fredriksson(1999)相对应的政治过程模型为呈递减态势的政治支持函数。以工资率、环境质量和两个特定要素的回报率等为变量构造一个严格下凹的函数，设定政府的目标是使这个函数最大化。然后，论文考虑了外生的贸易自由化因素，并认定贸易自由化将导致污染密集部门产品相对价格提高。论文通过一些统计数据验证了这样的结论，并对美国加入北美自由贸易协定后的情况作了很好的说明。商品价格变化将直接改变要素收入和环境质量。该论文的主要观点是，为应对贸易自由化，政府将实行更严的环境标准。在严格下凹的政治支持函数下，政府的支出势必增加，这从基本上违背了贸易自由化的初衷。Bommer(1996)利用同样的分析机制对上述结论进行了推广。

Eliste 和 Fredriksson(2001)的新作中也运用了拍卖模型。由于试图测定环境规制对企业选址决策和贸易流量的影响的实证研究遇到困难而引发了这篇论文。他们运用了一个类似于 Fredriksson(1997,1999)的模型，设定有两种政策工具，一种是对污染部门的生产补贴，另一种是排污税。他们分析指出，对排污税的外生增加会导致对污染产业补贴的内生增加。他们的主要结论是，补贴的内生增加将削弱对产出和贸易流对环境规制的实际影响。为支持这一结论，他们运用了某些国家农业部门的数据来验证。结果显示，即使包括许多控制变量，严格的环境政策还是伴随着对农业部门的更大规模直接转移支付。

在开放型经济中对环境政策的院外活动研究在 Bommer(1999)，Rauscher(1997)以及 Ulph (1998) 的论文中进行了进一步深化。在 Bommer(1999)的论文中，设定政府出于政治支持最大化目的而必须限制企业的污染排放。企业有两种类型，一种为高治理成本企业，一种为低治理成本企业。由于企业属于哪种类型只有自己知道，因而低治理成本企业有积极性来防止那些高治理成本企业获得更加宽松的排放限制。论文研究显示，在某些假定条件下，部门生产能力转移到国外可成为一种信号，告诉政府它需要一个更加宽松的环境政策。

Rauscher(1997)提出了一个最一般化的政治支持函数模型。在这个模型中，国内政治家可以采取对国内外产品征收消费税、排放税、产品标准等政策手段。这个相当复杂的结构导出了一些非常直观的和某些不太直观的结论。举例来说，他发现，特殊资本存量部门的所有者会游说实施严格的环境政策和对本部门使用的产品征收较低的消费税。原因是严格的环境政策会诱导排污量更小的替代品生产，这将增加对特殊资本存量的需求。而严格的环境政策的负面作用是生产成本增加，因此希望对产品征收低消费税。

Ulph(1998)的论文在已往研究文献的基础上,从战略环境政策角度进行了分析研究。与 Ulph(1997b, 2000)类似,在模型中引入了联邦政府,并假定只有州政府清楚本地区真正的污染边际损害成本。与其他两篇论文形成对比的是,政府目标被设定为非福利最大化,而是选举中选择他们的选民效用函数最大化。论文分析指出,在这样的参照系下,如果两个州的环境政策由联邦政府层面决定,则两个州的福利都会增加。该文还考察了两种可能的政治体制的选择问题,即政治歧视制度和社会共议制度。在政治歧视制度下,政府依据现实边际损害来制定政策。在社会共议制度下,政府只有在损害显露出来的水平上制定政策,意味着在两个州之间采取协商性的环境政策。论文发现,社会共议制度非常类似于联邦层面的最优政策安排。

上述文献都忽视了在环境政策决策中政治选举的角色作用。McAusland(1999)和 Sturm (2001)的论文是这种一般趋势的例外。McAusland(1999)开发了一个媒体选民模型,用于解释开放型经济的环境政策选择问题。设定经济是小国开放型经济,其中有一个清洁产品和肮脏产品生产部门和不同类型的消费者。论文首先分析在封闭性经济状态下不同消费者选举严厉环境政策的积极性。研究发现,与常理相反,富裕选民比贫穷选民更倾向于赞成宽松的环境政策。第二个主要结论是当国家实行对外开放,使国内价格与世界市场价格相等,会潜在地改变政治均衡下的环境政策选择。这种政策改变转而会导致贸易流增加。原因是贸易开放会使环境政策改变与产品价格的关系隔离,从而潜在地改变选民关于环境政策的诉求。

Sturm(2001)运用了一个政治代理模型,转向讨论国家产品标准上的贸易争端问题。这类争端的通常模式为:一个国家为加强消费者保护或环境保护,对本国市场销售的某种产品引入了一个新的产品标准。本国市场上的进口商们往往以“伪装的贸易壁垒”或“绿色保护主义”等对此提出挑战。这类情况在以前的许多非正式文献中讨论过,如 Esty (1994), Laplante 和 Garbutt (1992), Runge (1990), Sorsa (1995) 和 Vaugham (1995)等。Engel (1999)和 Ames (1998)提供了许多关于环境标准被指为伪装贸易壁垒的重要贸易争端的详细案例研究。

Sturm(2001)开发了一个正式的两国政治经济学模型来解释这类争

端。按照政治代理原理对政策决策过程模型化，把政治过程看作一个委托代理关系，在这个过程中选民必须向他们的政治家们提供激励。假设政治家们在评估进口消费品对健康或环境的损害可能性方面拥有信息优势。模型显示了政治均衡是如何形成的，其中国内政治家们声称的损害期望值高于外国对手所承认的损害。这种分歧既可能是进口国过分严格的环境政策所致，也可能是出口国太过宽松的环境政策造成。论文还进一步研究了相互承认标准和协调这两个经常被提到的建议对避免这类争端的影响。研究的基本见解是，这两个建议相对于分散的环境政策决策都不会改进福利水平。

5.7 小　结

通过上述回顾，我们发现：

首先，虽然国际社会和学术界对绿色贸易措施的态度和看法大相径庭，但从客观的立场上看，制定和采取各种各样的绿色贸易措施的政策初衷是为了实现可持续发展的共同目标。判断和鉴别某项与贸易有关的环境政策措施是否适当的最终标准是它是否严格遵循"可持续发展"的目标。但由于各国的发展水平不同、各种利益团体的目标函数不同，对某项具体的绿色贸易措施的评价也很不一致。

其次，通过自由贸易，在一定程度上把业已存在的环境问题扩大化了，贸易成了环境问题的"放大器"。国际贸易之所以直接或间接地对环境和福利产生这样那样的影响，问题的根源在于一国在环境问题上的"制度失灵"。环境资源的公共产权特性加上政府环境规制失当，造成环境成本不能内部化，产生环境外部性问题，导致环境退化，贸易在促进企业生产和产品流通的同时，环境问题也随之扩大化。

第三，要正确分析和评价环境贸易措施的公平性、科学性，很重要的一条是要分析一国在商品的生产和出口中由于该国环境制度失灵而没有内部化的环境成本有多大。

第四，环境政策对贸易的影响取决于政策的类型和政策运用的经济条件。在某些情形下，一项环境政策会改进贸易条件，但在其他情形下，可能会恶化贸易条件。

第五,国家间政策协同对降低环境成本至关重要。某些环境政策和产品标准的协调能促进贸易,但应该在合作基础上进行。协调的尺度应兼顾社会利益和各国的成本。在促使各国关注环境的同时防止其设置新的贸易壁垒是一项巨大的挑战。从实证研究中已经得出令人信服的证据,表明环境政策对国际贸易具有负面影响的假设是成立的。因此,通常为了社会目标而设计的环境政策至少不应对贸易造成严重的负面影响并最好能同时促进贸易发展。但是,由于用于研究贸易和环境问题的模型分析,其结果很抽象和过于简化,随着约束条件的哪怕是很细微的改变,结论就大相径庭。

虽然理论界对环境与贸易的关系问题还众说纷纭,但在现实世界中,我们已经为此付出了重大代价。因此,如何从理论上尽快厘清环境与贸易的关系,提出恰如其分的使环境与贸易协调发展的"绿色贸易"政策建议,是当前摆在经济理论界特别是国际贸易理论界面前的一项十分紧迫而重大的任务。

【参考文献】

[1] Aidt, Toke S. Political Internalization of Economic Externalities and Environmental Policy. Journal of Public Economics,1998,69(1):1-16.

[2] Althammer, Wilhelm and Buchholz, Wolfgang. Strategic Trade Incentives in Environmental Policy. Finanz Archiv,1995,52(3):293-305.

[3] Ames, Glenn C. W. The U. S. -Russian Poultry Trade Dispute: Whose Chicken Is in Your Soup? Journal of East West Business,1998,4(3):69-87.

[4] Anderson, J. E. and B. Blackhurst (Eds.) The Greening of World Trade Issues,Harvester Wheatsheaf, Hertfordshire,1992.

[5] Antweiler, W., Copeland, B. R. and M. S. Taylor. Is Free Trade Good for theEnvironment? NBER Working Paper No. W6707, August,1992.

[6] Audley, J. J. Green Politics and Global Trade. Washington, D. C.: Georgetown University Press,1997.

[7] Barbier, E. B. and M. Rauscher. Trade, Tropical Reforestation and policyInterventions. Environmental and Resource Economics, 1994,4:75-90.

[8] Barbier, Edward B. and Schulz, Carl Erik. Wildlife, Biodiversity and Trade. Environment and Development Economics, 1997, 2(2): 145-172.

[9] Barrett, S. Strategic Environmental Policy and International Trade. Journalof Public Economics, 1994, 54(3): 325-338.

[10] Barrett, S. The Strategy of Trade Sanctions in International EnvironmentalAgreements. Resource and Energy Economics, 1997, 19(4): 345-361.

[11] Barrett, Scott. The Credibility of Trade Sanctions in International Environmental Agreements. In Per G. Fredriksson (ed.), Trade, Global Policy, and the Environment World Bank Discussion Paper No. 402, 1998.

[12] Baumol, W. J. Environmental Protection, International Spillovers and Trade. Wicksell Lecture, Stockholm: Almquist and Wicksell, 1971.

[13] Baumol, W. and Oates, W. E. The Theory of Environmental Policy. NewJersey: Prentice-Hall, 1975.

[14] Baumol, W. and Oates, W. E. The Theory of Environmental Policy. Secondedition, New York: Cambridge University Press, 1988.

[15] Beghin, J., Roland-Holst, D. and D. van der Mensbrugghe. A Survey of theTrade and Environment Nexus: Global Dimensions. OECD Economic Studies, 1994, 23: 167-192.

[16] Bhagwati, J. The Generalized Theory of Distortions and Welfare. In Bhagwati, J. et al. Eds., Trade, Balance of Payments and Growth. Papers in International Economics in Honor of Charles P. Kindleberger, Amsterdam: North-Holland Publishing Compang, 1971: 69-90.

[17] Bhagwati, J. Trade and the Environment: The False Conflict? In Zaelke, D. P. Orbuch and R. F. Housman (eds.), Trade and the Environment: Law, Economics, and Policy, Washingten, DC: Island Press, 1993.

[18] Bhagwati, J. and Patrick, H. T. Aggressive Unilateralism: America's 301Trade Policy and the World Trading System, Ann Arbor: University of Michigan Press, 1990.

[19] Birdsall, N. and Wheeler, D. Trade Policy and Industrial Pollution in LatinAmerica. Where are the Pollution Havens? In P. Low ed. opcitum, 1992:

159-168.

[20] Blackhurst,R. International Trade and Domestic Environmental Policies in a Growing World Economy. In R. Blackhurst, et al. , International Relations in a Changing World. Geneva: Sythoff-Leiden,1977.

[21] Bowen, H. Changes in the International Distribution of Resources and TheirImpact on US Comparative Advantage. Review of Economics and Statistics,1983,65:402-414.

[22] Bommer, Rolf. Environmental Regulation of Production Processes in the European Union: A Political-Economy Approach. Aussenwirtschaft,1996,51(4):559-582.

[23] Bommer, Rolf. Environmental Policy and Industrial Competitiveness: The Pollution-Haven Hypothesis Reconsidered. Review of International Economics,1999,7(2):342-355.

[24] Bommer, Rolf and Schulze, Gunther G. Environmental Improvement with Trade Liberalization. European Journal of Political Economy, 1999,15(4):639-661.

[25] Brander, J. and Spencer, B. Export Subsidies and International Market ShareRivalry. Journal of International Economics,1985,18:83-100.

[26] Brander, J. and Taylor,S. International Trade between Consumer and Conservationist Countries. Resource and Energy Economics,1997,19(4): 267-297.

[27] Burniaux, J. M. , Mantin,J. P. Nicoletti,G. and Martins,J. O. The Costs of Policies to Reduce Global Emissions of CO_2: Initial Simulation Results with GREEN. Working Paper No. 103, Economics and Statistics Department, OECD,Paris, June,1991a.

[28] Burniaux, J. M. , Mantin, J. P. Nicoletti, G. and Martins,J. O. REEN-AMulti-Sector, Multi-region Dynamic General Equilibrium Madel for Qulti-Region Dynamic General Equilibrium Madel for Quantifyinf the Costs of Curbing CO2Emissions: A Technical Manual. Working Paper No. 104, Economics and StatisticsDepartment, OECD, Paris, June,1991b.

[29] Carraro, C. and D. Siniscalco. Environmental Innovation Policy and International Competition. Environmental and Resource Economics,

1992,2(2):183-200.

[30] Chichilnisky, G. North-South Trade and the Globe Environment. AmericanEconomic Review,1994,84: 851-875.

[31] Conrad, K. Taxes and Subsidies for Pollution-Intensive Industries as TradePolicy. Journal of Environmental Economics and Management1993,25:121-135.

[32] Copeland, B. R. International Trade and the Environment: Policy Reform in a Polluted Small Open Economy. Journal of Environmental Economics and Management,1994,26:44-65.

[33] Copeland, B. R. and M. S. Taylor. North-South trade and the Environment. Quarterly Journal of Economics,1994,109:755-787.

[34] Copeland, B. R. and M. Scott Taylor. Trade and Transboundary Pollution. American Economic Review,1995a,85(4): 716-737.

[35] Copeland, B. R. and M. S. Taylor. Trade and the Environment: A Partial Synthesis. American Journal of Agricultural Economics, 1995b,77(3): 765-771.

[36] Copeland, Brian R. Pollution Content Tariffs, Environmental Rent Shifting, and the Control of Cross-Border Pollution. Journal of International Economics,1996,40(3-4):459-476.

[37] Copeland, B. R. and M. S. Taylor. The Trade-Induced Degradation-Hypothesis. Resource and Energy Economics,1997,19(4):321-344.

[38] Copeland, B. R. and M. S. Taylor. Trade, Spatial Separation, and the EnvIronment. Journal of International Economics, 1999, 47: 137-168.

[39] Daly, H. E. The Perils of Free Trade. Scientific American,1993,269: 50-57.

[40] Dean, J. Trade and Environment: A Survey of the Literature. In Low (ed.), International Trade and the Environment, World Bank Discussion Paper No. 159, Washington, D. C,1992.

[41] Dean, Judith M. Export Bans, Environment, and Developing Country Welfare. Review of International Economics,1995,3(3):319-329.

[42] Dean, Judith M. and Gangopadhyay, Shubhashis. Export Bans, Environmental Protection, and Unemployment. Review of Development

Economics,1997,1(3):324-336.

[43] Durbin, A. Trade and the Environment: The North-South Divide. Environment,1995,37(7):16-24.

[44] Eliste, Paavo and Fredriksson, Per G. Environmental Regulations, Transfers and Trade: Theory and Evidence. forthcomming in Journal of Environmental Economics and Management,2001.

[45] Engel, Eduardo. Poisoned Grapes, Mad Cows and Protectionism. NBER Working Paper 6959,1999.

[46] Esty, Daniel C. Greening the GATT: Trade, Environment, and the Future, Washington: Institute of International Economics,1994.

[47] Fredriksson, Per G. The Political Economy of Pollution Taxes in a Small Open Economy. Journal of Environmental Economics and Management,1997,33(1):44-58.

[48] Fredriksson, Per G. The Political Economy of Trade Liberalization and Environmental Policy. Southern Economic Journal,1999,65(3):513-525.

[49] French, H. F. Reconciling Trade and the Environment. In L. R. Brownet al, Editors, State of the World-1993, W. W. Norton & compang, New York,1993.

[50] Grossman, G. M. and Krueger, A. B. Environmental Impacts of a North American Free Trade Agreement. In P. Garber, Editor The Mexico-US Free Trade Agreement, Cambridge, Ma. : MIT Press,1993.

[51] Gürtzgen, Nicole and Rauscher, Michael. Environmental Policy, Intra-industry Trade and Transfrontier Pollution. Environmental and Resource Economics,2000,17(1):59-71.

[52] Hardin, Garrett. The Tragedy of the Commons, Science,1968,162:1243-1248.

[53] Hettige, H. , Lucas, R. E. B. and David Wheeler. The Toxic Intensity of Industrial Production: Global Patterm, Trends and Trade Policy. American Economic Review Papers and Proceedings,1992,82: 478-481.

[54] Hillman, Arye L. and Ursprung, Heinrich W. The Influence of Environmental Concerns on the Political Determination of Trade Policy. in Kym Anderson and Richard Blackhurst (eds.), The Greening of World Trade

Issues, Ann Arbor: University of Michigan Press,1992.

[55] Hillman, Arye L. and Ursprung, Heinrich W. Greens, Supergreens, and International Trade Policy: Environmental Concerns and Protectionism. In Carlo Carraro (ed.), Trade, Innovation, Environment, Dordrecht, Boston and London: Kluwer Academic Publishers,1994.

[56] Hoekman, Bernard and Leidy, Michael. Environmental Policy Formation in a Trading Economy: A Public Choice Perspective. In Kym Anderson and Richard Blackhurst (eds.), The Greening of World Trade Issues, Ann Arbor: University of Michigan Press,1992.

[57] Hoel, Michael. Should a Carbon Tax be Differentiated Across Sectors? Journal of Public Economics,1996,59(1):17-32.

[58] Kim, Jinyoungh and Wilson, John D. Capital Mobility and Environmental Standards: Racing to the Bottom with Multiple Tax Instruments. Japan and the World Economy,1997,9(4):537-551.

[59] Krumm, Raimund and Wellisch, Dietmar. On the Efficiency of Environmental Instruments in a Spatial Economy. Environmental and Resource Economics,1995,6(1):87-98.

[60] Jaffe, A. B., S. R. Peterson, P. R. Portney and P. N. Stavins. Environmental Regulation and the Competitiveness of US Manufacturing: WhatDoes the Evidence tell Us? Journal of Economic Literature,1995,33:132-163.

[61] Laplante, Benoit and Garbutt, Jonathan. Environmental Protectionism. Land Economics,1992,68(1):116-119.

[62] Leamer, E. E. Sources of International Comparative Advantage: Theoryand Evidence. Cambridge: MIT Press,1984.

[63] Leidy, Michael P. and Hoekman, Bernard M. "Cleaning Up" While Cleaning Up? Pollution Abatement, Interest Groups and Contingent Trade Policies. Public Choice,1994,78(3-4):241-258.

[64] Levinson, Arik. A Note on Environmental Federalism: Interpreting Some Contradictory Results. Journal of Environmental Economics and Management,1997,33(3):359-366.

[65] Lopez, Ramon. The Environment as a Factor of Production: The Effectsof Economic Growth and Trade Liberalization. Journal of Envi-

ronmental Economics and Management,1994,27(2):163-184.

[66] Low, P. (Ed.)International Trade and the Environment, World Bank Discussion Paper No. 159, Washington, D. C,1992.

[67] Low, P. and Yeats,A. Do Dirty Industries Migrate?. In P. Low ed. , Opcitum,89-104,1992.

[68] Lucas, R. E. B. , D. Wheeler and H. Hettige. Economic Development. Environment Regulation and the International Migration of Toxic Industrial Pollution:1960—1988. In Low, P. ed. International trade and the Environment. World Bank Discussion Papers 159, Washington D. C. ,1992, 67-86.

[69] Ludema, Rodney D. and Wooton, Ian. Cross-Border Externalities and Trade Liberalization: The Strategic Control of Pollution. Canadian Journal of Economics,1994,27(4):950-966.

[70] Ludema, Rodney D. and Wooton, Ian. International Trade Rules and Environmental Cooperation under Asymmetric Information. International Economic Review, ,1997,38(3):605-625.

[71] Maestad, O. On the Efficiency of Green Trade Policy. Environmentaland Resource Economics,1998,11(1):1-18.

[72] Maestad, Ottar. Timber Trade Restrictions and Tropical Deforestation: A Forest Mining Approach. Resource and Energy Economics, 2001,23(2):111-132.

[73] Manne, Alan S. and Rutherford, Thomas F. International Trade in Oil, Gas and Carbon Emission Rights: An Intertemporal General Equilibrium Model. Energy Journal,1994,15(1):57-76.

[74] Magee, S. and W. F. Ford. Environmental Pollution, the Terms of Trade, and the Balance of Payments of the United States. Kyklos, 1972,25:101-118.

[75] Markusen, J. R. International Externalities and Optimal Tax Structures. Journal of International Economics,1975,5:15-29.

[76] Markusen, J. , E. Morey and N. Olewiler. Environmental Policy When Market Structure and Plant Location Are Endogenous. Journal of Environmental Economics and Management,1993,24:69-86.

[77] Markusen, J. R. , J. R. Melvin, W. H. Kaempfer and K. E.

Maskus. International Trade: Theory and Evidence. New York: McGraw-Hill, Inc. ,1995:7.

[78] Markusen, J. Costly Pollution Abatement, Competitiveness, and Plant Location Decisions. Resource and Energy Economics,1997,19: 299-320.

[79] Markusen, James R. and Venables, Anthony J. Multinational Firms and the New Trade Theory. Journal of International Economics,1998, 46(2):183-203.

[80] Martins, Joaquim, Burniaux, Jean-Marc, and Martin, John P. Trade and the Effectiveness of Unilateral CO_2—Abatement Policies: Evidence from Green. OECD Economic Studies,1992,19:123-140.

[81] McAusland, Carol. Voting for Pollution Policy: The Importance of Income Inequality and Trade. University of Santa Barbara,mimeo,1999.

[82] McGuire, M. Regulation, Factor Rewards, and International Trade. Journal of Public Economics,1982,17:335-354.

[83] Merrifield, J. The Impact of Selected Abatement Strategies on Transnational Pollution, the Terms of Trade, and Factor Rewards: A General Equilibrium Approach. Journal of Environmental Economics and Management,1988,15:259-284.

[84] Motta, Massimo and Thisse, Jacques Francois. Does Environmental Dumping Lead to Delocation? European Economic Review,1994,38 (3-4):563-576.

[85] Muzondo, T. R. et al. Public Policy and the Environment: A Survey ofthe Literature. IMF Working Papers,No. 90/56, Washington, DC, June,1990.

[86] Nordstrom, Hakan and Scott Vaughan. Trade and Environment. WTO Publications,1999.

[87] Oates, W. E. and R. M. Schwab. Economic Competition among Jurisdiction Efficiency Enhancing or Didtortion Inducing? Journal of Public Economics,1988,35:333-354.

[88] OECD. The Environmental Effects of Trade. OECD Publications, Printedin Paris,1994.

[89] Panayoton, Theodore. Green Markets: the Economics of Sustainable

Development. ICEG / HIID. 1993. California, USA,1993.

[90] Pearce, W. D. and J. J. Warford. World without End. Economics, Environment, and Sustainable Development. New York: Oxford University Press,1993.

[91] Perroni, Carlo and Rutherford, Thomas F. International Trade in Carbon Emission Rights and Basic Materials: General Equilibrium Calculations for 2020. Scandinavian Journal of Economics, 1993, 95 (3):257-278.

[92] Perroni, C. and R. M. Wigle. International Trade and EnvironmentQuality: How Important Are the Linkages? Canadian Journal of Economics,1994,27(3),3:551-567.

[93] Pestemon, Jeffrey P. Public Open Access and Private Timber Harvests: Theory and Application to the Effects of Trade Liberalization in Mexico. Environmental and Resource Economics, 2000, 17 (4): 311-334.

[94] Pethig, R. Pollution, Welfare and Environmental Policy in the Theory of Comparative Advantage. Journal of Environmental Economics and Management,1976,2:160-169.

[95] Pezzey, John. Analysis of Unilateral CO_2 Control in the European Community and OECD. Energy Journal,1992,13(3):159-171.

[96] Porter, M. E. and C. van der Linde. Toward a New Conception of the Environment-Competitiveness Relationship. Journal of Economic Perspectives,1995,9:97-118.

[97] Porter, G. Trade Competition and Pollution Standards: "Race to the Bottom" or "Stuck at the Bottom"? Journal of Environment and Development,1999,8:133-151.

[98] Rauscher, M. Foreign Trade and the Environment. Siebert, H. eds. , Environmental Scarcity; The International Dimension, Institut Fuer Weltwirtschaft and Universitaet Kiel, Tuebingen: Mohr,1991.

[99] Rauscher, Michael. On Ecological Dumping. Oxford Economic Papers,1994,46(5):822-840

[100] Rauscher, Michael. Environmental Regulation and the Location of Polluting Industries. International Tax and Public Finance,1995,2

(2):229-244.

[101] Rauscher, Michael. International Trade, Factor Movements, and the Environment, Oxford and New York: Oxford University Press,1997.

[102] Rock, M. T. Pollution Intensity of GDP and Trade Policy: Can the World BankBe Wrong? World Development,1996,24(3):471-79.

[103] Runge, C. F. Trade Proteectionism and Environmental Regulations: The New Nontariff Barriers. Northwestern Journal of International Law & Business,1990,11(1):47-61.

[104] Rutherford, Thomas F. Carbon Dioxide Emission Restrictions in the Global Economy: Leakage, Competitiveness, and the Implications for Policy Design. In Charls E. Walker, Mark A. Bloomfield and Margo Thorning (eds.), An Economic Perspective on Climate Change Policies, Washington, D. C.: American Council of Capital Formation,1996.

[105] Schleich, Joachim. Environmental Quality with Endogenous Domestic and Trade Policies. European Journal of Political Economy,1999, 15(1):53-71.

[106] Schleich, Joachim and Orden, David. Environmental Quality and Industry Protection with Noncooperative Versus Cooperative Domestic and Trade Policies. Review of International Economics,2000,8(4): 681-697.

[107] Schulz, Carl Erik. Trade Policy and Ecology. Environmental and Resource Economics,1996,8(1):15-38.

[108] Schulze, Günther G. and Ursprung, Heinrich W. Environmental Policy in an Integrated World Economy. Fondazione Eni Enrico Mattei Working Paper ,1998,28:98.

[109] Siebert, H. Comparative Advantage and Environmental Policy: A Note. Zeittschrift fuer Nationaloekonomie,1973,34:397-402.

[110] Siebert, Horst. Environmental Protection and International Specialization. Weltwirtschaftliches Archiv,1974,110(3):494-508.

[111] Siebert, H. Environmental Quality and the Gains from Trade. Kyklos,1977,30(4):657-673.

[112] Siebert, Horst. Environmental Policy in the Two-Country-Case.

Zeitschrift fur National? Konomie,1979,39(3-4):259-274.

[113] Siebert, H., J. Eichberger, R. Gronych and R. Pethig. Trade and Environment: A Theoretical Enquiry. Elsevier Scientific Publishing Company, New York,1980.

[114] Snape, W. Searching for GATT's Environmental Miranda: Are "Process Standard" Getting Due Process? Cornell International Law Journal,1994,27(3):777-815.

[115] Sorsa, Piritta. Environmental Protectionism, North-South Trade, and the Uruguay Round. International Monetary Fund Working Paper, Nr. 95/6,1995.

[116] Stewart, R. B. Environmental Regulation and International Competitiveness. Yale Law Journal, June,1993,102(8):2039-2106.

[117] Stokes, B. On the Brink. National Journal,1992,29:504-509.

[118] Sturm, Daniel M. Product Standards, Trade Disputes, and Protectionism. CEP Discussion Paper No. 486,2001.

[119] Subramanian, Arvind. Trade Measures for the Environment: A Nearly Empty Box? The World Economy,1992,15(1):135-152.

[120] Symons, E. J., J. L. R. Proops and P. W. Gay. Carbon Taxes, Consumer Demand and Carbon Dioxide Emission: A Simulation Analysis for the UK. Department of Economics and Mangement Science, University of Keele, Staffs,1990.

[121] Tobey, J. The Effects of Domestic Environmental Policies on Patterns of World Trade: An Empirical Test. Kyklos, 1990, 43(2): 191-209.

[122] Tobey, J. A. Effects of Domestic Environmental Policy on Patterns of International Trade. In Shane, M. D. and H. van Witzke(eds.). The Environment,Government Policies, and International Trade: A Proceedings, USDA: Staff ReportNo. AGES 9314,1993.

[123] Ulph, Alistair. Environmental Policy, Plant Location and Government Protection. In Carlo Carraro (ed.). Trade, Innovation, Environment Kluwer Academic Publishers,1994.

[124] Ulph, Alistair. Environmental Policy and International Trade When Governments and Producers Act Strategically. Journal of Environ-

mental Economics and Management, 1996, 30(3): 265-281.

[125] Ulph, Alistair. International Trade and the Environment: A Survey of Recent Economic Analysis. In Henk Folmer and Tom Tietenberg (eds.). The International Yearbook of Environmental and Resource Economics 1997/1998, Edward Elgar Publishing, 1997a.

[126] Ulph, Alistair. International Environmental Regulation When National Governments Act Strategically. In John B. Braden and Stef Proost (eds.). The Economic Theory of Environmental Policy in a Federal System Edward Elgar Publishing, 1997b.

[127] Ulph, Alistair. Political Institutions and the Design of Environmental Policy in a Federal System with Asymmetric Information. European Economic Review, 1998, 42(3-5): 583-592.

[128] Ulph, Alistair. Harmonization and Optimal Environmental Policy in a Federal System with Asymmetric Information. Journal of Environmental Economics and Management, 2000, 39(2): 224-241.

[129] Van der Linder, J. A. and J. Oosterhaven. European Community-Intercountry Input-Output Relations: Construction Method and Main Results for 1965—1985. Economic Systems Research, 1995, 7(3): 249-270.

[130] Vaughan, Scott. Green Protectionism: Environmental Policies Are Worrying the Trade Community. New Economy, 1995, 2(3): 147-151.

[131] Venables, Anthony J. Economic Policy and the Manufacturing Base: Hysteresis in Location. In Richard E. Baldwin and Joseph F. Francois (eds.). Dynamic Issues in Applied Commerical Analysis CEPR and Cambridge University Press, 1999.

[132] Walter, I. International Economics of Pollution, New York: John Wiley & Sons, 1975.

[133] Walter, I. Studies in International Environmental Economics. New York: John Wiley & Sons, 1976.

[134] Walz, Uwe and Wellisch, Dietmar. Is Free Trade in the Interest of Exporting Countries When There Is Ecological Dumping? Journal of Public Economics, 1997, 66(2): 275-291.

[135] Wellisch, Dietmar. Locational Choices of Firms and Decentralized Environmental Policy with Various Instruments. Journal of Urban Economics,1995,37(3):290-310.

[136] Welsch, Heinz. Incomplete International Cooperation to Reduce CO_2 Emissions: The Case of Price Discrimination. Journal of Environmental Economics and Management,1994,27(3):254-258.

[137] Whalley, J. and R. Wigle. The International Incidence of Carbon Taxes. In Dornbusch, R. and J. Poterba (eds.). Economic Policy Responses to Global Warming. Cambridge, MA: MIT Press,1991a.

[138] Whalley, J. and R. Wigle. Cutting CO_2 Emissions: The Effects of Alternative Policy Approaches. The Energy Journal,1991b,12(1).

[139] Wheeler, David. http://econ. worldbank. org/files/1340_wps2524. pdf,2000.

[140] Wilson, John D. Capital Mobility and Environmental Standards: Is There a Theoretical Basis for a Race to the Bottom? In Jagdish N. Bhagwati and Robert E. Hudec (eds.), Fair Trade and Harmonisation: Prerequisites for Free Trade? Vol. 1, Cambridge, Mass. and Washington, D. C.: MIT Press in Cooperation with the American Society for International Law,1996.

[141] World Bank. World Development Report 1992. New York: Oxford University Press,1992.

[142] 汉森.发展中国家的环境与贫困危机——发展经济学展望.北京:商务印书馆,1994.

[143] 沈满洪.环境经济手段研究.北京:中国环境科学出版社,1997.

[144] 武亚军.环境税经济理论及对中国的应用分析.北京:经济科学出版社,2002.

第 6 章

国际经济一体化的理论研究

6.1 引 言

国际经济一体化(International Economic Integration)现象已成为当今世界经济的一大显著特征之一。它主要指全球国家或某一区域的一组国家和地区通过相互之间设置较少或删除贸易和要素流动限制,创造某些合作因素等方法,使产品和要素在全球或这组国家和地区范围内广泛流动,从而实现各成员体产品资源和要素资源最佳配置的过程或状态。在这一过程或状态中,各成员体相互依赖程度越来越紧密,越来越融合,内部市场向其他成员体市场不断延伸。

从其本质特征上看,国际经济一体化的基础是市场经济在所有成员国内的充分发展;其核心是各成员国国内社会再生产过程的交叉渗透形成各成员国整体上的社会再生产;其主要手段是生产、资本和交换的一体化;其步骤或过程一是消除相互间的各种产品或要素的歧视(即消极的经济一体化行为),二是创造某些合作因素进行积极合作(即积极的经济一体化行为);其内容不仅涉及生产领域,还包括流通、金融、科技和文化领域;其一体化程度高低的决定力量是市场机制;其主导力量是各成员国政府及跨国公司;其推动力量则是以信息技术为主导的技术进步;其动机是各成员体凭借各自的相对优势,通过不断糅合和整合而达成的消极的或积极的一体化行为,在共同的目标下获得各成员体单方面行动而不能获得的经济利益;其最终状态是各成员体形成一个统一整体,这个整体已模糊了各成员体之间的主权;其产生的根源是制度安排和制度创新的结果。

国际经济一体化这一现象的形成可追溯到各主要资本主义国家从自由竞争向垄断竞争过渡的时期。当时英、美、德等主要资本主义国家之间形成了激烈的垄断竞争。随着科学技术的迅速发展和生产力的空前提高,这种竞争日益升级。为了避免彼此的伤害,共同排斥外来的竞争,当时实力相对较弱的德国等各主要资本主义国家之间便加强了合作,于是,国际经济一体化这种制度安排或体制便逐渐形成。这种制度安排或体制是扭曲的,因为国际经济一体化现象本质上是激烈的垄断竞争的产物,其最初的形成是作为保护贸易的一种手段,但它同时又有自由化的性质,因为在成员国之间贸易或要素比以前面临较少的流动限制了。国际经济一体化制度的这种两面特征,改善或恶化了他们成员国或作为整体世界的经济福利。1834 年,世界上第一个区域性国际经济一体化组织——德国关税同盟产生了,这是国际经济一体化历史上的重大事件。随后,国家间的经济一体化趋势开始逐步明显,并于 20 世纪 80 年代得到强化。目前,几乎所有的国家和经济体都卷入到了经济一体化的潮流中,成为某个或某几个国际性经济一体化组织中的成员。

国际经济一体化趋势的日益强化彻底改变了世界经济和贸易的格局以及各国制定国际政策的基础。因此,这一现象一经产生就引起了各国政府和学者们的广泛兴趣和关注,一系列重大研究成果相继取得,并逐步形成了一套独立的国际一体化经济学理论体系。

6.2 国际经济一体化理论的体系构成

国际经济一体化的理论体系是个复杂而综合的体系,对于这一理论体系的构成有不同的架构方法。英国经济学家 Peter Robson 按照国际经济一体化的组织形式对这一理论体系进行了架构,即国际一体化理论体系由自由贸易区理论(以消极的产品市场一体化为研究对象)、关税同盟理论(以消极的产品市场一体化和积极的产品市场一体化为研究对象)、共同市场理论(以产品市场一体化和生产要素市场一体化为研究对象)、经济同盟理论(以产品市场一体化、生产要素市场一体化和政策一体化为研究对象)和完全的经济一体化理论(以经济一体化和政治一体化为研究对象)构成。其中,以产品市场一体化为研究对象的关税同盟理论为核心理论,它是其他理论分析和形成的基础。如果对上述每一理论再细分,则每块理论又可分为以单一产品或单一要素为研究对象的局部均衡理论,以多产品或多要素为研究对象的一般均衡理论。其中，局部均衡理论主要研究单一产品市场一体化后的均衡条件及其产生的影响。具体地说，就是通过建立一个 1×3 模型（一种产品三个国家——本国、伙伴国、非伙伴国模型）来分析单一产品或要素市场的一体化给各成员国、各非成员国乃至整个世界的生产、消费、资源配置、经济增长速度、对外贸易等国民经济各方面带来的各种静态的和动态的影响。一般均衡理论则主要研究多种产品或要素市场一体化后总的均衡条件及其相互的影响。具体地说，就是把 1×3 模型扩展到 2×3，3×3，2×4，…，$M\times N$（M 种产品或要素 N 个国家）模型，以力求找到所有经济一体化都适用的普遍规律。这种架构方法体现了传统的一体化理论形成的历史路线，概括了所有对经济一体化的研究内容。

我国学者陈岩则按照经济一体化的内在逻辑对国际一体化理论体系重新进行了架构。他认为国际一体化经济学的理论体系应由贸易一体化理论、对外直接投资理论、金融货币理论和一体化的政治经济学四大支柱理论构成。其中，贸易一体化理论又由完全竞争和不完全竞争的一体化贸易理论组成；一体化的对外直接投资理论由引入外国厂商的关税同盟福利理论、一体化条件下的邓宁国际生产折衷理论和一体化条件下的对外直接投资撤退理论等构成；一体化的金融货币理论由不完全货币联盟的汇率理论和完全货币联盟的金融货币理论构成；一体化的政治经济学则主要由贸易一体化的公共选择博弈论分析和对货币一体化中权利分配的分析构成。这一架构方法实际上也是按照产品市场一体化和要素市场一体化这一逻辑思路为主线，其优点是体现了从政治经济学、制度经济学、博弈论等不同角度对经济一体化现象的研究，也突出了国际经济一体化的一些前沿性研究主题和成果。

一体化研究也可以各种国际性经济一体化组织对整个世界的影响力的大小为线索，以目前所有国际经济一体化研究成果所围绕的研究主题为依据。按照这种思路，国际一体化经济学的理论体系由“大国”一体化模式[①]理论（“Big Counties” Model）和“小国”一体化模式[②]理论两大支柱理论构成。“大国”一体化模式理论以对世界影响力大的“大国”一体化组织为研究对象，它由发达国家的经济一体化理论（如以欧盟为研究对象的一体

① 所谓“大国”一体化模式，指该一体化内部价格等的变化会影响到整个世界市场。

② 所谓“小国”一体化模式，指该一体化内部价格等的变化不会影响到整个世界市场，其内部变化对世界市场的影响可以忽略不计。

化理论)和发达国家与发展中国家共同参与的经济一体化理论(如以世贸组织、拉美自由贸易区、亚太经合组织等为研究对象的一体化理论)组成;“小国”一体化模式理论以对世界影响力小的“小国”一体化组织为研究对象的一体化理论,它由发展中国家的经济一体化理论组成(如以东盟为研究对象的一体化理论)。如果以经济一体化的程度不同把上述三类理论细分,则每类理论又都可以分为一体化程度较低的自由贸易区理论、关税同盟理论和一体化程度较高的共同市场理论、经济同盟理论和完全的经济一体化理论四大块理论。如果对上述每一理论再细分,则每块理论又可分为局部均衡理论、一般均衡理论和以考察一体化最终成效为目的的成效评估理论。成效评估理论主要是对各种一体化的成效进行估测的方法研究,目的是为了准确而实证地测算出一体化对各国生产、消费、经济增长率、经济增长速度、国民经济、外贸等种种方面的真实贡献和影响。这种架构方法目的是为了突出完全的市场经济国家间的经济一体化和不完全的市场经济国家间的经济一体化的不同,使经济一体化理论体系更具系统性和逻辑性。

总之,国际一体化经济学的理论体系是一个复杂而较具系统的综合体系,对于同一种形式的经济一体化往往可以从制度经济学、福利经济学、政治经济学、实验经济学、计量经济学、博弈论等多个角度加以分析,因此上述各种理论体系的架构方法都只是从某一个角度对国际经济一体化现象进行了描述。

6.3 国际产品市场一体化理论

——Viner,Meade 等的关税同盟①理论和自由贸易区②理论

关税同盟理论和自由贸易区理论是国际一体化经济学的基本微观理

① 关税同盟(Customs Union,缩写为 CU)的主要特征是:各成员国之间已完全消除了限制产品自由贸易的一切歧视,实现了产品市场的一体化,但生产要素自由流动的障碍并未消除。由于这种形式的经济一体化不仅完全消除了一体化前就存在的产品贸易障碍,而且还“创造”了组建关税同盟以前不存在的共同对外关税 CET,所以它是一种积极的经济一体化。但由于其“创造”的合作因素并不多,所以它是一种非完全的积极的经济一体化组织。

② 自由贸易区(Free Trade Area)的主要特征是:(1)各成员国之间已完全消除了限制产品自由贸易的一切歧视,实现了产品市场一体化;(2)各成员国仍各自保留其与各非成员国之间原有的贸易歧视;(3)生产要素自由流动的障碍并未消除。由于这种形式的经济一体化完全消除了一体化前就存在的产品贸易障碍(但并未消除要素流动障碍),所以是一种较完全的消极的经济一体化组织。

论，它们从不同的角度讨论一个主题，即国际产品市场一体化究竟会对各成员体、各非成员体乃至整个世界的生产、消费、资源配置、收入分配、国际贸易、经济增长等国民经济各方面带来哪些静态的或短期的和动态的或长期的利益和损害。这些研究从其形成的历史路线看可以分为以下几个阶段：

6.3.1　古典经济学家 Smith, Ricardo 和 McCulloch 对关税互惠利弊的初步探索

根据经济学家 O'brien 的考证，最早对产品市场一体化的利弊这一问题进行研究的是古典经济学家 Adam Smith, David Ricardo 和 McCulloch，他们分别于 1776 年和 1832 年探讨过两国之间关税互惠条款对两国福利带来的利弊。1834 年，世界上第一个经济一体化组织德国关税同盟成立后，McCulloch 就曾对德国关税同盟缔结的条款中关于同盟内自由贸易的利弊问题进行了详细的研究。他们得出的一致的结论是，两国间实行关税互惠可以使两国都获利，但也可能使两国遭受损失。不过，根据 O'brien 的考证，他们并没有明确地指出他们所谓的“获利”和“遭受损失”的具体含义，而且他们在理论研究方面也带有偶然性，缺乏定量的系统分析。但尽管如此，奥布赖恩也承认，他们的研究为国际一体经济学理论的形成奠定了思想基础，他们提出的关税互惠给两国带来的所谓“利益”和“损失”正是后来国际一体化经济学中的两个重要的基本概念——贸易创造和贸易转移的原始来源。

6.3.2　Viner 对古典经济学家研究成果的继承和发展

在其后的一百多年时间中，国际经济一体化理论的发展极为缓慢。这一方面与这段时期各国实行严格的贸易保护主义政策有关，另一方面是两次世界大战阻碍了国际经济一体化的顺利发展。随着 20 世纪 50 年代各种不同形式的区域性和次区域性国际经济一体化组织在世界范围内的迅速兴起，国际区域经济一体化现象再度引起了学者们广泛的兴趣。这期间，美国经济学家 Viner1950 年出版的《关税同盟问题》引起了学者们的广泛关注，他们一致认为这该的诞生标志着国际一体化经济学理论的正式形成。

Viner 的关税同盟(CU)理论之所以受到人们的高度评价，最主要的

原因在于他第一次通过设立一个 1×3CU 模型[①]将经济一体化的定性分析发展为定量分析,明确了古典经济学家 Smith,Ricardo 和 McCulloch 提出的关税互惠给两国带来的所谓“利益”和“损失”的具体含义,首次提出了贸易创造效应和贸易转移效应这两个一体化经济学中最基本而又最重要的概念,并以此建立了评价和衡量关税同盟资源配置效果和福利作用的唯一准则——Viner 准则。这对国际一体化经济学的建立和迅速发展无疑起到了不可估量的作用。

Viner 提出的所谓的“贸易创造效应”(trade creating effect)是指,关税同盟一旦形成,高生产效率成员国的低成本产品会大量涌进低效率成员国国内市场,低效率成员国将会减少或停止其低效率的生产,从而节约了生产资源而获利。这种由于用高效国的低成本产品替代了低效国高成本产品而获得的利益便是贸易创造效应。贸易创造效应的产生和大小与各成员国国内产品的供给需求弹性有关,本国的供给弹性越大,就越利于本国贸易创造的取得。Viner 提出的所谓的“贸易转移效应”(trade diverting effect)是指,低效国加入关税同盟后不得不用伙伴国较高成本的进口替代其原来从世界市场上的低成本进口,这种替代显然会给低效率成员国带来损失,这种损失便是贸易转移效应。贸易转移效应的产生和大小与伙伴国同非伙伴国产品之间的成本差有关,差距越小,贸易转移就越小。分析了关税同盟给各成员国带来的利弊之后,Viner 便提出了衡量一个关税同盟总体效果的标准——Viner 标准就是考察该关税同盟产生的所有贸易创造效应和贸易转移效应的差额。如果贸易创造效应大于贸易转移效应,该关税同盟就有利,反之则不利。值得一提的是,Viner 认为,关税同盟的建立,不管是否使每个成员国都获利,非同盟国的福利肯定是受损的,所以 Viner 认为关税同盟不是一种帕累托改进,而只是一种次优政策的特例。

---

① 所谓的“3”是 Viner 为了分析问题的方便,把整个世界简化为三个国家,即本国(Home Country,用 H 国表示)、同盟国或伙伴国(Partner Country,用 P 国表示)及非同盟国或非伙伴国(Non-Partner Country,用 N 国表示)。而所谓的“1”,同样是 Viner 为了分析问题的方便而假设市场上只有一种产品。由于 Viner 模型最关注本国和伙伴国的效应,因此有时也称其模型为 1×2CU 模型。

6.3.3 Johnson,Meade 和 Corden 等众多学者对 Viner 理论的拓展

Viner 理论问世后,Johnson,Meade 和 Corden 等众多学者在肯定其重要意义的同时,也指出了 Viner 关税同盟理论的缺陷。他们指出,首先,Viner 的 CU 理论本质上只是一种静态分析,其得出的种种的关税同盟产生的影响也都只是静态效果或短期效果,他没有考虑经济一体化的长远的、动态的影响,因此 Viner 准则也是不完整的。其次,Viner 的 CU 理论是一种局部均衡理论,不能代替多产品市场的一般均衡情况,所以 Viner 准则是缺乏实际意义的。第三,Viner 的 CU 理论只适用于完全由发达国家(完全市场经济国家)组成的经济一体化组织,而对非市场经济或不完全市场经济国家组成的经济一体化组织不适用,其理论的实际指导意义有限。第四,Viner 的 CU 理论是建立在一系列严格的假设条件之下的,而这些假设条件与现实状况相去甚远,因而其适用范围非常狭窄。为此,他们对 Viner 的 CU 理论进行了拓展。这些拓展主要体现在以下几个方面。

1. 经济学家 Johnson 对 Viner 的贸易创造效应含义的扩充

经济学家 Johnson(1965)认为,Viner 的贸易创造效应只包括一体化产生的生产效应,事实上,贸易创造效应还应该包括消费效应,即一体化后各国价格会随着伙伴国便宜产品的涌入而下降,消费者因此获得了消费者剩余,产生了消费效应。

2. 经济学家 Meade 贸易扩张效应的提出

Meade 认为,关税同盟带给高效率成员国和低效率成员国的利弊是完全不同的。Viner 提出的贸易创造效应和贸易转移效应都只是针对低效率成员国而言的,而对于高效率成员国,这两种效应并不适用。高效率成员国在一体化后,其低价产品会占领整个一体化市场,其贸易量会大大增加,从而获得一个贸易扩张效应(Trade Expansion Effect)。Meade 提出的这个贸易扩张效应对低生产效率的成员国同样是适用的,因为低效率高成本成员国加入关税同盟后,国内市场的价格降低以及通过对外贸易可以不断得到满足的供给条件会刺激总的国内需求的增加,从而获得贸易扩张效应。显然,Viner 分析的经济一体化的利益,除了贸易创造效应外,还应加上贸易扩张效应。

3. Meade 在 Viner 关税同盟理论基础上形成的自由贸易区理论

自由贸易区同关税同盟一样在区内实现了产品市场一体化,但它不像关税同盟那样要求各成员体实行统一的对外关税,它允许各成员体保持自己原来对非成员体的贸易歧视。Meade 以自由贸易区为研究对象形成了自由贸易区理论,他的自由贸易区理论完全建立在 Viner 的 CU 理论之上,也是通过一个 1×3 模型分析了自由贸易区的组成给各国带来的影响。只是因为自由贸易区有着关税同盟所不同的特征,所以二者产生的各种影响也就不同。按照 Meade 的分析,这种不同的最大之处就在于:自由贸易区会产生"贸易偏斜"(indirect trade deflection)现象:当区内高关税成员国的需求弹性非常大,以至于其国内价格一降低,其需求量就大增,从而造成区内供不应求时,低关税成员国就会用区外进口产品向高关税国出口。于是原本须以较高进口关税才能进入高关税国的区外国家产品,现在通过区内低关税国的转手便可以以低关税进入到高关税国。正因为自由贸易区中存在着间接贸易偏斜,所以 Meade 得出了自由贸易区不如关税同盟的结论。

为了消除这种"贸易偏差",自由贸易区往往要求区内实行"原产地原则",Meade 的自由贸易区理论正是自由贸易区采用"原产地原则"的理论依据。但正因为 Meade 的自由贸易区理论是完全建立在 Viner 的 CU 理论之上,所以 Viner 理论存在的局限性其理论也同样存在。

4. Corden 关于关税同盟、自由贸易区的内部经济——规模经济的最早分析

按照 Viner 和 Meade 的分析,低效率成员国在一体化后可能获得贸易创造效应和贸易扩张效应两种利益,遭受贸易转移效应一种损害,高效率成员国只获得了贸易扩张效应。Corden 认为,高效率成员国从经济一体化中获得的利益远不止如此。高效率成员国在一体化后,其低价产品占领了整个或大半一体化市场,其大大增加的贸易量和生产量会使高效率成员国的边际生产成本递减,从而获得一个成本递减效应(the cost reduction effect)。这个效应不同于 Viner 的贸易创造效应,因为它不是产生于便宜的供给资源的流动,而是产生于国内供给资源的更加便宜。同时高效国的消费者也可以因本国产品成本减少、价格下降而获得利益。所以成本递减效应也包括了生产和消费两种效应。

Corden 也强调，并不是任何情况下高效率成员国在一体化后都能获得成本递减效应，这还要考察各成员国一体化之前的生产状态。如果一体化之前，高效率成员国由于某种产品的生产效率低于世界市场上的最高效率而从世界市场进口来满足本国的需求，一体化之后，不得不停止进口转而用自己相对低效的生产来满足整个一体化市场的需求，那么它所获得的成本递减效应会被所谓的贸易抑制效应所抵消。贸易抑制效应(trade suppression effect)即指原本自己不生产的高效成员国由于用较贵的本国生产替代了从较便宜的同盟外国家的进口而遭受福利损失。这与 Viner 的贸易转移效应有不同之处：即这种贵的资源是指结盟后产生的新的高成本的生产者，而不是指产品资源。

规模经济效应的出现显然对 Viner 准则进行了修订，即衡量关税同盟效果好坏的准则除了贸易创造效应和贸易转移效应外，还要补充贸易抑制效应和成本递减效应。

对于 Corden 的分析及其得出的结论，经济学家 Grubel(1967)年在肯定其科学意义的同时也指出了其局限，他认为这种局限主要体现在 Corden 的分析没考虑一些“动态因素”和一些“非生产性因素”。这些因素主要有各成员国的产品需求弹性和供给弹性、信息不完全、运输成本等。格鲁贝尔认为，考虑这些因素后，“按照规模经济而产生的专业化模式与现实中由于贸易开放而产生的专业化模式就会不太相符合”，现实中各成员国因为一体化的内部经济所获得的利益或遭受的损害也没有理论分析的那么多。为了说明 Grubel 这一观点，经济学家 Robson 以 Corden 分析过的结盟前两国都生产某一产品的情况为例，仍假设低效成员国是高成本生产国，其成本曲线位于高效成员国的成本曲线之上，但这次假设低效成员国对该产品的需求要比高效成员国的大得多。于是，在结盟前低效国的大量需求使产品的实际单位成本要低于高效国生产少量产量的实际单位成本。如果这时两国实行贸易开放，则高效成员国的消费者将购买低价格的低效成员国的产品而不再购买高价格的高效成员国的产品。于是低效成员国的产量得到进一步扩大，它的均衡价格和生产成本也得到进一步下降。而高效成员国的国内均衡价格则将因为消费量的减少而上升。结果，当低效成员国的生产满足两国市场需求量的单位成本与高效成员国生产同样产量的单位成本相同时，生产便达到了均衡。Robson 认为这是一种特殊情况，但这种情况说明了贸易开放时没有必要在集团内部建立一种理想的专业模式,而应视各成员国的具体情况而定。同时,不完全信息和确实存在的运输成本对Corden建立在成员国之间的完全信息和不考虑运输成本的假设之上得出的高成本的低效成员国的生产最终将不可避免地转向高效成员国生产的专业分工结果也可能不会发生。

Robson最后得出结论,即比较优势的动态因素和非生产性因素使得高成本的低效成员国的生产企业有了继续得到生存的可能性,这也说明了没有必要阻止通过专业化而获得收益的贸易开放,低效成员国的生产企业仍然能在一体化后获得利益,只不过这种收益可能比理论上估计的要小些。究竟由哪个成员国的哪家企业最终获得规模经济也要视这些"动态"因素的大小而定。

在这个问题上,Kojima(1971)的观点与此相似,他甚至提出,由于存在规模经济,一体化根本不会产生专业化分工,价格机制在这里是无效的,它不能推动各成员国专业分工的产生,各国市场内最初达到的均衡也将是稳定的。有关这方面内容,Meade(1955b)也进行过探索。

Corden等学者的上述理论显然极大地补充了Viner的关税同盟理论,但应该说这种理论只适应于封闭性的关税同盟。而对于一个开放性的关税同盟,由于各国同非同盟国的贸易不受加入关税同盟的限制,所以各成员国就不可能发生一体化后停止从同盟外进口的现象,从而也就不会产生贸易抑制效应或贸易转移效应。可见亚太经合组织等一体化组织主张开放性的一体化是可以得到理论上的印证的。

5. Mundell等人关于关税同盟的贸易条件效应分析

Viner的关税同盟理论有一个假设条件:假设世界市场的价格是固定不变的,即关税同盟与世界其他国家之间的贸易条件是不变的,不受关税同盟的建立的影响。Mundell(1964)放松了这一假设,最早分析了世界市场价格受关税同盟的建立的影响下的贸易条件效应。按照Mundell的分析,如果关税同盟的建立会影响其对世界其他国家的进口需求,关税同盟与世界其他国家之间的贸易条件将出现改进的趋势。这种贸易条件的改进将部分或全部抵消贸易转移带来的福利损失,抵消幅度与进口产品价格下降的程度紧密相关。换言之,关税同盟的建立必定使自身利益增加而世界其他国家的福利受损。但经济学家Wooton(1986)指出,关税同盟的建立并不会必然使其他非成员国的福利受损,特别是,关税同盟建立后，会使同盟内各成员的实际收入增长，这会增加同盟内国家向同盟外国家的进口量，从而使同盟外国家的福利增加，部分抵消因贸易条件恶化而带来的福利损失。

6. Balassa关于关税同盟的动态效应分析：关税同盟的生产效率提高效应

关税同盟一旦形成，一个比原来大得多的市场便随之出现，而这个市场显然只有生产成本相对较低的成员国才能获得它。因此，Balassa认为，在这种比较利益法则的作用下，必然促使各成员国和各非成员国提高自己的生产效率：从高生产效率成员国的角度来讲，其对经济利益的追逐将促使它们更加不断地提高生产技术和效率，以期其产品具有更加强的竞争力来保住其市场份额；而从低效率成员国来看，一体化后其失去了国内大量市场，该国为了收回其失去的市场，就会致力于生产成本的节约。同样，对各非同盟国而言，关税同盟的建立必定使其与关税同盟成员国之间的贸易量大大减少，非同盟国为了在贸易量减少的情况下仍保持其利益不变，就只能力求提高其产品的生产效率，使其同样的投入通过生产效率的提高获得更多或更有效的产出。因此，关税同盟的建立对各国都产生了一个生产效率的提高。也就是说，关税同盟内外的竞争可以消除低效。

除了上述拓展成果外，学者们在其他方面也进行了拓展，这些方面的成果将在后面的相应部分进行述评。

6.4　要素市场一体化理论

——Scitovsky，Deniau，Meade和Wooton等的共同市场理论

共同市场[①]不仅实现了产品市场的一体化，还实现了生产要素市场的一体化。共同市场理论不仅要分析生产要素市场的开放，而且还要分

① 共同市场(Common Market)有以下一些特征：(1)它具备关税同盟的一切特点，即各成员国之间实现了产品市场的一体化，所以其产品市场上的一体化也是一种非完全的积极的经济一体化；(2)完全消除了限制生产要素自由流动的一切歧视，实现了要素市场的一体化。由于限制生产要素自由流动的一切歧视是一体化前就存在的，所以其要素市场上的一体化仍属完全的消极的经济一体化。

析产品市场和要素市场同时一体化时的相互关系。一般来说,产品市场和要素市场是相互影响的,那么这两个市场是怎样互相影响的?消除了自由流动障碍的产品市场和要素市场将怎样影响各国的福利?这些问题就是共同市场理论所要分析的目标。但由于各国国内企业技术的创新能力是不一样的,加之许多市场的功能也没有所有理论分析时所假设的那样完美。所以,从目前共同市场理论的研究成果看,分析产品市场一体化和要素市场一体化的相互影响的理论成果较少,大多数这方面的理论仍只分析要素市场一体化带来的收益。这方面的代表成果就是 Scitovsky, Deniau, Meade, Wooton 等人的共同市场理论。

Scitovsky 和 Deniau 等人认为,建立共同市场的最大目的就是要通过资本和劳动力从低边际产品向高边际产品的自由流动来达到一个更有效的生产资源的配置。而生产要素的市场一体化理论就是要讨论要素市场一体化到底要进行到什么程度才能使区域内各要素的收益相同,也才能使区内利益的分配达到均等。为了达到上述分析目的,Scitovsky 和 Deniau 等人首先分析了生产要素的流动效应。

按照他们的分析,生产要素的流动效应首先体现在价格集聚和完全均衡效应上,即允许劳动力和资本等生产要素在共同市场内自由流动的直接结果是劳动力和资本等要素的价格在各成员体内趋于一致或完全达成一致。这种价格的集聚或完全均衡效果会改变各成员体内相关利益群体的福利。按照 Scitovsky 和 Deniau 等人的分析,可以把这些福利变化总结如下:

劳动力要素市场一体化的直接结果是一部分劳动力丰裕的低工资成员体中的劳动力流入劳动力相对稀缺的高工资成员国国内,这种流动会改变这三部分劳动力和各成员国雇主的福利:其一,从低工资国流入到高工资国的劳动力因获得较以前更高的工资而获得福利的增加。其二,高工资成员国的劳动力因外来劳动力竞争加剧造成工资下降而福利下降。其三,留在低工资国的劳动力因本国劳动力外流,竞争减少而获得福利增加。其四,高工资成员国的雇主因本国劳动力供给增加而获得福利增加。其五,低工资成员国雇主因本国劳动力供给减少而遭受福利减少。

资本要素市场一体化的直接结果也是一部分资本丰裕的低利率成员体中的资本流入资本相对稀缺的高利率成员国国内,这种流动会改变不同利益群体的福利:其一,低利率国的储蓄者因资本从低利率国流入到高利率国获得较以前更高的利息而获得福利的增加。其二,高利率国的储蓄者因资本从低利率国的流入获得较以前更低的利息而遭受福利损失。其三,高利率成员国的投资者因外来资本增加造成本国利率下降而福利增加。其四,低利率成员国的投资者因本国资本外流造成本国利率上升而遭受福利损失。

上述结论的前提条件是两成员国的要素禀赋存在差异,但按照 Scitovsky 和 Deniau 等人的进一步分析表明,即使两成员国在要素市场上不存在差异,只要两国的劳动力或资本拥有者存在不同的流动偏好等因素,取消要素的流动障碍也可能会使两国的要素资源配置更有效。比如在资本市场,两国不同的流动偏好将可能使高利率国不再流入长期资本,同时流出短期资本。而低利率国可能正相反。而在劳动市场,不同的限制会引起某些人从低工资国流向高工资国,而另一些人则从高工资国流向低工资国。

除此之外,Scitovsky 和 Deniau 等人还认为,生产要素市场的一体化不仅仅只会产生上述价格集聚或完全均衡效应,还会产生其他很重要的福利效应(这些福利效应对不同的国家是不一样的,因此会引起各成员国之间产生福利分配争议):

其一,所有成员体的总福利在一体化后都会上升(这是各种要素自由流动效应的综合结果)。

其二,当要素市场一体化后,收入在不同的行业的分配将发生变化。在低工资、低利率的成员国中,总收入中的劳动收入比资本收入要少,而高工资、高利率的成员国中,劳动收入比资本收入要高(这些结论是通过模型中面积大小的比较得出)。既然向外投资能获得较高的收入,这就解释了为什么贸易联盟都比较欢迎外来投资,而反对国内资金向外投资。当然,这种效应只有当市场功能完善时才会发生,也就是当工资向下调整时才会发生。如果不这样,结果将增加失业从而导致生产的减少。这种减少即使有资本短期的增长也不能补偿。

其三,一体化还会引起政府收入因国际资本的税收而产生变化。如果高利率国对外国资产增税,该国可以获得收入。如果这个收入超过了低利率国的净收益,低利率国将从它资本市场的对外开放而高利率国没有完全开放中遭受一个净损失。

劳动力移动的福利效应要比资本移动的福利效应小些。如果假设这些移动不是永久的,各国都会有一个劳动转移收入,使低工资国产生一个净收益。但是,劳动力流动引起的收入转移与资本流动所引起的收入转移不完全相同,因为劳动力向外转移时会产生一个维持劳动力基本生活的成本,其所得将少于资本转移所得。

其四,要素市场一体化会使关税同盟中的贸易自由化变得更容易。实际上,生产要素的结合并不意味着各国在其国内可以随时获得他们想要的资金和劳动力,所以,共同市场可以加速关税同盟动态效应的实现。

其五,要素市场一体化会产生 Viner 效应。这种 Viner 效应不再是贸易创造效应和贸易转移效应,而是劳动力和资本流动的创造和转移效应。

其六,要素市场的一体化最有可能通过提高各金融团体的竞争,或发挥其规模经济效益提高产品质量等来实现一体化的动态效应(与产品市场一体化相比)。当然,资本市场封闭的国家的银行业会遭受损失。但另一方面,运用金融资产的所有行为都会获利,这个获利会少于跨国企业的获利,但比还没有进入外国市场的贷款者获利要大。政府在这种受保护的市场中的贷款优势将减少,因为投资者在国外找到了代替国内政府债券的别的投资方式。结果,贷款者所支付的利率和贷款者所获得的利率之间差额的减少说明了两者都从开放中获得了利益。投资和储蓄将同时获得一种更好的增长条件。由于共同市场的动态效应研究在理论上还不是很深入,所以在此不再作更进一步的分析。

其七,要素市场一体化还有个空间上的集中效应。在金融市场发展的高级阶段,不仅超额的供需会转移到金融中心,而且借款者和贷款者也会将他们的所有活动移到这个中心来。这个效应对资金市场一体化方式的选择会产生相当大的影响。小国如果与大国较大的市场一体化将比与小国的小市场之间的一体化更有利,因为小市场与大市场的一体化会更有效。

上述结论只限于生产要素市场的一体化,但事实上,共同市场上还要考虑产品市场和要素市场共同一体化后的相互影响。正如前面所说,这方面的研究成果目前还不多,Scitovsky 和 Deniau 等人在这方面也作了一些探讨,他们研究了产品和要素市场之间的相互关系及取消流动障碍后的影响。他们的研究首先从分析产品和要素流动是否存在相互替代关系开始。他们发现,在一些比较严格的假设条件下,产品市场的一体化会使要素的价格趋于一致:产品市场一体化必然引起各成员国生产结构的改变,生产结构的改变必然会引起生产要素的需求发生变化,生产要素需求的变化又必然引起要素间相对价格的改变。即在两国市场中,高价格的要素价格将下降而低价格的要素价格将上升,当这种下降和上升达到一定程度时,要素价格便可达到完全均衡。在这种情况下,显然就没有必要实行劳动和资本的相互流动了。也就是说,只要通过关税同盟的运作,它的贸易效应可以降低同盟内部的要素收益和边际生产率的不一致,使要素价格趋同,达到共同市场的效果。按照这种分析,建立共同市场是毫无意义的。

另外的研究也发现,要素流动也可替代商品贸易。他们认为生产要素的流动将改变各成员国中两种生产工具要素的相对稀缺性,并使它们的价格趋于相同,这也将减少两国生产产品的成本差额,从而对产品的贸易产生影响。

尽管这些分析结果与现实目标不太符合,加之其假设与现实也相去甚远(事实上,市场不是完全竞争的、要素不是完全流动的、各国的资源禀赋也不同等)而使其实用性不大。但共同市场内产品和要素的流动或多或少总存在着一些替代关系,因此有一个问题须弄清楚,即这种替代对一体化的产品市场或要素市场是否更有益,也就是说,怎样才能获得产品、服务、资本和劳动流动的利益最大化。目前,分析这方面内容的理论很少,而考虑更多的是发展中国家与发达国家之间的关系。在西方国家,这个问题的答案是从政治的角度考虑的,因为劳动力的移动会引起许多社会问题,所以大多数政府都希望通过产品和资本的流动来使产品和要素市场的价格均等化。但资本的自由流动又与宏观经济政策的制定有着密切的关系,而各国政府又不愿意放弃自己的自主权,所以,一般来说各国政府宁愿实现产品贸易而不愿意采取资本流动政策。

但是,从理论上的分析中,Meade 和 Wooton 等认为仍可从贸易壁垒的福利效应中找到一个较理想的选择。他们将前面的产品市场一体化分析放在一种各国间资本可以自由流动的条件下进行拓展,得出了如下结论:

第一,在允许资本自由流动的条件下,不取消关税会使关税同盟的经济遭受损失,这也就是关税同盟为什么要向共同市场发展的原因之一。

第二,如果取消关税,并允许资本自由流动,则采取配额和自动出口配额措施的成本将大大减少(这也可以解释为什么这些贸易措施在 20 世纪 80 年代经济较宽松的条件下还仍然在各国普遍存在的原因)。

6.5 政策一体化理论
——Balassa 等人的经济同盟①理论

共同市场要实现要素市场的一体化,除了需要制定一个废除一体化之前就已存在的限制成员国之间要素自由流动的立法,还需要制定一些积极的一致的政策措施,以确保在一体化内部市场上公平对待劳动力、资本和企业。因此,共同市场在实现了产品市场一体化和要素市场一体化之后,再实现政策一体化似乎是顺理成章的事。经济同盟便是在共同市场基础上发展起来的,它不仅实现了产品市场一体化和生产要素市场一体化,而且还实现了政策一体化。经济同盟理论的目标就是要在分析单一产品市场、生产要素市场和政策三者都实现一体化后的相互关系的基础上分别对产业政策、货币政策、社会政策、财政政策和汇率政策等的一体化对各成员国的影响进行分析,并分析各国政策的差异给各国贸易量大小、生产要素的流动和社会福利等方面带来的负面影响的程度和损失程度。

Balassa 对产业政策、货币政策、社会政策、财政政策和汇率政策等的一体化对各成员国的影响进行了分析。他认为总的来说政策一体化程度大小决定了政策一体化可避免各成员国因政策的差异而给贸易量的大小和生产要素的流动带来的负面影响的大小,从而决定了可避免的各国福利损失的大小。

关于产业政策一体化,Balassa 把产业政策分为"横向"政策和"纵向"政策。所谓的"横向"政策是指全面的财政拨款和税收优惠;而"纵向"政策是指对特定活动的财政拨款和税收优惠。显然"横向"政策一体化的一体化程度要高于"纵向"政策一体化。"横向"政策的一体化不会在同盟内

① 经济同盟(Economic Union)有以下一些特征:(1)它同共同市场一样实现了产品市场的一体化以及要素市场的一体化,因而具备共同市场的一切特征;(2)实现了各成员间的政策一体化,如实行共同的农业政策、货币政策及财政政策等。由于这种形式的经济一体化"创造"的合作因素很多,因而是一种较完全的积极的经济一体化组织。

产生资源配置的扭曲，而“纵向”政策一体化则会产生资源配置上的扭曲，从而可能会抵消由于取消同盟内部关税而取得的效益。这是因为“横向”的产业政策可以使各成员国筹措社会保险基金的条件均等化，从而可以减少各成员国之间税负的差异和资源配置的扭曲。

其他政策如货币政策、社会政策、财政政策和汇率政策等的一体化也同样存在上述规律。如要消除由于上述政策一体化程度不高而产生的各种扭曲，在社会政策方面各国提供社会福利所需的资金应来源于雇主和雇员，而非来源于各国总的税收收入。因为如果来源于总的税收收入，就等于给劳动密集型活动以工资补贴，这就会给各成员国社会保险基金的筹措方式造成差异，因而产生资源配置扭曲。

另外，Balassa 还对自由贸易区实行的原产地政策进行了分析。他认为原产地政策对生产征收间接税，而不管产品在哪国销售，这就会使得一些成员国在实行这种政策的同时可通过汇率的浮动来抵消，从而也产生扭曲。所以他认为要消除这种扭曲的方法是各成员国都实行增值税。

从 Balassa 的上述理论来看，Balassa 的主要观点是政策一体化能使各成员国的资源得到有效的配置，而不会因为各国政策的差异而产生的资源配置扭曲。从这个意义上讲，他的理论无疑是内容丰富的。但 Balassa 的理论仅仅只指出了政策一体化能使各成员国的资源得到更有效的配置，从而可避免因各国政策的差异而产生的资源配置扭曲。而对政策一体化究竟会给各国的生产、贸易结构、收入分配、经济增长等带来怎样的影响没有涉及，因此该理论在内容上是不完整的。

6.6　完全的经济一体化[①]理论
——Haas 的职能“外溢”理论

完全的经济一体化的显著特征是某一体化组织不仅实现了经济一体化，还实现了政治一体化，因此研究完全的经济一体化的首要任务是研究

① 完全的经济一体化(complete economic integration)是经济一体化的最高状态，它具有以下一些特征：(1)它具备经济同盟的一切特征，即实现了产品市场一体化、要素市场一体化和政策一体化；(2)实现了政治一体化，即各成员国模糊了国家主权，形成了一个政治和经济都非常统一的完全的经济一体化整体。这种形式的经济一体化是完全积极的经济一体化。

经济一体化和政治一体化二者之间的相互关系。由于目前世界上还没有一个真正意义上的完全的经济一体化组织,所以这方面的研究成果很少,比较有代表性的成果是 Haas 的职能“外溢”理论,这个理论的核心观点就是发达国家的经济一体化能自动“溢出”政治一体化。而且 Haas 还为此设计了经济一体化“溢出”政治一体化的条件,即该经济一体化按他设计的一系列“干预变量”所得总分要高。从而比较详细地研究了一体化的规模大小、成员国间的交往频率、政府作用的程度等因素与经济一体化程度高低之间的关系。

Haas 的理论显然为急于实现政治联盟的欧洲国家一开始就建立一个经济一体化程度很高的欧共体提供了理论依据,同时他的理论也与当时一些政治家的实际战略思想相接近,因而 Haas 的理论在国际区域经济一体化理论体系中占有很高的地位。

但 Haas 的理论也受到许多学者(如 Holman 和 Cassian 等)的争议,他们认为 Haas 理论中没有包括某些相关变量,而且根据欧共体的实际情况,经济一体化并不容易“自动溢出”政治一体化。他们认为政治一体化的产生只能是主动的政治决策的结果,而不是经济压力独自的结果。不过也有许多学者认为,Haas 的理论不管结论如何,作为一种学派,Haas 把制度结构分析和政治过程的研究相结合,也不失为一种研究方法。Haas 的理论为丰富国际区域经济一体化理论体系中的完全的积极一体化理论的内容提供了研究思路和方法。

除了上述研究成果外,国际经济一体化理论研究还在经济一体化的外部规模经济问题、不完全竞争问题、产品差异性和消费需求多样性问题、国际经济一体化的帕累托改进问题等方面的研究也取得了一些进展,但这些进展还缺乏一定的系统性,因此在此就不一一综述。

6.7 经济一体化理论进一步研究的方向

从国际一体化经济学理论上所取得成果的整体上讲,目前还存在着的以下四大有待进一步解决的问题。

6.7.1 有关经济一体化一般均衡问题的研究

从一般均衡理论的内容上讲,它只是局部均衡理论的扩伸。但由于一体化局部市场发生的变化通常会引起整个市场上其他产品或要素的相关价格也发生重大变化,所以局部均衡分析不能代表一般均衡分析的情况。又由于一般均衡问题涉及众多产品市场相互间的复杂关系,因而一般均衡问题的研究在难度上要远大于局部均衡分析,因此至今还无人能很好解决这一问题。许多学者也曾对这块内容进行过尝试。Corden 于 1974 年建立了一个两产品的一般均衡模型(2×3 模型),Meade 则稍后建立了一个三产品模型(3×3 模型),先后对一体化的局部均衡分析不违背或不影响一般均衡分析的条件,以及一般均衡市场对各国的影响等进行了探索,但是他们的分析过程非常复杂难懂。不过,他们总结出的一些规律性的结论很有价值:

(1)如果局部市场的变化不会引起所有其他产品的相对价格发生变化(比如局部市场很小,它的变化不会对其他产品的供需产生影响,就近视满足这些条件),那么,局部市场的供需分析以及与单一产品(或单一产业)市场有关的结论也就能够代表一般均衡的情况,一个多产品的一体化组织的总体效果就可以把所有参加贸易的产品的局部市场的结果进行加总就行了。显然"小国"模式的一体化适合于这种情况。反之则不然。

(2)关税同盟的经济区域越大,组成它的成员越多,贸易创造超过贸易转移的量就越大。因为在其他条件相同的情况下,关税同盟越大,它对非同盟国产品的互惠需求的弹性就越高,非同盟国对关税同盟国家的产品的互惠弹性就越低,二者之间的贸易条件会发生对其有利的变化,因而收益也越大。

(3)关税同盟的统一对外关税 CET 越低于一体化前各成员国的平均关税水平,则产生的贸易创造就越大。这是因为这样可进一步减少贸易转移的可能性。

(4)成员国之间进行产品贸易的比例越少越好。因为比例越高,形成从非同盟国转到同盟国供应的贸易转移的可能性就越大。

(5)同盟国之间未结盟前的贸易比例越高,而与外部世界的贸易比例越低越好。因为这样同样可减少产生贸易转移的可能性。

(6)成员国之间的经济竞争性越大、互补性越少,形成贸易创造的机会就越大。这是因为,在竞争性经济中,生产形态相互类似,产品重复多,结盟后就会形成竞争性的国际分工;而在互补性经济中,高效率的成员国虽然能夺取其他成员国的大部分生产,但往往导致其相对较高的产品替代低效率成员国从低成本的世界市场的进口,从而产生贸易转移。因此,关税同盟的成员国一般以经济发展水平相近的国家为宜。

Corden 等的这些结论显然可以用 Viner 的 CU 模型得到证明,也可以作为衡量关税同盟效果的补充准则,还可作为各国政府制定贸易政策的理论依据。

6.7.2 有关经济一体化的长期或动态效应的研究

国际一体化经济学理论研究中遇到的另一个难题是经济一体化的动态效应的分析问题。综观国际一体化经济学现阶段的各种理论成果,无一不是建立了众多明示的或暗含的假设前提,把实际多变的现实经济状况抽象成为静态的、凝固的状态,而现实情况中,却总是存在着许多不确定因素和无法定量分析的因素,要考察经济一体化长期的、动态的影响的确存在很多困难,因而现有的一体化理论得出的各种结论缺乏很好的现实指导意义。

为此,Balassa,Meade 和 Corden 等学者对 Viner 的 CU 理论进行了一系列严格假设条件的放宽和拓展。这些拓展主要包括以下几方面:

1. 非关税措施对关税同盟产生的各种效应的影响

Viner 的 CU 理论的假设条件之一是关税是各国采取的唯一贸易限制措施,而且,为了简化分析,还假设关税是从量税而非从价税。所以,关税同盟只要求各成员国对非同盟国实行共同的对外关税 CET,而允许它们依然维持着各自对非成员国的不同配额限制,而这些非关税限制对关税同盟的影响与关税对关税同盟的影响是不一样的,这种不同就表现在,只要低效率成员国国内市场价格与世界市场的价格之间存在着一个价格差,关税同盟就无法阻止该国继续从世界市场上进口其规定的配额。换言之,在这种情况下,该国国内市场上因供不应求而需的进口将不再如前面假设的那样只能从关税同盟内的高效伙伴国进口,它可以仍从世界市场上以较伙伴国价格更低的价格进口其规定的配额部分,进口配额完成后,仍不能满足国内市场时才从伙伴国进口。

关税同盟取消配额限制与取消关税限制所产生的福利效应也是不同

的：两种情况下都会获得大小相同的贸易创造效应和贸易扩张效应，所不同的是，取消关税限制没有负面效应，而取消配额限制会产生负面效应（即该国会遭受贸易转移效应）。所以关税同盟允许其成员国继续保持其加入关税同盟之前对非成员国的进口配额是很有益处的，这样做对低效率的成员国有利，因为它可以避免其遭受贸易转移的损失。虽然这样做对高效率成员国的利益有所减少（其对低效国的出口量减少），但它较其加入关税同盟前对低效率国的出口仍是增加的。因此，从某种意义上讲，关税同盟不取消其成员国对非成员国的配额限制有利于关税同盟贸易利益的较公平分配。

2. 非生产性因素对关税同盟各种效应的影响

Viner的CU理论的另一假设条件是不考虑运费等非生产性因素，Balassa，Meade和Corden等学者放松了这一假设条件，对考虑非生产性成本因素后的Viner的CU理论进行了修正。按照他们的总结，现实世界存在很多影响关税同盟各种效应的非生产性因素，主要包括：

（1）生产结构。即要看各成员国一体化前的生产结构是相互补充还是相互竞争。Balassa认为，互补型生产结构可以使两国在生产某产品时形成程度很高的专业分工，在这种情况下，关税同盟的建立的优势便不是很大。相反，如果两国在某种产品的生产上一开始就是竞争性的，在生产上是潜在的竞争对手，那么在专业分工时，两国在这种产品的生产上都会以最低成本进行生产，所以由生产结构互为竞争性的国家组建关税同盟的优势就大一些。

（2）关税同盟的规模。Corden等认为，关税同盟的成员国越多，成员国越大，其占世界贸易的比重就会越大，资源的配置就会越好，贸易转移就会越少发生。

（3）关税水平。Meade等的结论显示：各成员国未加入关税同盟前的关税越高，其结盟后由于关税的取消而产生的福利就越多。但另一方面，关税同盟的共同对外关税越高，也会增加关税同盟的负面效应（即贸易转移效应）

（4）运输费用与交易成本。Viner的理论中不考虑运输费用。但现实中，运输费用往往是产品价格不可忽略的重要因素，而且，正如Balassa所言，运输成本将取代关税同盟中已取消的关税而成为进一步进行专业分工的障碍。无疑，关税同盟中各成员国的地理位置越接近越好。另外，由于诸如语言、文化传统等此类因素都会增加关税同盟内部的交易成本,所以,各成员国之间语言水平、文化传统等越接近越好。

但经济一体化的动态效应远不止这些,而且上述拓展大多只是一种定性分析,缺乏系统的定量分析。

6.7.3 有关发展中国家的经济一体化问题的研究

从发达国家的经济一体化理论的假设条件看,发达国家的经济一体化理论实际上是完全实行市场经济的国家的经济一体化理论。发展中国家的经济一体化之所以不适用于发达国家的经济一体化理论,不仅仅只因为发展中国家参与经济一体化的动机除了经济目标外还有非经济的目标(如工业化目标),而且还因为发展中国家多数都是不完全的市场经济国家,因此发展中国家内部的市场价格有一定的扭曲,不能完全反映产品的机会成本。当然,目前对有关发展中国家的经济一体化的研究进展不大也与发展中国家参与的经济一体化本身的一体化程度和制度化程度不高有关。目前国际上有关发展中国家的经济一体化问题的研究也取得了一些成果,但这些成果都是定性分析,还远未达到定量化、模型化的程度。因此,有关发展中国家的经济一体化问题的研究便成了国际一体化经济学理论发展中的难题之一。

1. Robson 的研究

目前,有关发展中国家问题的研究更多地集中在发达国家和发展中国家关于经济一体化所带来的利益分享、成本分担及其公正性和可接受性等方面。有关这方面的研究成果,Robson 在 20 世纪 90 年代后期曾作过一个考察,他认为,关于利益分享的各种研究主题来源于几个层次上的考虑:其一是不同的国家和地区能够在多大程度上得益,即不同国家之间的利益分配和分享及其公正性和可接受性如何;其二是资本和劳动之间的利益分配会受到什么样的影响;其三是要素价格将如何受到影响;其四是不同的经济部门将如何受到影响;其五是由于产业趋向于集中在一些国家的特定的地区,因此一体化对产业部门的冲击将如何对成员国国内的各个地区产生影响;其六是从地区和国家一级看,一体化是使各成员的经济增长趋于一致还是扩大差距。

从这些研究所涉及的多种理论方法上看,Robson 认为,这些方法总的可分为两类,即静态比较的研究方法和强调增长的方法,每类方法又可划分出三种主要方法。

(1)用静态比较研究的方法分析经济一体化所带来的利益分享问题。据 Robson 的总结,静态比较研究中的第一种方法是运用市场一体化理论,揭示市场一体化传统的或新的配置效应。前面所介绍的 Viner 的关税同盟理论、Meade 的自由贸易区理论就运用了这种传统的分析方法研究了局部均衡分析的成本与收益在国家之间的分配关系。按照Viner等的分析,虽然在一体化条件下的生产对整个市场来说是获益的,但经济一体化的所有成员国并不必然地都获利,有些成员国有可能出现总福利水平下降的情况,这种下降表现为所放弃的关税收入上。在贸易由规模经济和不完全竞争市场决定的一体化新经济学理论中,生产和租金的变化也会出现这样的情况。最后,Viner 等得出结论,如果要让所有的国家得利,则需要采取某种形式的补偿。但 Robson 认为,这些分析没有分析一般均衡情况,也没有考虑交通运费等可能改变各国贸易流向,从而改变各成员国利益分享的问题,因而这种补偿是缺乏依据的,何况补偿支付通常会引发出配置成本,因为必须为补偿支付筹集资金,并且补偿支付也可能会对受到补偿的一方产生不利的效果。

按照 Robson 的总结,静态比较研究中的第二种方法是由贸易理论和差异性构成的,以 Heckscher,Ohlin,Wooton 和 Deniau 等为代表的国际贸易的新古典一般均衡理论。该理论将各成员收入上的差别归结于其要素禀赋的初始差别。按这种静态比较方法的分析,建立在比较优势基础之上的关税同盟内部成员国之间的自由贸易应当促进要素报酬和生活水平的趋同,在共同市场条件下,要素流动的影响将加强这种趋同效应,资本和劳动力将在国家和地区之间重新配置,所有成员都将获得好处。但 Robson 认为,这种正统的模型及其得出的结论需要许多严格的假设。首先,该模型需要假设生产要素是无差异的。这一假设意味着对于给定数量的资本,可以在任何地方生产出同样数量的产品,然而 Robson 认为,实际情况并非如此,在一个劳动力受过良好教育和技能训练的地方,给定数量的资本可以生产出比在劳动力没有受过良好教育和技能训练的地方更多的产品。在决定竞争优势或比较优势时,这种生产能力方面差别要比正常的要素禀赋方面的差别重要得多。如果生产能力差别这一因素有利于高收入国家或者一些国家国内一些地区,那么,一体化对利益分配的结果可能更偏向于这些国家和地区。因此,Robson 认为,正统理论所指的仅仅是效率调整后要素报酬差别的缩小。如果工人的生产能力水平不同,那么,工资水平就应当调整到相应的水平,实际工资和收入的差别实际上没有必要减小;如果工资水平和生产力水平不一致,则在失业率方面的差距就会加大。其次,该模型还需要以完全竞争为前提,不存在与竞争结构不一致的内部经济规模,也没有伴随着技术进步而产生的外部经济和战略行为。Robson 认为,由于上述假设条件,正统模型不能用来解释一体化对有上述假定条件的经济部门以及与市场一体化新经济学有关的经济部门的影响。另外,从分析区域问题的立场来看,该理论的首要局限是它没有明确地说明如何处理决定区域间的竞争以及生产地点等因素。显然,如果这些假设条件得不到满足,那么实际上就无法保证各成员之间缩小差距。

Robson 总结的静态比较研究中的第三种方法是 Krugman 和 Venables(1990)提出,并在 1995 年进一步完善的所谓“新经济地理学”。Robson 认为,Krugman 和 Venables 在他们的系列研究中提出了这一学说并试图通过两种方法来解决上面所论及的问题。首先,该学说接受了一体化新经济学的观点;其次,将运输成本和其他贸易壁垒作为地理因素予以考虑。贸易壁垒变量考虑了产业集中和人口对经济一体化成本和收益的影响,Krugman 和 Venables 的基本模型的核心是说明由于生产结构和收入的差距的加大,区域一体化给某些成员国带来危害的可能性(与贸易壁垒的减少程度有关)。

Krugman 和 Venables 的基本模型主要研究了当运输成本和市场进入作为考虑条件,使得经济规模、不完全竞争和产品的差异化决定的生产地点成为重要因素时,在贸易壁垒不断下降的情况下对边缘国家生产和中心国家生产的影响。通过该模型可以得到基本结论是:不好确定一体化下的区域效果,其原因是由于规模经济和运输成本的存在,产品并不必然只在中心国家生产。他们认为,一般来说,较高的贸易壁垒使得生产地点趋于当地化,中等程度的贸易壁垒和经济规模因素可能使生产地点放在享有较高市场进入便利的中心国家而不是放在远离市场的边缘国家。

(2)用强调增长的方法分析经济一体化所带来的利益分享问题。按照 Robson 的总结,强调增长的方法注重宏观经济学意义上的增长因素,并试图解释为什么不同的国家和地区的增长速度会产生差别,增长速度和人均 GDP 能否达到趋同以及一体化将如何影响其过程。这种分析的方法有新古典模型、累积因果模型和新增长理论。

新古典经济增长模型以 Sollow 模型及之后的改进模型为代表，该模型的一个基本预期是，当技术因素不变（假定技术随处可以得到）、人均收入与资本生产力之间呈反向关系时，不同国家之间的人均收入水平表现出趋同的倾向，因为对于同样金额的投资，低收入国家的经济增长速度要高于高收入国家的经济增长速度。基本模型假定经济是封闭的，但是放宽这一假定条件后，趋同性质表现得更为强烈。Robson 认为，新古典理论对技术进步这一关键因素未加论及，而是被作为外生变量。该理论还假定经济处于充分就业状态，并对地域因素不予考虑。因此 Robson 认为这一结论在分析一体化内部的利益分享问题时有其一定的局限性。

累积因果模型得出的结论与各种正统新古典经济学模型形成鲜明的对比，它最早由 Myrdal，Hirschman 和 Kaldor 等提出。按照他们的观点，由于要素流动和贸易对累积的加强（不是削弱），初始差别将会持续下去。因为要素流动本身能够产生报酬递增，因此劳动力、资本、商品和服务会从贫困地区流向富裕地区，这就使得人均收入和增长速度上的差距不但不会像新古典经济学所说的那样得到改善，反而是加大了这种差距，因此，采用同一措施促使要素流动的方式不能解决地区之间存在的差别。Hirschman 将成长地的初始优势得到持续和加强的过程称为“分化”，Myrdal 称之为“恶化”。

对于这一模型及其得出的结论，Robson 认为，其运用上有局限性，因为他们强调的报酬递增被认为是与竞争市场和稳定均衡不相容的。

新增长理论主要指 20 世纪 80 年代由 Romer 和 Lucas 等提出的所谓内生增长新理论。Robson 认为，从经济一体化这一特有的立场看，新增长模型在两个方面很具特色：第一，大多数内生增长模型隐含地表明，资源的最佳配置不是通过市场实现的。例如，在新古典模型中，较大的投资可以带来更高的效益，但由于收益中的一部分不能被私人投资者所获得，因此他在计算时就忽略了这部分。第二，可以看到就大多数模型而言，没有必要假定各成员国人均收入将达到趋同，因为资本的边际产品不会因为国家变得富裕了而下降，所以增长不会变慢。

2. Raul 的中心—外围理论

按照该理论，“中心”是指发达国家；“外围”指发展中国家。其理论的核心观点是在由发达国家和发展中国家组成的国际经济体系中，Raul 认为发达国家处于“中心”地位,而发展中国家则处于“外围”的地位,整个体系的构成和运转均服从于“中心”利益。Raul 认为这是一种极不合理的国际分工格局。所以他认为发展中国家要进一步发展就必须打破“中心—外围”体系,依靠自己的力量,克服一切困难,走工业化道路,摆脱发达国家的控制。

3. Cooper 等人公共物品和公共偏好变量的引进理论对发展中国家参与的经济一体化研究的应用

Cooper 等人认为发展中国家加入关税同盟的动机与发达国家的动机不同之处在于发展中国家不只是单纯地追求经济目标方面的利益,而更重要的是追求一些重要的非经济目标的利益(如工业化目标)。因此他们认为研究发展中国家与发达国家的经济一体化须在 Viner 的 CU 理论的福利函数中引进公共物品和公共偏好变量。同时他们还认为,发展中国家通过与发达国家组成关税同盟,可以使这些非经济目标在关税同盟较大的市场范围中比在他们自己国内市场上以更低成本和更快的速度来达到。

这种理论仍不能很好地解释发展中国家和发达国家经济一体化的利益所在。诚然,发展中国家可以在一个大市场中利用规模经济的优势更快的实现其工业化目标,但发展中国家在与发达国家的经济一体化中,由于其产品的竞争力不如发达国家产品的竞争力,因而发展中国家并无实力占据整个一体化市场。相反,它们反而会因为与发达国家的一体化而失去原有市场,得不到新市场又失去了原有市场的发展中国家显然不可能获得所谓的规模经济,其工业化的目标显然也无从谈起。所以,对于发展中国家从与发达国家的经济一体化中得到的利益还须进行更深入的探讨。

4. 小岛清的“雁形模型”

小岛清是日本的一位经济学家,他以亚洲地区的经济一体化为研究对象提出了一个“雁形模型”。他认为亚洲地区的经济一体化的所有成员国就好像一群飞行的大雁一样,日本这个亚洲唯一的发达国家在这群大雁中起着领头雁的作用,带领着整个亚洲经济的共同发展;亚洲的新兴工业化国家和地区紧跟日本之后;再后面便是包括中国在内的亚洲广大的发展中国家,它们永远跟随着前面的雁群飞行,接受从上一级雁群中传递下来的技术、资金和淘汰的产业结构。这个模型描绘了亚洲的一种经济形势。但正如杨冠群等学者所评价的那样，这个模型只是一个静态的模型，它没有考虑后一级“雁群”的经济发展可能超过前面“雁群”的可能，也没有考虑各级“雁群”是否有能力完全接受上一级传递下来的产业结构的问题。事实上，相当多的亚洲国家是初级产品和工业制成品生产并存的局面，而不可能如模型中所说的“自然向后传递”。正因为这个模型本身的缺陷，所以它没有被广泛地接受。

5. Alain 的“建立在供给决定相互依赖关系基础上的一体化理论”

Alain 认为发展中国家多是生产不足、缺乏出口能力的低效率国家，加之由于历史的原因，发展中国家国家之间缺乏横向联系，这就为各发展中国家的一体化带来了难以克服的困难。为了解决这个矛盾，他提出了“建立在供给决定相互依赖关系基础上的一体化理论”，即在整个一体化区域内划分出许多供应和需求的地区（而不是不同的国家或地区），建立许多从初级产品到工业制成品的整个一系列生产点，然后依据各成员国的供给能力来决定各种产品的供给者和需求者。他认为这样就可以解决彼此之间缺乏横向联系的矛盾，而且这种一体化中成员国的大小也无关紧要，各国的利益将取决于一般公民的行为，而不是人口或自然资源的多少，因此小国和大国合作时不会吃亏。

Alain 的这种理论显然为发展中国家的经济一体化提供了一种思路，但他的完全打破各发展中国家之间的国家界线，依据各国的供给能力来决定产品生产的供给者和消费者的理论显然带有很浓的理想主义色彩，因为发展中国家之间长期以来就存在的宗教信仰、领土纠纷等问题，要实现经济上的“不计较一切民族问题上的、领土上的、宗教信仰上的纠纷”的一体化很不容易。

6.7.4 有关经济一体化的成效评估问题的研究

正是由于一般均衡理论分析、动态效应分析和发展中国家的经济一体化问题难以很好解决，就使得一体化的成效评估理论的研究也成了阻碍国际一体化经济学理论发展的一大难题。因为一个一体化组织无论是从其整体效果而言，还是从其对各成员国、各非成员国乃至整个世界的各种影响而言都必须是整个一体化市场内所有产品的静态的和动态的综合作用的最终结果，如果无法解决一般均衡问题，也就无法解决对整个一体化组织的效果进行估测的问题。另一个对一体化组织的成效估测困难的原因还在于成效估测的方法还无法找到。一般均衡问题没有解决固然给估测整个一体化组织的成效造成了很大的制约,但有时也可避开整个一体化的具体过程,而只考察一体化最终的作用结果。从目前各国衡量一体化对本国的影响所采用的方法来看,一般采取的是比较法,即对本国加入一体化组织前后的各种经济指标进行对比分析。如果一体化后各项经济指标上升了,就认为本国加入一体化后的成效是好的;反之则不好。这种方法固然能看出一体化对各国经济影响的一个方面,但想准确地测算这种影响的大小显然是无法达到的。因为我们无法准确地知道一体化到底对各国经济的增长和经济的发展起到了多大的作用;也无法准确地知道各国经济增长速度及增长比率中到底有多大比率是由一体化带来的;甚至也不知道各成员国的大小和多少会对整个一体化形成的理论格局和利益分配带来多大的影响;更不知道考虑了所有一体化理论在假设条件中忽略不计的非生产性成本等因素后对一体化格局会产生怎样的影响。也就是说,成效评估问题不解决,我们就无法知道各种经济的或政治的一体化产生的真实影响和贡献。

另外,要衡量整个一体化组织的整体效果也很难,因为要衡量整个一体化组织的福利效应就必须把各成员国可能获得的利益和可能遭受的损失进行加总。可是,因为各成员国的生产结构、地理位置、同盟前关税的高低和其他特点的不同,这些效应在不同的成员国之间是不同的,因而当试图把这些利益和损失加总的时候就会遭遇“国际福利比较”上的困难。于是,一体化的成效评估理论自然也就成了国际一体化经济学须解决的第四大问题。

对于这一方面的问题,一些学者也进行了一些有关评估方法上的探索。这些探索主要集中在欧盟上。这方面比较有代表性的成果是原欧盟的 Emerson(1988)提交的一份报告。这份报告由 16 卷研究文献支持,其中最重要的是欧共体委员会提交的第 2 卷《一体化经济学研究》。这份报告运用局部均衡法,根据 1985 年原欧共体各成员的实际贸易和生产数据计算,预测原欧共体完成经济一体化的单一市场将提高国民生产总值 5%~6%。虽然数字的精确性可能引起争论,但研究的主要结论却是毋庸置疑的,其分析方法本身也引起了人们广泛的兴趣。

按照这份报告的总结,欧盟的经济一体化可以获得四类克服经济损害的经济收益：第一类是消除贸易壁垒成本带来的生产总值及增长率；第二类是消除生产壁垒成本带来的生产总值及增长率；第三类是经济一体化的规模经济带来的各成员的生产总值及增长率；第四类是竞争效应带来的生产总值及增长率。Robson认为其中的第一类和第二类收益与取消壁垒的资源成本所产生的短期直接效应有关，第三类和第四类收益是间接的，它们与竞争激化相联系，并在一定程度上取决于结构重组，它们将在更长的时间内得到证明。这份报告对前两类收益的预测，涉及完全贯彻内部市场计划后会出现的静态福利收益，并按照Cawley和Davenport的局部均衡分析法作出。Robson认为，实际上，它是将传统分析应用于增加成本的壁垒这一特殊的例子，这种壁垒在运作时与关税相似。但是，由于壁垒非但不能增加政府税收，反而会不必要的耗费资源，因此降低壁垒的潜在收益要大于相应的关税收益。该报告的成本降低是依据原始调查得出的，并用传统方法将其转换成价格、贸易和福利效应。第二类收益考虑了消除影响所有生产的壁垒的效应，即影响所有生产且增加成本的限制，包括技术规范和标准，受益最大的是金融业，但整个工业也会有重大获益。该报告计算出来的这些收益似乎不大，但Robson认为，与Scitovsky和Balassa等对欧共体贸易创造收益相比，确属巨大收益。

这份报告对第三、四类收益的预测来自Smith和Venables(1988)的评估。Robson认为，他们的分析基础是Brander和Krugman(1983)的相互倾销模型和Krugman1979年的贸易模型。其评估方法来自Baldwin和Venables的市场竞争理论的重要内容。他们的分析对这一理论中一体化收益的来源作了概要说明，一体化收益基本来源是：减少壁垒增加竞争、减少利润率、降低平均生产成本并增加欧盟的市场份额。在这一分析框架下，史密斯—维纳布尔斯的局部均衡研究依据两个假设分析了10个主要产业，并预测了减少贸易壁垒对贸易、产出、生产成本和福利的影响。结论是，对上述各项的影响相当于减少欧盟内部贸易成本2.5%。他们的第一个假设是1992年后欧盟市场继续维持分割局面，厂商在欧盟各个市场上的要价仍有差异。第二个假设是市场完全一体化，厂商对欧盟所有买主的要价都一样。其结果对各个产业是不同的。总体上讲，在第一个假设条件下，所有产业的福利收益是不大的。在第二个假设条件下，贸易效应将大大强化。他们的预测表明，欧盟的一体化政策会产生巨大的福利收益。最集中的经济部门和规模经济尚未得到最大开发的产业，将会有最大的收益。值得注意的是,在上述特征最明显的部门,收益将比直接收益多几倍。

对于这份报告及这份报告使用的方法,Robson 认为,这份报告的分析与传统的分析一样也是均衡分析,调整成本和调整时间全被忽略了,而且它假设在进程中被释放的资源全数被利用,这与现实是有差距的。另外,Robson 还认为,Emerson 报告会产生误导,因为它过分强调规模经济,因为按照 Geroski 的观点,相对于欧盟市场,欧盟企业并不特别小。此外,即使在完全一体化的市场上,消费偏好的差异将不允许生产充分获得规模经济。

显然,上述问题的存在,会极大阻碍国际一体化经济学的进一步发展,限制其理论成果对各国制订贸易政策上的实践指导作用,所以解决这几大难题,是当前这门新兴学科的当务之急。

6.8 小 结

国际经济一体化或称特惠贸易是自 20 世纪 50 年代以来产生发展起来的,实际上就是各成员国内部市场逐渐一体化的体制安排。国际经济一体化理论运用新古典主流经济学的已有理论和方法研究了一体化对各成员国、非成员国以至整个世界的资源配置、经济增长和社会福利的静态、动态效应。综观国际经济一体化理论的发展,在经济一体化的一般均衡和长期动态效应等方面还有待后人进一步研究;由于近年来空间经济学的兴起,随着对新古典经济学四大贸易定理的全盘否定,更有必要对国际经济一体化理论及其经济研究作全面检点,国际经济一体化理论没有把政治、制度本身内生化,其研究的视角也有拓展的必要。

【参考文献】

[1] Agraa, A. M. The Economics of European Community. Philip Allan Publishers, Oxford, 1980.

[2] Allen, P. R. Organization and Administration of a Monetary Union. Priceton Studies in International Finance, 1975.

[3] Allsopp, C. and Vines, D. Fiscal Policy and EMU. National Institute Economic Review, Ocober, 1996.

[4] Andrew, K. Rose and Charles Engel. Currency Unions and International Integration. NBER Working Paper, No. 7872, 2000.

[5] Andrew, K. Rose and Charles Engel. Currency Unions and International Integration. National Bureau of Economic Research, Inc in Its Series NBER Working Paper, No. 7872, 2003.

[6] Anne Rasmussen. The Role of the European Commission in Co-decision—A Strategic Facilitator Operating in a Situation of Structural Disadvantage. European Integration Online Papers (EIoP), 2003, 7(10).

[7] Balassa. B. The Theory of Economic Integration. London: Allen and Unwin, 1962.

[8] Balassa, B. Tariff Reductions and Trade in Manufactures Among Industrial Countries. American Economic Review, 1966, 33.

[9] Balassa, B. Trade Creation and Trade Diversion. in the European Common Market, Economic Journal, 1967, 77.

[10] Balassa. B. Intra-Industry Trade and the Integration of the Developing Countries in the World Economy. Published by H. Giersch Co. 1979.

[11] Baldwin, R. E. Measurable Dynamic Gains from Trade. Journal of Political Economy, 1992, 100.

[12] Baldwin, R. E. and Venables, A. J. Regional Economics Integration. In G. M. Grossman and K. Rogoff(eds). Handbook of International Economics, 1995, 3.

[13] Begg, I. Regulation in the European Union. Ournal of European Public Policy, 1996, 3.

[14] Berglas, E. Harmonisation of Commodity Taxes, Destination, Origin and Restricted Origin Principles, Journal of Public Economics, 1981, 16.

[15] Berglas, E. The Case for Unilateral Tariff Reduction: Foreign Tariffs Rediscovered. American Economic Review, 1983, 73.

[16] Bliss, Christtopher. Economic Theory and Policy for Trading Blocks. Manchester University Press, 1984, 42.

[17] Casella, A. Participation in a Currency Union. American Economic

Review,1992,82.

[18] Chang, Robert. Bargaining a Monetary Union. Journal of Economic Theory,1995,66.

[19] Cobham, D. Causes and Effects of the European Monetary Crises of 1992—1993. Journal of Common Market Studies,1996,27.

[20] Cobham,D. and Williams,S. Hysteresis. The Phillips Curve and Monetary Union. Applied Economics Letters,Forthcoming,1997,23.

[21] Commission of the European Communities. Single Market Review. Thirty-nine Volumes Published on Behalf of the Commission (London:Kogan Page).

[22] Cooper,C. A. and Masell,B. F. Towards a General Theory of Customs Unions for Developing Countries. Journal of Political Economy, 1965,73.

[23]Corden,W. M. Economies of Scale and Customs Union Theory. Journal of Political Economy,1972,80.

[24] Dignan,T. Regional Disparities and Regional Policy in the European Union. Oxford Review of Economic Policy,1995,11(2).

[25] Erich Vranes. The Final Clauses of the Charter of Fundamental Rights-Stumbling Blocks for the First and Second Convention. European Integration Online Papers (EIoP),2003,7(7).

[26] Fritz Beruss and Markus Eller. On the Optimal Assignment of Competences in a Multi-Level Governed European Union. European Integration Online Papers (EIoP) ,2003,7(8).

[27] Gatsios,Konstantions and Larry Karp. Delegation Games in Customs Unions. Review of Economic Studies,1991,58.

[28] Gerda Falkner. Comparing Europeanisation Effects: From Metaphor to Operationalisation. European Integration Online Papers (EIoP), 2003,13.

[29] Giovannini, A. National Tax Systems Versus the European Capital Market. Economic Policy,1989,9.

[30] Herwig C. H. Hofmann. A Critical Analysis of the New Typology of Acts in the Draft Treaty Establishing a Constitution for Europe. European Integration Online Papers (EIoP),2003,7(9).

[31] IMF. The European Monetary System: Recent Developments. Occasional Paper, No. 48, 2002, 13.

[32] Isreael, M. Kirzner. Economic Harmony. New York: Oxford University Press, 2000.

[33] Keen, M. The Welfare Economics of Tax Co-ordination in the European Community: A survey. Fiscal Studies, 1993, 14.

[34] Kenen, P. Economic and Monetary Union in Europe. Cambridge University Press, 1995.

[35] Klein, Michael W. Playing with the Band: Dynamic Effects of Target Zones in an Open Economy. International Economic Review, 1990, 31.

[36]Krugman, Paul. Scale Economics, Product Differntition, and the Pattern of Trade. American Economic Review, 1980, 70.

[37] MacDougall, G. D. A. Economic and Monetary Union and the European Community Budget. National Institute Economic Review, May, 1990.

[38] Masson, P. R. Fiscal Dimensions of EMU. Economic Journal, 1996, 106.

[39] McMillan, J. and McCann, E. Welfare Effects in Customs Unions. Economic Journal, 1981, 91.

[40] Meade, E. Trade and Welfare. Oxford University Press, 1955.

[41] Michel Fouquin. The Impact of the Asian Free-Trade Zone on the European Union. On the CEPII's Business Club, 2002.

[42] Molle, W. and Morsink, R. Direct Investments and Monetary Integration. European Economy, Special Edition.

[43] Peter, Robson. The Economics of International Integration. Published by the Academic Divison of Unuin Hyman Ltd. Third Impression, 1990.

[44] Pieter Bouwen. A Theoretical and Empirical Study of Corporate Lobbying in the European Parliament. European Integration Pnline Papers (EIoP) , 2003, 7(11).

[45] Sophie Jacquot and Cornelia Woll. Usage of European Integration—Europeanisation from a Sociological Perspective. European Integration online Papers (EIoP), 2003, 7(12).

[46] Venables, Anthony. Customs Union and Tariff Reform under Imperfect Competition. European Economic Review, 1987, 31(1/2).

[47] Venables, A. J. Economic Integration and the Location of Firms.

American Economic Review,1995,85(2).
[48] Viner,J. The Customs Union Issue. New York:Carnegie Endowment for International Peace,1950.
[49] Wonnacott, P. and Wonnacott, R. The Customs Union Issue Reopened. World Economics,1986,60.
[50] Wooton,I. Preferential Trading Agreements:An Investigation. Journal of IInternational Economics,1986,21.
[51] World Trade Organization. Regionalism and the World Trading System. Geneva:WTO,1996,22.
[52] Yi,Sang-Seung,Endogenous. Formation of Customs under Imperfect Competition:Open Regionalism is Good. Journal of International Economics,1996,41:153-177.
[53] 罗元针.太平洋经济共同体.北京:中国财政经济出版社,1981.
[54] 张万清.区域合作与经济网络.北京:经济科学出版社,1987.
[55] 张蔼岭.世界经济中的相互依赖关系.北京:经济科学出版社,1989.
[56] 王新奎.国际贸易与国际投资中的利益分配.上海:上海三联书店,1989.
[57] 武挂帅,等.太平洋的崛起.北京:人民日报出版社,1991.
[58] 金祥荣.关税与非关税壁垒的效应分析.北京:学苑出版社,1993.
[59] [法]若埃尔·埃利.国际贸易中的相似性:理论方法评论.法国:经济问题(周刊),1993,23.
[60] 国际货币基金组织.区域性贸易协定.北京:中国金融出版社,1993.
[61][德]阿-博尔曼格,科奥普曼.地区贸易的地区化和地区主义.德国:经济服务(杂志),1994(7).
[62] 王鹤.欧洲自由贸易联盟.北京:经济日报出版社,1994.
[63] 张骏,等.新编国际经济合作.上海:立信会计出版社,1994.
[64] 伍贻康,等.区域性国际经济一体化的比较.北京:经济科学出版社,1994.
[65] 杨冠群.太平洋世纪之谜——论亚太经济合作.北京:对外贸易教育出版社,1994.
[66] 王日痒,等.世界经济区域集团化.上海:上海社会科学院出版社,1994.
[67] 对外贸易经济合作部课题组.世界经济区域集团化.北京:中国经济出版社,1994.

[68] 新帕尔格雷夫经济学大辞典(相关词条).
[69] 傅梅水.国际区域经济合作.北京:人民出版社,1994.
[70] 类学萃.西太平洋经济性特区透视.北京:北京大学出版社,1995.
[71] 陈文敬.亚太地区贸易和投资自由化的新浪潮.北京:中国对外经济贸易出版社,1996.
[72] 佟福全.关于世界经济集团化趋势几个理论问题的探索.世界经济,1996(1).
[73] 罗肇鸿.亚太经合组织贸易投资自由化的发展进程及中国的战略选择.世界经济年鉴,1997.
[74] [美]多恩布什,等.宏观经济学.北京:中国人民大学出版社,1997.
[75] 欧阳克海.从欧美香蕉案对 WTO 争端解决机制面临挑战的思考.世界贸易组织动态与研究,1999(11).
[76] 邓炯.世界贸易组织解决贸易与环境争议的新实践.世界贸易组织动态与研究,1999(7).
[77] 黄建华.论 WTO 争端解决机制的贡献、不足与对策.世界贸易组织动态与研究,2000(9).
[78] 沈洋.WTO 争端解决机制在反倾销领域主要程序问题的研究.世界贸易组织动态与研究,2000(5).
[79] 纪文华,刘团结.GATT/WTO 争端解决报告法律效力探析.国际法学,2000(1).
[80] 符望.WTO 争端解决机制中的举证责任分析.世界贸易组织动态与研究,2000(3).
[81] 纪文华,王伟.律师参与 WTO 争端解决进程问题研究.世界贸易组织动态与研究,2000(7).
[82] 王伟,纪文华.论 WTO 争端解决机制中的中期评审程序.世界贸易组织动态与研究,2000(2).
[83] 陶明.从拖而不决到限时解决.世界贸易组织动态与研究,2000(1).
[84] 谢守分.世贸组织争端解决机制中第三方当事人的权利.世界贸易组织动态与研究,2000(4).
[85] 汪祖杰.国际经济一体化中的金融安全分析.金融研究(电子版),2001(2).
[86] 彼得·罗伯逊.国际一体化经济学.戴炳然等译.上海:上海译文出版社,2001.
[87] 陈岩.国际一体化经济学.北京:商务印书馆,2001.

[88] 多哈专电:新一轮多边贸易谈判有可能启动. 人民网 2001-11-14.
[89] 多哈会议达成协议 2003 年后发起新一轮谈判. 中国新闻网 2001-11-14.
[90] 穆尔认为世贸组织需要重组以适应新一轮谈判. 中国新闻网 2001-11-20.
[91] 金祥荣,田青,等. 贸易保护制度的经济分析. 北京:经济科学出版社,2001.
[92] 多哈谈判:中国出口环境不容乐观. 深圳商报,2001(12).
[93] 张蕴岭,赵江林. 聚焦上海——亚太经合组织的成就与前景. 北京:经济管理出版社,2001.
[94] 任振强. 新一轮多边贸易谈判为何进展缓慢. 新闻网,2002-07-24.
[95] 高连福. 亚太经合组织——上海会议. 世界经济年鉴,2002/2003.
[96] 刘秀莲. 中国—东盟("10+1")自由贸易区. 世界经济年鉴,2002/2003.
[97] 保罗·克鲁格曼,等. 国际经济学. 北京:中国人民大学出版社,2002.
[98] 中国将继续努力推动新一轮多边贸易谈判. 新闻网 2003-09-16.
[99] 夏平. WTO 新一轮服务贸易谈判的现状和前景. 中经网 2003-12-9.
[100] 王芳. 国际经济一体化组织升级的动因分析. 经济学家,2003(1).
[101] 谷源洋. 亚洲区域经济一体化的新态势. 中国社会科学院院报,2003(9).
[102] 赵伟,等. 国际贸易——理论政策与现实问题. 大连:东北财经大学出版社,2004.

第 7 章

R&D、知识产权保护与经济增长

7.1 引 言

现代经济增长的实践表明，R&D 在技术进步的过程中扮演着极其重要的角色，R&D 是经济增长的驱动力。20 世纪 80 年代后期以来，得益于产业组织理论的发展，涌现了大量的以 R&D 为经济增长主要推动力的内生经济增长文献。这些文献虽然从不同角度阐释了 R&D 与经济增长的关系，但基本上都采用了垄断竞争的分析框架，强调垄断力量在技术创新中的重要作用，从而较好地分析了技术进步的决定作用。

在研究 R&D 与经济增长的文献中，创新的激励来源于创新成功后所获得的垄断利润。因此，建立知识产权保护制度以确保企业通过垄断价格补偿 R&D 成本对于技术进步与经济增长至关重要。现有的文献研究表明，R&D 与经济增长的关系中对于创新的回报机制的解释基本上都依赖于有关专利保护的一些简单的假设。因此，从知识产权保护的角度进行研究将有助于更好地理解 R&D 与经济增长的关系。

目前从微观和局部均衡的角度对于知识产权保护与企业竞争的研究已比较全面，但是从动态一般均衡的角度，在宏观增长模型中分析知识产权保护、创新与内生经济增长的研究并不是很多。因此，建立一个成熟的理论框架用以揭示创新与专利制度的内在联系，以及两者对于经济增长的作用机制具有重要的理论和现实意义。

我国加入 WTO 后，面临发达国家的压力，知识产权保护日益加强，在这一背景下如何促进技术创新和经济长期增长已经成为一项重要课题。

本章旨在通过对已有研究文献的考察和述评,把握国内理论研究的基本脉络,以便能够对分析我国相关经济现实问题形成有益的启示和借鉴。

7.2 R&D 与经济增长

20 世纪 80 年代后期以来,得益于产业组织理论的发展,涌现了大量的以 R&D 为经济增长主要推动力的内生经济增长文献。这些文献的核心特征为,技术进步是企业有意识的 R&D 投资的结果;创新者必须具有某种程度的市场垄断势力以补偿 R&D 成本。以下将对这方面的文献作一简要回顾。

7.2.1 产品品种增加模型(水平创新模型)

Romer(1987, 1990)以及 Grossman 和 Helpman(1991) 最早借鉴了 Spence(1976),Dixit 和 Stigliz(1977)以及 Ethier(1982) 的研究成果,在垄断竞争的框架下分析了新产品种类增加对经济增长的影响。Romer(1990)将 R&D 机制引入经济增长模型,试图将经济增长内生化。该模型将生产领域分为三个部门:研究部门、中间产品部门和最终消费品部门。研究部门利用人力资本和总知识存量进行新产品设计,知识对于研究厂商是非排他的,新知识一旦生产出来即可以为其他所有研究厂商免费利用;中间产品部门向研究部门购买新产品设计,以用来生产中间产品,新知识对于中间产品厂商是排他的;最终消费品部门利用中间产品、人力资本和劳动生产消费品。Romer 把最终产品的生产函数写成规模收益不变形式。即:

$$Y(H_Y, L, x) = H_Y^{\alpha} L^{\beta} \int_0^A x_i^{1-\alpha-\beta} di \qquad 0 < \alpha < 1,\ 0 < \beta < 1 \tag{7-1}$$

其中,H_Y、L 和 x_i 分别指投入到最终消费品生产中的人力资本、劳动以及中间产品。在模型中,技术进步表现为中间产品种类的增加。由于该生产函数是规模收益不变的,从而避免了收益递减趋势。

研究部门的生产函数为:

$$\dot{A} = \delta H_A A = \delta(H - H_Y)A \tag{7-2}$$

其中,A 是社会总知识存量;$\dot{A}$ 是每单位时间新设计的数量,即研究部门的产出;δ 为技术生产率参数;H_A 为投入到 R&D 活动中的人力资本。H 代表总的人力资本,即 $H=H_A+H_Y$。这个生产函数表明:研究中投入的人力资本越多,则新设计的生产率也越高;已有设计和知识总存量越大,创新的生产率也就越高。

该模型充分体现了人力资本对 R&D 活动的重要性。Romer 认为,技术(或称知识)是一种具有非竞争性和部分排他性的商品。一方面,由于研究部门生产的新设计可以获得专利保护,具有一定的垄断势利,因而知识具有一定的排他性。另一方面,新的产品设计提高了社会的一般知识水平,并且可供研究厂商无偿使用,从而对研究厂商而言是非排他的。

Romer(1990)模型最重要的贡献在于其运用垄断竞争的分析框架解决了以往经济增长模型中创新者缺乏激励的问题。但是,模型中无限专利长度的假设明显违背了多数情况下专利保护是有时效的现实。并且,有关新的中间产品的出现不会替代已有中间产品的假设也与现实不符。

Rivera-Batiz 和 Romer(1991)在 Romer(1990)的基础上提出了一个单部门模型。这一模型与 Romer(1990)模型的主要区别在于它的研究部门与制造部门的生产函数是相同的。Rivera-Romer 模型与 Romer(1990)模型的结论基本一致,即研究部门的技术创新是经济增长的内在驱动力。

同样从中间产品种类增加的角度来研究创新与经济增长关系的还有 Barro 和 Sala-I-Martin(1995)模型。该模型的贡献在于突破了以往模型中无限专利长度的局限。Barro 和 Sala-I-Martin(1995)认为,由于存在竞争者的模仿效应,发明者无法长期保持其垄断地位,因此专利保护的暂时性本质十分重要。该模型假定专利保护期限是有限的,从而同时存在两种定价方式:一是对处于保护期内的新设计实行垄断定价;二是对超过保护期的产品设计实行竞争性定价。在专利保护有期限的假设前提下,厂商从事创新活动得到的报酬是暂时的,但整个社会却会永久获益。因此有限的专利保护加大了社会与私人报酬率之间的差距,削减了研究厂商的创新激励,从而一定程度上阻碍了技术进步。为了解决这一问题,政府需要同时向研究部门以及购买垄断性中间产品的厂商提供补贴。

有别于以上从中间产品品种增加的角度进行的分析,Grossman 和 Helpman(1991, chap. 3)借用 Spence(1976)分析消费性产品的模型框架,从最终消费品品种增加的角度研究了技术进步与经济增长的关系。

在 Grossman 和 Helpman(1991, chap. 3)模型中,经济增长来源于两种途径:一是生产更多种类的消费品;二是通过积累知识进行生产。模型假设经济中存在两个垄断竞争部门:研究部门与消费品部门。研究部门进行创新,研制新型消费品的设计,并以垄断价格出售给消费品部门。消费品部门运用新设计生产最终消费品。两部门具有不同的生产技术。研究部门的生产函数是二次齐次函数,而消费品部门的生产函数是规模收益不变的。与 Romer(1990)将 Dixit 和 Stigliz(1977)的方法运用于生产领域不同,Grossman 和 Helpman(1991, chap. 3)模型将该方法直接应用在消费领域,假定消费者偏好多样化消费, 并且效用函数为 D-S 型。因此,消费品品种的增加即可提高消费者效用,从而具有外部性。此外,模型认为知识是非竞争和部分排他的,本身具有外部性。生产消费品和积累知识这两种机制共同促进了经济增长。

Young(1993)也将创新解释为消费品品种的增加。他通过拓展早期有关知识外溢和边干边学的研究,构建了一个用创新和边干边学共同解释经济增长的模型。模型有两个重要的假定:一是,边干边学的学习潜力是有限的;二是,通过边干边学,新商品能够比旧商品提供更多效用,并最终优于旧产品。在 Young(1993)模型中,创新和边干边学两种机制相互作用、相互依存。

在上述模型中,经济增长均表现为产品种类的增多。而现实情形中,经济增长不仅表现为产品品种的持续增加,还表现为产品质量的不断提高,它们是产品创新的两种形式。以下将从产品质量升级的角度进一步探讨 R&D 与经济增长的关系。

7.2.2 产品质量升级模型(垂直创新模型)

熊彼特对技术创新的阐述为:“开动和保持资本主义发动机运动的根本推动力,来自资本主义企业创造的新消费品、新生产方法或运输方法、新市场、新产业组织的形式……它不断地从内部使这个经济结构革命化,不断地破坏旧结构,不断地创造新结构。这个创造性破坏的过程,是资本主义的本质性的事实。”①产品质量升级模型体现了熊彼特的这一思

① 详见熊彼特:《资本主义、社会主义与民主》。

想。这类模型主要包括：Grossman 和 Helpman(1991a, chap. 4)，Segerstrom 等(1990)，Segerstrom(1991)，Barro 和 Sala-I-Martin(1995, chap. 7)以及 Aghion 和 Howitt(1992)等。

Grossman 和 Helpman(1991a, chap. 4)提出了一个产品质量不断提高的内生技术变化的增长模型，既适用于分析差别化的中间产品，也适用于分析差别化的消费品。该模型假设经济中存在若干部门，生产的新产品的质量要优于旧产品，创新表现为一个新产品淘汰旧产品的创造性破坏过程。同一部门中，产品质量最优的厂商被称为行业领先者，其他厂商为追随者。Grossman 和 Helpman(1991a, chap. 4)假设行业领先者不具备任何成本优势，因此不从事 R&D 活动，产品质量提高是跟随者从事 R&D 的结果。模型中新产品的技术领先地位是暂时的，技术进步使得旧产品不断被淘汰，产品质量阶梯不断爬升，从而促进经济增长。

Grossman 和 Helpman(1991a, chap. 4)模型的局限性在于假定行业领先者不从事 R&D 活动，同现实不符，并且忽视了模仿对于创新的作用。

Segerstrom(1991)针对 Grossman 和 Helpman(1991a, chap. 4)模型中忽视模仿对创新的反馈效应这一缺陷，建立了一个包含创新和模仿的内生经济增长模型。该模型强调，厂商不仅从事创新性 R&D 活动，而且从事模仿性 R&D 活动。创新与模仿都代表了技术进步，二者共同推动经济增长。

与 Grossman 和 Helpman(1991a, chap. 4)模型中行业领先者不具备任何成本优势，因此没有 R&D 投入的假定相反，Barro 和 Sala-I-Martin(1995, chap. 7)认为，在现实世界中，由于行业领先者拥有当前技术的信息优势和成本优势，所以有进行 R&D 投入、提高产品质量的激励。由于创新的私人收益率小于社会收益率，所以分散均衡时的增长率将会低于社会最优增长率。

与 Grossman 和 Helpman(1991a, chap. 4)，Segerstrom(1991)，Barro 和 Sala-I-Martin(1995, chap. 7)假设每一次技术进步仅会提高单一部门的生产率不同，Aghion 和 Howitt(1992)分析了技术进步对整体经济的影响。该模型试图阐释熊彼特“创造性破坏”的思想，即经济增长是一个创造性毁灭的过程。模型认为创新的产生仅与现期的研究投入有关，而与以前的研究量无关。与 Grossman 和 Helpman(1991a, chap. 4)模型相似,现期中的行业领先者不具有研究上的成本优势,所有的研究都将由追随者从事。成功创新的企业将垄断中间产品部门,获得垄断利润,直至被下一次创新所替代。由于下期研究量的增长将导致未来工资率上升,从而导致创新所获得的利润率减少,故将降低现期研究量。换言之,对于未来的 R&D 投入的预期将减少现有研究的价值,体现了两个相继时期研究量的负向相关关系。此外,模型还将经济周期与经济增长联系在了一起,在模型中由于创新成功的不确定性,其在推动经济内生增长的同时,也会引发经济呈现周期性波动,经济周期和经济增长同为创新的结果。模型存在如下缺陷:第一,与 Grossman 和 Helpman(1991a, chap. 4)相同,模型认为现期中的行业领先者不具有研究上的成本优势,所有的研究都将由追随者从事;第二,模型假定技术创新是一个跳跃的过程,忽略了技术创新逐步发生的情况,与现实经济并不吻合。

在此模型的基础上,Aghion 和 Howitt(1998)试图从市场结构与技术进步的关系的角度考虑技术进步的微观机制,强调了寻求垄断租金是创新的重要动力。Aghion 和 Howitt(2001)通过引入逐步创新(step-by-step)的概念来解决其早期模型中竞争和创新相矛盾的问题。与以往假定行业领先者从事创新活动激励较小,创新活动由行业追随者从事的假设不同,Aghion 和 Howitt(2001)认为,在竞争性的行业中,企业具有从事创新活动以减少竞争的动力。产品竞争(PMC)越激烈,企业通过创新来摆脱竞争对手的激励也就越强。Aghion 和 Howitt(2001)认为,数量不多的模仿能够加强厂商之间的竞争,从而提高社会技术进步率,有益于经济长期增长。因此,加强知识产权保护在某些情形下会阻碍技术进步。

Howitt 和 Mayer-Foulkes(2004)模型解释了国家之间生产率的差异,即为什么 19 世纪下半叶以来发达国家和不发达国家之间人均收入差异显著,而 20 世纪中后期发达国家人均收入却趋同。模型认为不同类型的国家会达到不同的稳态:富裕的国家进入研究与开发稳态;中间收入国家进入应用稳态;①落后的国家增长率会逐步降低,直至为零。一国属于哪个类别取决于其初始条件和初始基础。

由上述分析可知,产品质量升级的内生增长模型与产品品种增加模

---

① Howitt 和 Mayer-Foulkes(2004)认为,在长期中,中间收入国家与富裕国家会趋于统一的增长率。

型虽然技术进步的表现形式不同，但都强调技术进步是经济增长的唯一源泉，所蕴含的经济思想是一致的。

以上两小节虽然从不同角度对R&D和经济增长的关系进行了梳理，其中一些模型已经涉及国际贸易与经济增长的关系，但基本上都限定于封闭经济的框架。以下小节将在开放经济的框架下，研究技术创新、技术模仿以及技术扩散对经济增长的决定作用。

7.2.3 技术创新与技术模仿

对以技术进步和创新为经济增长源泉的内生经济增长模型来讲，技术模仿与扩散是不可忽视的。Coe和Helpman(1995)，Eaton和Kortum(1999)，Keller(2002)等研究指出，一国的技术变化更多的是国外技术转移和技术扩散的结果，而并非是本国的R&D活动。

Segerstrom-Anant-Dinopoulos(1990)的南北贸易模式结合产品周期理论与"创造性破坏"思想，注重研究创新、技术转移和国际贸易之间的关系。该模型假设只有北方厂商从事创新活动，南方厂商没有模仿和创新的能力，北方产品的创新速度取决于厂商之间的研发竞赛。研究表明，北方工人工资高于南方工人工资会刺激北方的产品创新，在此情况下，延长产品的专利期限会抑制技术进步。该模型为分析发达国家与发展中国家之间技术贸易关系提供了一个基本框架。

Krugman(1979a,1982)最早研究了南北方贸易带来的技术创新与模仿对贸易模式的影响，建立了一个创新率和模仿率均为外生给定的产品生命周期的一般均衡模型。Grossman和Helpman(1991a,chap. 11)基本沿用了Krugman(1979a,1982)的南北贸易模型的分析框架，不同之处在于他们将技术创新和模仿内生化了，并结合了产品品种增加型内生增长模型的分析方法。模型假定北方厂商致力于产品的创新活动，而南方厂商则会对北方的新技术进行模仿。模仿使得南方厂商以更少的资源获得新技术，从而获得更高的经济增长率。模仿带来的知识溢出有时会导致对知识产权的侵害，对北方厂商的创新有负面影响，但在南方国家的模仿活动有助于北方国家的幸存厂商淘汰竞争对手的情况下，北方厂商利润率会提高，创新动力增强。总的来看，模仿活动的正面效应要大于负面效应。因此，技术模仿不仅促进了南方国家的技术进步和经济增长，而且会反过来促进北方厂商的创新，导致北方国家的技术进步率和增长率上升。

上述模型主要从技术模仿和技术扩散的角度研究技术进步与经济增长之间的关系,对于模仿成本以及技术外溢因素并未进行深入研究。而Barro和Sala-I-Martin(1995b)通过引入模仿成本的概念,考察了一个在开放经济中,经济落后国家如何通过国际技术扩散来促进经济增长。

该模型假设模仿成本要大大低于R&D,因此长期内经济落后国家有可能通过模仿先进国家的技术创新实现经济发展的趋同。但是,随着落后国家与发达国家之间技术水平的差距的缩小,可供模仿的技术逐步减少,且难度上升,从而导致经济落后国家从事模仿的成本增加,增强了趋同的难度。Barro和Sala-I-Martin(1995b)模型在一定程度上解释了国际经济发展中出现的条件收敛现象。

Keller(1997b)建立了一个和贸易相关的技术外溢模型。该模型认为,一个国家自身的R&D要比国外的技术外溢更为重要。Keller(1997b)还试图对嵌入及非嵌入技术的效应进行区分,结果表明两者很难区别开来。

Marieke Rensman和Gerard H. Kuper(2001)在Aghion和Howitt(1998, chap. 12)模型的基础上建立了一个结合产品差异及质量升级的技术扩散模型。该模型认为,技术扩散同产品品种增加、质量升级一样,对于经济增长至关重要。

7.2.4 相关的经验研究

有关R&D与经济增长之间的经验研究可以归纳为两个方面:一是R&D对长期经济增长的影响;二是在开放经济条件下R&D、技术溢出与经济增长之间的关系。

Griliches(1979)的经验研究表明,R&D社会收益率非常高,可以促进一国的经济增长。但是,Jones (1995a ,1995b) 以从事R&D的科学家和工程师数目作为“经济规模”标准,通过对经济合作发展组织(OECD)国家经济进行时间序列分析,发现第二次世界大战之后,发达国家从事R&D总人数的显著增加并没有促使这些国家经济增长率的稳步提高。因此,Jones认为R&D投入对长期的经济增长几乎没有影响。Aghion和Howitt(1998) 则认为,由于经济发展过程中技术复杂程度的提高和社会总产品数量的增加,以GDP中R&D所占比例作为经济规模的测量标准更为适宜。以此为测量标准便可以解释Jones (1995a ,1995b)所指出的问题。同样,Kremer(1993)的研究结论也不支持Jones(1995)的观点,他发现R&D在某种程度上存在着与人口相关的规模经济效应。

除了以上从宏观的角度研究R&D与经济增长的关系外,Zvi Griliches, Ariele Pakes, Brownyn Hall, Frank Lichtenberg以及Adam Jaffe也分别从产业层面研究了R&D活动对生产率的影响。Griliches(1986)通过搜集美国1000家最大制造企业数据表明,美国制造业的R&D活动同生产率正向相关。Jaffe(1998)通过搜集企业层面的专利数据以及制造业的R&D数据研究了企业的自我研发以及其他企业对本企业的R&D外溢对企业生产率的影响。研究结果显示,以上两种因素对企业生产率的提高都有促进作用。

在开放经济条件下,经验研究更多地关注于知识的国际溢出、技术创新对于经济增长的影响。

Coe和Helpman(1995)用21个OECD国家和以色列1971—1990年的面板数据分析了工业化国家的情形。实证研究表明,国内R&D和国外R&D对一国全要素生产率都有重要影响。较大国家的国内R&D资本存量的全要素生产率的弹性要大于国外R&D资本存量的全要素生产率弹性;与之相对,较小国家的国外R&D资本存量的全要素生产率弹性大于国内R&D资本存量的全要素生产率弹性,并且进口占GDP比重越大的国家,从国外R&D中获得的技术溢出效应也越大。

运用相同的方法,Coe,Helpman和Hoffmaister(1997)分析了发展中国家的情形,以来自工业国家的机器与设备的进口占GDP的比例为解释变量,利用77个发展中国家1971—1990年的数据进行的实证研究结果表明,发展中国家的全要素生产率与这些国家对工业化国家机械设备的进口贸易显著正相关,即发达国家对发展中国家存在显著的技术溢出。Bayoumi,Coe和Helpman(1999)的研究结果显示,R&D投资、R&D溢出对全要素生产率和产出均有直接的影响。

在产业层次上,针对发达国家的研究以Keller(2001)的调查最具代表性。通过对8个OECD国家13个制造业的数据进行分析表明,总体而言,产业全要素生产率增加部分的20%来自外国的R&D,而对于较小的国家,外国R&D的溢出效应更强。Schiff,Wang和Olarreaga(2002)进行了针对发展中国家的研究。他们采用了21个发展中国家以及15个OECD国家的产业数据,实证结果表明,通过贸易方式,发达国家R&D

活动显著地提高了发展中国家产业的全要素生产率。他们进一步把发展中国家的产业区分为R&D高密集产业和R&D低密集产业分别进行检验,结果表明,发达国家R&D活动对高R&D密集产业的全要素生产率弹性是发达国家R&D活动对低R&D密集产业的全要素生产率弹性的两倍多。

本节有关文献虽然从不同的角度研究了R&D对于经济增长的影响,但它们关于创新的回报机制的解释基本上都依赖于以下简单的假设:专利,也仅有专利,通过给予创新者垄断势力以回报其创新的努力;专利长度为无限期;专利范围是固定的,并且很窄;所有创新具有相同程度的新颖性或是技术先进性;不存在专利更新费用;不存在专利侵权或专利许可。[①] 以上假设均与现实存在较大差异。为了更好地理解R&D与经济增长的关系,必须纳入知识产权保护制度的因素。以下将从知识产权保护的视角,进一步对研究R&D与经济增长关系的文献作简要回顾。

7.3 知识产权保护与经济增长

以上研究R&D与经济增长的文献中,创新的动力源自于创新成功后所获得的垄断利润。因此,为明确创新带来的新知识的可排他性,保护创新厂商利益而建立相应的知识产权保护制度十分必要。知识产权保护制度同企业的R&D活动关系紧密,并能够通过影响创新活动而作用于经济的增长。

7.3.1 知识产权保护、R&D与内生经济增长

在早期的内生经济增长文献中,通常假设专利保护是无限期的(infinitely-lived patents),并且保护范围是滞后专利范围(lagging breadth)[②]。这两点假设明显不符合现实。并且,从动态一般均衡的角度分析知识产权保护、创新与内生经济增长的文献较为缺乏。Judd(1985)最早在一个动态一般均衡的框架内分析了最优专利长度的问题。模型研究表明:在

① 详见Keelp(2000)。

② 滞后专利范围指不允许在比专利产品更差的产品中使用该专利。

无期限的专利保护下，虽然最优的创新率能够在某种特定的需求和供给条件下获得，[①]但是，更为经常的情形是在均衡状态时出现创新过多或不足两种结果。在有限的专利保护长度下，将不存在稳态的均衡，并且产生创新周期。因此，在Judd(1985)模型中，专利保护长度的改变对于创新及经济增长都有重要的影响。该模型的局限在于其长期的经济增长率为零。

同样从动态的角度出发，Aghion和Howitt(1998)模型考虑了内生经济增长中专利机制设计的问题。该模型认为，“创造性破坏”会导致创新在专利保护到期之前就会被后续创新所替代，从而专利的经济寿命取决于下一个创新出现的时间。[②]

以上两个模型都基于专利保护长度的角度。而O'Donoghue和Zweimüller(1998)还考察了专利保护范围改变的情况，即最小可专利性(通常指创新的新颖性和技术进步性)的改变以及滞后专利范围和前向专利范围(leading breadth)[③]的改变。该模型借鉴了Aghion和Howitt(1992)以及Grossman和Helpman(1991)模型的分析框架。假设经济中存在创新型产业和非创新型产业两种产业。创新型产业可以通过R&D活动提升产品质量，而非创新型产业则无法提升产品质量。劳动力是唯一资源，且不存在人口增长。经济增长面临资源配置的问题，即如何在最终产品部门与R&D部门之间配置资源。研究结论表明，严格的专利保护制度在动态一般均衡的情况下要优于静态局部均衡的情况。其原因在于：一方面，更严格的专利保护会增强垄断势力从而增加所有厂商的创新激励；另一方面，当大多数产业都拥有被专利保护的创新时，由专利制度本身带来的扭曲效应将会减少。同时，O'Donoghue和Zweimüller(1998)模型也指出，在产业之间的R&D能力存在较大差异的条件下，较严格的知识产权保护制度能够促使资源从R&D能力较强的产业转移到其他产业。

在无限的专利长度是最优的假设前提下，Goh和Oliver(2002)拓展了Romer(1990)，Grossman和Helpman(1991)中间产品品种增加模型，

---

① Judd(1985)认为，在消费者的效用函数为恒定替代弹性，并且所有消费品都拥有相同的创新成本和不变的边际成本的条件下才可获得最优创新率。

② Mansfield(1984)和Lerner(1994)也持同样的观点。

③ 前向专利范围指不允许在比专利产品更先进的产品中使用该专利。

讨论了最优专利宽度的问题。模型考察了具有纵向联系的两部门情形,结果表明,两部门中任意一个产业部门的专利机制都会影响到另外部门的创新活动。Goh 和 Oliver(2002)模型对于基于专业化分工的产业之间或者国家之间给予不同程度的专利保护提供了一个理论基础。但由于其无限的专利长度、CES 型的效用函数以及不存在部门之间的 R&D 溢出效应的假设条件过于严格,从而削弱了该模型对现实经济的解释力。

从制度变迁、技术变迁的角度出发,潘士远(2005)在内生经济增长理论的基础上建立了一个同时将专利制度和技术进步内生化的经济增长模型。该模型从专利制度实施的角度将内生专利问题转化为了社会选择最优实施专利制度的时间问题。结论表明,制度与技术都是内生于经济系统的,两者相互作用,共同促进经济发展。社会实施专利制度的最优时间取决于知识增长速度。

以上模型均强调产业 R&D、竞争和创新的重要性,从不同的角度阐述了知识权保护、R&D 与内生经济增长之间的关系。

7.3.2 开放经济下的知识产权、R&D 与经济增长

在开放经济条件下,由于知识的国际溢出,一国将难以获得由加强本国知识产权保护所带来的全部动态收益。通过对文献的梳理,开放条件下的知识产权保护对经济的影响主要包括以下两个方面:一是知识产权保护对南北方国家福利水平的影响;二是其对经济增长率的影响。

1. 开放条件下知识产权保护对南北方国家福利水平的影响

对于这一问题的探讨,最早的贡献应归于 Chin 和 Grossman。Chin 和 Grossman(1990)通过构建双寡头模型进行分析认为,在不进行知识产权保护的情况下,南方国家的福利水平将会提高。同时,他们还指出,全世界有效的知识产权保护制度并不一定能够最大化每个国家的福利。对于引进技术的南方国家而言,加强知识产权保护会提高垄断成本,导致福利损失。持相同观点的还有 Deardoff。Deardoff(1992)通过检验专利覆盖范围的福利效应支持了 Chin 和 Grossman 的结论,即更强的知识产权保护总会导致南方国家受损,北方国家获益。

与以上研究结论相反,Diwan 和 Rodrik(1991)认为,在南北双方对于技术或者产出的偏好不同的情况下,南方国家有可能从知识产权的保护中获益。模型考虑了南北方国家不同的知识产权保护程度,并假设南

方国家不存在创新能力。研究结果显示，不管技术引进国家的知识产权保护程度如何，只要技术引进国家和创新国家有不同的创新需求，创新生产国就会有从事创新活动的激励。在创新需求相同的情况下，只有在技术引进国家对知识产权进行保护的条件下，创新国才会进行创新。

从微观层面的企业以及政府行为的角度出发，Taylor(1993)认为，在南方国家不严格的知识产权保护制度下，北方国家的创新企业将会采用战略性政策，从而限制南方企业的仿效。同 Taylor(1993)的模型相似，Lai 和 Qiu(2002)建立了一个多部门的南北贸易局部均衡模型，并进行了更多微观层面的分析。研究表明，在纳什均衡状态下南方国家的知识产权保护程度要比北方国家弱，如果将南方国家的知识产权保护程度提高至与北方国家相同的水平，则南北方国家的福利水平均能得到改善。

由于上述分析大都是静态和局部均衡的，所以得到的相应结论也就存在着很大的局限性。20 世纪 90 年代后，经济学家开始更多地关注和讨论对于开放条件下知识产权保护对创新率和经济增长的影响。

2. 开放条件下知识产权保护对于经济增长的影响

对于这一问题的研究，经济学家同样持有两种完全不同的意见。一种意见认为，更强的知识产权保护能够鼓励创新，南北方国家均可从中受益；另一种意见则是，更强的知识产权保护会损害南方国家的利益。最早的开创性研究应归之于 Sergerstrom 和 Helpman。

Sergerstrom 和 Dinopoulos (1990) 考虑了专利长度改变的因素，建立了一个南北贸易的一般动态均衡模型。研究表明，技术创新率、专利期限的延长、技术转移以及南北方之间的工资状况是相互关联的。北方国家延长专利保护期限对于创新活动的影响是不明确的，主要取决于稳定状态时南北方工人的相对工资。

持相同观点的还有 Helpman(1993)模型。在该模型中加强知识产权保护将会恶化南方国家的贸易条件，导致经济损失。同时，专利保护期限的延长将会阻碍产业从要素价格高的北方地区向要素价格低的南方地区转移，从而降低了经济效率，损害了南北双方国家的利益。该模型与 Sergerstrom 和 Dinopoulos (1990)结论不一致之处在于，强的知识产权保护制度必然会导致南方国家的经济损失，但对北方国家的影响并不确定。

与以上分析思路不同的是，Lai(1998) 在一个动态均衡的模型中，研究了知识产权保护与创新率的关系。研究发现，加强知识产权保护对于南方国家的影响取决于技术产品从北方向南方转移的渠道。当技术产品转移采用FDI方式时,南方国家加强知识产权保护将会提高产品创新率、产品转移速度以及南方国家的相对工资水平;当技术产品转移通过南方国家模仿而进行时,加强知识产权所起的作用恰恰相反。Lai(1998)建立在技术产品不同转移渠道上的研究弥补了Grossman和Helpman等模型单一模仿作用机制的局限,更符合南北方国家的真实经济情况。

运用相同的理论分析框架,Yang和Maskus(2001)对知识产权保护与创新的关系进行了深入讨论。他们的模型与Lai(1998)模型的不同之处在于,北方国家向南方国家的技术转移是通过许可贸易的方式进行的。加强知识产权保护无疑会提高技术转让者的租金份额,减少转让成本,在R&D资源增多的条件下,创新和技术转让均会增加。在此基础上,Yang和Maskus(2003)进一步研究了技术转让合约中信息不对称以及存在模仿风险的情况。研究结果表明,南方国家加强知识产权保护可以促进创新,并且在特定条件下能够拓宽北方国家向南方国家转让高质量技术产品的范围,有利于南方国家的技术进步。

Grossman和Lai(2004)在Grossman和Lai(2002)模型的基础上,纳入了政府对专利政策的决策因素,研究了政府实施知识产权保护的激励问题。文章假设了一个包含两个国家的经济,两国拥有不同的市场规模以及创新能力。在专利制度有效实施的条件下,创新者拥有在本国生产、销售其创新产品的垄断势力。研究结果表明,在封闭经济中,存在一个最优的专利保护水平,使得加强知识产权保护导致的福利损失与激励创新所带来的收益相等;在开放经济中,一国最优的专利保护水平取决于其贸易伙伴的相应政策措施。Grossman和Lai(2004)指出,政府通常会为了建立一个更有利于创新活动的市场而加强专利保护。

7.3.3 相关的经验研究

有关R&D、知识产权保护以及经济增长的经验研究主要集中于两个方面:一是专利制度对于R&D投入和创新活动的影响;二是开放条件下知识产权保护对福利水平和增长率的影响。

1. 专利制度对于创新的作用

近年来,经济学家热衷于运用计量分析的方法来研究专利制度对于R&D及知识增长的作用。Lanjouw和Cokburn(2000)通过对印度医药行业的研究指出,20 世纪 80 年代以来,许多发展中国家加强了对本国新研制的医药制品的专利保护,由此促使了医药行业更多的 R&D 投入。因此,知识产权保护能够促进发明与创新。

Stern,Porter 和 Forman(2000)从国家创新力的角度研究了国家层面的国际专利生产的决定因素。其研究结果同样强调了知识产权保护对于创新的促进作用。

通过 1981 年至 1995 年的跨国面板数据分析,Kanwar 和 Evenson(2003)表明知识产权保护制度对以 R&D 支出为代表的创新活动具有较强的激励作用。

同以上研究结论相反,不少经济学家对于知识产权保护制度的作用持有疑问。通过对美国自 20 世纪 70 年代后期以来的调查数据的分析,Levin (1987)表明,知识产权保护仅对少数被调查产业起到了促进创新活动的作用,绝大多数产业的企业并没有通过专利而获得研发投资补偿。在大多数情况下,专利机制是一种次优机制。

在过去的 20 多年里,美国、日本以及其他国家都经历了不同程度的专利政策改革,引起了 R&D 投入、专利申请等一系列决策的变化,从而成为经验研究的热点。

20 世纪 80 年代,美国出台了一系列"亲专利权"扩大专利的权利范围,加强知识产权保护。Kortum 和 Lerner(1998) 的实证研究表明,专利政策改革以后,虽然企业每年申请专利的数量在急剧增加,但用于研发的资金并没有随之增加。数据的实证分析证明,专利申请的增加并非是专利制度改革的结果,而是与 R&D 活动的管理改进以及 R&D 生产力的提高有关。因此,专利改革的效应也受到质疑。

Sakakibara 和 Branstetter(2001)利用不同产业部门 307 家企业 1982 年至 1994 年的面板数据研究了日本 1988 年专利制度改革对企业专利申请和 R&D 投入的影响。研究表明,虽然 1988 年专利制度的改革实质上增加了专利保护范围,但并没有显著改善企业专利数量和 R&D 投入的情况。因此,更强的专利制度并不一定会导致 R&D 支出的增加。Jaffe(2000)的研究也曾对增强知识产权保护的作用产生疑问。Jaffe 认为,美国 R&D 的支出在专利制度改革之前就有了显著性的增加,因此加强知识产权保护并非是 R&D 活动增多的主要因素。

从单一产业的角度出发,Scherer 和 Weisburst(1995)以及 Hall 和

Ziedonis(2001)分别研究了意大利的医药行业和美国半导体行业经历专利制度改革后的变化。Scherer 和 Weisburst(1995)的研究指出,自 1982 年意大利对医药制品实施专利保护以来,企业 R&D 支出和创新活动并没有明显增加,从事模仿活动的企业也并未转变为创新企业。Hall 和 Ziedonis(2001)采集了 1979 年至 1995 年美国 95 个半导体行业的专利数据,分析了美国半导体行业在 20 世纪 80 年代专利制度改革后的专利申请数量的变化。研究结果并不支持加强知识产权保护促进了美国半导体行业的创新活动这一观点。

从强调创新环境的角度出发,Sung Jin Kang 和 Hwan Joo Seo(2004)利用跨国面板数据分析了 20 年来加强知识产权保护制度对于创新活动的影响。其经验研究表明:第一,单一知识产权保护机制并不能有效地促使创新;第二,当与经济发展阶段、产业结构以及贸易体制等创新环境因素相结合时,知识产权保护制度对于创新具有明显的正效应;第三,知识产权保护与创新活动的相关程度在各国之间并不一致。Sung Jin Kang 和 Hwan Joo Seo(2004)认为,建立更具竞争力的国内市场结构,促使产业升级以及提高经济运行效率等因素能够增进知识产权保护促进创新的能力。

2. 开放条件下知识产权保护对福利水平和增长率的影响

Sherwood(1990)的研究表明,在知识产权保护较弱的国家,许多外国高新技术企业因为担心技术被抄袭和模仿而不愿进行直接投资,技术转让也因为较高的合约实施成本而受到阻碍。Sherwood 通过对巴西 377 个公司的调查显示,近 80% 的公司表示如果知识产权保护现状得到改善,他们将会增加研发投入,并为其雇员提供更多的培训。以上研究支持了南方国家加强知识产权保护有利于其自身经济发展的观点。

Mansfield(1994)通过对美国 6 个制造业 100 家主要跨国企业的调查发现,在引进国知识产权保护水平较低的情况下,美国企业限制技术许可的比例高于限制 FDI 的比例。特别是化工、电子设备等高科技产业对于引进国的知识产权保护程度更为重视。与 Mansfield 的结论相类似,Yang 和 Maskus(2000)的实证研究表明,不同产业的对外直接投资决策受所投资国家的知识产权保护水平的影响程度不同。医药、化工、食品添加剂、软件业等技术含量比较高的产业的对外投资更多倾向于知识产权保护程度高、实施严格的国家。

7.4 针对中国的研究

目前，有关R&D、知识产权保护与经济增长方面的研究主要针对发达国家，有关发展中国家，特别是中国的研究并不是很多。主要围绕以下几个方面展开：

在R&D对经济长期增长的影响方面，赖明勇、张新等(2005)通过构建一个包含技术吸收能力的中间产品品种增加型的内生经济增长模型，研究了开放经济条件下，国内R&D与国外R&D对于我国经济增长的影响。实证结果表明，国外R&D与经济增长显著相关，而国内R&D与经济增长相关性不显著。因此，开放经济条件下，技术引进、模仿和吸收是中国技术进步的重要来源，国际技术外溢是中国经济增长的重要外部推动力。支持这一结论的研究较多，它们大多数以FDI作为技术进步的重要变量来考察FDI与经济增长之间的关系。程惠芳(2002)的理论和实证研究表明，FDI对我国经济增长和全要素生产率增长具有明显促进作用。

从专利制度设计的角度出发，平新乔、尹静(2004)在对Gallini(1992)模型扩展的基础上，构建了一个包含假冒生产行为的理论模型，分析了假冒生产活动对专利保护的影响。利用全国30地区1990年至2001年的面板数据的检验结果表明，中国自1993年以来，以延长专利保护时间为主的专利制度改革并未促使R&D活动和专利申请的增加。其原因在于专利保护长度的增加导致了更多的假冒生产行为的出现，减弱了企业从事R&D活动的激励。

有关加强知识产权保护对于我国技术进步和经济发展影响方面的文献为数不多。Maskus(2002)分析了中国加入WTO以后，加强知识产权保护制度的作用。文章认为，当一国经济发展具有良好的竞争环境时，强的知识产权保护制度可以促进创新与经济增长；当技术模仿和技术扩散是经济发展的主要动力时，加强知识产权保护会起相反作用。Maskus(2002)分析表明，现阶段中国完善知识产权保护体制的重要性在于：一是经济发展需要有效的专利实施机制来增加创新激励；二是知识产权保护体制有利于技术创新体系的形成；三是更加完善的知识产权保护体制能够促使企业提升人力资本,进一步促进技术进步和创新。

我国加入 WTO 之后,知识产权保护日益加强,但目前有关加强知识产权保护对我国技术进步和人民福利水平的影响,以及建立有效专利实施机制方面的研究仍较为缺乏。

7.5 小 结

本章对 R&D、知识产权保护和经济增长所涉及的主要问题进行了回顾。通过对相关文献的梳理我们可以发现:第一,厂商追求利润最大化的 R&D 行为是促进技术进步的最主要因素, R&D 是经济长期增长的源泉。第二,知识产权保护制度是赋予创新者垄断力量的一种制度安排,有效的知识产权制度可以激励企业创新、促进技术进步以及改善社会福利。第三,从不同的视角对于知识产权保护对南北方国家的福利水平和经济增长的影响进行分析,得出的结论不尽相同。

但是目前有关 R&D、知识产权保护和经济增长的文献中,关于创新的回报机制的解释基本上都依赖于简单的假设,更贴近现实的,从动态一般均衡的角度分析知识产权保护、创新与内生经济增长的研究并不是很多。并且,对于同一问题,由于分析角度、分析方法不同,会得出不同的甚至是相反的结论。因此,需要一个成熟的理论框架将关于知识产权的微观理论纳入宏观经济增长模型,揭示创新与知识产权保护制度的内在联系,以及两者对于经济长期发展的作用机制。

【参考文献】

[1] Anderson, Phillip and Michael, Tushman. Technological Discontinuities and dominant Designs: A Cyclical Model of Technological Change. Administrative Science Quarterly, 1990,35: 604-633.

[2] Aghion, Philippe and Hewitt, Peter. A Model of Growth through Creative Destruction. Econometrica, 1992, 60: 323-351.

[3] Aghion, Philippe, Dewatripont, Mathias and Rey, Patrick. Competition, Financial Discipline and Growth. Review of Economic Studies,

1999,66: 825-852.

[4] Aghion, Philippe and Schankerman, P. Competition, Entry and the Social Returns to Infrastructure in Transition Economies. Economics of Transition, 1999, 7: 79-101.

[5] Aghion, Philippe and Howitt, Peter. Competition, Imitation and Growth with Step-by-Step Innovation. Review of Economic Studies, 2001, 68: 467-469.

[6] Barro, R. J. and Sala-I-Martin. Economic Growth. McGraw-Hill, 1995.

[7] Blundell, R., Griffith, R. and Van,Reenen J. Dynamic Count Data Models of Technological Innovation. Economic Journal, 1995,105: 333-444.

[8] Boone, J. Measuring Product Market Competition. Tilburg University Working Paper, 1999.

[9] Braga, Primo C. A., Fink, Carsten and Sepulveda, C. P. Intellectual Property Rights and Economic Development. World Bank Working Paper, 2000.

[10] Caballero, R. J. and Jaffe, A. B. How High are the Giants' Shoulders An Empirical Assessment of Knowledgc Spillovers and Creative Destruction in a Model of Economic Growth. NBER Macroeconomic Annual, 1993, 8: 15-74.

[11] Caves, Rechard E., Harold,Crookell and Killing,J. Peter. The Imperfect Market for Technology Licenses. Oxford Bulletin of Economics and Statistics, 1983, 45: 249-267.

[12] Coe, David J. et al. North-South R&D Spillers. Econ. J., 1997, 107: 134-147.

[13] Cohen, W. M. and Levin, R. C. Empirical Studies of Innovation and Market Structure. In Schmalensee, R. and Willig, R. D. (ed), Handbook of Industrial Organization, Elsevier, Amsterdam, 1989, 2: 1059-1107.

[14] Connolly, Michelle. The Dual Nature of Trade: Measuring its Impact on imitations and Growth. Duke University, Economies Department Working Paper No. 97-34, 1998.

[15] Cooper, Arnold and Dan,Schendel. Strategic Responses to Technological Threat. Business Horizons, 1976,19:61-69.

[16] Dasgupta, P. and Stigliz, J. E., 1980. Uncertainty, Industrial Structure and the Speed of R&D in Duopoly with Spillovers. American Economic Review, 1980, 78:1133-1137.

[17] David, P. A. The Evolution of Intellectual Property Institutions. In Aganbegyan A., Bogomolor O. and Kaser M. (ed), Economics in a Changing World, 1994, 1:126-147, St. Martin's Press.

[18] Davidson, C. and Segerstrom, P. R&D Subsidies and Economic Growth. RAND Journal of Economics, 1998, 29: 548-577.

[19] Dixit, Avinash K. and Stiglitz. Monopolistic Competition and Optimum Product Diversity. American Economic Review, 1977, 67: 297-308.

[20] Dixit, Avinash K. Recent Developments in Oligopoly Theory. American Economic Review, May, 1982, 72:12-17.

[21] Dixon, Padraig and Greenhalgh, Christine. The Economics of Intellectual Property: A Review to Identify Themes for Future Research. Oxford Intellectual Property Research Centre Working Paper, 2002.

[22] Dougherty, Sean M. The Impact of Technology Transfer on Industry Productivity in China. MIT Science and Technology Initiative and International Trade Administration, Beijing, Manuscript, 1997.

[23] Eaton, Jonathan and Kortum, Samuel. Trade in Ideas: Patenting and Productivity in the OECD. Journal of International Economics, 1996, 40: 251-278.

[24] Ethier, W. National and International Returns to Scale in the Morden Theory of International Trade. American Economic Review, 1982, 72:389-405.

[25] Ethier, W. and Markusen J. Mutinational Firms, Technology Diffusion and Trade. Journal of Economics, 1996, 21(1): 147-160.

[26] Evenson, Robert E. and Westphal, Larry E. Technological Change and Technology Strategy. In Hollis Chenery and Srinivisan, T. N. (ed.), Handbook of Development Economics, 1997, Vol. 3, Amesterdam: North-Holland.

[27] Ferrantino, Michael J. The Effect of Intellectual Property Rights on International Trade and Investment. Review of World Economics,

1993,129: 300-331.

[28] Gallini, N. Patent Policy and Costly Imitation. RAND Journal of Economics, 1992,23: 52-63.

[29] Grossman,Gene M. and Edwin L. C. Lai. International Protection of Intellectual Property. The American Economic Review, 2004, 94: 1635-1653.

[30] Gerschenkron, A. Economic Backwardness in Historical Perspective: A Book of Essays. Cambridge, MA: Belknap Press of Harvard University Press, 1962.

[31] Gilbert, Richard J. and Newbery, David M. G. Preemptive Patenting and the Persistence of Monopoly. American Economic Review, 1982, 72: 514-526.

[32] Ginarte, G. C. and Park, W. G. Determinants of Patent Rights: A Cross National Study. Source: Research Policy, 1997, 26: 283-301.

[33] Glass, A. J. Imitation as a Stepping Stone to Innovation. Ohio State University Working Paper, 1999.

[34] Gould, D. M. and Gruben, W. C. The Role of Intellectual Property Rights in Economic Growth. Journal of Development Economics, 1996, 48: 323-350.

[35] Grossman, G. M. , and Helpman, E. Innovation and Growth in the Global Economy, Cambridge: MIT Press, 1991.

[36] Grossman, G. M. and Helpman, E. Quality Ladders in the Theory of Growth. Review of Economic Studies, 1991,58: 43-61.

[37] Grossman, G. M. and Helpman, E. Endogenous Product Cycles. Economic Journal, 1991, 101: 1214-1229.

[38] Grossman, G. M. and Krueger, A. B. Environmental Impacts of a North American Free Trade Agreement. In Peter Garber (ed.), The US-Mexico Free Trade Agreement,Cambridge: MIT Press, 1991.

[39] Harris, R. G.. Conference Summary and Wrap-Up. In Thomas J. C. K. (ed.), Policy Frameworks for a Knowledge Economy, Jhon Deutsh Institution for The Study of Economic Policy, 1996.

[40] Helpman, E. Innovation, Imitation and Intellectual Property Rights. Econometrica, 1993,61(6):1247-1280.

[41] Hobday, M. Innovation in East Asia. Edward Elgar, England, 1995.

[42] Horstmann, I. ,MacDonald, G. M. and Slivinski,A. Patents as Information Transfer Mechanisms: To Patent or (Maybe) Not to Patent. Journal of Political Economy, 1985,93: 837-858.

[43] Hunt, R. M. Nonobviousness and the Incentive to Innovate: An Economic Analysis of Intellectual Property Reform. Federal Reserve Bank of Philadephia Working Paper 99-3, 1999.

[44] IMD, World Competitiveness Yearbook, IMD, Lausanne, Switzerland, 2001.

[45] IMD, World Competitiveness Yearbook, IMD, Lausanne, Switzerland, 2002.

[46] Jones, C. and Williams, J. Measuring the Social Return to R&D. Quarterly Journal of Economics, 1998,113: 1119-1135.

[47] Jones, C. I. and Williams,J. C. Too Much of a Good Thing? The Economics of Investment in R&D. Journal of Economic Growth, 2000,5: 65-85.

[48] Judd, K. L. On the Performance of Patents. Econometrica, 1985, 53(3):567-586.

[49] Kanwar, S. and Evenson, R. Does Intellectual property protection Spur Technological Change? Oxford Economic Papers,2003, 55: 235-264.

[50] Kamien, M. I. And Schwartz,N. L. Patent Life and R&D Rivalry. American Economic Review, 1974, 64: 183-187.

[51] Kamien, M. I. and Schwartz,N. L. , Market Structure and Innovation. Cambridge University Press, 1982.

[52] Katayam, S. and You,K. Is the IPRs Protection Working Effectively in Developing Countries? Some Empirical Findings From Japanese FDI in China. RIEB of Kobe University Working Paper, 2002.

[53] Keely, L. C. Using Patents In Growth Models. Economics of Innovation and New Technology, 2001, 10(6):449-492.

[54] Keely, L. C. Intellectual Property Regimes in the Long Run. Working Paper, Oxford University, 2000.

[55] Kim, Linsu. Stages of Development of Industrial Technology in a De-

veloping Country: A Model. Research Policy, 1980,9: 254-277.

[56] Kim, Linsu. Technology Transfer and Intellectual Property Rights: Lessons from Koreas's Experience. UNCTAD Working Paper, 2002.

[57] Klemperer, P. How Broad Should the Scope of a Patent Be? RAND Journal of Economics, 1990,21: 113-130.

[58] Klenow, P. J. Industry Innovation: Where and Why? Carnegie-Rochester Conference Series on Public Policy, 1996,44: 125-150.

[59] Lach, Saul and Schankerman, Mark. Danamics of R&D and Investment in the Scientific Sector. Journal of Political Economy, 1989,97: 880-904.

[60] Lai, Edwin L. C. International Intellectual Property Rights Protection and the Rate of Product Innovation. Journal of Development Economics, 1998,55: 133-153.

[61] Lall, Sanjaya. Indicators of the Relative Importance of IPRs in DevelopingCountries. UNCTAD—ICTSD Project on IPRs and Sustainable Development, 2003.

[62] Lanjouw, Jean O. and Iain,Cockburn. New Pills for Poor People? Empirical Evidence After GATT. World Development, 2001, 29: 265-289.

[63] Lee, Jong-Wha. International Trade, Distortions, and Long-Run Economic Growth. IMF Staff Papers, 1993, 40(2): 299-328.

[64] Lee, T. and Wilde, L. L. Market Structure and Innovation: A Reformulation. Quarterly Journal of Economics, 1980,94: 429-436.

[65] Lee, J. Y., and Edwin Mansfield. International Property Protection and US Foreign Direct Investment. Review of Economics and Statistics, 1996,78: 181-186.

[66] Lerner, Joshua. The Importance of Patent Scope: An Empirical Analysis. RAND Journal of Economics, 1994, 25(2): 319-333.

[67] Levin, R. C. ,Klevorick, A. K. , Nelson, R. R. and Winter, S. G. Appropriating the Returns from Industrial Research and Development. Brookings Papers on Economic Activity, 1987, 3: 783-831.

[68] Loury, G. C. Market Structure and Innovation. Quarterly Journal of Economics, 1979, 93: 395-410.

[69] Lucas, R. E. ,Jr. On the Mechanics of Economic Development. Journal of Monetary Economics,1988,22: 3-42.

[70] Mansfield, Edwin. Technical Change and the Rate of Imitation. Econometrica, 1961,29: 741-766.

[71] Mansfield, Edwin, Schwartz, Mark and Wagner, Samuel. Imitation Costs and Patents: A Empirical Study. The Economic Journal, 1981, 91: 907-918.

[72] Mansfield, Edwin. R&D and Innovation: Some Empirical Findings. In Zvi Griliches(ed), R&D, Patent and Productivity, University of Chicago Pree, 1984.

[73] Mansfield, Edwin. How Rapidly Does New Industrial Technology Leak Out. Journal of Industrial Economics, 1985, 34: 217-223.

[74] Mansfield, Edwin, The R&D Tax Credit and Other Technology Policy Issues. The American Economic Review, 1986,76(2): 190-194.

[75] Mansfield, Edwin. Patents and Innovations: An Empirical Study. Management Science, 1986,32(2): 173-181.

[76] Mansfield, Edwin. Intellectual Property Protection, Foreign Direct Investment, and Technology Transfer. International Finance Corporation. Discussion Paper 19, 1994.

[77] Mansfield, Edwin. Intellectual Property Protection, Direct Investment and Technology Transfer: Germany, Japan and the USA. International Journal of Technology Management, 2000,19:22-34.

[78] Maskus, Keith E. Evidence on Intellectual Property Rights and Economic Development: A Broader Policy Perspective for China. NBR Working Paper, 1998.

[79] Maskus, Keith E. Intellectual Property Rights in the WTO Accession Package:Assessing China Performs. University of Colorado Working Paper, 2002.

[80] 程惠芳.国际直接投资与开放型内生经济增长.经济研究,2002,(10).

[81] G·M·格罗斯曼,E·赫尔普曼.全球经济中的创新与增长.何帆、牛勇平、唐迪译.北京:中国人民大学出版社,2002.

[82] 纪宝成,杨瑞龙.中国经济发展研究报告(2002):经济全球化条件下的中国经济增长.北京:中国人民大学出版社,2003.

[83] 江小涓.跨国投资、市场结构与外商投资企业的竞争行为.经济研究，2002(9).

[84] 赖明勇，张新，彭水军，包群.经济增长的源泉：人力资本、研究开发与技术外溢.中国社会科学，2005(2).

[85] 林毅夫.后发优势与后发劣势.经济学季刊，2002(4).

[86] 林珏.中美知识产权之争探析，世界经济研究，1996(3).

[87] 潘士远.内生制度与经济增长.浙江社会科学，2005(5).

[88] 平新乔，尹静.假冒生产对专利制度的伤害.经济研究，2004(10).

[89] 汪丁丁.知识表达、知识互补性、知识产权均衡.经济研究，2002(10).

[90] 王子君.市场结构与技术创新：以美国 AT&T 公司的拆分为例.经济研究，2002(12).

[91] 王春法.FDI 与内生技术能力培育.国际经济评论，2004(2).

[92] 翁君奕.竞争、不确定性与企业间技术创新合作.经济研究，2002(3).

[93] 尹翔硕.技术进步与新经济.北京：人民出版社，2002.

[94] 张锦锐.发展知识经济与保护知识产权.中国知识产权研究会报告，1998.

[95] 中国社会科学院财贸经济所课题组.中国高新技术专利引进与创新的分析.经济研究，2002(7).

[96] 朱勇.新增长理论.北京：商务印书馆，1999.

[97] 庄子银.南方模仿、企业家精神和长期增长.经济研究，2003(1).

第 8 章

WTO 框架下保障措施的政治经济学分析

8.1 引 言

保障措施(safeguard measure),又称紧急措施(emergency action),目前各国和各种国际贸易协定对此没有统一的解释。一般而言,保障措施即"免受进口损害的保障措施"是指如果 WTO 的某成员方的某种产品进口数量的急剧增加,严重威胁或损害国内相关产业时,该成员方可以通过提高关税、实施数量限制等手段采取临时保障措施或最终保障措施。作为 WTO 多边贸易体制的保险机制,与反倾销和反补贴措施不同,保障措施可以在一定条件下和一定程度内限制进口商品的数量,是一种作为免责条款的合法化的贸易保护措施,是 WTO 成员方在公平贸易条件下保护国内产业的唯一手段,对保障缔约方的产业安全起着不可低估的作用。受 WTO 的规则的约束,在现代保护贸易的贸易救济措施的使用方面,一直以来反倾销案例在数量上占主导,但近年来保障措施的案件呈持续快速增长的趋势,实施保障措施已成为符合 WTO 规则的保护国内工业,应对市场准入的一种重要工具①。越来越多的国家在 WTO 的框架下公平使用其所赋予的权利来促进对外贸易的发展,正在积极运用保障措施这一武器,如日本 2001 年对中国出口的洋葱等三种农产品实施保障措

---

① 过去保障措施和反倾销、反补贴一样只适用于关贸总协定框架下的货物贸易,而现在保障措施已开始运用到服务贸易,并在今后可能运用到知识产权贸易。

施和 2002 年美国实施的 201 钢铁保障措施。随着中国对外贸易的发展和国际地位的崛起，中国的出口产品也逐步成为国外实施保障措施的主要实施对象，至 2003 年底，已有 32 个国家和地区对中国产品提起保障措施共 27 起。加入 WTO 以后，我国也将更主动地运用 WTO 的贸易救助体系，在 2002 年实施《中华人民共和国保障措施条例》，第一次在钢铁产业领域，动用保障措施保护国内产业，实施了钢铁产品的临时保障措施和最终保障措施。

对 WTO 框架下贸易救助体系的研究，国内学术聚焦一直主要是在反倾销和反补贴领域，已有保障措施分析也大多从法律角度展开的①，运用现代经济学方法所作的分析显得尤为缺乏。在此，对作为贸易政策和产业政策相融合的保障措施，进行一个具有开拓性的基于经济学视角的前沿基础研究，具有重大的理论和现实意义。

8.2　保障措施的经济性质与理论分析框架

8.2.1　经济性质：WTO 框架下的贸易保护措施

保障措施的实质是一种保护性贸易手段，其目的在于防止本国产业受到来自国外同类产业竞争的损害，有的是根据国内立法采取的，有的是根据双边和多边的贸易条约或协定实施的②。保障措施作为贸易保护措施，体现的并不是贸易保护主义，其产生的根源是贸易自由化。战后的关贸总协定和世界贸易组织在推进贸易自由化的过程中作出了关键性的贡献，已经建立了一套比较完整的国际贸易规则。但是贸易自由化呈现

---

①　主要侧重于保障措施的法律文本解读和案例评判，张玉卿等（2001）对国际保障措施案例、法律制度和中国应对策略作了全面分析；王新奎（2003）研究了贸易救济、争端解决机制和市场准入承诺与我国国家经济安全之间的关系；张汉林等（2003）阐释了保障措施的基本原理及其立法，对保障措施争端典型案例作了详细分析，从中国现行立法及其调整出发，研究了中国运用保障措施的策略；杨国华（2004）对中国入世第一案——美国钢铁保障措施案从争端解决谅解的磋商、专家组阶段和上诉审议阶段等法律程序作了详尽的评述；陈卫东的博士论文（2002）对 WTO 例外条款作了法律意义的解析。

②　关于保障措施的立法体现在各国的法规、国际协议和国际经济组织的规章中。在美国，关于保障措施的法规通常被称为“豁免条款”（waiver clause）或“免责条款”（escape clause）。

的不平衡发展态势突出体现在:发达国家与发展中国家在市场开放程度上存在着较大的差异,即使在一国内部不同部门间的市场开放程度也各不相同;经济一体化组织之间,及其内部贸易自由化的程度存在着较大差异。这种贸易自由化的非均衡发展的根源在于各个国家之间以及各国内部不同产业间国际竞争能力的不同。对一国而言,国际竞争力强的产业越多,贸易自由化的程度就越高;对产业而言,越是国际竞争力强的产业越需要自由化的政策环境。

贸易自由化的非均衡发展及其带来的发挥作用的不均衡,使不同国家和不同产业在国际市场竞争中处于不同的境地,这样在市场开放问题上,国家之间和产业之间不可避免出现了冲突。因此,在国际贸易实践中,一套既不阻碍贸易自由化进程,又不恶化弱势国家和产业处境的机制便应运而生,这样的机制就是贸易自由化中的保障措施机制。所谓贸易自由化中的保障措施机制,其基础是贸易自由化,核心是保障措施,一方面通过对一国弱势产业紧急保护来减轻贸易自由化所带来的冲击,另一方面通过规避贸易自由化的风险,来维护和推动贸易自由化的进程。保障措施既是贸易自由化的产物,又是推进贸易自由化的工具。

8.2.2 实施保障措施的制度基础

WTO作为多边贸易组织,旨在实现资源在全球范围的优化配置,弘扬贸易的自由和公平,提供国际经济贸易领域的竞争秩序、协调国际贸易关系和解决贸易争端。但由于国际经济及各国经济发展的不平衡,这种贸易自由化又是一个渐进的过程。WTO规则的例外本身,如最惠国待遇的例外、取消和禁止数量限制的例外等为一国实施贸易保护提供了具有较大灵活性的领域;而以GATT1994的第19条为代表的"对某些进口产品的紧急措施"即保障措施则更是对成员方实施贸易保护的手段和形式进行了规范。这样在WTO的框架下,充分运用规则及其所赋予的权利,对本国产业实施适度的贸易保护,成为开放经济发展中的一种重要的贸易政策选择。

从国际经济法的角度,保障措施制度作为国际多边贸易自由化体制的一种例外,是情势变迁原则在国际贸易关系中的具体运用。对进口国来说,多边贸易自由化经常导致进口的急剧增加,这可能使整个国家的经济受益,但也会对国内的同类产业造成冲击,而让少数与进口竞争的国内生产者来承担贸易自由化所带来的全部负担是不公平的。基此，在某一产业的进口产品的大量增加对本国产业造成严重损害或构成严重损害威胁时，一国政府可以通过暂时限制进口产业与国内同类产品的竞争，为国内产业进行经济结构调整和提高生产效率赢得宝贵的时间，并使该产业在将来具备与外国产品竞争的能力。保障措施的条款的设立也说明，任何的国际法律体系应当作出在某种情况下可以放宽约束的规定，以便使不变的法律规则达到适应变化多端的社会经济生活的目的，为更多的主权国家所接受，也有助于保持 WTO 法律体系的有效性和普遍性。

从 WTO 的制度框架的角度，这正是公平竞争的基本原则的具体体现。公平贸易的原则包括了三方面的内容：(1)不得对进口贸易设置限制。(2)禁止倾销和限制出口贴补的原则，允许依法对进口贸易进行限制，即实施反倾销、反补贴和保障措施等贸易救济措施，作为一种免责条款，可以在一定条件下和一定程度内限制进口商品的数量，是一种合法化的贸易保护主义措施。(3)贸易救济的目的在于使国内相关产业免受不公平竞争造成的损害及过量进口造成的损害。保护的最终目的是利用保障机制，保护本方的利益，合法地规避自己的义务，在采取保障措施的期限内，抓紧时间实施产业结构的调整，提高产业国际竞争力。充分利用保障措施的有限的保护，不是一种没有竞争的保护，而是为了培育进行自由竞争的能力。

8.2.3　与反倾销和反补贴措施的差异

反倾销、反补贴和国内保障这三种措施是 WTO 的贸易体系规则中有关贸易救助体系的必不可少的组成部分，它们具有一些共同的特点：都是 WTO 的规则所允许的保护国内产业的行政措施；均是由国内相关产业因受到损害提出申请立案调查的，对申请者的要求基本相同；这些案件都是由政府经济贸易主管部门和机构负责立案、调查、裁决和实施的；它们都是国内同类产业受到进口损害或损害威胁并与进口产品具有因果关系时而采取的贸易保护措施，进口成员方可以限制进口，程序上均要进行立案、调查和采取措施。但保障措施更具有自身的特点：

(1)性质不同。反倾销针对的是进口产品以倾销的方式进入其他成员的市场，反补贴针对的是进口产品存在补贴，保障措施针对的是进口数量激增，因此反倾销、反补贴措施针对的是不公平贸易条件下(价格歧视)

进口的产品采取的措施,而保障措施是针对在公平贸易条件下(进口激增)的进口产品采取的措施。虽然都是保护本国产业的措施,其性质是不同的。保障措施是对其他成员正当贸易行为而实施的。保障条款下的进口增加是其他成员享受关贸总协定规定的权利所致,是正当的。在补贴、倾销情形下的进口增加是其他成员违背关贸总协定公平贸易原则所致,是不正当的。

(2)考虑的要素和产业损害的程度不同。采用保障措施最重要的前提就是进口数量激增,而不用考虑出口商的产品价格及成本这类在反倾销、反补贴措施中所必须考虑的要素。保障措施中的产业损害标准——“严重损害”高于反倾销法与反补贴法中的产业损害标准——“实质损害”。这种“严重损害”使进口成员的产业处于非临时性的、极为困难或濒临破产的境地;这种“严重损害威胁”是指严重损害危急显而易见的,即将发生的。对严重损害威胁的判定是基于事实的,而不能凭指控、推测或极小的可能性,不是十分遥远的可能性或假设。与反倾销或反补贴措施不同,保障措施对进口增长与进口成员产业损害之间的因果关系要求更紧密。进口增长必须是产生严重损害的直接的首要的原因。

(3)实施的对象不同。不同的问题采取不同的救济,保障措施不必要主张存在“不公平”进口贸易,针对的问题是在公平的进口贸易中所遭受的意料之外的损害,救济正是采取暂时性的边境措施以给国内行业一定的缓冲时间以试图调整来自进口的竞争①。保障措施一般是非歧视性的,它针对造成国内相同产业损害的所有进口产品而实施,而不针对特定的出口成员实施(《纺织品和服装协议》的过渡性保障措施除外)。针对的产品的来源也不同,具有全球性,保障措施的实施应该建立在最惠国待遇的基础上实施,而反倾销、反补贴措施针对补贴或倾销的特定成员的具体企业或特定产品而实施。

(4)实施的期限不同。反倾销、反补贴措施的实施期限一般是5年。而保障措施则由成员根据防止或纠正这种损害所必须的程度和时间即产业调整所需的时间而定。WTO规定,如保障措施的形式为数量限制,并援引配额调整条款,则最长期限为4年;一般说来,实施保障措施的最初

① 在美国实施保障措施的目的在于在公平贸易下应对国外竞争,实施的条件主要由《1974年贸易法》第201条款规定。

期限为 4 年。如果仍需救济受损害的产业或该产业正处于调整之中，也允许将期限继续延长，不过实施保障措施的总的期限包括临时措施在内不应超过 8 年，发展中国家可达 10 年。

(5)调查程序和实施措施的方式不同。采取保障措施与反补贴措施一样应与对方磋商，而反倾销则不需要。反倾销措施是采取征收反倾销税，是特别关税；反补贴税是征收反补贴税，是抵消性关税，具有惩罚性；而保障措施除了征收关税(属普通关税)外，可以征收一定的关税或者采取一定数量的限制性措施，即附加关税与提高关税、关税配额和数量限制，采取的措施均有一定的期限。

(6)受影响成员的应对方法不同。受到进口成员采取保障措施或反补贴措施影响的成员可以直接诉诸 WTO 的争端解决机制，而反倾销本身不能成为争端解决起诉的对象。同时，因倾销和补贴是不公平贸易行为，受到反倾销和反补贴影响的成员没有救济措施，而受保障措施影响的成员因是正常的贸易行为，可以与采取保障措施的成员磋商得到补偿，达不成补偿协议时，可通过争端解决机制授权，暂时终止对该成员减让关税或其他义务。保障条款的应用必须是合法的，WTO 强调权利和义务的平衡，如果一个成员国提高关税和采取数量限制，那其他国家也可以提高关税和增加数量限制。这个规定在给予成员方采取保障措施的同时，也有效地制约了条款的滥用。

8.2.4　理论框架

从历史的视角，保障措施是作为公平贸易手段而出现的。所谓的公平贸易(fair trade)指的是贸易参与国是在相互之间提供同等的待遇基础上所开展的贸易。具体地说，是指贸易双方在没有倾销、出口补贴和生产补贴等造成市场扭曲的行为的基础上进行的贸易。早在 19 世纪七八十年代，英国的产业的国际竞争的领袖地位受到了来自新兴崛起的美国和德国的挑战，针对德国的贸易保护措施，提出了公平贸易的要求，当时的英国的纺织产业界组织了“公平贸易俱乐部”，倡导公平贸易活动。20 世纪七八十年代以来，美国和欧共体等面对着来自日本、“四小龙”等新兴工业化国家和地区的挑战，针对不公平贸易，以一种自由贸易的受害者的姿态实行贸易保护。Bhagwati(1992)认为，公平贸易的概念在战后的演绎，主要出自美国，美国的决策者对公平贸易已不只是从开放程度的不对称来定义,而且已经扩展到各国国内政策和制度的不对称。1988 年《综合贸易和竞争法案》的第 301 条款,赋予了政府这样一种权力,在美国认为其他国家实施了不公平贸易的措施的情况下,美国政府可以单方面实施关税等贸易报复,把贸易对等的要求强加到外国政府和公司上。在美国,关于不公平贸易,已不再是一个单纯的经济问题,而且也是政治生活的一个重要组成部分。美国贸易政策的制定,成为对不公平贸易的一种应对。例如,美国认为,不断增长的贸易赤字表明,欧盟和日本的不适当的宏观经济政策造成了美国钢铁进口的不正常的增长,它们作为不公平贸易者,必须对美国钢铁进口无法控制的增长负责。乌拉圭回合以后,保障措施全面纳入多边贸易体制的框架,作为特定的贸易政策措施而为各成员方所采取。

国际经济学界对保障措施的研究,对进口竞争产业采取保障措施进行保护的问题在经济学文献中已有一定的分析。代表性的文献主要有:Robert Baldwin(1992)的《以当代贸易和政治经济学分析评价公平贸易及保障措施法》(《世界经济》,1992(15):185—202),以及 Michael Leidy(1994)的《贸易政策与间接寻租:最新成果综述》(《经济与政治》,1994(6),97—118)对这一问题进行了讨论并对一些最新文献作了概述。Gary Sampson(1987)在由 J. M. Finger 以及 Deardorff 主编的《乌拉圭回合手册》(华盛顿特区:世界银行,1987)中的《保障措施》一文对 GATT 第 19 条的历史作了精彩的回顾。Deardorff(1987)在由 Henryk Kierzkowski 主编的《国际贸易中的保护与竞争》(牛津:Basil Blackwell,1987)中的《保障措施政策与保守的社会福利功能》一文,以及 Bernard Hoekman 和 Michael Leidy 的《改变比较优势的对策:设计紧急保护制度》(Kykols,1990(43),25—51)讨论了为什么政府需要保障措施手段,并探究了一种有效机制的可能方案。

分析作为公平贸易手段的保障措施,主要可以从当代国际贸易理论和政治经济学的角度展开,在此主要是运用 Robert Baldwin(1992)的分析框架来展开,回答以下三个问题:(1)为什么要实施保障措施,它的经济学解释是什么;(2)实施保障措施会带来什么,它的经济影响是什么;(3)实施保障措施的经验研究。20 世纪 80 年代以来,贸易政策的分析中,三个领域的发展显得尤为重要。一是建立在市场机制充分发挥作用的国内市场的传统假定之上的国际贸易的政策分析框架,被考虑到使一国真实收入水平降低到其潜在水平之下的存在的各种国内市场的扭曲所替代，即所谓的扭曲文献(Johnson 1965;Bhagwati 1971)。二是放弃了完全竞争的产品和要素市场的传统假设，转而考察不完全竞争的市场结构下各种贸易政策的作用，即新贸易理论(Krugman，1986；Brander 和 Spencer，1985；Grossman，1986)。三是撤销了政府的贸易政策是既定的假定前提，分析了决定公共政策的政治和经济力量，即政治经济学或公共选择理论(Baldwin，1989；Hillman，1989)。这种政治经济学的方法认为，选举人的有关诸如公平等概念的价值判断能够影响公共政策的性质。保障措施从经济学的角度来讲，在短期内免除进口竞争的压力，有助于国内与进口竞争产业采取必要的调整。保障措施从政治经济学的角度来看，也是出于政治的需要。将 GATT 规则下的保障措施条款等从以上三个分析框架下进行，可以检验作为公平贸易手段的保障措施在执行其既定目标过程中的各种效应和有效性。

8.3　扭曲理论的应用

Corden(1974)和 Deardoff(1987)认为，政治现实，特别在处于从高度扭曲的贸易体制向更为自由的政策立场转变的过程中的国家，往往决定了要有一种机制的存在，以允许在来自进口产品的竞争过于激烈而使得结构调整超出社会承受能力的情况下再度实行临时保护。事实上，这种保障机制很可能是使深远的贸易自由化在政治上能够通得过的前提条件。社会倾向于同情那些受到来自外部巨大冲击影响的集团。他们赞成给予这类集团以协助，因为他们有一天也会受到影响。这种保险的动机与被称为保守的社会福利职能互为补充，即政府倾向于反对使社会的任何重要组成部分的实际收入大量绝对地减少。

在一个高度理想化的模型中，市场机制是万能的，市场是可以被看作是一个具有完善调节和准确价格信号的理想的市场。但是在现实世界，市场经常失败，常有失灵，这种对理想模型的背离就是扭曲。市场失灵或市场扭曲(distortions)，这一术语最早在 20 世纪 60 年代出现。Gottfried Haberler(1963) 在《国际贸易理论中的几个问题》的文章中，考虑了如实际工资粘性等几种扭曲，并认为自由贸易会导致福利恶化。对扭曲现象的深入研究,逐渐发展成为扭曲理论[①],并且它与国际贸易理论的结合,成为战后国际贸易理论的重要发展。Bhagwati(1963)和 Ramaawami(1963)对市场扭曲条件下不同政策的等级排序进行了分析,这些理论现已成为所有贸易理论家的标准工具。Bhagwati(1971)发表了《扭曲与福利的一般理论》,将战后国际贸易研究中的一些重大理论与政策问题从扭曲这一共性上进行统一分析,对扭曲的类型及政策选择的优缺点作了系统的解释,对不同市场扭曲条件下众多最优及次优干涉的理论性文章进行综合分析,进一步阐述了一系列有关开放经济条件下扭曲和福利的一般理论的命题。

Bhagwati 是在对外贸易政策与家庭消费的福利领域中对扭曲问题进行分析的。通过对外贸易而发生的一种商品对另一种商品的边际转换率(又称对外转换率),要等于通过国内贸易而发生的边际转换率,还要等于每个消费者对于这同一对商品的消费的边际替代率,这是不存在扭曲时的理想状态,巴格瓦蒂便把扭曲描述为是对上述相等关系的偏离。

在封闭经济条件下,实现帕雷托最优的条件是任意两种产品的相对价格,等于它们的国内边际替代率(DRS),等于它们的国内边际转换率(DRT)。完全竞争的市场机制将保证封闭经济的最优化条件的实现。在一个开放经济中,只有当国外边际转换率(FRT)等于国内边际转换率时,完全的自由贸易才能够保障这一条件的实现。因为这样的贸易会使国外价格 FP＝FRT,且使 DP＝FP,从而有 FRT＝FP＝DP＝DRS＝DRT。开放经济最优化的条件是 FRT＝DRS＝DRT。任何阻碍该等式实现的因素均可成为扭曲。FRT≠DRT＝ DRS 的情形,属于贸易扭曲;DRT≠FRT＝DRS 的情形,属于国内生产扭曲;而 DRT＝FRT≠DRS 的情形,则属于国内消费扭曲。

FRT≠DRT ≠DRS 的情形,表明了多种扭曲的存在。巴格瓦蒂还总结出了两个著名的命题。

命题之一:在市场失灵或扭曲的条件下,自由贸易不是最优的政策。贸易保护如关税保护作为次优的政策将会普遍改善福利。凯恩斯学派(J. M. Keynes, Lionel Ronbbins,1931)主张,在由于总需求不足而出现

---

① 根据《新帕尔格雷夫经济学大辞典》的词条,关于扭曲,已经有大量的文献,但却没有一个统一的定义,即使在 Bhagwati(1971)的论文中也没有正式的定义。有关这方面的分析经常是以特定例子的形式出现的。

大量失业时,应当实行贸易保护主义。凯恩斯主义中的失业是由市场工资粘性而造成的,因为工资不会下降,就不能促进就业达到完全就业的水平。关税政策工具的运用将使总需求从国外商品转向国内商品。市场失灵或扭曲使人们对自由贸易产生了怀疑。这种怀疑在发展中国家的贸易政策实践中的表现是,采用进口替代贸易政策来加速工业化进程。一个流行的观点是,发展中国家的许多要素市场不完善的特点有力地支持了保护幼稚产业的理论。要素市场的扭曲主要有三种情形:即使工资具有弹性,城乡收入还存在扭曲地差异;虽然各部门的工资相同,但总体上具有粘性的;在某一部门实行粘性工资或对工资实行最低限制,而在别的部门实行弹性工资,这样就能从内部促使不同部门的工资差异的存在。由于这些情况的存在,导致市场价格脱离社会成本,引出了贸易保护的新论断。Everet Hagend(1958)在其论文中阐述了对保护生产商政策的支持。Gottfried Haberler 也认为,自由贸易带来了失业问题,粘性工资可能导致实际收入的损失,这种损失可能大于自由贸易所带来的好处。20 世纪七八十年代,对自由贸易理论的研究被扩展到了分析不完全竞争的后果。与 50 年代的理论研究相比,讨论的重心从要素市场的不完善,转向商品市场的不完善。前者主要是出于发展中国家进行贸易保护的要求,而后者则是满足了发达国家实施贸易保护的需要。

命题之二:当国内市场扭曲时,如果采用针对它的关税和补贴的贸易政策,自由贸易还是最优的贸易政策,旨在弥补扭曲的政策和自由贸易政策一起采用可以达到最好的效果。当市场扭曲发生在国外时,自由贸易政策不能看作是适合的最佳贸易政策。产品市场的不完全竞争必然在国外市场上造成扭曲,理论上得出的结论是贸易关税和贸易补贴是最好的贸易干预政策之一。研究产品市场不完全竞争的贸易理论家如 Avinash Dixit 和 Gene Grossman 的研究表明,在不完全竞争的产业中,采取违背自由贸易的最优政策所带来的收益不足以证实干预政策是成功的。还有理论认为,在国外市场存在不完全竞争的条件下,贸易干预的结果往往会招致贸易报复。

扭曲理论解释了最优政策和次优政策之间的存在的原因。扭曲是一种在某些特定的经济活动中的边际社会收益与边际社会成本之间的差距。经济学家一直以来信奉,自由经济市场的存在并不保证一国或世界的真实收入的最大化。经济扭曲在自由市场条件下存在,因而对政府来说,引入补贴或税收去抵消其消极作用是极为适宜的。例如,研究和开发上的支出不但对承担支出的厂商带来利益,而且对同一产业以及相关的产业带来公共的利益。尽管这些知识溢出增加了其他厂商或产业的真实收入,但是承担这些 R&D 的厂商不能充分分享这些研究溢出所带来的利益(即使在专利制度下),因而不能在计算研究与开发的支出时考虑这些附带利益。结果,支出和研究与开发活动对一国乃至世界来说,往往是难以达到最优的。政府对研究与开发的补贴能够消除这种国内扭曲。另一类重要的扭曲是劳动和资本市场的不完全竞争导致的工资和利息率由于这些要素价格的滞后调整产生的在地区间和产业间的差异。例如,经济环境的国内和国际的迅速的变化,导致在特定的地区和产业的大规模的失业,因为工资率难以快速低下将来维持充分就业。在这种情况下,各种形式的补贴和短期的保护性关税的引入,正是为了缓解工人的调整压力。

从事经济扭曲的经济学家得出的主要结论是,直接针对各种扭曲的成因,导入补贴或税收,将提高一国的经济福利。例如,针对 R&D 的外部性和要素市场的不完全竞争,最优的政策是分别给予研究补贴和要素补贴。诸如出口补贴或进口税的国际性措施的运用在这些情况下可能会提高国家的或世界的真实收入。尽管这些国际性措施能够消除部分扭曲,如生产扭曲,因而会提高真实收入,但由于这又会造成新的扭曲,如消费者扭曲,会降低真实收入,这些政策又是次优的选择。在真实国民收入上的净变化是模棱两可的。

因此,扭曲理论认为,无论从收入和公平的角度,GATT 的规则不鼓励和限制贸易补贴和贸易税收,用来获取长期的国内生产和消费溢出效应。所以,从这样的结论出发,GATT 禁止出口补贴,并允许一国在其他国家提高关税时,实行贸易报复,或以对方国对其他商品的关税减让的方式来获得补偿。

消除国内扭曲的国际性措施的不恰当的运用,是如何在缓解比较优势地位的结构性变化的调整压力中,正确评估关税和补贴的使用的关键。GATT 的保障措施条款和美国进口安全法案中临时性关税的征收,正是解决进口增加造成的产业损害问题的手段。这种临时性关税的征收可以为因进口激增而失业的工人提供了就业机会,同时也提高了受到损害的产业生产的产品的国内价格,这样也降低了这些产品的消费者的真实收入。贸易政策通常是低效的，因为它往往产生更大的扭曲而不是消除扭曲①。

产业部门的就业目标也是实施保障措施的一个重要的目标。但在后面会讨论的新贸易理论和政治经济学的角度，政府通过提供短期的生产和工资补贴或关税保护的方式旨在帮助夕阳产业，常常会陷入帮助这些产业的不确定的陷阱中。这些产业的管理和劳动不会转移到其他产业部门中去，因而排除了继续得到政府帮助的需要，因为他们将不认为政策只是短期可以信赖的。

乌拉圭回合的谈判表明，各种贸易政策的实践与扭曲理论的运用之间存在着极大的不一致。假定在某一特定国家的对一个产业中的企业给予的研究补贴，产生了递增的技术知识，增进了所有国家的真实收入，同时也对这些国家的相同产业造成了消极的影响。

8.4　不完全竞争角度的贸易解释

现代产业组织理论日益引入到国际贸易理论，使得产业理论和国际贸易理论不断的融合，进而产生了国际贸易的新理论。古典贸易理论在完全竞争和规模收益不变的假定前提下，得出了零干预或自由贸易的政策结论。20 世纪七八十年代是国际贸易理论发展的重要的时代，一个重要的发展就是将规模经济和不完全竞争引入国际贸易的理论分析，来解释产业内贸易发展的格局。这种称之为新理论的发展的核心正是放松了传统理论的假定前提，强调了政府在贸易政策中的积极作用，并可以影响国际市场竞争，进而达到增进本国福利的目的。

从产业组织理论和贸易理论相结合的角度，现有的新理论研究集中在以下观点上：(1)贸易政策实施的目的在于从外国垄断者手中夺取垄断利润；Brander 和 Spencer(1981，1984)论述了使用关税从外国垄断者手中夺取利润的可能性。(2)存在着将垄断利润从外国垄断者手中转移到本国企业的可能性；关税可以帮助本国企业在国内市场形成战略优势。

---

① Deardorff(1987)和 Stone(1987)也把贸易政策比作用双尖子叉子进行针刺疗法，其中一个尖子可能找到了正确点，另一个却只能造成伤害。这同样适用于针对进口激增导致市场混乱而进行的保障措施的保护。

(3)实施贸易保护可以使企业的平均利润曲线进一步向下倾斜;Krugman(1984)指出,保护本国市场可以作为促进出口的手段。两个企业以互相倾销的方式在各自的本国市场上互相渗透,但每个企业的边际成本不再保持不变而是下降。现假定一个企业在本国市场受到保护,直接导致了本国企业的销售量扩大,而外国企业的销售量减少,这样本国企业的边际成本下降,而外国企业的边际成本上升,间接地使本国企业在没有保护的外国市场上扩大了销售。因此,对本国市场实施保护实际上是扩大了本国的出口。(4)通过保护促进更多的企业在市场需要它们时进入市场。征收关税会提高本国企业的利润,刺激更多的企业进入市场,使本国市场的竞争变得异常激烈。

8.4.1 战略性进口贸易政策

战略性贸易政策正是新贸易理论在政策领域的扩展与应用,它包括了战略进口政策、战略出口政策、以进口促进出口政策等。Brander 和 Spencer(1984)开创了战略性进口贸易政策(strategic import policy)的研究,战略性出口贸易政策和战略性进口贸易政策的用法取自 Helpman 和 Krugman(1989)。在一个寡头竞争的市场中,这意味着:第一,市场存在着超额利润;第二,市场价格通常会大于边际成本,存在扭曲。假设生产完全替代产品的一个本国企业与一个外国企业在本国市场进行古诺(Cournot)竞争,那么征收关税一般会带来本国福利水平的提高。如果政府通过贸易政策手段影响,会产生两种效应:一是利润转移效应,将超额利润从外国企业转移到本国企业中;二是反托拉斯效应,通过政策手段减少扭曲。

如果本国的贸易政策集中于利润转移效应,实施关税壁垒,结果是国内企业的利润上升,但消费者剩余下降;如果集中追求反垄断效应,实行自由贸易政策,这可以最大限度地创造消费者剩余,但会使本国企业的利润大幅度下降,带来失业,甚至倒闭等。因此本国政府的最优选择是在这两个极端之间,实施允许外国企业进入的关税,增进本国福利。战略性进口贸易政策研究的是在外国企业和本国企业在本国市场上进行竞争的情况下,本国的最优贸易政策选择。以关税为主要手段,战略性进口贸易政策也可理解为战略性关税政策。

战略性关税政策是指在不完全竞争条件下,一国政府通过征收关税,以限制外国厂商在本国市场的销售并迫使其降低价格；同时激励本国潜在的生产者进入外国厂商业已占领的国内市场。在一般的战略性贸易政策的意义上，运用关税从外国垄断者手里提取其享有的部分垄断利润或租金，能够为它们培育在本国市场上的战略优势。Brander 和 Spencer (1981,1984)认为，在不完全竞争市场上，垄断生产者的价格高于边际成本，因而能够赚取垄断利润或租金。与旨在改善贸易条件的传统的最优关税理论的政策主张相比，战略性关税政策并不苛求征收关税的国家必须是经济学意义上的大国(即世界市场上的价格制定者)。只要外国垄断厂商索要的价格高于其边际成本，通过制定适当的关税政策就有可能降低价格，抽取垄断租金。运用关税政策的着眼点在于诱使外国厂商放弃阻止本国厂商进入的竞争战略，为本国厂商打入被外商占领的国内市场创造条件。

Krugman(1984)关于"以进口保护促进出口"的模型是指，在不完全竞争和规模收益递增的条件下，一个在受到保护的国内市场上从事生产的企业却能够通过扩大生产获得静态的规模经济效益，不断降低自己的边际生产成本；能够通过大量销售积累经验使成本沿着学习曲线不断下降，利润足以覆盖和补偿研究与开发的成本；能够通过歧视性价格的做法，在国内市场上索取高价，在国外市场实行倾销。Krugman 的模型进一步丰富和发展了战略性贸易政策的理论，使得人们对战略性贸易政策发生作用的机理、条件及其后果看得更清。

Krugman 的模型有两个基本假定：其一，市场由寡头垄断并可分隔。各国寡头厂商的行为可以主宰价格的浮沉，且能在不同的市场上索要不同的价格，它们通过相互倾销向对方市场渗透，并在第三国市场上展开竞争。其二，存在着规模经济效应，该国的进口保护措施为本国企业提供了超过其国外竞争者的规模经济优势，这种规模经营优势将转化为更低的边际成本和更高的市场份额。在动态规模经济条件下，进口保护也能达到促进出口之目的。当某产业处于研究开发牵引增长或边干边学的动态发展过程时，规模经济表现为生产的边际成本随研究开发支出的增加或生产销售经验的积累而趋于下降。因此，为本国厂商保护或保留国内市场将有助于实现本国厂商边际成本的相对降低和外国厂商边际成本的相对增加，而本国厂商一旦在边际生产成本的竞争中处于优势地位，便可达到出口促销的目的。日本政府在发展半导体工业时所采用的政策堪称这方面的典型事例。的确,日本在诸多新兴产业的发展过程中都曾推行过这类严重侵蚀美国竞争力的贸易和产业政策,并取得了令世人瞩目的竞争优势和贸易成功,远的可追溯到钢铁、汽车部门,近者如计算机、遥控设备部门,商用飞机和航空工业则可能成为20世纪90年代日本政府给予战略支持的重点部门①。美国也曾采取高压措施迫使日本开放其国内市场,并可能对日本的战略性贸易政策作出针锋相对的战略性反应。一旦贸易战升级,双方互施报复,则任何一方的进口保护都不能促进出口,相反,整个世界贸易将急剧萎缩,各国都必将注重贸易政策与产业政策的密切结合,两者要互相协调,配合使用。可以将那些具有潜在竞争优势、有较大规模经济和外部经济利益的产业确立为目标产业,从战略高度对这些目标产业进行保护与扶持,尤其要有意识地鼓励本国厂商大胆进入某些有待开拓的高技术产业,某些空白的进口竞争性产业,以及某些虽为外国垄断资本把持但其已丧失竞争优势的产业。从这个意义上说,只有自觉将贸易政策与产业政策有机结合起来的政策才有可能成为最优的贸易政策。新贸易理论注重将战略因素注入进出口的宏观管理,并不一味排斥运用补贴、关税之类的政策手段,政府根据特定的市场结构在特定的时期适当地运用这些政策工具,将有助于矫正市场扭曲乃至增加国家利益。

实施保障措施的目标往往与产业的不完全竞争和规模经济有关。一项通过关税或配额保护的保障措施的实施,在下列条件下政策的扶持效果将更佳:一是本国产业相对于外国产业竞争有着相当大的成本优势;二是增加国内生产会带来相当大的规模经济效应。并且,政府这种用关税和配额来扶持本国产业,经验曲线的下移能够产生显著的动态的学习经济,对外国竞争者关闭和部分关闭国内市场,可以降低边际生产成本,进而促进出口。通过夺走外国厂商潜在的销售,保护政策会使外国厂商无法插足成本高的产业,将使本国厂商在本国市场上获得最大限度的规模经济。

---

① Harris 和 Cox(1984)最早将可计算一般均衡(CGE)模型中应用的"校正"(calibration)的方法运用于不完全竞争条件下的贸易模型,而 Dixit(1988)第一次尝试将其用于对战略性贸易政策基本模型进行实证分析。其他重要的研究有:Dixit(1988)对美国汽车行业、Baldwin 和 Krugman(1988)对美日半导体行业竞争的研究,Venables 和 Smith(1986)对欧盟主要产业的实证研究。得出的一般性结论是,在寡头垄断的市场结构下具有应用战略性贸易政策的可能性,只有在极端的情形下,一国的最优贸易政策是自由贸易;一国单边实施适度的关税、补贴等干预政策的确可以产生比自由贸易更高的福利,福利的增加值不大,但政府贸易政策对生产和贸易量的影响是很大的。

8.4.2　产业政策与贸易政策的融合

从产业政策与贸易政策的结合的角度，许多经济学家注意到，国际贸易会降低本国企业的市场支配力，而认为贸易保护可以增加本国市场支配力。Bhagwati(1965)认为，在一个每个国内垄断企业都面临着数个外国竞争者的模型中，保护的作用取决于它所采取的形式，进口配额这样的数量限制比关税能够创造更大的国内市场支配力①。而 Eastman 和 Stykolt(1960)提出的，Dixit 和 Norman(1980)建立模型，研究得出的观点是，保护由于一开始就会产生垄断利润而会引起更多的企业进入市场，并导致效率不高的小规模的生产和重复建设。保护的作用是将创造一个效率低下的小生产的群体。按照 Krugman 的研究，在卡特执政期间，美国对钢铁实行的启动价格机制的目的在于，尽量减少保护对本国和外国企业垄断权的影响。

根据 Krugman 的研究，认为唯一一个根据现实情况进行调整的政策研究是 Venables 和 Smith(1986)对英国的冰箱和制鞋业的研究，得出的结论是，低关税有利于提高福利，保护有强烈的促进出口的作用。

新贸易理论的最主要的贡献在于揭示了国家有时候为什么和如何采取贸易政策的行动，而这往往降低了所有参与方的经济福利。例如，传统贸易理论强调，在完全竞争的市场条件下，出口补贴是损害自己的和以邻为壑的政策。出口补贴行为对国内消费者是提高了价格，而对外国消费者则是降低了价格，外国同一产品的生产者的损失要小于外国消费者所获得的利益。就是说，消费者可以补偿生产者的损失，生产者的福利状况比在实施出口补贴前要好。因此，要解释这些措施的使用，有必要依赖于政治经济学的分析方法，特殊利益集团因成功的获得了政府的政策支持而受益，但这降低了整个国家的福利水平。

新贸易理论模型解释了为什么这些出口补贴和税收站在国民收入最大化的角度，可能是最优的；为什么当这些国家都采用这些措施时，容易陷入囚犯的困境。例如，如果一个本国和外国的企业在第三国市场上相互竞争，在其他企业的产量既定的条件下，每个企业选择其利润更大化的

---

① 在美国，按照 Bhagwati 思路进行的市场支配力的分析已经成为国际贸易委员会(ITC)使用的重要的分析方法，并据此来确定保护所采取的形式。

产量。其中一国政府的出口补贴的导入,会提高这一国家的福利,这种福利将大于其出口补贴的成本。如果出口商品在国内消费,但不进口,一个国内的消费补贴往往与出口补贴相伴随;或者,一个生产补贴与出口税收的组合也能产生同样的作用。

可以推理假定,每个政府可以采取依次行动,这样两个国家就会卷入补贴战。美国和欧盟在农业领域就展开了这样的战争。新贸易理论经济学家认为,这种报复游戏的结果是,与自由贸易相比,两国乃至世界的真实收入水平将下降。他们还强调不鼓励国家引入补贴实现从外国的福利转移。有必要促使这些国家采取自由贸易政策,建立可信的惩罚机制来制止这些带来福利损失的政策的使用。

GATT 的创立者意识到了关税领域的这种囚犯困境的结果。他们认为,19 世纪 30 年代,以邻为壑的政策推动了关税水平的上升,每个国家都尽量以从外国减少进口为代价,来增加国内就业,导致了各国之间的关税战和第二次世界大战的爆发。他们建立的谈判机制,就是促使各国在互惠的基础上相互削减关税,来化解囚犯困境。而且,当其他国家提高关税采取以邻为壑的政策时,也允许一国采取报复行动。

在阻止不公平贸易实践中反倾销税和反补贴税具有其有效性。GATT 明确禁止出口补贴以制止以邻为壑行动。GATT 的反补贴税条款目的在于制止外国政府采用补贴出口产业和抵消外国补贴本国产业所产生的消极的贸易效应。

如果外国出口商从每单位的出口中获得了直接的补贴,针对这些出口的反补贴税正好等于原有的出口补贴,这样使外国出口商的边际成本恢复到其最初的水平。这在不论是完全竞争和不完全竞争的产品市场都是成立的。但是,在 GATT 的框架下,出口补贴是禁止的,招致反补贴法律约束的大多数补贴是国内补贴,即它们介入的受到补贴的产品生产既是出口的,又是满足国内需要的。在通常的局部均衡的假定下,收入效应被忽略不计,对生产补贴的反补贴会使出口下降到补贴前的水平,以抵消这种补贴效应,如果增加出口是主要的目的的话。补贴往往针对特定的生产要素和生产活动。反补贴的效应取决于所采用的补贴的特定的形式。

分析贸易政策的新理论的观点在于,国内企业倾向于使用反倾销税和反补贴税法律来增加自己的贸易利益。例如,外国政府补贴与国内生产同类产品的企业的生产，从国内企业的立场上这会降低本国的就业和产量水平，应当向国际贸易委员会就产业的实质损害进行上诉。短期的利润下降可以由对外国企业征收反补贴税后企业的利润的增加所抵消。

世界各国在追求自由贸易政策来促进经济效率的同时，也采用关税和补贴等工具，来达到收入分配的趋于公平化，由此也陷入了实施贸易保护主义政策的陷阱中。例如，作为多边贸易谈判的一部分，政府承诺降低关税，受到影响的工业的工人不得不接受较低的工资和失业的增加，极力要求逆转政府的贸易自由化政策，以避免其地位的不断恶化。政府对自由贸易的承诺在某些产业部门看来并不是一件值得称道的举动。

征收关税的核心动机是保护本国产业以及相关企业的利益，改善和提高产业的国际竞争力。20 世纪 80 年代以来的新贸易理论和战略贸易政策的出现，为关税为代表的贸易保护手段的新应用，提供了全新的理论支持。根据该理论，对外国的寡头企业征收进口税，进口国能够从中抽取部分垄断利润，进而削弱或者抑制进口厂商的竞争优势，从而促进本国战略性产业的发展(见图 8-1)。

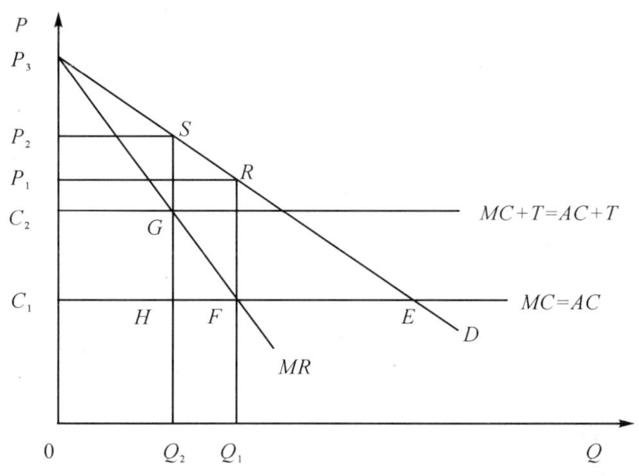

图 8-1　关税征收对外国厂商垄断利润的影响

假设国内钢铁产品市场商有一家或少数几家外国的垄断企业，产品完全依赖进口。本国对外国垄断厂商的需求曲线为向右下方倾斜的 D。在自由贸易条件下，外国厂商在 $MC=MR$ 的条件下提供进口量 Q_1，根据进口国的需求 D 将价格定在 P 的水平，这样外国厂商将获得垄断利润 C_1P_1RF。征收关税后，外国厂商的边际成本曲线上升，新的边际成本

$MC+T$ 与 MR 的均衡点为 G,这样进口价格提高为 P_2,进口量降至 Q_2,外国厂商的垄断利润下降为 C_2P_2SG。

实施保障措施无论采取提高关税还是进口配额,最直接的影响是所实施产业和产品的生产者直接受益。关税作为一种主要的贸易政策工具,具有经济扭曲的性质,关税扭曲是属于政策引致性扭曲,是国家干预国际贸易,使国际交换背离了市场经济规律而造成的扭曲。关税扭曲可以分为价格性扭曲和资源配置性扭曲。价格扭曲造成了国内市场价格对机会成本的扭曲,造成了国内价格的上涨,导致了生产、消费以及贸易条件的变化;资源配置扭曲则是一种更深层面的扭曲,它是由价格扭曲造成的,价格的扭曲信号导致了资源的无效和低效率的配置。在使用关税的情况下,保障措施对国内生产者的贸易保护效应并不是完全确定的,国外出口厂商也可以通过提高劳动生产率来降低出口价格而扩大出口,来抵消关税保护的作用。在使用进口配额的条件下,对进口数量的限制是确定的,因而其保护效应是确定的,但同时也赋予了国内企业某种垄断权,并造成追逐垄断利润的非生产性寻租现象的蔓延。

这就引入了 GATT 第 15 条和许多国家的有关保障措施的法律的适用性的问题。这些措施为国内的产业调整赢得了时间的同时,也使国内的消费扭曲,即进口产品和其国内替代品的价格的上涨。例如,美国根据 1974 年贸易法第 201—203 条实施的保障措施条款规定,如果日益增加的进口产品造成了国内产业的严重损害,国际贸易委员会认为,应当实施进口救助,来防止和缓解这种严重损害。这种进口救助是递减的,最长可以延续到 8 年。并且在救济期结束后 2 年,又可以进行新的救济起诉。因此,这对寡头垄断产业的管理者和工人来说,是一种激励。企业内的合作行为是可能的,不是依赖于自身的调整行动,而是寄托在政府来防止和缓解进口竞争带来的严重损害。的确,在一个进口竞争激烈的寡头垄断的市场,对企业而言的最优的政策可以得到采纳,诸如减少生产和解雇工人,以增加来自政府的获得进口保护的可能性。避免这种后果的方法是停止使用以收入再分配为目的的贸易措施。

与本论题相关的重要研究是,Harris(1994)从动态的角度,分析了在一个面临国际竞争的转型产业中贸易政策的作用。在美国钢铁制造业,大规模的生产者正在被低成本的小生产厂商所替代,与此同时进口的增长也给国内生产者造成了巨大的压力。他的研究表明,在一个动态的模型中，美国对钢铁业的保护与在静态模型中不同，在钢铁业不完全竞争的市场结构下，一定程度的进口限制有可能使本国的福利提高。与其他实证文献不同的是，Harris(1994)模型显示的保护所带来的福利效果是较大的。

8.5　新政治经济学视角的考察

根据政治经济学的分析，相信政府会根据经济学家的政策建议，力图使国民福利最大化，这是极其幼稚的。政治经济学的分析强调，经济政策是在如收入分配等道德问题上由相关的各种经济利益集团的政治力量、被选举的领导人的目标和选举人的判断来决定的。缓解受到损害的产业的调整压力的进口保护的使用，也成为批评的对象。一个产业会制造出严重损害的现象，以便来动用保障措施实施进口保护。在政治上，一个产业获得进口保护比补贴会更容易一些。建立在进口保护的保障措施的存在，使政府在多边的贸易谈判中削减关税的政治压力会轻得多。从保障的角度的进口保护应当在时间上加以严格的限制。

贸易行动受贸易政策、产业政策和公共政策等政治经济外交因素的影响，保障条款体现了成员方经济利益的妥协性，事实上就是双方经济力量相互斗争的结果，是经济利益的相互妥协。双方各自所作出的让步多少，取决于经济实力的对比关系。由于收入再分配效应的存在，保障措施的实施所带来的是收入从本国丰裕的要素向该国的稀缺的生产进口竞争产品的生产要素的在再分配，会带来不同的经济利益集团之间的矛盾。实施保障措施的政治经济学研究主要体现在两方面：一是国际的政治经济学，国际贸易中的政府贸易政策行为是互动的战略性的相互依赖，研究国际报复对政府保障措施的影响。二是国内的政治经济学，研究公共选择理论在国际贸易领域的应用。按照主流的贸易理论的政策处方，自由贸易是一种最优的政策，而现实世界中关税和数量限制等其他的贸易壁垒的存在正是由于干扰和影响政府决策的其他因素的存在：社会成员中要求贸易保护的力量可以享受保护所带来的经济租金，从增加国内产出和就业的角度，政治斗争中容易占上风来推动贸易保护；社会成员中反对贸易保护的力量受制于免费搭车者，往往缺乏组织力量。行业协会或政治上的利益集团在保护国内产业、支持国内企业和增强国际竞争力等方面,起着重要的协调作用。在使用保障条款维护本国产业的行动中,行业组织担当着发起者和提供证据者的作用,协助政府实施保障措施。

8.5.1 贸易保护政策的政治经济学

在国际层面,贸易保护政策的制定过程是一种国与国之间的贸易政策博弈,国际报复对政府实施保障措施产生重要的影响。WTO的体制框架本身并不保证自由和公平的贸易环境,现实世界的贸易政策是变通选择的。美国提高进口钢材关税,欧盟也随后作出反应,对进口钢材实行关税配额,此外泰国、马来西亚、智利、委内瑞拉等国也先后采取了临时保障措施和进口限制措施。中国实施保障措施也正是出于对欧盟实施贸易保护的一种国际反应。

而在国内层面,保障措施作为国际贸易政府管理的决策与国内政治过程,是国内利益集团政治过程的决策机制的产物。在西方发达国家,利益集团作为影响政府社会决策的力量组合,是利益追求差异的产物。在市场经济发展和工业化进程中,劳动分工和专业化协作日趋繁细,产生了各种各样的利益集团[①]。在有关寻租活动的国际贸易文献中,以 Brock 和 Magee(1996)的《特殊利益的政治经济学:以关税为例》,Bhagmati 和 Srinivasan(1980)的《寻利:关税理论的概述》为代表。主要的观点是:(1)提出各种经济主体具有寻利和寻租的双重动机。由于在两种活动中都需要花费特定的生产要素,而商品价格变化是以相反的方式影响二者,因而两种活动是此消彼长的。(2)寻租活动不是一次性的,而是趋于连续的。经济主体的连续的寻租活动是的关税是内生的,而内生关税的成本是将使生产可能性区现向内移动。(3)寻租成本函数则假定关税是花费在支持或反对关税的活动中的寻租资源的函数,进而假定政府在这些寻租活动中发挥着重要的作用。

一般说来,采取保障措施的程序是由生产有关产品并受到进口不利影响的国内产业部门或利益集团启动的。该产业部门要注意观察进口的流向和产业自身的情况。若它认为需要采取保障措施,而且符合世贸组

---

① 利益集团(lobbies),又称压力集团和院外集团,最初是在议会的休息厅进行游说的。"利益集团是一个持有共同态度、向社会其他集团提出要求的集团。如果它通过向政府的任何机构提出其要求,它就演变成一个政治性集团。"(戴维·R·杜鲁门:《政治秩序》,1951年版,第37页)。

织规定的前提条件,就可以要求政府启动保障措施程序。

8.5.2　美国实践

从贸易保护主义的政治经济学的观点出发,在美国决定贸易保护的过程中,政治因素占了主要的地位。威廉·克莱因的统计模型,解释了从 20 世纪 70 年代末到 80 年代初在 80 个制造业部门中是否存在主要的非关税贸易保护壁垒。模型中的贸易壁垒是那些由产业对保护需求与政府对保护供给的意愿相互作用而导致的贸易壁垒。影响需求的因素主要是保护给产业和劳工带来的收益。进口渗透越深,产业从贸易保护中所获得的潜在收益也就越大。产业的集中度越高,免费搭车的小企业就越少,游说努力的活动也趋向最优。竞争性较强的产业从保护中获得的收益较少,甚至因外国的保护反而遭受损失。从供给方的角度,如果产业的劳工多而关系到选票的数量,或者工资非常低以至于公众更多地给予同情,或者部门增长缓慢而进口渗入的增长很快的话,那么政府就更愿意提供保护。该模型的结果是在美国影响贸易保护政策的因素主要由两个:产业部门的劳动力规模和进口渗入的水平。前者是产业的政治影响力的一个指标;后者则反映了限制进口对产业经济利益的影响程度。所以,从贸易政策的政治经济学的角度来看,政治影响力以及利益集团从保护中所获得的潜在利益的大小,往往决定了美国现实贸易政策的选择。

一个有力的例证是在美国,由于纺织服装、汽车和钢铁工业的劳动力人数众多,这三大产业都享受着贸易的保护。欧洲的经验也倾向于证实这种判断。他们的产业政策似在延长受到进口竞争的面临淘汰的产业部门的痛苦,而不是促使他们转变为新产业部门,这表明政策制定者对政治的考虑远多于经济的考虑。2002 年 10 月,中国罐头工业协会赴欧盟开展民间游说活动,维护中国柑橘罐头产业的正当贸易权益。针对 2002 年 5 月西班牙向欧委会申请对中国产柑橘罐头实施特别保障措施一事,中国罐头工业协会在充分做好准备工作后,组织了国内柑橘罐头主要生产企业负责人参加的访欧代表团,前往欧盟开展民间游说活动,以维护中国柑橘罐头产业的正当贸易权益。

8.6 实施保障措施的有效性与实证研究

由于保障措施的实施,在对本国的受损害的产业提供救济,帮助其恢复竞争力和进行产业结构调整的同时,还存在着与利益受损的出口方的贸易补偿和贸易报复问题,因此评估贸易利益的得失是实施保障措施过程中的最为重要的环节。如1980至1988年根据美国1974年贸易法201条款,美国国际贸易委员会(ITC)共收到了18起保障措施的调查申请,经过调查,ITC就其中的6起案件向总统提出了授予救济的建议,最后政府在评估了贸易利益及相关的各种因素之后对4个产业授予救济。

Hoekman和Kostecki(1995),作为贸易限制,保障措施将收入从消费者转移给进口竞争产业。一般来说,保障措施的存在将减少外国出口商与进口竞争企业间的竞争,同时还存在进口竞争利益集团操纵和滥用该程序的可能,进而增强了这种威胁后果。其结果是,对某些行业和整个经济来说,从多边贸易谈判或单方面实施的自由化的获益将减少,甚至可能消除。

从开放经济理论与政策调整的角度,保障措施问题的讨论将会涉及所谓政策调整的问题。将进口的冲击当作一个外生变量,来考察一个开放型经济如何从一种均衡状态调整到另一种均衡状态的。在一个竞争性的经济体中,调整过程的发生主要是因为外部因素的冲击诸如进口的急剧增长,改变了要素所有者和企业家面对的引起调整的激励因素。在短期,只有劳动这一种生产要素能够在部门间流动,将引起劳动力市场的调整;在中期,在赫克歇尔—俄林的两部门、两要素模型中,将引起资源的重新配置,一个经济体对相关产品价格变动的调整是一个产业组合的变化;在长期,将带来产业结构的变化。

从调整和贸易政策的实证研究上来看,首先要估计进口等贸易变化转化为国内生产的变化。Cline等(1978)和Stone(1977)对贸易变化和国内生产之间的关系进行了任意的假设。Baldwin(1976)使用了行业间投入产业矩阵的反转形式,以获得由贸易变化(分别为ΔX和ΔM)在国内产出量方面引起的变化。通过用平均的工作产出量系数乘以估计的产出量变化，产出量的变化转化为就业的变化。Baldwin 的方法克服了对贸易变化与国内生产两者之间的关系在事前进行假定时所具有的任意性质。但他是通过在局部均衡分析中引入一般均衡来达到这一点的。要考察贸易政策变化的影响效应，使用一般均衡的分析可以获取更为广泛的、更为长期的各种影响。Stern(1978)所提出的总量、净贸易和就业影响的分析是有一定意义的。

Pelzman 和 Bradberry(1980)对传统的局部均衡的分析提出了质疑。他们认为，政策引起的调整的成本，这些成本发生在进口竞争行业由于关税等政策的实施而重新配置资源的过程中。

在从一种均衡状态到另一种均衡状态的转换过程中，由进口增长引起的失衡过程可能出现的反应可能会包括存货的变化和产出量的变化以及产品价格的变化。他们认为，产出量的长期进口弹性应该利用国内供给的非均衡模型来进行估计。如果考虑到对进口调整的动态模型，社会收益或损失的计算要考虑以下四个因素：进口竞争行业以产品形式表示的平均小时工资；平均工作小时；(就业)失业的平均时间；转换工人整个生命期间的负工资差异。在进口竞争活动中，效率的提高可以用贸易自由化来进行；相反，实施保障措施这样的保护可能带来效率的低下。

保障措施实施后，生产者剩余的增加是以消费者剩余减少为前提的。一般而言，因保障措施而引起的消费者损失将超过因此得到的生产者收益和政府税收增益的总和。例如，在对钢铁产品加征关税和实施进口配额后，钢铁产品价格上扬，直接影响到钢铁消费行业的效益。

WTO 保障措施的特点之一在于它的实施前提是在正常的公平贸易的情况下实施的。一般情况下，实施保障措施的进口成员应该给予受保障措施影响的出口成员“实质对等”的补偿，或出口成员对实施进口保障措施的成员终止其“实质对等”的减让义务。因此，必须明确，实施保障措施意味着对一个产业保护程度增加的同时，会减轻国内其他产业的保护程度，或是其他产业受到出口限制，或作出利益的付出。

从经济学的角度分析，进口国实施保障措施在许多情形下并不能对进口国经济竞争力的提高产生积极作用。那么如何避免这种消极影响呢？发动保障措施的根本目的并不仅是从进口环节上给国内产业提供几年的庇护，关键在于促进国内产业利用这段保护期来改善或调整产业结构，从而提高自己的生产率。

Hufbauer 和 Rosen(1992)研究了促进受进口竞争的影响的美国产业调整的各种措施的有效性。他们的研究集中在三种贸易政策上:特殊的贸易保护,诸如在正常的关税限制外的对进口产品的特别的限制;对受影响的产业劳动力的与贸易有关的调整援助;例外条款的救济。他们发现在各种贸易政策中,例外或免责条款是促进产业调整的最有效的手段。在所研究的 16 个产业中,10 个得到了关税提高的保护;2 个得到了有秩序的销售安排(OMA);其他 4 个得到了配额的保护。由于今后这 12 个产业不再需要保护,这些产业中的企业的调整是相对成功的:其中一个产业得到了扩张,其余的产业或者获得了核心竞争力,或者从产业中退出。

保障条款的救济的相对成功的原因来自三方面因素:救济是短期的,这给予企业快速调整以强劲的激励;美国的劳动力的调整方案是不恰当的和难以有效实现产业调整的;保障措施的实施在美国是有国际贸易委员会(ITC)管理的,总统授予了救济的权力,作为一个特别的贸易保护,其初级机制并不是一种政治上的游说活动。

实施保障措施的有效性的判断的难点在于,很难区分来自进口增长和来自国内因素对竞争力的影响。Hoekman 和 Kostecki(1995)认为,事实上,由于某一进口竞争产业产生问题的原因在于比较优势的变化,因而需要根据变化了的情况进行调整。在这方面,保护一般是一种不适当的政策。无论保护措施在政治上有什么理由,但它的存在将通过提高价格、降低革新积极性等,减少对国内进口竞争企业的竞争压力。这些措施是低效率的,因为对消费者的保护的成本将比受保护的产业的获益要大。此外,如果存在这些措施,产业部门就可望寻求不同保护工具之间相互替代的可能性,从而使政府更加难以控制其贸易政策。

WTO 允许紧急保护给企业发出了一个信号:即政府不能或不会让自己承诺受限于一定水平的干预或支持。这将消极地影响某些企业的经营,因为这些企业可能把这种“保险”纳入他们的管理决定中,从而相应地产生所谓“时间不一致”(time inconsistency)的问题。如果某一政府正在实施自由化计划,而企业由于期望能够在将来得到进一步的保护未作出必要的调整,那么政府不给予这种保护,或者取消临时紧急保护,在政治上就不是最佳的选择。因此,机制的设计以及适用的规则或标准很重要。依据 WTO 适用的那些义务,将有助于减少可能的时间不一致的问题,但并不可能完全消除。

一个高效的紧急保护制度应当具备两个基本要素:一是需要有不受调查机关或政治当局操纵左右的有关取得保护的硬性规定;二是标准和指标的规定必须使企业操纵他们的可能性最小化。虽说规则要符合 GATT 的规定,但由于 GATT 的规则的措辞宽泛,利益集团能够轻易地促成有利于他们但有损于整体经济的解释。保障措施的原理是给某一产业一段时间,以便对强有力的进口竞争作出调整。

实施保障措施的最终目的是留出国内产业参与国际竞争的缓冲时间,以利于国内产业的调整。这种适度保护有利于国内产业竞争力提高,有利于产业结构调整;过度保护就是保护落后,不利于培育产业国际竞争力。因此,保障措施应在不违背 WTO 有关规定的前提下,充分考虑其实施的有效性。实施保障措施会引发诸多不利后果,在实施之前就要充分考虑其成本和受益。即使在权衡各种因素基础上实施保障措施后,仍然要注意尽可能地降低消费者和相关企业为此付出的成本,尽早形成"被保障产业不再需要保护"的态势和环境。根据 Lapham 和 Ware 两位学者的研究,尽管当初的动机和意图不尽相同,但是进口限制等保护措施一旦实施,很可能会长期化和慢性化。由此而产生的问题是被保护产业丧失了自我革新的意识和精神,甚至有可能为使自己不通过竞争坐享既得利益而展开政治活动。因此,在实施保障措施中要注意保障措施的限度和防止这种慢性化风险。

伴随保障措施而来的最大风险是企业和劳动者丧失自我激励、自我革新的意志和动力。Kohler 和 Moore(2001)所作的研究表明,由于存在旨在延长和再次实施保障措施的政治压力,保障措施妨碍产业结构调整的可能性正在上升。以美国钢铁业为例,从 20 世纪 70 年代起,美国政府根据贸易法案 201 条授权,数次对钢铁业实行保障措施。对此,Hufbauer 和 Goodrich(2002)的研究指出,美国政府除了采取了 159 次反倾销关税措施之外,还要求主要贸易对象国实行对美国钢铁自愿出口限制。Barro(2002)还进一步指出,在长期实行保障措施的情况下,高度组织化的美国钢铁业雇员的工资水平远远超过了制造业的平均水平。其结果是美国钢铁业因其价格竞争力一直无法回升而陷入恶性循环。这种慢性保护措施对于美国钢铁业界来说,非但没有给该企业形成迅速调整结构进行改革的压力和刺激,反而造就了它苟延残喘的外部环境。实施保障措施是为了给产业重建争取时间,但一旦保障措施被反复使用的话,就很可能使被保护产业和产品的队伍日益扩大。因此,在保障措施问题上,一定注意不要滥用,以免使其失去促进产业自我革新的机会,将调整付出的代价降低到最低水平。保障措施作为国际贸易政策管理,与产业成长的一般研究的角度来看,改善产业竞争方面,政府贸易政策的使用,相对于传统的产业政策,在时间、灵活性和预算成本方面具有一定的优势。保障措施正是一种改善不公平竞争,调整国际竞争力的短期政策。

保障措施实施的代价和成本在于将降低本国的经济福利水平,并对实施保障措施产品为原料和中间产品的工业产生重要的影响。进口国对进口剧增的产品实施了保障措施后,使与进口产品相竞争的国内生产者得到了保护,同时实质上是损害了国内消费者的利益,他们要支付更高的价格来购买进口产品,直接打击了以进口产品为主要投入物的生产厂商,在很大程度上也增加了本国出口的直接成本和间接成本,影响了本国产品的出口竞争能力。

某一特定产业中的企业生产既受到对它销售的产品的征税的影响,也受到对它中间产品或原料投入征收关税的影响。例如,家电生产企业会因为对钢铁的征税而受到损失,成本增加。这实际上涉及关税结构的问题,需要具体计量关税结构对国民经济的影响。从经济发展的动态效应来看,保障措施下关税对本国产业的种种保护,可以带来国内产业发展的长期利益,起到增加国内就业、维护经济与社会稳定等作用,但也会带来国内企业的劳动生产率低下、技术进步缓慢和国际竞争能力弱等。在东京回合和乌拉圭回合的谈判中,许多国家认为,援引保障措施的国家有义务在实施保障措施的同时,采取产业调整措施,使其保障措施真正实现保障和促进国内弱势产业调整的目的,防止其成为贸易保护主义的工具①。

---

① 对于政府促进产业结构调整的形式,巴西等发展中国家的谈判方认为,可以采取财政支持、政府补贴等措施,由政府制定和实施综合性的产业结构调整政策。而美日等发达国家反对将保障措施与产业结构调整相结合,认为应该由企业本身来进行结构调整,政府过多的介入产业结构调整并没有任何的好处。由于谈判方的分歧较大,《协议》一个最重要的规定是要求 WTO 的成员方在延长保障措施时,向 WTO 的保障措施委员会提交有关产业正在进行调整的依据,但没有将产业调整的有关问题加以明确。

8.7 小　结

自由贸易和保护贸易历来是国际贸易理论与政策的两个密不可分的方面。完全的自由贸易和彻底的保护贸易只是贸易理论的一种抽象存在,而贸易政策的现实世界却是两者某种程度的耦合。保障措施作为 WTO 框架下的贸易保护措施,其根源在于贸易自由化的动力和贸易保护主义的压力的交锋中折衷的产物。保障措施针对的问题是在公平的进口贸易中所遭受的意料之外的损害,救济正是采取暂时性的边境措施以给国内行业一定的缓冲时间以试图调整来自进口的竞争。实施保障措施的目的在于从制度上为国内产业进行结构调整提供驱动力,提高产品国际竞争力以应对进口挑战并最终获得市场竞争优势。

不同国家和产业在国际竞争中的不同境地,促成了既不阻碍贸易自由化进程,又不恶化弱势国家和产业处境的保障机制的产生。原有市场秩序是奉行比较优势的结果,出口国出口密集使用其丰裕要素的产品;实施保障措施后进口国增加了稀缺要素的供应,导致了市场均衡的变化。而保障措施的非歧视性将减少贸易国之间的扭曲,使贸易保护的经济成本最小化。当一国采取保障措施时,其情形类似于战略性贸易政策。保障措施短期内免除进口竞争的政治压力,有助于进口竞争产业采取结构调整,使被保护产业的竞争力恢复并上升到能适应自由贸易竞争,使游离出的各种生产要素为其他产业所吸收,以实现经济可持续发展所需的资源配置最优化。

随着我国外贸规模不断扩大,贸易摩擦增多的趋势日益显现,出口产品成为国外贸易保护主义的主要实施对象,同时进口产品冲击国内产业的趋势有进一步发展的可能。本研究的政策含义在于:一是在 WTO 体制框架下保护本国产业。根据 WTO 的有关协议,借鉴发达国家制定的保障措施条例和案例经验,健全完善进口救济制度来保护本国产业。引入对一些敏感产业和产品的进口监督措施,建立产业预警机制和咨询服务系统,向相关企业提供动态的信息,完善产业投诉机制。二是提升产业的国际竞争能力,形成促进企业和工人自我革新的激励机制,开展有利于生产要素在产业间顺利转移的调整。在保护期内,通过合理化、现代化和错位竞争,使被保护产业的竞争力恢复并上升到能适应自由贸易的国际竞争。要导入旨在提高产业竞争力的综合性支援服务系统,从提供研究与开发、税收优惠和生产补贴等方面进行扶持。要实施走出去战略,缓解进口国国内各种利益集团对来自中国产品的贸易保护的压力,同时推进品牌竞争战略,以品质代替数量应对进口数量激增条件下实施的特保措施。要与国际相接轨,可以把工会或工人组织作为利害关系人引入保障措施申请主体,将应对进口增加的国内产业调整计划纳入保障措施。此外,发挥行业协会对产业和企业的服务功能,利用院外活动进行游说并影响目标市场政府决策,消除发达国家对中国经济高速增长和国际地位崛起的敌意,以化解贸易争端。

【参考文献】

[1] Baldwin, R. Assessing the Fair Trade and Safeguards Laws in Terms of Modern Trade and Political Economy Analysis. World Economy,1992, 15.

[2] Bhgawati,J. and Srinivasan, T. Revenue Seeking :A Generalization of the Theory of Tariff. Journal of Political Economy , Dec,1980.

[3] Bhagwati,Jagdish N. Directly Unproductive Profit-Seeking Activities. Journal of Political Economy,1982,90.

[4] Brock,W. and Magee, S. The Economics of Special Interest Politics: The Case of the Tariff. American Economic Review, May,1978.

[5] Brunos,Frey and Hannelore Weck-Hannemann. The Political Economy of Protection, Current Issues in International Trade. Macmillan Press,1996.

[6] Brander,J. A. and Krugman,P. R. A Reciprocal Dumping Model of International Trade. Journal of International Economics,1982 .

[7] Brander,J. A. and Spencer, B. J. Export Subsidies and International Market Share Rivalry. Journal of International Economics,1985,18.

[8] Caves, R. Industrial Policy and Trade Policy: The Connections. In H. Kierzkowski(ed.). Protection and Competition in International Trade, Oxford:Basil Blackwell,1987.

[9] Deardorff, A. Safeguards Policy and the Conservative Social Welfare Funcetion. In H. Kierzkowski(ed.). Protection and Competition in In-

ternational Trade ,Oxford :Basil Blackwell,1987.

[10] Dixit,A. K. and Stiglitz, J. E. Monopolistic Competition and Optimum Product Diversity. American Economic Review ,1977,167.

[11] Edwards, S. Openness, Trade Liberalization, and Growth in Developing Countries. Journal of Economic Literature,1993,31(3).

[12] Hoekman, M. and Leidy, M. Dumping, Antidumping and Emergency Protection. Journal of World Trade,1988,23(5).

[13] Jai, S. Mah. Reflections on the Special Safeguard Provision in the Agreement on the Agriculture of the WTO. Journal of World Trade, 1999,33(4).

[14] Kenneth, A. Safeguard Actions under the Agreement on Textiles and Clothing. World Economy,2000,23(1).

[15] Krueger, Anne O. The Political Economy of Rent-Seeking Society. American Economic Review,1974,64.

[16] Krugman,P. R. Increasing Returns, Monopolistic Competition, and International Trade. American Economic Review,1979,19.

[17] Leidy, M. Trade Policy and Indirect Rent-Seeking: A Synthesis of Recent Work. Economics and Politics,1994,6.

[18] Murray, T. Policing Unfair Imports :The United States Example. Journal of World Trade,1990,24:39-55.

[19] Nicolaides, P. Protectionism and the Rise of Unfair Trade. Journal of World Trade,1993,27(6).

[20] Nicolaides, P. How Fair Is Fair Trade? Journal of World Trade Law, 1987,21(4).

[21] Oliver,Cadot. Trade and Competition Policy. Journal of World Trad, 2000,34(3).

[22] Sampson, G. Safeguards. In J. M. Finger and A. Olechowski (eds). The Uruguay Round :A Handbook for the Multilateral Trade Negotiations. Washington DC: World Bank,1987.

[23] Stephen,P. Magee. The Political Economy of Trade Policy. Blackwell Press. Yong-Shik Lee. 1999. Emergency Safeguard Measures under Article X in GATS —Applicability of the Concepts in the WTO Agreement on the Safeguards. Journal of World Trade,1994,33(4).

[24] Yong-Shik Lee. Critical Issues in the Application of WTO Rules on Safeguards. Journal of World Trade,2000,34(2).

[25] Yong-Shik Lee. Review of the First WTO Panel Case on the Agreement on Safeguards. Journal of World Trade,1999,33(6).

[26] Venables,A. J. Trade and Trade Policy with Imperfect Competition: The Case of Identical Products and Free Entry. Journal of International Economics,1985,119.

[27] 巴拉萨,等. 半工业化经济的发展战略. 北京:中国财政经济出版社,1989.

[28] 冯宗宪,柯大钢. 开放经济条件下的国际贸易壁垒. 北京:经济科学出版社,2000.

[29] 樊勇明. 产业结构调整中的保障措施. 世界贸易组织动态与研究,2003(4).

[30] 格林纳韦. 国际贸易前沿问题. 北京:中国税务出版社,2000.

[31] 赫尔普曼,克鲁格曼. 市场结构与对外贸易:报酬递增、不完全竞争和国际贸易. 上海:上海三联书店,1993.

[32] 海闻. 国际贸易理论的新发展. 经济研究,1995(7).

[33] 黄润秋. GATT/WTO保障措施研究. 人大复印资料(外贸经济),1999(3).

[34] 黄建华. WTO《保障措施协议》及其对我国的意义. 人大复印资料(外贸经济),2000(10).

[35] 克鲁格曼. 克鲁格曼国际贸易新理论. 北京:中国社会科学出版社,2001.

[36] 克鲁格曼. 战略性贸易政策与新国际经济学. 北京:中国人民大学出版社,2000.

[37] 克鲁格曼. 发展中国家的贸易与就业. 上海:上海人民出版社,1999.

[38] 霍克曼,考斯泰基. 世界贸易体制的政治经济学. 北京:法律出版社,1995.

[39] 肯伍德,等. 国际经济的成长. 北京:经济科学出版社,1997.

[40] 刘易斯. 经济增长理论. 上海:上海三联书店,1985.

[41] 李永时. 运用世界贸易组织保障规则的几个重要问题——根据最近的专家小组报告以及上诉机构的决议. 国际贸易译丛,2001(1).

[42] 刘松涛. 限制与报复的法律审视——中日贸易摩擦中的保障措施. 国际贸易,2001(8).

[43] 罗丙志. 国际贸易中的政府行为与产业成长. 国际贸易,1996(3).

[44] 马捷.国际多市场寡头条件下的贸易政策和产业政策.经济研究,2002(5).
[45] 马捷,周纪东.不完全竞争、非对称信息下的最优进口贸易政策和产业政策.经济研究,2001(7).
[46] 马捷,周纪东.以寡头竞争为基础的贸易理论与贸易政策.产业经济评论,2002(5).
[47] 诺斯.经济史中的结构与变迁.上海:上海三联书店,1997.
[48] 施蒂格勒.产业组织与政府管制.上海:上海三联书店,1989.
[49] 盛斌.中国制造业的市场结构和贸易政策.经济研究,1996(8).
[50] 史蒂文森.2000 年全球反倾销反补贴及保障措施案件综述.国际商报,2001.
[51] 孙杰.克鲁格曼的理论"接口"和诺思的"贸易由制度启动"命题——关于贸易理论的发展和制度创新比较优势的思考.经济研究,1997(12).
[52] 孙福庆,成帅华.美国钢铁保障措施与 WTO 冲突及其启示.世界贸易组织动态与研究,2002(10).
[53] 宋士菁,等.透视美国 201 条款.对外经贸实务,2002(5).
[54] 许罗丹,谢康.中国对外贸易.广州:中山大学出版社,1995.
[55] 杨叔进.经济发展的理论和政策.南京:江苏人民出版社,1983.
[56] 杨叔进.中国:改革、发展与稳定.北京:中国发展出版社,2000.
[57] 杨圣明.中国对外经贸理论前沿.北京:社会科学文献出版社,1999.
[58] 伊特韦尔,等.新帕尔格雷夫经济学大辞典.北京:经济科学出版社,1996.
[59] 严建苗.WTO 框架下保障措施经济学.杭州:浙江大学出版社,2006.
[60] 严建苗.WTO 框架下保障措施经济学:以钢铁产品案为例.世界经济与政治,2006(7)
[61] 严建苗.WTO 框架下保障措施以起源与演化.亚太经济,2006(4).
[62] 严建苗.略论贸易壁垒的政治经济学.世界经济与政治,1997(4).
[63] 严建苗.国际贸易政策的政治经济学分析.经济学动态,2002(5).人大复印资料(外贸经济·国际贸易),2002(8).
[64] 叶飞文.试论美国启动 201 条款提高钢铁进口税的原因与危害.亚太经济,2002(5).
[65] 阮振宇,等.世贸组织保障措施及其适用情况的法律分析.国际贸易问题,2000(10).
[66] 周小川.外贸体制改革的探讨.北京:中国展望出版社,1990.

[67] 张曙光.中国制度变迁的案例研究.北京:中国财政经济出版社,1999.
[68] 张幼文.双重体系的扭曲与外贸效益.上海:上海三联书店,1995.
[69] 周小川,杨之刚.迈向开放型经济的思维转变.上海:上海远东出版社,1997.
[70] 张玉卿,等.WTO与保障措施争端.上海:上海人民出版社,2001.
[71] 张汉林,韩尚武.保障措施争端.北京:经济日报出版社,2003.
[72] 李翀.我国对外开放程度的度量与比较.经济研究,1998(1).
[73] 张曙光,张燕生,万中心.中国贸易自由化进程的理论思考.经济研究,1996(11).
[74] 张曙光,张燕生,万中心.中国贸易保护代价的实证分析.经济研究,1998(2).

第 9 章

关税政策的政治经济学分析

9.1 引　言

关税政策是收入分配或财富分配的一种次优手段。传统的国际贸易理论认为，自由贸易使世界福利最大化，自由贸易比有限制（关税泛滥）的贸易要好；一国的单边贸易自由化能最大限度地增加它自身的福利；即使存在限制，有贸易总比没有贸易好。但是从实践来看，虽然全球的自由贸易是资源配置的最佳状态，自由贸易能最大限度地增进世界福利，但是形形色色的贸易保护却是当今世界的现实。自由贸易决定了贸易利益的创造，保护贸易决定了贸易利益的分配，贸易利益的创造和分配的统一与均衡决定了现实的贸易状况。主流贸易理论将贸易政策视为提高经济效率（或福利的）一种手段，但这使其在解释现实贸易问题时面临着"囚徒困境"的两难选择。如果单纯追求经济效率，就要选择自由贸易政策来增进世界福利；如果选择关税等贸易干预政策，就会扭曲资源配置，不能实现经济效率和世界福利的最大化。那么，为什么众多的贸易保护或贸易干预政策会是国际贸易的现实呢？必须从新的角度来考虑贸易政策的本质：那就是公平问题或通过收入分配如何实现社会福利的相对公平问题——这是经济学的另外一个主题，也是福利经济学研究的主题之一。"贸易的政治经济学"也称"关税内生化理论"正是从收入分配或财富分配这一主题出发，将公共选择的政治经济方法引入贸易理论，把关税作为公共产品来看待，在一定程度上缩小了理论与现实之间的差距。

从经济效率或资源配置的角度来看，贸易干预政策与自由放任的贸易政策相比总是次优的，在理论上总是存在直接矫正外部性、替代贸易干预政策的最佳政策。而关税是一种扭曲矫正另一种扭曲,以关税这种贸易扭曲的方式去矫正市场失灵扭曲,所以关税只是资源配置的一种次优手段。主张关税的理由主要在于:最佳关税论、市场失灵论、关税引致投资论、利润转移论和外部经济论。从历史来看,对于关税理论的争议主要集中在关税的贸易功能上。在当代,对于关税理论的研究取得了极大的扩展,已经不再拘泥于关税的传统功能上,更重要的是延伸到关税的相关研究领域内,主要表现为:关税与经济增长、关税与汇率、关税与市场结构、关税与公平贸易、关税博弈与关税的新政治经济学等。传统的贸易理论以完全竞争和规模报酬不变为前提,基于完全竞争的市场结构假定,产生了贸易自由化导向的比较优势理论。在国际关系领域中,并非存在一种从大国到小国,或富国到贫国的单向"权力"关系,即所谓的"南北关系",而是存在经济领域和政治领域上的相互依存关系。恰恰是这种政治经济关系的相互作用,使我们有必要把政治和经济结合起来,对关税的效应进行综合分析。正是由于这个原因,对关税的每一种功能和每一种关税形式的探讨,都不能单纯地看其表现形式,必须从关税博弈和新政治经济学的视角对其加以深化分析,从而为关税内生化理论的发展提供了更大的空间。关税只是一种表象,是收入或财富进行分配的一种手段,其背后的深层次原因是利益机制,即利益的创造和分配。在关税政策的选择和决定上,至少是三种博弈均衡的交集,即国内利益集团博弈、国外利益集团博弈、国内外利益集团博弈的均衡解。关税是在政治市场里决定的,它值得投入资源以便从贸易保护中获得租金(Frey,1984)。由此,关税政策又成为政治利益集团公共选择的产物。那么,关税为什么会存在?其功能是什么?关税又是如何决定的?其效应如何做出评估?基于这些理论的研究,本章通过以关税的利益机制,即利益的创造和分配为线索,从贸易的政治经济学角度对关税理论进行梳理,探寻关税存在的原因及关税政策的政治经济效应,以期为入世后中国关税政策提供有益的借鉴作用。

9.2 有关关税贸易功能的几个争议

9.2.1 高关税贸易保护论、战略性贸易政策和低关税贸易自由化论

高关税贸易保护论起源于重商主义，近代主要表现为幼稚产业保护论，而在当代主要表现为以 Krugman 为代表的战略性贸易政策等流派。其出发点主要是贸易保护的长期收益贴现以后的现值会超过贸易保护的短期成本。具体来说，高关税的贸易保护虽然会带来垄断、消费者剩余等短期成本或收益损失，但是经过适当时期的保护，幼稚产业的边际成本或平均成本逐渐下移，可以享有某种规模经济或垄断力优势，保护的幼稚产业成长起来，并成为未来的支柱产业。从长期来看，保护的长期收益超过了短期成本，关税保护通过规模经济、干中学、动态创新等效应可以实现报酬递增和比较优势的动态化升级，从而促进了长期的经济增长。Krugman(1990)把不完全竞争、规模经济、报酬递增等引入到国际贸易理论中，改变了传统贸易理论完全竞争和规模报酬不变的理论前提，形成了以战略性贸易政策为核心的国际贸易新理论。通过保护性关税、进口配额、自愿出口限制等战略性贸易保护政策，可以改变传统国际贸易的产业完全竞争和规模报酬不变的状态；通过内部规模经济、外部规模经济、干中学效应、动态创新实现报酬递增，并形成某种垄断优势，更好地参与国际竞争。由此，一国通过战略性贸易政策培植起本国产业的竞争优势，即创造出内生比较优势来，实现了比较优势的升级和动态化。Dick (1994)把 IPEP 假说(Import Protection Act as Export Promotion，进口保护可以充当出口促进)推广到战略性贸易政策理论上，对战略性贸易政策进行了实证检验。不过，实证检验表明，在美国全部的进口竞争产业或具有最强的报酬递增的产业，都很少发现对 IPEP 假说的支持。因此，Krugman 对 IPEP 假说提出了有力的批评，其国际贸易新理论是对 IPEP 假说的进一步发展。既然以关税为核心的战略性贸易政策在实践中大多是失效的，那么它为什么会存在，传统的关税外生化理论不能解释，必须从贸易的政治经济学即关税内生化理论出发，才能解释其存在的原因和合理性。

低关税贸易自由化论的基点是各国的比较优势存在差异，而国际贸

易可以通过贸易收益和专业化收益两种方式促进要素价格均等化,使交易各国收益。无论是基于劳动生产率和生产技术差异的"绝对成本说"(亚当·斯密,1776)和"比较成本说"(大卫·李嘉图,1817),还是给予要素禀赋差异的资源配置理论(赫克歇尔,1919;俄林,1933),都认为实行自由贸易,通过国内生产和对外贸易两个系统,为一国提供了改善资源配置效率的机会。俄林认为,从长期来看,各个地区的要素禀赋并不是一成不变的,而是深受区域分工和贸易影响。原因在于,建立在要素相对稀缺基础上的贸易有可能进一步发展这种差异;建立在大规模生产的节约基础上的贸易,会使一个地区的要素供给发生更适合这种大规模生产的变化。而不同地区生产要素质的差异和使用完全不同技术的可能性,大规模生产的节约,经济稳定性及税收的差异,将使要素价格拉平趋势变得不确定。关税壁垒的存在,促进了各国生产的多样化和产品的差异化,减弱了国家间商品与要素价格均等化的趋势。所以,要素价格均等化只是一种理想状态。上述理论的局限性在于低关税或零关税的隐含前提和完全竞争的市场结构假定,削弱了其对现实的解释能力。新古典学派认为在不存在要素密集度逆转的前提下,要素比例的不同是产生比较优势的主要原因。斯托尔帕—萨缪尔森定理(Stolper 和 Samuelson,1941)认为,当商品相对价格上升时(例如由于关税造成的价格上升)会增加在商品生产中密集使用的要素的回报率或收益率。因此,该国生产使用的稀缺要素的真实回报率会随着关税而上升。即关税征收会提高一国稀缺要素的收益率,从而也就相对降低了一国丰裕要素的回报率。

主张关税的一个非常重要的理由在于关税可以带来关税引致投资,即 FDI 或关税工厂的增加。所谓关税引致投资(tariff induced investment)是指一国对进口部门设置关税而产生的以直接投资为形式的外国资本流入。这种投资是存在贸易障碍时资本要素的国际流动对商品贸易的替代。贸易障碍的增加会促进要素流动,而对要素流动的限制则会促进贸易(Mundell,1957)。在当代,FDI 的增长使公众把自由贸易的焦点由进口竞争潜力移至跨国公司(MNCS)的活动上,即贸易自由化是否系统地引致跨国公司把生产活动移至国外。Feinberg 等(1998)检验了美加贸易自由化对美国 MNCS 的就业与资本分配在加拿大的影响。结果表明,关税降低对 MNCS 的资产和就业分配决定具有重要的影响。加拿大子公司的就业、资产与加拿大关税率负相关,降低关税的贸易自由化并未引起“产业空心化”和FDI的减少，反而促进了经济的增长。这一结论与传统观点加拿大关税削减会导致加拿大制造业空心化相矛盾。这也说明，从长期来看，低关税或无壁垒的贸易自由化有利于实现比较优势的动态化和升级，促进经济增长，因此是一种不可逆转的趋势。

9.2.2 关税有效保护论

关税有效保护率是通过关税手段可能实现的某一产品实际价格的相对增加量，是衡量对那种直接用于生产力的本源性生产要素所生产的附加价值的保护程度。关税的有效保护率是最终产品的名义关税率、进口投入的名义关税率，投入产出系数三个变量的函数。据此，(1)一国应建立起一种阶梯形关税结构，对低加工阶段的产品课征低的名义关税；(2)一国不能对最终产品的中间投入课征很高的关税，以防止负的有效保护率的出现；(3)过度保护会使某种产品原本自由贸易中负的实际价格变成正的实际价格(Corden，1971)。实际上，关税作为资源分配的一种手段，较高的关税率虽然有利于进口竞争部门的利益，但却损害了出口部门和消费者的利益，这也说明关税背后是利益的创造和利益的分配，通常的概念没有在一般均衡中考虑经济利益的大小，所以必须从关税内生化理论出发对有效保护率理论加以深化。Andeson(1996)恢复了有效保护率概念在政治经济中的应用。新的概念定义一个部门的有效保护率等于实际差异性的关税结构对部门间剩余要素索取权的租金效应。新的ERP在一系列特殊假定下收敛于旧的ERP，将ERP概念推广到界定剩余索取权的任何经济结构。行业间在关税税率上的差别是贸易保护的供给方和需求方利益博弈均衡的产物。所以，关税的有效保护率背后也是部门间经济利益的博弈，新的概念运用关税博弈和新政治经济学的视角对其加以深化，从而为关税内生化理论的发展提供了更大的空间。

尽管自由贸易状态是帕累托最优的，但是由于关税具有有效保护作用，因而对于单个国家或地区来说，总试图寻找一种优于自由贸易的征收关税的状况，即存在最优关税问题，即如果一国的进口或出口商品在世界市场上占有较高的比重时，可以通过征收适当的进口税或出口税来提高本国的福利(Johnson，1953)，这是它充分利用垄断权的机会主义的体现。虽然最优关税是关税存在的合理性理由之一，但只是一个以其他国家不实行关税报复为前提的、本国福利最大化的理想状态。Hill(1984)运用一般均衡方法,根据最优关税和国内供给与需求的价格弹性,计算了美国七个行业的最优关税率。Hill认为,在行政(administrative)成本面前,作为校正国内扭曲的手段,社会更偏爱关税而非补贴。但是更多的保护应服务于国民福利,而不应作为收入再分配的手段。Young(1991)在外国实施固定关税的假定下,从消费者偏好角度对最优关税的一般理论做了一个概括。Bond(1991)认为,对于两种商品来说,大国最优贸易政策是进口关税。他检验了竞争行业的最优贸易税结构,并把对最优关税的分析从两种商品拓展到任意数量的商品。随着关税同盟的建立,有关最优关税的探讨已从一国或地区扩展到多国同盟。Kennan 和 Riezman(1990)建立一个最优关税的关税同盟模型,探究了关税同盟的最优关税问题。

9.2.3 关税有限消除论

主要包括关税同盟理论、最惠国贸易理论等经济一体化理论。关税同盟理论最早从 Viner 开始。Viner 认为,关税同盟主要具有贸易转移和贸易创造两种效应,而最终效应如何取决于这两种效应的比较。尽管贸易创造和贸易转移的概念对关税同盟的效应仍是相关的,但是还必须用成本降低效应(cost-reduction effect)和贸易抑制效应(trade-suppression effcet)两个概念作为补充。而且由于规模经济的作用,成本降低效应在两者之间更为重要,因为其揭示了贸易创造的实质和机理(Corden,1987)。Berglas(1979)运用贸易和公共财政中的次优理论和实证分析工具,对最惠国贸易——N 种产品的情形进行了一般均衡分析。综合考虑贸易均衡的几种情形可以得出,N 种产品的最惠国贸易之间的最优政策是相互之间消除关税,对成员国以外的其他地区采取单国最优关税。经济一体化是关税同盟的高级阶段。Fung(1992)检验了经济一体化和厂商竞争力之间的关系,结果表明,经济一体化并不一定会促进竞争。关税削减是促进还是阻碍竞争,取决于特殊的产业性质和关税削减的大小。尽管贸易创造、贸易转移是对关税同盟效应好的描述,显示出相对于自由贸易、最惠国贸易协定的次优性质,但却不能提供福利变化来源的有用方法。Harrison 等(1993)认为,仅考虑一国是否从关税同盟中获利是不够的,还应考虑这些利益的来源。评估福利效应的分解对关税同盟利益的评估更为有用。Hammond 和 Sempere(1995)研究了经济一体化和其他供给政策的潜在收益限制。他们认为,国际贸易的实证分析更依赖于标准的新古典福利经济学第三原理:国际自由贸易和其他形式的市场自由化供给政策存在着有效收益(efficiency gains)。贸易自由化可能会损害一些人,但无论如何会带来潜在的帕累托改进。世界范围内自由贸易要优于自给自足。

9.2.4　关税与外部性矫正

矫正外部性是关税一种很重要的功能,也是传统贸易理论认为关税存在合理性的重要理由之一。政府的纯国内政策对国家的国际贸易也有重要影响。Anderson,Bannister 和 Neary(1995)发展了一个新方法,主要是运用 TRI(trade restrictiveness index,贸易限制指数)来评估国内税收和补贴政策的国际贸易含义。Ludema(1994)运用两国间非合作博弈模型,以污染的战略控制为例,探讨了跨国外部性、环境污染与关税的关系。Rousslang 和 Tokarick(1995)运用一个一般均衡模型,估计了在关税、国内税和闲暇相互作用下的福利效应。对于小国,最优政策是自由贸易,不限制资本流动。然而,如果由于种种原因,贸易流动被征税,最优政策则要求干预国际资本流动;反之亦然。关税与资本流动的相关性在 H-O框架上被 Kemp(1966)和 Jones(1967)所检验。Hatzipaniyotac 和 Michael(1993)在假定存在贸易限制(如关税、进口配额或 VER)、国际资本流动性与资本回报率税的基础上,发展了一个两种商品、小国一般均衡模型,探究了资本税的价格和福利效应、在贸易限制下资本的最优政策,以及在资本税存在下贸易自由化的福利含义。

9.3　关税理论的拓展性研究

在当代,对于关税理论的研究取得了极大的进展,已经不再拘泥于关税的贸易功能上,更重要的是延伸到关税的相关领域内。主要表现在以下几方面。

9.3.1　关税与经济增长

关于关税与经济增长的关系,存在两派对立的观点:一派认为高关税促进经济增长;另一派认为低关税的贸易自由化促进经济增长。在保护性贸易体制下关于“贫困化增长”的理论文献表明,不像外生的资本流入,关税引致的资本流入在标准凸起经济中不会带来福利的提高。Brock 和 Turnovsky(1993)将贫困化增长分析扩展至资本逐步积累的动态环境中,分析了在资本累积的小国开放经济的特殊要素模型中不同关税的消费和福利效应。结果发现,从福利方面考虑,关税保护在福利上创造了短期收益,但却带来了长期成本。因此,给定保护政策或关税改革的实证分析不能仅依赖于短期福利效应,因为关税改革的长期效应也许逆于短期效应。Osang 和 Turnovsky(2000)也分析了小国开放经济中消费和投资关税对增长和福利的不同效应。结果发现,在内生劳动供给情况下,消费关税并不是增长中性的,而是相反。消费税对投资税的收入中性替代不仅会提高经济增长率,而且也使福利增加。

二战以后,许多经济学家认为基于进口替代的贸易政策可以更好地促进经济发展。然而随后的经历揭示了保护主义的成本(Kruger,1997)。在19世纪初,许多政治经济学家(如:李斯特和早期的汉密尔顿)提倡使用进口关税来促进后进国制造业的增长,接着是英国。19世纪的经历经常被解释为进口替代的智慧(Rourke,2000;Clemens 和 Willamson,2001)。他们通过发现1875—1914年国家间进口关税与经济增长的正相关关系,试图把这种联系当作保护主义或内生贸易政策在这段时期是成功的证据。Irwin(2002)[①]运用实证分析质疑了19世纪末的关税—增长联系是否揭示了贸易政策与经济绩效的联系,从实证的角度否定了贸易保护对经济增长的历史功绩。

9.3.2 关税与汇率

关税是在一定汇率条件下发挥作用的,不同的汇率制度对关税的效应会有重要影响。Edwards 和 Van Wijnbergen(1987)基于小国开放经济下三商品(进口品、出口品和非贸易品)模型探究了关税变化、贸易条件变化与实际汇率之间的关系,结果表明,关税升高总是导致实际汇率升值,与贸易条件恶化导致实际汇率贬值同时并存是不成立的。Edwards

---

① Douglas A. Irwin. Interpreting the Tariff-Growth Correlation of the Late 19th Century. America Economic Review,2000,5:165-169.

(1987)运用一般均衡跨期模型分析了实际汇率的决定过程。结果表明，就进口关税而言，要区分暂时的关税变化和持久的关税变化，暂时的进口关税变化将改善经常账户。Edwards(1989)运用小国开放经济下一般均衡模型分析了暂时的贸易条件波动对实际汇率和经常账户差额的影响。Edwards 区分了由关税变化引起的内部贸易条件变化与外部贸易条件变化。

9.3.3　关税与市场结构

尽管标准贸易模型假定完全竞争，但不完全竞争更接近现实。而关税政策是向不完全竞争厂商抽取租金的标准工具。Brander 和 Spencer(1981)探讨了不完全竞争下关税和外国垄断租金的抽取，认为不完全竞争会显著地改变国家的关税决策。研究结果表明，在不完全竞争下，一国有运用关税向外国出口者抽取租金的激励，潜在进入者的存在对一国的关税政策具有暗示效应。不完全竞争导致产业内贸易。而且，如果国内进入者能够赚取垄断租金，保护性关税就变得特别吸引人。在厂商与政府间有直接谈判余地的次优状态下，政府威胁使用关税比真正使用关税可以更有效地抽取租金。Brander 和 Krugman(1983)发展了一个古诺双头卖方垄断、把供不应求的厂商竞争当作国际贸易起因的贸易模型。模型建立在可分割的市场的假定前提下。模型表明，厂商间供不应求的相互作用在贸易的通常动机并不存在，而且成本差异和规模经济也不必要的情况下，也会产生贸易。而这种兼有“产业内贸易”和倾销特征的贸易即为相互倾销。

传统的贸易理论是以完全竞争和规模报酬不变作为假定前提，并认为要素禀赋的差异作为贸易得益的唯一来源和产生比较优势的主要原因。Helpman 和 Krugman(1985)把不完全竞争和规模报酬递增引入贸易理论，强调市场结构对国际贸易的重要影响，把分工与专业化形成的规模报酬递增作为贸易得益的重要来源，由此更好地解释了贸易问题。传统的要素禀赋差异形成的是产业间贸易，而专业化的规模报酬递增则形成了大量的产业内贸易。据此，要素禀赋差异与规模报酬递增均是国际贸易收益的重要来源。而且，分工与专业化形成的规模报酬递增，可以使产业在市场与生产上形成某种程度的垄断力，在 SCP 的框架内，对贸易利益的创造与分配将产生重要影响。在此基础上，针对市场结构与中国关税现存的问题,盛斌(1996)对市场结构与中国关税改革作了实证分析,提出应根据国内外市场结构与产品特征对中国的关税结构和关税率设置进行改革。

9.3.4 关税、非关税壁垒与公平贸易原则

在当代,关税与非关税壁垒有相互转化的趋势。非关税壁垒(non-tariff trade barriers),一般是指除关税以外的其他限制进出口的措施。Baldwin(1989)为了决定哪一种多边谈判政策在促进贸易扭曲效应的减少方面更有前途,对评估关税贸易措施的各种方法作了一个述评,尽管有许多评估非关税贸易政策的技术,但遗憾的是,没有一种执行起来像评估关税一样简单。Goulder 和 Eichengreen(1992)用一个一般均衡模型检验了去除关税的贸易与非关税壁垒效应,对美国关税和数量限制进行了新的估计。结果表明,数量限制的减少对福利的影响比关税的降低要大得多。Kreinin 和 Dinopoulos(1992)运用一个三国一般均衡模型比较了在供给源之间分配进口配额或 VER 选择性方法的福利效应。Mccorriton 和 Sheldon(1997)研究了在选择性贸易工具与可能影响因素之间的非均衡程度。结果表明,当战略性贸易政策被广泛接受的时候,福利后果直接影响到政府在实际中可能采用的贸易政策工具的形式。

公平贸易原则亦称"公平竞争原则",是 GATT 及 WTO 主要针对出口贸易而规定的一项基本准则。在当今贸易自由化、经济全球化日益发展的趋势下,作为保护贸易和财政收入的关税的重要性正日益下降,但作为公平贸易政策的关税则变得日趋重要。Skyes(1996)运用经济与非经济的方法,从两方面评估了反倾销、反补贴诉讼案例的损失。从福利经济学角度来看,反倾销和反补贴诉讼是不合道理的。因此,经济学家一致认为,除了一些罕见的例外情况,反倾销和反补贴不仅对征税国,而且对全球福利都是有害的。Gallaway,Blonigen 和 Flynn(1999)运用一个 CGE(可计算的一般均衡)模型,估计了美国许多 AD/CVD 诉讼的集合经济效应。其认为,随着乌拉圭回合协议的实施, AD(反倾销)/CVD(反补贴)条款已成为 WTO 成员间最重要的贸易壁垒。因此,不管从哪一方面来看,反倾销和反补贴诉讼的损失都是巨大的。因此,公平贸易政策在实践中应科学决策,谨慎运用。

9.3.5　关税改革

关税改革是次优理论的一个特例。一般认为，在其他扭曲持续存在的情况下，降低某一特殊的贸易扭曲不可能提高福利。Beghin(1992)探讨了在专门扭曲存在下的关税改革。实际上，关税具有直接而广泛的经济效应，在一定程度上，隐含关税的商品是其他商品生产的输入品。所以，关税可能具有矫正其他扭曲的经济效应。Olarrega (1998)认为，在外国要素所有权存在的情况下，包括本国与外国拥有要素的收入再分配的关税改革的传统福利效应被重新考虑。如果本国的外国拥有要素的相对量足够大并导致贸易模式的方向改变的时候，就有可能发生悲惨性的关税削减(Bhagwati 和 Brecher，1980)。Olarrega(1998)认为，在贸易模式不存在差别的情况下，悲惨性的关税减让也可能发生。因为关税减让导致了趋向贸易促进的外国要素的再分配，最优关税水平随着相对进口率而下降。在假定关税改革都内在或外在伴随一系列相适应的国际收入传递的基础上，Johnson(1953)和 Riezman(1982)指出，如果一些参与国能从征收关税中获益(即打赢“关税战”)，则自由贸易不可能是战略性关税减让的产物。Mayer(1981)调查了限定于严格帕累托改进的关税改革的最后结果，指出谈判的关税改革结果要优于关税战(纳什)均衡。但上述文献并未提供关于严格的帕累托改进式多边关税改革，这方面，Turunenred和 Woodlood(1991)通过一个包含任意数量国家、任意数量商品参与的世界贸易模型，探讨了合作多边关税改革的条件和各国增加福利的传递。

9.4　关税内生化理论与关税博弈的政治经济学分析

传统的贸易理论把关税作为一个外生变量来考虑，而关税的内生化理论则打开了关税决定黑箱，把关税作为一个内生变量来考虑，更好地解释了关税的形成和演化过程。而博弈论的引入为分析世界范围内愈演愈烈的关税战、贸易战提供了一个合意的框架与工具，使关税内生化理论的研究更为深入，也更加贴近现实。关税是在政治市场里决定的；它值得投入资源以便从贸易保护中获得租金(Frey，1984)。在一个民主政体中，多数人的意愿应该具有决定性的影响。当双边转向自由贸易按照经济理论提高福利时,政府应该通过取消关税来赢得选票。然而,中位数投票模型(中间选民模型)基于一系列的假设条件,这些条件在其重要方面并不代表现实,其修改为民主政体中现存的关税及其可能的增长提供了一种解释。有五个方面的重要修改和扩展可以考虑(Baldwin,1976):(1)削减关税的受损者。如果构成一个稳定的多数,那么中间选民模型就预示着贸易保护主义的胜利。(2)未来的获益者,由于削减关税是公共产品,其影响力不大。(3)自由贸易未来的受损者比未来的获益者影响大。(4)相互投票或选票交易能够对多数选举的结果产生巨大影响。(5)关税的财政功能,即提供政府收入,以支持公共开支。赞成关税的集团主要由进口竞争行业组成,其具有强有力的政治地位和明确的贸易保护需求,所以其组织化的问题很容易解决。反对关税的集团主要由消费者组成,由于削减关税属于公共产品,其中存在搭便车的效应,所以有效的组织起来是相当困难的。贸易保护的水平和结构是需求方(多数利益集团按照行业来组织)和供给方(政府和行政主管部门)相互行动的结果。这种关税决定的政治上的均衡可以用多种方法进行模型化分析。

Mayer(1984)用内生的关税形成理论,从关税博弈角度探讨了最优关税问题。其认为根据收入份额与关税的关系,个人最优关税率可以得出如下结论:(1)如果人们对于进口商品密集使用的要素具有相对好(差)的资源禀赋,则最优进口关税具有正面效应。(2)个人与国家的禀赋差异率越大,则个别的最优关税或补贴率与自由贸易政策的差异越大。(3)对于每个人来讲,如果其个人的资本—劳动所有权比率等于国家资本—劳动禀赋比率,则最优关税率为零。而一国的实际关税政策是潜在的要素—所有权分配的后果。运用贸易—理论和公共选择理论,论证了经济结构和政治程序决定了要素—所有权分配到关税政策的路径。具体论证概括为:在要素所有权分配和关税政策间有两种因果关系。第一种关系描述了在给定的关税政策中,人们的经济利益与要素所有权分配的相关性,称为"经济联系"。第二种联系称为"政治联系",它指把经济利益转化为实际关税政策的政治过程。既然经济的生产结构是影响个人真实收入的主要决定因素,那么两种可选择的生产结构可从不同角度解释关税政策的形成与变化。的 H-O 模型因为与生产结构的长期描述有密切联系,在解释总的关税结构长期变化方面似乎是最有用的。而特殊要素的多商品模型，则更适合解释个别产业或利益集团在获得关税保护方面的日常努力。不考虑生产结构，单个产业或集团具有通常区别于实际政策的最优关税政策。在“政治联系”方面，其分析强调了关税政策在多数投票的背景下，在改变选举合适的规则和选举参与成本方面的敏感性。并表明了只要选举成本是显著的，在多数投票的机制下，少数派的要素所有者如何成功地为其产业获得关税保护。Copeland(1990)在一个两阶段博弈模型中分析了关税博弈下的贸易政策。假定总体保护水平被给定，第一阶段，关税被合作地决定；第二阶段，非关税壁垒被合作地决定，则关税减让会被非关税壁垒所弥补，更深度的关税减让要求更严格的非关税壁垒；即使这样，总体保护水平也比单纯的非合作情形要低。在东京回合，有证据发现，非关税壁垒补偿了关税减让，而且有证据显示非关税壁垒的增加在一对一的基础上不能弥补关税保护的损失。所以，非关税壁垒与关税的联合保护水平低于完全非合作博弈的保护水平。Shivakumar(1995)探讨了一个三阶段关税博弈模型，博弈的显著特征是，两国的政策制定者都有机会选择自由贸易政策。在选择自由贸易政策时，出口国厂商使本国政府促使进口国降低关税水平。博弈的第三阶段结果是，总存在一个子博弈完全均衡：出口国选择自由贸易政策，而进口国选择进口关税或配额政策。尽管存在出口国选择出口补偿或配额的子博弈完全均衡，但在每一场合，出口国政府不实行这个政策是最优的。Rosendorff(1996)运用博弈论与新政治经济学理论，分析了自愿出口限制、反倾销、关税与国内政策的关系，认为贸易工具的选择取决于政治特性。Devereuux(1997)运用一个国家间关税博弈的简单动态模型，检验了低关税的贸易自由化与经济增长的双向互动作用。Devereuux 认为，国家间动态关税博弈，导致了两种类型的均衡：关税战均衡和自由贸易均衡。在关税战均衡中，增长率是低的，关税是高的并持续上升。相反，在自由贸易均衡中，增长率是高的，关税率为低的并不断下降，贸易率为高的并随时间递增。总的来看，随着时间的推移，低关税贸易自由化与经济持续增长是不可逆转的。

新兴古典经济学贸易理论的倡导者是杨小凯。杨小凯、张永生(2001)认为，传统的贸易理论分析都是以边际分析为基础，只能实现内点解的次优均衡，而无法实现资源配置的最优。据此他们提出了新兴古典贸易理论，认为应以超边际分析为基础，才能实现角点解均衡的资源配置最优。而且，传统的李嘉图模型、H-O 模型均把外生比较优势作为国际贸易的原因与出发点,其基本分析工具为新古典的边际分析,两者均未考虑专业化与分工的作用、关税与交易效率的影响。据此,杨小凯以分工与专业化形成的内生比较优势为基础,以超边际分析作为工具,考虑关税和交易效率的影响,重新阐释了国际贸易理论。在引入关税的 2×2 李嘉图模型中,如果分工由局部分工演化为完全分工,则贸易两国通过关税博弈,最后的均衡为纳什关税谈判均衡,双方都实行自由贸易政策。这一点可以从 GATT 和 WTO 的发展历程中得到验证。如果将关税引入 3×2 的李嘉图模型,可以证明,当所有政府都可以选择关税水平且一般均衡是局部分工时,则关税很高且交易效率低的国家将被排除在国际贸易之外,如改革开放之前的中国、现在的朝鲜等国。而交易效率的提高一方面促进了分工的深化,规模经济的扩大,可贸易商品种类和数量的增加;另一方面,也使参与国际贸易的国家数量增多,保证了多边自由贸易体制的实行。所以在多级世界经济体系中,各国都努力削减关税,提高交易效率,以避免被开除出局。随着分工的深化,交易效率的提高,双边与多边关税谈判都在增加,关税逐步减让、非关税壁垒逐步消除的贸易自由化将是不可逆转的趋势。

9.5 小　结

关税只是一种表象,其背后的深层次原因是利益之争与利益博弈。传统的贸易理论把关税作为一个外生变量来考虑,而关税的内生化理论则打开了关税决定黑箱,把关税作为一个内生变量来考虑,更好地解释了关税的形成和演化过程。在关税逐步削减并被非关税壁垒取代的今天,关税依然具有其特有的优势与功能:在适当条件下可以运用关税矫正跨国外部性和部分国内扭曲,而作为广义关税的反倾销税、反补贴税则在促进国际贸易的公平竞争方面发挥了重要作用;与非关税壁垒相比,关税有更多的透明度与更少的扭曲性,所以在 GATT 和 WTO 中有关税化(tariffication)条款。

正如李斯特倒 U 曲线所示,关税保护只是手段和过渡,而不是目的,真正的目的是借此实现经济发展基础上更广范围的自由贸易。实际上,Krugman 国际贸易新理论、杨小凯新兴古典经济学贸易理论与汉密尔顿、李斯特、穆勒的幼稚产业保护论是一脉相承的，保护只是手段，培植一国的生产力才是目的，其基本出发点都是为了实现内生比较优势的创造和比较优势的动态化升级。在实践中，以要素禀赋为基点的贸易自由主义只是一种理想状态。如果落后国一直按照 H-O-S 定理、FPE 定理的外生比较优势去参与国际分工与交换的话，就很难实现比较优势的动态化升级，以至于陷入"荷兰病"的"比较利益陷阱"；随着国际区域经济的"极化效应"的加深，"贫困的恶性循环"就难以避免。所以，以内生比较优势和动态比较优势为出发点的战略性贸易政策理论对于落后国的发展仍然有着重要的指导意义和现实意义。在互惠的新重商主义仍是全球多边贸易自由化的基础的条件下，有中国特色的自由贸易制度不是绝对和完全的自由贸易，而应是自由贸易和保护贸易的有机结合。因此，在中国加入 WTO 的当前和未来一定时期内，为了促进产业结构优化与经济增长，需要把保护贸易政策的关税、自由贸易政策的关税与公平贸易政策的关税结合起来运用，以期在长期内通过比较优势的动态化实现经济收敛。

【参考文献】

[1] Alan,O. Skyes. The Economics of Injury in Antidumping and Countervailing Duty Cases. International Review of Law and Economics,1996,16:5-26.

[2] Anderson, J. ,Bannister, G. and Neary,P. Domestic Distortions and International Trade. International Economic Review, Issuel, Feb, 1995,36:139-157.

[3] Andeson,James E. Effective Protection Redux. NBER Working Paper, W5854,1996.

[4] Bagwell, K. and R. Staiger. Multilateral Tariff Cooperation during the Formation of Free Trade Areas. International Economic Review,1997,38(2):291-319.

[5] Beghin, J. and L. Karp. Tariff Reform in the Presence of Sector-Specific Distortions. The Canadian Journal of Economics, 1992, 25(2): 294-309.

[6] Berglas, B. Preferential Trading Theory: The N Commodity Case. The Journal of Political Economy,1979,87(2):315-331.

[7] Bhagwati and Brecher. National Welfare in an Open Economy in The Presence of Foreign-Owned Factors of Production. Journal of International Economics,1980,10:103-115.

[8] Bond, E. The Optimal Tariff Structure in Higher Dimensions. International Economic Review,1990,31(1):103-116.

[9] Brander, J. and B. Spencer. Tariffs and The Extraction of Foreign Monopoly Rents Under Potential Entry. The Canadian Journal of Economics,1981,14:371-389.

[10] Brecher, R. and J. Bhagwati. Foreign Ownership and Theory of Trade and Welfare. The Journal of Political Economy,1981,89(3):497-511.

[11] Copeland, B. Strategic Interaction among Nations: Negotiated Quotas, Tariffs, and Transfers. The Canadian Journal of Economics, 1990,23:84-108.

[12] Copeland, B. , Edward T. and Webb,M. On Negotiated Quotas, Tariffs, and Transfers. Oxford Economic Papers,1989,41:774-788.

[13] Corden,W. M. The Theory of Protection. Oxford: Claredon Press,1971.

[14] Devereux, M. Growth, Specialization and Trade Liberalization. International Economic Review,1997,38(3):565-585.

[15] Dick, A. Does Import Protection Act as Export Promotion? Evidence from the United States. Oxford Economic Papers,1994,46(1):83-101

[15] Douglas,A. Irwin. Interpreting the Tariff-Growth Correlation of the Late 19th Century. America Economic Review,2002:165-169.

[17] Edwards, S. Temporary Terms of Trade Disturbances, the Real Exchange Rate and the Current Account. Economia, New Series, 1989,223(56):343-357.

[18] E. Kwan Choi, Hamid Beladi. Optimal Trade Policies for a Small Open Economy. Economia, New Series,1993,240(60):475-486.

[19] Feenstra, R. and T. Lewis. Negotiated Trade Restrictions with Private Political Pressure. The Quarterly Journal of Economics,1991,6(4):1287-1307.

[20] Feinberg, S. et al. Trade Liberalization and "Delocazation": New Evidence from Firm-Level Panel Data. The Canadian Journal of Econom-

ics,1998,31(4):749-777.

[21] Fung, K. C. Economic Integration As Competitive Discipline. International Economic Review,1992,33(4):837-847.

[22] Gaworale, K. Trade Barriers As Outcomes from Two-Stage Games: Evidence. the Canadian Journal of Economics,1999,32(4):1028-1056.

[23] Goulder, L. and B. Eichengreen. Trade Liberalization in General Equilibrium: Intertemporal and Inter-Industry Effects. The Canadian Journal of Economics,1992,25(2):253-280.

[24] Hammond, P. and J. Sempere. Limits to the Potential Gains from Integration and Other Supply Side Policies. the Economic Journal, 1995,105(432):1180-1204.

[25] Harrison, G. et al. An Alternative Welfare Decomposition for Customs Union. The Canadian Journal of Economics, 1993, 26 (4): 961-968.

[26] Hatzipaniyotac, P. and M. Michael. Import Restrictions, Capital Taxes, and Welfare. The Canadian Journal of Economics, 1993, 26 (3):727-738.

[27] Hatzipanoyotou, P. and M. Michael. Real Exchange Rate Effects of Fiscal Expansion under Trade Restrictions. The Canadian Journal of Economics,1997,30(1):42-56.

[28] Hill, J. Union Wage Distortions and the Size and Efficiency of the Optimal Tariff. The Canadian journal of Economics,1984,17:146-155.

[29] James,A. Brander and Paul Krugman. A "Reciprocal Dumping" Model of International Trade. NBER Working Paper, No. 1194 ,1983.

[30] Johnson, H. Optimal Tariffs and Retaliation. Review of Economic Studies, 1953,21:142-153.

[31] Kennan, J. and R. Riezman. The Optimal Tariff Equilibrium with Customs Union. The Canadian Journal of Economics, Issue1, Feb, 1990,23.

[32] Kraws, I. The Growth Criterion As a Guide for Reciprocal Trade Policy. the Quarterly Journal Economics,1952,66(2):273-285.

[33] Kreinin, M. and E. Dinopoulos. Alternative Quota and VER Allocation Schemes: A Welfare Comparison. Economica, New Series,1992,

59(235):337-349.

[34] Lahiri, S. and Y. Ono. Optimal Tariffs in the Presence of Middlemen. The Canadian Journal of Economics,1999,32(1):55-70.

[35] Ludema, R. and I. Wooton. Corss-Border Externalities and Trade Liberalization. The Canadian Journal of Economics, 1994, 27 (4): 950-966.

[36] Mayer, W. Theoretical Considerations on Negotiated Tariff Adjustments. Oxford Economic Papers,1981,33:135-153.

[37] Mayer, Wolfgang. Endogenous Tariff Formation. The American Economic Review,1984,74(5):970-985.

[38] Mccorriston, S. and I. Sheldon. The (Non-) Equivalence of Tariffs and Quantity Restraints As "Rent-Shifting" Policies. The Canadian Journal of Economics,1997,30(4):1220-1233.

[39] Michael P. Gallaway,Bruce A. Blonigen and Joseph E. Flynn. Welfare Costs of the U. S. Antidumping and Countervailing Duty Laws. Journal of International Economics,1999,49:211-244.

[40] Olarreaga, M. Tariff Reductions under Foreign Factor Ownership. The Canadian Journal of Economics,1998,31(4):830-836.

[41] Philip L. Brock and Stephen J. Turnovsky. the Growth and Welfare Consequence of Differential Tariff. International Economic Review, 1993,34(4):765-794.

[42] Riezman, R. Tariff Retaliation from a Strategic Viewpoint. Southern Journal,1982,48:583-593.

[43] Robert E. Baldwin. Measuring Nontariff Trade Policies. NBER Working Paper,No. 2978,1989 .

[44] Rosendorff, P. Voluntary Export Restraints, Antidumping Procedure, and Domestic Politics. AER,1996,86(3):544-561.

[45] Rousslang, D. and S. Tokarick. Estimating the Welfare Costs of Tariffs: The Roles of Leisure and Domestic Taxes. Oxford Economic Papers,1995,47(1):83-97.

[46] Shirakumar, R. Strategic Export Promotion and Import Protection in a Multi-Stage Game. The Canadian Journal of Economics, 1995, 28 (3):585-602.

[47] Stolper, W. F. and Samuelson, P. A. Protection and Real Wages. The Review of Economic Studies, 1941, 9(1): 58-73.

[48] Theodone Palivos and Chong K. Yip. The Gains from Trade for a Monetary Economy Once Again. The Canadian Journal of Economics, 1997, 30(1): 208-223.

[49] Thomos Osang and Stephen J. Turnovsky. Differential Tariffs, Growth, and Welfare in a Small Open Economy. Journal of Development Economics, 2000, 62: 315-342.

[50] Turunen-Red, A. and A. Woodlood. Strict Pareto-Improving Multilateral Reforms of Tariffs. Econometrica, 1991, 59(4): 1127-1152.

[51] Young, L. Optimal Tariff: A Generalization. International Economic Review, 1991, 32(2).

[52] 布鲁诺·S·弗雷. 国际政治经济学. 吴元湛等译. 重庆:重庆出版社, 1987.

[53] 贝蒂尔·俄林. 地区间贸易和国际贸易. 北京:首都经贸大学出版社, 2001.

[54] 赫尔普曼, 克鲁格曼. 市场结构和对外贸易——报酬递增、不完全竞争和国际贸易. 尹翔硕等译. 上海:上海三联书店, 1985.

[55] 克鲁格曼. 克鲁克曼国际贸易新理论. 黄胜强译. 北京:中国社会科学出版社, 1990.

[56] 盛斌. 中国制造业的市场结构与贸易政策. 经济研究, 1996(8).

[57] 盛斌. 中国对外贸易政策的政治经济分析. 上海:上海三联书店, 上海人民出版社, 2002.

[58] 杨小凯, 张永生. 新兴古典经济学与超边际分析. 北京:中国人民大学出版社, 2000.

图书在版编目(CIP)数据

国际经济学：前沿理论和发展方向 / 金祥荣主编. —杭州：浙江大学出版社，2008.3
(经济学研究前沿系列)
ISBN 978-7-308-05673-1

Ⅰ.国...　Ⅱ.金...　Ⅲ.国际经济学　Ⅳ.F11－0

中国版本图书馆 CIP 数据核字(2007)第 179776 号

国际经济学：前沿理论和发展方向
金祥荣　**主编**

责任编辑　田　华
封面设计　刘依群
出版发行　浙江大学出版社
(杭州天目山路 148 号　邮政编码 310028)
(E-mail：zupress@mail.hz.zj.cn)
(网址：http://www.zjupress.com
http:www.press.zju.edu.cn)
电话：0571—88925592，88273066(传真)
排　　版　浙江大学出版社电脑排版中心
印　　刷　杭州杭新印务有限公司
开　　本　787mm×1092mm　1/16
印　　张　19.5
字　　数　330 千字
版 印 次　2008 年 3 月第 1 版　2008 年 3 月第 1 次印刷
书　　号　ISBN 978-7-308-05673-1
定　　价　42.00 元

浙江大学出版社发行部邮购电话　(0571)88072522